U0030634

一個頂尖運動員的誕生

The Best

How Elite Athletes Are Made

從專業引導到科學輔助訓練，看冠軍如何從「勝」到「常勝」

各界專業推薦

《一個頂尖運動員的誕生》把運動科學研究提升人類表現的奧祕，以最親民的口吻毫不保留地呈現，是值得所有幫助運動員走向巔峰的人都必須拜讀的武功秘笈！

——江杰穎　國立體育大學競技學院副教授、肌力與體能教練

孔子弟子三千，賢者七十二人，惟成為頂尖運動員的機率卻遠低於萬世師表門徒的成功率；因此，「頂尖運動員如何誕生？」一直是運動愛好者不斷追查的大哉問！本書從「天性、機緣和機運在冠軍培養過程中所扮演的角色」、「冠軍選手的內心世界」及「更聰明的訓練方式及成功背後的科學原理」來解讀運動員邁向卓越頂尖的關鍵影響因素。邀請喜愛運動的你來研讀本書，學習運動員如何各適其性地開展其獨特專屬的成功方程式，成為更好的自己！

——李再立　臺北市政府體育局局長

與其說是探討頂尖運動的成功方程式，不如說這本書是場現正熱映的直播秀。整本書透過一個個真實且正在發生的故事，結合教科書那些遙不可及的學術理論，把讀者帶進每位頂尖運動員的精彩人生裡。在閱讀每段故事的同時，總能會心一笑，原來，冠軍和我們一樣啊！也會在細細咀嚼每

段文字的當下，發現頂尖運動員的「秘密」。

「站在巨人的肩膀看世界」，用更高、更廣的視野看世界，作為運動員的你必須擁有。

——李映萱　跆拳道品勢世錦賽金牌

書名直接點破記者最常追問運動員的問題：「你怎麼達到如此出色的成績？」佐以各項運動員訪談為證，抽絲剝繭那些可以量化的非凡成就。同時反思台灣運動員的發展環境與文化，從生理到心理全盤討論激似信仰般的體育運動，這本書是值得所有教練們都入手的指南。

——卓君澤　資深體育媒體人

如何成為頂尖運動員？這個錯綜複雜的問題在這本書有深入淺出的解答，作者整理多位成功運動員的案例，分享他們如何達到現在的成就，他們的成功告訴我們，「天賦、機緣及運動科學」是通往冠軍之路不可或缺的元素；不論是運動員、教練，或是運動愛好者，這都是一本值得參考的好書。

——相子元　國家運動訓練中心運動科學總召集人、國立臺灣師範大學運動競技學系研究講座教授

頂尖運動員是激烈競爭環境中少數的佼佼者。大家看到的是其嘆為觀止的運動能力。而這些能

力，除了基因，很大一部分是靠後天的培養。不論是身體機能、心理技能、甚或技戰術能力，都是在給予最有效負荷後所產生的適應結果。這樣的自我突破並不限於頂尖運動員的訓練，各領域的專家養成都可以循此模式。現在就讓我們開始為生活增加一點負荷，勇敢面對困境，儲備力量，成為自己人生的頂尖冠軍！

——洪聰敏　臺灣師範大學體育學系研究講座教授、美國國家人體運動學院院士、中華民國亞運與奧運代表隊運動心理諮詢師、八屆桌球國手

作者由「天性與機運」、「知覺—心理能力」、「運動科學原理」三個面向，為邁向頂尖運動員的艱辛路程，提供高效與複製的可能。

——張育愷　國立臺灣師範大學體育學系研究講座教授

當選手的時候，沒有機會接觸這麼多書籍，當時就是每天努力執行和教練共同制定的目標，追求每一個突破自己的機會。閱讀本書後，書中提到很多想法，跟當時我在訓練時的觀念不謀而合，作者整理出一些關鍵因素，從文字中讓我重新回顧了在訓練場及賽場中的鬥志。這是一本值得大家去閱讀的書，人生旅程就跟在運動場上一樣，會面對各式各樣的挑戰，這能讓我們明白該運用什麼樣的策略，去不斷地提升自己、不斷地戰勝自己。

——許淑淨　奧運舉重金牌

我在陪伴超過一百五十位台灣頂尖運動選手的諮詢與課程培訓經驗中發現，頂尖運動員跟一般選手之間確實存在許多細微差異，這些差異包含面對成功或逆境的反應、追求完美的高標準、轉換情緒的能力、受傷後的復原力等，每個細微的小差異積累起來，就形成高手跟平庸的距離。《一個頂尖運動員的誕生》這本結合了現代運動科學、教練學、運動心理學研究的好書，就是要回答你：如何從平庸邁向頂尖？相信你我都能夠從頂尖運動員身上學到些什麼。

——曾荃鈺　中華民國運動員生涯規劃發展協會理事長、中華奧會教育委員

要成為頂尖選手絕非偶然！本書精彩豐富，深入淺出，融合許多寶貴的實務案例，並具研究佐證。頂尖運動員的誕生過程中，心理素質甚為關鍵！本書提及之心理技巧，亦是應用運動心理學家在指導亞奧運國家隊與職業選手時，常使用的心理策略——設定目標、掌控情緒、專注當下、正向積極、享受樂趣，發揮潛能，有效率的邁向頂尖之路！我推薦這本書給選手、教練以及所有想幫助孩子在運動場上、場下都發揮潛能的父母親。

——彭涵妮　國家隊與職業隊運動心理諮詢師、國立體育大學球類運動技術學系助理教授

小時候我一直不是一個在學業方面表現好的孩子，只有在打躲避球的時候我才發現原來世界上還有件事情是我擅長的；而如今我自己當了父母，我也總是不斷提醒自己千萬別讓運動在我兒子的成長過程當中缺席，不是希望他長大成為一名優秀的職業選手（當然要是能成為ＮＢＡ球員是很

棒啦），而是希望他能夠在奔馳流汗的過程當中去認識自己。《一個頂尖運動員的誕生》一書，透過數名優秀運動選手的奮鬥過程，從中讓大家了解到或許最後能成為頂尖運動員的人是少之又少，但每個人都能在嘗試的過程當中，讓自己成長，成為最好的自己。

——啾啾麥　暢銷作家

運動迷在欣賞經典賽事並見證運動員邁向巔峰的過程中，總是最喜歡聊這個話題：「為何這些人能成為最頂尖的GOAT？他們是如何辦到的？」此書結合了大量的運動員獨家訪談與運動科學研究，試圖抽絲剝繭、化繁為簡來告訴我們答案，但無論是否有讓你感到滿意的解答，相信你都能在閱讀此書的過程中得到樂趣與啟發。

——楊東遠　運動視界主編

顛峰運動心理學（Psychology of Peak Performance）、奧運冠軍選手心理特徵（Psychological Characteristics of Olympic Champions），或者是顛峰表現的關鍵密碼（Secret Codes of Peak Performance）等等；一直是運動心理學，乃至於運動科學的研究核心。

這一本由商周出版社出版、楊玲萱小姐所翻譯的「一個頂尖運動員的誕生」就是在剖析頂尖運動員的身心特質、天賦發展經過、訓練方法：比賽心理策略、最佳心理狀態，賽前的心理準備，以及教練與選手如何互動，讓他們隨時做好準備，爭取最佳成績！

我很高興有這個榮幸為這本書寫推薦語！我希望凡是關心我國競技運動發展的教練、選手、家長、體育老師、行政人員、體育科系研究生、運動科研人員，以及運動心理諮商人員都能夠參考這本書。我們越了解菁英選手的內心世界，以及造就他們成為世界一流選手的秘密，那麼將有更多我國的選手在國際體壇上發光發熱！為台灣爭取最高榮譽。

——盧俊宏　中國文化大學運動教練研究所教授兼所長

（順序按姓氏筆劃排列）

目錄

導讀

我想我們絕大多數的人，就算是對運動有點輕度成癮的人，都會同意那不是世界上最重要的事。沒錯，它很好玩、很有趣，但絕不是什麼攸關生死的大事。一如偉大的足球教練阿里戈．賽吉（Arrigo Sacchi）所言，運動是「生命中所有不重要的事情當中，最重要的一項。」

但是，除了鍛鍊和娛樂之外，運動還扮演了另一個角色：它能讓我們更加了解自己。它幫助我們理解，為什麼有些人能出類拔萃，有些人則不；為什麼有些人會力爭上游，其他人卻草草出局；為什麼有些人能在壓力下茁壯，有些人則因不敵壓力而崩潰。

本書是針對我們現在所謂的運動科學所做的劃時代分析巨作，事實上，它更像是一份完整解析，告訴我們應該如何成為最好的自己。從第一章討論為何弟弟妹妹的表現總是優於兄姊開始，本書將帶領我們踏上一趟旅程，去認識人類生理和心理的精彩之處。

第一次聽說馬克．威廉斯這個名字是我在為我的第一本書《一萬小時的神奇威力》（*Bounce*）蒐集資料的時候。因為他的學術著作寫得鞭辟入裡又條理分明，所以我去了一趟利物浦約翰摩爾斯大學（Liverpool John Moores University），也就是他當時任教的地方，以進一步了解他針對所謂運動中的認知商（perceptual intelligence）所做的研究。而這本書正是讓他將自己的研究介紹給更廣大讀者群的絕佳辦法。

而我對提姆·威格莫的認識則來自於他在大眾媒體上發表的文章。他的分析精闢，文章字字珠璣，無疑是和馬克搭檔寫作的不二人選。他們能將運動科學的不同分支整合起來，一方面幫助我們了解運動員成就偉大事業的過程，一方面又提供我們在練習、教養、表現上的實用小技巧。

有趣的是，身為人類文化一部分的競技活動在近幾十年來的發展，已經遠遠超過任何人的預期。世界上很少有國家不為頂尖運動員的事蹟所撼動，無論是看著波特（Usain Bolt）在奧運賽場上衝刺，看著小威廉絲（Serena Williams）一路過關斬將拿下又一座大滿貫頭銜，或是看著費德勒（Roger Federer）把網球變成一項表演藝術。我毫不懷疑運動將會持續發展，不斷啟發人心，繼續帶給觀眾和運動員人生的意義。

在寫下這些字句的同時，我正在觀看由ESPN製作、以NBA傳奇球星麥可·喬丹（Michael Jordan）為主角，名為《最後一舞》（*The Last Dance*）的紀錄片影集。這部紀錄片的敘事非常精彩，按事件先後發展，詳述了一名運動員如何帶領一支奄奄一息的隊伍，搖身一變成為史上最傑出的球隊。一切都是因為他強烈的性格：喬丹拒絕接受除了傑出以外的成就。而他立下的榜樣也起了帶頭作用，感染了身邊所有的人。喬丹很難搞，甚至到了令人難以忍受的地步，但是誰也不能否認他堅忍不拔的努力。

我在推特（twitter）上看到一則貼文，問道：「你如何成為專家？」另外一則問道：「他是如何取得如此成就？」要完整回答如此複雜、甚至近乎神秘的問題恐怕不太可能，但是這本書大概是最接近目標的一個。

馬修・賽德*（Matthew Syed）

二〇二〇年五月

*編按：英國記者、作家。曾是英國桌球國手，三度獲得英國聯邦桌球錦標賽男子單打冠軍，並代表英國參加奧運桌球項目。

前言

我們每一天在電視、社群媒體、報紙上舉目所及都看得到頂尖運動員的身影，但是我們能成為其中一員的可能性又有多大？事實上，我們都知道答案。以美國高中生來說，每五千七百六十八人，就有一人會成為職業足球員；每一萬一千七百七十一人，就有一人會成為男子籃球員；而每一萬三千〇一十五人中，就有一人會成為女子籃球員[1]。

然而，這個數據說的只是成為職業員而已，要成為其中頂尖好手的機率自然又更低了。全美國有五百三十萬個女子職業籃球員[2]，但只有一個艾琳娜·戴爾·多恩（Elena Delle Donne），她的罰球命中率是史上最高，而且這個紀錄無論男子或女子球員都無人能及。在南非，全國有四十六萬名橄欖球員，但是只有一個西亞·科里西（Siya Kolisi），他是南非國家橄欖球隊隊長，並帶領球隊拿下二〇一九年橄欖球世界盃冠軍[3]。在英格蘭，一百五十萬名職業足球員中，每年只有一百八十人能成功打入英格蘭足球超級聯賽（Premier League，簡稱英超），成功率只有百分之〇·〇一二[4]。從這個數據來看，馬庫斯·拉什福德（Marcus Rashford）在十八歲時，第一次登上英超正式比賽就射門得分的生涯紀錄，確實是非常了不起。

戴爾·多恩、科里西、拉什福德是我們訪問的眾多運動員之三，他們在訪談中和我們分享了自己在職業運動中邁向巔峰的心路歷程。除此之外，杰米·卡拉格（Jamie Carragher）、皮特·山普拉斯（Pete Sampras）、史蒂芬·柯瑞（Steph Curry）、丹·卡特（Dan Carter）、喬伊·沃托（Joey Votto）、伊恩·保爾特（Ian Poulter）、安妮卡·索倫斯坦（Annika Sorenstam）、麥克·赫塞（Mike Hussey）、艾達·海格伯格（Ada Hegerberg）、海倫·葛洛佛（Helen Glover）、尚恩·巴提耶（Shane

Battier）、庫馬爾・桑卡卡拉（Kumar Sangakkara），以及史蒂芬・亨得利（Stephen Hendry）也都大方和我們分享了自己的看法。

《一個頂尖運動員的誕生》（*The Best: How Elite Athletes are Made*）一書講得是運動員攀上巔峰的故事。整合了劃時代的運動科學研究，以及數十位頂尖運動員及教練的獨家訪談，試圖回答最根本的問題：他們脫穎而出的關鍵是什麼？他們之所以成為各領域翹楚的原因為何？他們和那些未能達標出線的運動員之間，最大的差異又是什麼？

在本書最開頭的幾章，我們探討了和出生背景相關的機運，以及這如何影響他們成為頂尖運動員的機率。我們在書中解釋了，為什麼弟弟妹妹總是能成為比哥哥姊姊更傑出的運動員。在茱蒂・莫瑞（Judy Murray）的幫忙下，我們也探索了要如何扮演好家長的角色。本書研究了最適合運動員成長的城鎮類型，並探討了中型城市之所以能培養出為數眾多的冠軍選手的原因。我們更到了巴黎郊區，走訪世界足球中樞，探討這裡能培養出全球最多菁英足球員的原因，並揭露培育體壇巨人的溫床的祕密，以及環境和文化如何能決定運動員成為頂尖好手的機率。

接著，本書將解釋運動員完成其不凡事蹟的方法。運動員能在瞬間處理無數條複雜的資訊，並以此為依據做出最適當的反應，而且這些動作往往都得在極大的壓力下完成。前利物浦足球俱樂部後衛卡拉格就說，球賽發展的解讀取決於每個球員腦袋轉動的速度，而不是他們的手腳有多快。當我們觀察頂尖運動員時，我們會發現，他們用眼的方式真的跟其他選手不一樣。我們將為你解密，探索運動員思考和解讀比賽的方式，並以此來回答一些關鍵問題：在棒球或板球比賽中，球從被投出到飛到打擊者眼前只要〇．五秒，選手如何在這麼短的時間內揮棒擊球？為什麼下手發球和擊球時的喊叫聲在網球比賽中如此有效？為什麼菁英運動員中有這麼多左撇子？我們也探究了科里西帶領南非奪下世界冠軍的秘辛，並藉這個故事探討體壇團隊合作的科學原理，為什麼有些運動員會怯場，又為什麼有些運動員在壓力下反而表現得更出色，就像保爾特在萊德盃（Ryder Cup）時的表現一樣。我們也會告訴你，贏得 PK 大戰的關鍵是什麼。

最後，我們探討了運動員如何靠著練習和精進各種技巧讓自己更上一層樓。戴爾．多恩找到了讓自己成為史上最強罰球線射手的訓練菜單，而我們則藉此來展示成就偉大的背後所需付出的練習。我們發現，最棒的運動員都對訓練的內容很有主見，而非只是聽從指示照表操課。透過前英國冰球代表隊教練丹尼．凱瑞（Danny Kerry）的故事，我們探討了教練能怎麼幫助選手成就偉大事業。凱瑞以技能習得的相關研究作為基礎，改變了自己的訓練方式，並帶領球隊奪下英國史上第一面奧運曲棍球金牌。我們也造訪了巴塞隆納足球俱樂部（FC Barcelona），這是世界上歷史最悠久的運動俱樂部之一，並了解他們如何利用先進的科技來幫助球員更進步。神經科學和虛擬實境等科技的應用，都有可能幫助運動員更進一步地突破自我。

我們關注的都是最盛行的運動項目，因此，除了探討奧運各項競賽之外，還有許多關於足球、籃球、板球、網球、高爾夫球、英式橄欖球、棒球等項目的討論。本書整合了劃時代的運動科學研究以及數十位頂尖運動好手及教練的獨家訪談。我們訪談的眾多運動員對本書有諸多啟發，他們也讓我們看見，要攀上巔峰不是只有一條路。本書絕大部分聚焦在社會學和心理學的層面來進行分析，然而，我們也發現體能和生理因素在其中同樣扮演了相當重要的角色。

關於本書的結論，我們希望能帶出一個確實而有說服力的解釋，來說明頂尖運動員之所以頂尖的原因：從孩提時代的成長背景到訓練的過程及方式，以及他們在經歷各式比賽競爭時的想法。當然，這會使我們的結論和現實世界一樣顯得混亂而複雜。我們費盡心力抵抗想將一切歸納成「通例」的想法，因為，儘管這個做法非常吸引人，但我們能歸納出多少通例，通常也就得捨棄相當數量的其他原因。

我們絕對不會告訴你，有什麼簡單的範本配方能幫助你成為頂尖運動員，或是幫助你發揮所有潛能，因為運動就跟人生一樣極其複雜。我們也不會告訴你說，任何人都能成為人中龍鳳，因為頂尖運動員的成就來自先天與後天因素之間複雜且相互羈絆的作用成果。但是，我們的研究也顯示了，某些成長背景和職業生涯發展過程中的特點在頂尖運動員身上特別常見，這表示成為頂尖運動員可能某些特定的條件。而我們相信，不管是運動員、家長、教練或是運動迷，都能從這些故事中獲益良多。

我們寫這本書的目的並非要給未來可能的冠軍選手提供範本，相反地，我們是要回答所有運動賽事的觀眾最常提出的兩個問題：為什麼是他們？他們是怎麼辦到的？希望你們也和我們一樣，樂在為這些問題找到解答。

第一部

天性、機緣和機運在
冠軍培養過程中所扮演的角色

1

我們都是一家人

關於讓人驚艷的因格布里格森三兄弟的故事，
以及弟弟妹妹的運動細胞就是比你好的原因。

「我們之間一直維持著健康的良性競爭。我們用聰明的方式訓練，並在一定的限度之內互相督促。但也就是這樣的敵對心態，讓我們能夠每年都一起晉級、爭奪獎牌。」

——菲利普・因格布里格森（Filip Ingebrigtsen），歐洲田徑冠軍錦標賽一千五百公尺長跑金牌得主的三位因格布里格森兄弟之一[1]

對大多數的家長來說，看著自己的孩子們在公開賽事中同場較勁，無不對要支持哪一方感到坐立難安。但是，吉爾特．因格布里格森（Gjert Ingebrigtsen）卻對此習以為常。在過去二十年間，他早已看著自己的孩子在運動場上互相較勁無數次，因此當他坐下來觀看二〇一八年柏林歐洲田徑錦標賽（European Athletics Championships）時，場上的畫面對他來說再熟悉不過了。

然而，對世界上其他人而言，在八月十號和十一號晚間所觀賞的賽事實在饒富趣味。在八月十號的一千五百公尺長跑競賽中，年僅十七歲的雅各布．因格布里格森（Jakob Ingebrigtsen）奪下冠軍，成為歐洲錦標賽史上最年輕的金牌得主。確定贏得比賽後，他的兩位哥哥亨里克（Henrik Ingebrigtsen）、菲利普（Filip Ingebrigtsen）和他一起在柏林奧林匹克運動場的跑道上大肆慶祝。

冠軍得主和兄弟姊妹們一起慶祝贏得比賽，這件事本身並不少見，稀奇的是，這兩位哥哥剛剛才在跑道上和雅各布同場較勁、爭奪金牌。興奮地朝空中揮拳的是菲利普，他在本次賽事中的名次落在第十二名，他這樣的表現其實非常令人失望，因為他可是兩年前、上一屆歐洲錦標賽的冠軍得主。搭著雅各布肩膀，並用手指著他的人則是亨里克，他在這場比賽中得到第四名。然而，他一樣也深知贏得一千五百公尺長跑金牌的滋味，因為他在六年前曾奪下冠軍。現在三兄弟都獲得了歐洲冠軍的頭銜，這可是歐洲錦標賽中最受矚目的大事之一[1]。

不到二十四小時後，雅各布和亨里克再度於柏林奧林匹克運動場上一起慶祝勝利。不同凡響的雅各布再次奪下金牌，成為八十四年來首位同時奪下一千五百公尺及五千公尺歐洲錦標賽冠軍的男子選手，而他甚至還不到可以合法開車的年紀。雅各布手持挪威國旗慶祝，在一旁的則是亨里克，他在五千公尺長跑賽中，以一點七秒之差輸給弟弟雅各布，只奪下銀牌。

更年輕……也更厲害

在兩個女兒塞雷納（Serena）和維納斯（Venus）分別是三歲和四歲時，理查・威廉絲（Richard Williams）想到了一個計畫：他要給兩個女兒網球拍，並開始訓練她們，讓她們朝著冠軍之路邁進。儘管維納斯在兩人小時候進步得比較快，但理查依舊言之鑿鑿地認定塞雷納未來會是兩人之中比較厲害的選手。

理查・威廉絲說的沒錯，維納斯和塞雷納後來都成為了網球史上數一數二的名將，而且一如父親的預測，塞雷納證明了自己是威廉絲家最厲害的選手。更有甚者，擁有生涯三十九座大滿貫冠軍，其中更包含二十三座女子單打大滿貫冠軍紀錄的她，可以說是史上最厲害的女子網球選手[2]。

這就是「弟妹效應」（little sibling effect）：弟弟和妹妹的成就往往會超過哥哥姊姊。如果你有弟弟或妹妹，他們的運動細胞大概都比你好。

根據統計，菁英運動員平均擁有一・〇四位哥哥或姊姊，而一般運動員則平均擁有〇・六位，這項統計資料分析了來自澳洲和加拿大、共三十三種不同運動項目的運動員背景資料[3]。該研究中，菁英運動員的定義是符合成年組國際賽事等級的運動員，非菁英運動員指的則是青少年國家級賽事或成年組國內賽事的運動員。這份統計發現，菁英運動員和非菁英運動員平均擁有的手足數是相同的，唯一的差別在於他們比自己的手足年長或年輕。

即使兩個手足都晉身職業運動員行列，較年輕的一個依舊擁有明顯的優勢。在美國職棒大聯盟（Major League Baseball）中，弟弟往往比哥哥的表現更突出[3]。在每場比賽時間長達五天、被稱為板球運動之最的板球對抗賽（Test cricket），具有出賽資格的兄弟檔球員中，弟弟的職業生涯較成功的機率是哥哥的兩倍[3]。據統計，二〇〇四到二〇〇九年間效力於英格蘭隊的板球對抗賽擊球員，平均有一．二位哥哥或姊姊；而郡際錦標賽級的擊球員平均只擁有〇．四位兄姊[3]。

雅各布是因格布里格森家七個孩子中的老五，因此他有機會能模仿菲利普和亨里克的訓練技巧，這兩個哥哥分別大他七歲和九歲。甚至，連這兩個哥哥也受惠於擁有哥哥的好處。菲利普是家中老二，他之上還有一個大哥，年輕時也曾是田徑選手，而亨里克則在家中排行老三。

「我從八歲、九歲、十歲開始就是一名職業跑者，」雅各布在柏林贏得雙冠王後這麼說，「我從很小的時候就持續接受訓練，全心投入、遵循一套很好的訓練法，並且和哥哥們做著同樣的訓練菜單。」

「得到這面獎牌確實令人難以置信，這是件不得了的大事。但是能在兩天之內贏得兩項冠軍頭銜，正是我一直努力接受訓練的成果。」從很小的時候開始，雅各布就和他的兄弟們一同接受訓練，從十六、十七歲起就跟上了同一套間歇訓練內容[4]。

他在柏林摘下雙金的紀錄確實非比尋常，但是超越哥哥的表現卻是件稀鬆平常的事。從十五歲開始，雅各布在八百公尺比賽的表現就超越了兄長們在同樣年紀時的表現；而在十六歲後，更超越了他們在一千五百公尺比賽的成績。十六歲時，雅各布成為史上創下在四分鐘內跑完一英里紀錄的選手中，最年輕的一個。

如同英格布里格森家族的例子，兄姊們往往扮演著招募者的角色，而弟弟妹妹則自願或被迫和他們一起投入某項運動之中。值得注意的是，在二〇一九年世界盃橄欖球賽後，共計有四十六對兄弟檔曾效力於紐西蘭國家隊，血緣關係鞏固了這個史上最成功的運動團隊之一。

涓滴效應

「她總是一天到晚拉我出門去跑步或是踢球。」在提到大她兩歲的姊姊安德里恩（Andrine）時，二〇一八年獲得象徵世界最佳女子足球員的榮耀、足球女子金球獎得主艾達・海格伯格（Ada Hegerberg）這麼說，「她是我的榜樣。」

艾達是家中三兄妹裡的老么。「要是沒有大哥和姊姊，我想我沒有辦法達成今日的成就。一開始我只是跟在他們旁邊閒晃，但是到了八、九歲的時候，我漸漸掉進足球的世界中，再也無法自拔。也就是說，他們對我有相當大的影響。」

排行老大的孩子往往要等到家長有空的時候才能陪他玩，或是靠家長安排和其他孩子相聚的遊戲時間。但是有哥哥姊姊的孩子不必等，他們一出生就有現成的玩伴。要是兄姊常常需要家長接送參加各種運動，弟弟妹妹往往也會被帶著一起去，這使他們從很小的時候就開始固定接觸運動。

「兄姊在一名運動員的發展過程中扮演了相當重要的角色。他們可能是帶領弟弟妹妹進入運動世界的社交媒介，不管是藉由在家練習的機會，或是因為爸媽總會帶著弟妹一起接送哥哥姊姊參加活動。」參與澳洲與加拿大運動員研究的共同作者梅莉莎・哈普伍德（Melissa Hopwood）解釋道，「接著，兄姊的角色會轉變成被模仿的對象或是教練，藉著讓弟弟妹妹觀察自己的動作或是給予直接的指導，得以傳授他們該項運動的規則和技巧。」

在團隊運動中，弟弟妹妹經常會和哥哥姊姊一起練習，如同海格伯格當年所做的一樣。哈普伍德指出，如此將能「促使他們在小小年紀就開始練習進階技巧，以便追上其他隊員的程度」。

這項優勢在女子運動中的影響更為顯著。一項針對美國國家女子足球代表隊所做的研究指出，隊上的成員是獨生女的機率遠遠低於全國平均。美國女足代表隊一直是世界強隊，同時也是二〇一九年國際足總女子世界盃冠軍。國家隊成員中，只有兩成的選手是家中長女，卻有高達七成四的選手有哥哥姊姊，而且其中有四分之三同樣也是足球員。研究也指出，選手擁有的是哥哥或是姊姊，對結果沒有顯著差異[5]。

許多國家的研究都指出，擁有至少一個哥哥的女孩，參與運動的機率更高。「哥哥們運動的機率比較高，也更有可能會在家進行非正式的練習，如此一來，弟弟妹妹對運動就不會感到陌生。」哈普伍德說。「對於家裡有兄長的女孩來說，兩人的體能差異可能更大，因此妹妹必須更聰明、更堅強。」打進二〇一九世界盃準決賽的英格蘭女子足球代表隊中，有五成二的選手有哥哥，而且有三分之二的隊員都有哥哥或姊姊[5]。二〇一七年，在羅德板球場（Lord's）贏得女子世界盃冠軍的英格蘭女子板球代表隊中，只有一個選手表示家裡沒有同樣也打板球的哥哥。

兄弟鬩牆

想追趕上兄姊的強烈欲望是弟弟妹妹們的動力。在一部關於因格布里格森家族的紀錄片中，當時尚未成為職業運動員的雅各布接受訪問說：「所有人都期待我贏得比賽，如果我沒有贏就會讓大家失望。[6]」「我最大的夢想是超越亨里克。我想，等我二十歲的時候，大概就可以打敗他了。」結果，他甚至用不到那麼久的時間就達成了目標。

兄弟姊妹們會根據自己在家中的排行，發展出不同的動機和目標。老大通常偏好精熟目標（mastery goal），也就是以個人能力作為評斷標準的目標。老二則較偏好表現目標（performance goal），亦即以他人做為參考標準的能力評斷。從兩者的差異可以看出，家中老二的目標設定導向更適合投入職業運動生涯[7]。有項研究將運動員分成三組，分別是所謂的超級冠軍（成就達到其領域巔峰）、冠軍和「小時了了」（儘管在青少年時期表現優異，後來卻沒有成功）。在分析了這三組運動員的背景後發現，想追上哥哥姊姊的欲望是促使其中許多人後來成為傑出運動員的驅動力[8]。

「你知道的，我以前真的一直是非常、非常厲害的。」只比妹妹大了十五個月的大威廉絲回憶道。「至於塞雷納，她根本一點也不行。她的個頭很小，又很瘦，球拍對她來說實在是太大了。她根本毫無希望[9]。」但是小威廉絲沒有讓自己在網球場上吃虧太久。她們的母親回憶道，「塞雷納不管什麼事情都要追求完美，若是不夠完美，她就會生氣。她很好勝，不管是才藝比賽或是打牌，她都一定要贏[10]。」

有時候，弟弟妹妹所享有的優勢來自於家長對待孩子的方式。家長總是比較縱容排行比較後面的孩子，這種情況簡直到了惡名昭彰的地步。他們可以出門玩的年紀限制降低了，也可以更自由地從事危險活動[3]。這個現象也涵蓋了運動。和哥哥姊姊們相比，弟弟妹妹從事危險的接觸運動的機率高出四成，因此他們也更有機會在這些運動項目中出人頭地[3]。

在運動以及其他領域，弟弟妹妹採取非正統方法、不循規蹈矩的機率更高，而且他們也比較不受規矩的束縛。老大往往會選擇保守的職業生涯規劃，他們在初入職場時的收入比較高，並且傾向支持保持現狀的政治立場。根據法蘭克・蘇洛韋（Frank J. Sulloway）的分析[11]，弟弟妹妹「明顯比老大更有可能支持激進的政治改革」。蘇洛韋同時也指出，值得注意的是，在棒球場上，弟弟試圖盜壘的機率是哥哥的十倍[12]。被稱為「盜壘之父」的傑基・羅賓森（Jackie Robinson）就有四個哥哥姊姊。

要在非正式比賽中和兄姊（以及他們的同儕）競爭，弟弟妹妹們就得靠智取以彌補體能上的不足。所以他們往往會發展出比兄姊「更優越的知覺認知技能（perceptual-cognitive skills）、更佳的創造力，以及極度精準的技巧」，哈普伍德解釋道。

因為投入練習的時間較短，而且體能發展還不及其他人，弟弟妹妹在與家人比賽時往往會敗下陣來。這樣的經驗使他們更懂得面對失敗，掌控自己的好勝心和心理復原力。

「他們老愛嚇唬我，」在板球對抗賽和國際單日賽都獲得世界第一擊球員稱號的A・B・德維里爾斯（AB de Villiers），講述小時候和大他六歲和九歲的兩個哥哥比賽時的場景時說道，「我哥哥完全不會手下留情，他們根本是怪獸。所以經常上演淚灑球場的戲碼，而且通常哭的都是我[13]。」

因此，或許雅各布的紀錄也只能保持到他二〇二三年出生的弟弟威廉（William）成為職業選手的那天。「我們還有一個即將滿五歲的弟弟，他很快就能加入我們，」亨里克在柏林奧林匹克體育場贏得五千公尺長跑銀牌後說，「沒有什麼能阻擋我們[4]。」

共同學習

光是擁有手足這件事就能大幅提升孩子成為菁英運動員的機會，有兄弟姊妹的孩子參與運動活動的機率普遍較高。綜觀全球，菁英運動員的手足固定參與運動活動的機率是他人的二・三倍，所以中國過去的一胎化政策看來對培養冠軍選手助益不大。

「我們是對手、是兄弟，也是好朋友。」菲利普說，「我們在訓練時會互相激勵[15]。」如同因格布里格森兄弟的例子所示，手足之間能為彼此帶來陪伴、情感支持以及動力。

「我們之間一直維持著健康的良性競爭，」菲利普在柏林比賽時說道[1]，「我們用聰明的方式訓練，並在一定限度內互相督促。但也就是這樣的敵對競爭心態，讓我們能夠每年都一起晉級、爭奪獎牌。」

亨里克回憶：「我在二〇一七年時受了傷，必須進行手術治療。所以要重新開始為二〇一八年賽季做訓練的時候，我真的覺得很困難。到了二〇一八年春天，當我終於能跟上菲利普和雅各布的間歇訓練時，我就知道我已經準備好可以在二〇一八歐洲田徑錦標賽中爭取獎牌了[15]。」

和兄弟姊妹一起努力，可以增進學習速度。兩個或以上的人一起學習同一項工作，也稱作雙人學習（dyadic learning），這對學習新技能的幫助非常大[16]。多人共學可以增進學生間的口語互動、提升學習動機以及增加回饋分享。「如果可以看到和自己技術程度相仿的人在學習過程中犯錯或是慢慢變好，就會像有一面鏡子可以檢視自己的表現一樣。」英屬哥倫比亞大學（University of British Columbia）的技能習得專家尼可拉・哈吉斯（Nicola Hodges）說道。這樣的學習環境對所有學生都有益，對弟弟妹妹的助益尤其明顯，因為他們可以從兄姊身上學到的遠遠大於兄姊能從他們身上學到的。「我從觀察維納斯打球之中學到很多，」在一九九八年時，小威廉絲曾這麼說，「她的成就鼓勵我更加努力練習，讓自己也能打出好球。[17]」

不只弟弟妹妹會從其他手足身上學習，家長也會從教養老大的經驗中學習，去蕪存菁，給老么更好的成長經驗。這似乎就是威廉絲姊妹的寫照。「就像是，維納斯因為是姊姊而被當成實驗老鼠來實驗某些擊球法，然後他們把改良後的技巧教給塞雷納。」美國前網球選手潘姆・史瑞佛（Pam Shriver）曾分享自己對兩姊妹的觀察心得[2]。家長「一直到第二個孩子加入後，才更熟悉運動體系的運作方式」，哈普伍德在研究中指出，「他們知道哪些俱樂部比較好、哪些教練比較優秀、要付出多少心力等等，因此他們有更清楚、更謹慎的經驗，而不是像無頭蒼蠅一樣。」

「他和菲利普都從我的錯誤中學習，」亨里克在雅各布摘下在柏林的第一面金牌後說道，「我犯過很多錯！」

「我們每年都會改善加強我們的訓練計畫和健身菜單，雅各布開始加入訓練的時候就是遵循這一套可以說是最完美的訓練計畫……我父親、我和菲利普〔原文如此〕花了數年的時間改良這一套計畫，使之臻於完美。希望我們還能再做些更動，讓它好上加好，讓我們各自都再奪下一面金牌。」

傑米和安迪：「球隊家庭」

傑米（Jamie）和安迪．莫瑞（Andy Murray）成長於蘇格蘭中部，一個人口只有九千人的小鎮鄧布蘭（Dunblane），他們的故事和因格布里格森兄弟有點類似。他們做什麼運動都在一起，但是和因格布里格森兄弟不同的是，他們比較喜歡球類運動。

他們家離當地的網球俱樂部只要走路一分鐘就到了。網球俱樂部旁有個公園，莫瑞兄弟以前經常在這裡和朋友踢足球，旁邊還有個高爾夫球場。「我們常常跑去打球，不管是我們兩個一起或是跟朋友去，」傑米回憶，「我們就只是跑去那裡玩一玩、打打球。」在鄧布蘭的仲夏，一直要到晚上十點才會天黑，「所以你有一整個白天加上一個晚上的時間運動。」

在家裡，兩兄弟「一天到晚自己發明新遊戲，為各式各樣的事情制定一套自己的計分方式」，母親茱蒂（Judy）說道。他們會玩摔角比賽，然後自己用瓦楞紙和膠水做冠軍腰帶，安迪通常喜歡假扮成巨石強森（the Rock）。他們還會拿氣球充當網球隔著沙發互打，在家裡的桌上打乒乓球，在走廊上進行高爾夫球推桿比賽。

傑米還記得，以前他們在家裡會用他們青少年組的冠軍獎盃當作球網。「我們有幾把迷你球拍和一個海綿球，然後就這樣玩上好幾個小時，而且樂此不疲。但那些遊戲在不知不覺間教會了我們去感受，以及增進不同技巧。」

獨生子女通常要靠家長或是到學校、運動俱樂部等較正式的場合才有機會接觸運動，但是家中有年紀相仿的手足的孩子，很小就開始和其他孩子一起玩耍、運動。「我們做什麼事都一起。」傑米回憶道。莫瑞一家正體現了加拿大社會學家所謂的「球隊家庭」（team family），以運動做為手足間培養感情的背景舞台，並用以創造適於練習技能的環境，有利於正式與非正式的指導，並建立共同的身份認同和目標[18]。

非正式的比賽能幫助動作技能的發展，並鼓勵選手獨立思考[19, 20]。非正式比賽對選手而言，其中的變數以及新的突發狀況都比一般傳統的正式訓練要多得多。

無論玩什麼，在莫瑞家都是一場激烈的競爭。「安迪之所以會成為一位超級無敵好勝的選手，就是因為在成長過程中有一個身材比他高大、力氣也比他大的哥哥。」茱蒂回想，「他一心想做的就是打敗傑米。」

小時候的遊戲造就了安迪成為今日的網球好手。「安迪的復原力驚人，他有一種不可思議的意志力、蘇格蘭人的性格。也就是如果你說我做不到，我就會證明『我做得到』給你看。」

成功和犧牲

許多菁英運動員都是從巨大的逆境中竄出，而後登上生涯高峰。這樣的現象製造了一個假象，使大眾往往認為運動好手無論出身高低，都能闖出一片天。然而，即使是有兒時創傷的運動員，譬如親人過世或是家境清寒等，他們往往仍受惠於家庭支持。

「我的家人在我的人生中扮演了非常重要的角色，沒有他們，我現在就還只是個無名小卒。」效力於英格蘭代表隊及曼徹斯特城足球俱樂部（Manchester City）的拉希姆．斯特林（Raheem Sterling）在《選手論壇》（*The Players' Tribune*）上寫道[21]。內容描述了斯特林如何一路奮鬥，躋身世界最佳足球員行列，故事的核心便是全家人為他一人犧牲奉獻。

斯特林兩歲的時候，父親在牙買加被人謀殺。之後母親移居倫敦，半工半讀以賺錢供養孩子。斯特林留在牙買加京斯敦（Kingston, Jamaica）由祖母照顧，直到五歲時才搬到英格蘭和母親團聚。

斯特林的母親對於他的職業發展至關重要。「我媽是個不折不扣的戰士，她知道要怎麼在這個世界出人頭地。」他寫道。當兵工廠足球俱樂部（Arsenal）找上斯特林時，他母親卻要他加入女王公園巡遊者足球俱樂部（Queens Park Rangers），一個沒什麼名氣、卻願意給斯特林更多上場時間的球隊。

要抵達俱樂部得換三班公車。「我們每天下午三點十五分出門，晚上十一點回到家，每一天都是如此。」斯特林寫道。他的姊姊負責陪他去練球。「想像一下，你今年十七歲，卻必須為了弟弟這麼做，而且我從來沒聽她說過『不要，我不想帶他去』。」

「我媽犧牲了自己，讓我能有今天的成就；我姊姊也犧牲了自己，讓我能有今天的成就。」

「我的目標就是要拿到一份職業合約，如此一來我母親和姊姊就可以輕鬆了。買房子給我媽的那天，大概是我人生中最快樂的一天。」

斯特林的故事告訴我們，擁有家人的支持對於成為頂尖運動員有多麼重要。沒有家長或監護人幫助的孩子，不管在哪一個領域都比較不容易成功。足球發展顧問羅賓．羅素（Robin Russell）就觀察到，幾乎所有的足球員，即使是那些來自低社會經濟地位家庭背景的球員，往往至少擁有一項關鍵的資源，那就是穩定的家庭狀況：至少有一個可靠、慈愛的家長、代理家長或監護人，如祖父母或哥哥姊姊等，在他們的生涯中提供幫助。就算是在全世界最親民、最民主的足球運動中，家人所扮演的角色依舊不可或缺。家人對孩子踢足球抱持正面的態度，可以提升他們的自信，並加強他們繼續踢球的動機。

無論是透過正式的俱樂部系統、和朋友進行非正式比賽，或是自己和孩子一起踢球玩，家長都必須確保孩子有管道接觸適當的場地、對手和教練。對許多運動而言，這樣的支持意味著要花費時間和花錢[22]。

一大筆投資

當莫瑞兄弟正式投入網球運動時，「我們那一區都沒有教練，所以我開始每週花幾個小時當義工。」茱蒂回憶。後來，在一九九五年，安迪八歲、傑米九歲時，她當上了蘇格蘭網球代表隊教練。「我有兩萬五千英鎊的薪水，還有九萬英鎊的預算，這筆預算是提供給全蘇格蘭七歲以上的網球選手的訓練經費，這筆錢要用來支付場地費、其他教練的教練費、體能訓練和比賽的費用。」她一開始先維持小規模，帶領二十個孩子開始進行訓練，其中也包括自己的兩個兒子。

「你想做成一些事，因此你找來了所有的家長，因為這世界上沒有誰比家長更希望自己的孩子能成功。我們擬定了共乘車輛輪值表，大家一夜之間就開始互相幫助。我教導他們比賽時需要哪些工作人員、錦標賽該如何進行等。因為建立了這種家庭的感覺，大家便能一起投入。」

「對他們來說，這就像一場冒險。我們差不多每兩個週末就會南下英格蘭一次，開著小巴，載滿了小朋友；他們學會自己照顧自己，也學會彼此照顧。通常是我負責開車，車上就只有我和十六個小孩。現在已經不准這麼做了，但那個時候我們就是這樣進行的。年紀較大的孩子得照顧年紀小的孩子。如果一切要重頭來過，我還是會這麼做，因為很好玩，而且一切再正常不過了。」

茱蒂和其他家長一起確保選手們不斷接受新挑戰。「在網球界，你很容易成為小池塘裡的大魚。然而，一旦你成為了那隻大魚，就得趕快跳出來，找一個更大的池塘去待。我們習慣了跋山涉水，去找新的比賽參加。」

當兒子的職業之路開始起飛，傑米到巴黎去接受訓練，安迪則到了巴塞隆納，茱蒂的責任也因此變多了。「我們沒有錢可以請人，所以我學會了各種工作，包括在四個不同國家中請退稅的步驟。我去上了按摩課程，所以我可以在賽後幫他們進行按摩舒緩，而不用多花一筆錢。實在有太多太多事情我得學著做，因為每一件都是必須。這也是為什麼在網球界中，有這麼多家長會跟著孩子到處比賽，因為他們沒有錢請別人來做。」

「到海外參加青少年組比賽是沒有獎金的，這比較像是每週去不同地方度假。因為你得負擔機票或火車票錢，還要付買食物、住旅館、球拍換線、報名費、電話費等等的錢。」

「要培養一名年輕網球選手需要投入一大堆的時間和金錢。」茱蒂說道。但是，不只有網球界是如此。在美國，科學家針對女子青年國家足球隊隊員的家長做了一項研究，結果發現，六成三的母親投入在孩子的足球俱樂部擔任義工，五成六的父親會和孩子進行一對一訓練，還有五成的父親志願擔任孩子足球隊的教練[23]。家長和其他家庭成員是否能夠為孩子提供正確的幫助，正是決定誰能成為菁英運動員的關鍵。

「直昇機家長」的危險之處

「他們總是在上空盤旋，並在危機出現的時候立刻出手拯救孩子。他們永遠都在奔波，把孩子忘了帶的午餐、家長回條、樂器，甚至功課送到學校。他們總是忙著幫孩子脫身。」

兒童發展科學家福斯特・克萊因（Foster Cline）和吉姆・費伊（Jim Fay）首先使用了「直昇機教養法」一詞來形容過度參與孩子生活的家長。這些家長往往窮盡一切試圖解決孩子所有的問題，保護孩子不受到任何危險的威脅[24]。

儘管家長的參與對運動員的早期發展至關重要，尤其對個人運動項目的運動員而言更是關鍵，但這樣的參與必須以正確的方式進行。若是家長採行直昇機教養法，讓孩子不必承擔責任，這將不利於其成為頂尖運動員的前途。

透過微觀管理掌控孩子的生活，直昇機家長往往會避免孩子從事非正式比賽。加拿大皇后大學（Queen's University）的伊恩・簡森（Ian Janssen）解釋，家長越是高度參與孩子的生活，孩子從事身體活動的機率越低，尤其是無人監督的非正式比賽。因此，直昇機教養法的使用越頻繁，孩子參與非正式比賽的機率就越低[25]。與其採用直昇機教養法，「設定明確的界線，並在此限度內給予孩子充分的自由及自主性，這種做法與孩子在學科及運動發展的正向成果有密切的關係。」亞伯達大學（University of Alberta）的運動發展專家尼可拉斯・霍特（Nicholas Holt）說明道[26]。

來自家長過度的壓力和過高的期望，容易使年輕運動員產生高度焦慮，以及自尊心與自信心低落的情況，甚至導致其對身體活動的倦怠（burnout）並進而放棄訓練[27]。

從表面上看來，茱蒂對兩個孩子剛萌芽的職業運動生涯的積極參與，以及她自己出生網球世家的背景，都可能造就她成為一名直昇機家長。但是，她很有意識地小心避免自己成為直昇機家長。「我一直堅信應該養成孩子獨立思考的能力。」在比賽結束之後，尤其是打完過程比較辛苦的比賽之後，茱蒂的做法往往是「向他們提問，而不是直接告訴他們應該怎麼做」，她說。

「大部分的時候，你問越多關於他們認為自己在比賽時應該怎麼做越好。譬如說，在比賽的某個時候發生了什麼事？如果你明天再打一次這場比賽，你會做什麼改變？你想加強什麼地方？重點是想辦法盡力去了解，他們從比賽中學到了什麼。」

「他們能自己做決定、做選擇是非常重要的事，因為如果是他們自己的決定，他們就得為這個決定負責，承擔這個決定的後果。當然啦，在看到孩子即將鑄下大錯的時候，我還是會以家長的身份跳下去幫忙，但我同時深信，應該讓孩子有犯錯的機會，並從錯誤中學習。」

傑米記得媽媽「一直很重視要我們自己說說為什麼某件事沒有成功？或是為什麼這樣行不通？或者在某一天的某場比賽中，你的對手做了什麼，導致你無法好好應戰？她總是要我們自己說出來，而不只是在那聽別人說『好的，你今天發球發得不好』或是『你的正手拍糟透了，你每一球都掛網』。她很強調要我們為自己在場上的行為負責，並為場上發生的事情承擔責任，因為說到底，一切都是由我們決定的，不是嗎？」

因為茱蒂同時也擔任其他選手的教練，她的注意力並非完全集中在自己的孩子身上。「我擔任國家隊教練，要負責訓練一大堆孩子，這也有影響。這使我的心力不會完全只投注在自己的孩子身上，我覺得這是我和大部分家長不同之處。」

家長的教養方式可以增進孩子在運動方面的發展，但也可能有損其發展。「家長、運動員或孩子和教練之間的三角關係，必須是三向的。」茱蒂說道。舉例來說，教練要訓練孩子的復原力時，

「若是孩子在家被寵壞了，被當成公主或是王子一般呵護」，這個訓練不會有成效，「家長必須明白自己的角色，這真的非常重要」。

家長對剛起步的運動員必須提供支持、安排他們的行程、照顧他們的健康，還要顧及青少年運動中的人際互動，打好和其他家長、教練、行政人員等的關係[27]。「家長必須自我充實，並有效運用各種個人內在、人際關係、組織管理等技能，才能成為孩子最強的後盾。」羅浮堡大學（Loughborough University）的運動心理學家克里斯・哈爾伍德（Chris Harwood）如此解釋。

家長和教練：兩者負責不同工作

教練們經常抱怨，他們認為不是只有孩子應該學習，更應該開辦一間學校讓運動神童的家長去上課。法國足球界著名的克萊楓丹學院（Clairefontaine academy）在每次招募新血開訓時，都會舉辦一場專門給家長的演講。「我會集合所有的家長，然後跟他們說，我會做好我的工作，請你也做好你的工作。」克萊楓丹學院的院長克里斯提安・巴西拉（Christian Bassila）說，「你的工作是什麼呢？就是當個家長，當個普通的家長。只要繼續當個家長，一切就會很完美。」

巴西拉最痛恨早早為孩子大肆宣傳的那種家長。「有個父親打給我說，『有幾個記者想為我兒子寫篇特別報導，可以嗎？』我腦中的第一個反應就是『莫名其妙』，你兒子才十四歲。這些家長做太多白日夢了。他還不懂，但是這對未來的發展有相當大的影響。」

有些孩子來到克萊楓丹時，是家長幫他扛著「所有」家當。他們有太多特殊待遇，導致「你很難對他們有什麼正面評價」，巴西拉回想，「只要像個普通人的家長一樣照顧你兒子就可以了，不要覺得『喔！我兒子是個非常厲害的足球員。』」

「身為教練，把家長擺在對的地方，他們就可以變成你的祕密武器。」茱蒂・莫瑞指出她的觀察結果。「他們可以幫你一個大忙，讓孩子變得專業，保持良好的態度、做個有風度的選手、打包自己的行李、到超市幫自己添購口糧等，充分了解自己所投入的運動項目的內涵。」帶著小選手征戰青少年錦標賽時，茱蒂也曾遇過選手的球拍斷線，當她要選手替球拍換線時，選手的回答是：「每次都是我媽弄的，我要打電話給她，她才知道怎麼處理。」茱蒂此時會說：「這又不是你媽的球拍，這是你的球拍。」

運動心理學家戴夫・科林斯（Dave Collins）做了一個研究，分析超級冠軍（擁有超過五十次國際賽出賽紀錄，或是得過五面以上的世界錦標賽獎牌）和「小時了了」（在青少年時期表現優異，但成年後的發展卻止步於乙級聯賽或從未贏得任何獎牌）兩組選手的差別。結果發現，「小時了了組」的運動員的家長，往往比較沉溺於孩子剛起步的運動員生涯[8]。

「超級冠軍在十三歲時的生活是，訓練完回到家，爸爸或媽媽問他：『今天過得怎樣？很好。現在去寫功課。』」柯林斯說道。「而『小時了了』組的選手的父母則忙著打電話：『為什麼我的小戰士沒有被排在中鋒的位置？』、『給他這個多一點，給他那個多一點。』」

「現在採用直昇機教養法的家長數量是前所未見的多，」茱蒂・莫瑞想了想說。「但是如果家長們什麼都一手包辦，就無法培養出運動場上的鬥士、選手、戰士。」

「你不能老是幫孩子解決所有問題，你沒辦法保護他們免於一切危險。而且說起來，這對於培養他們成為出色的運動員反倒有害。」

稀奇的是，莫瑞兄弟不只雙雙登上網球排名第一的位置，他們還是以完全不同的方式登上生涯高峰：安迪是右手持拍的單打好手，並以底線防守反擊的能力著名；傑米則是左手持拍的雙打選手，並以網前的出色表現著稱。

「我們家一個左撇子，一個右撇子；一個專長單打，一個擅長雙打；一個喜歡在網前快速擊球，另一個則守在底線來回跑也不喊累。」茱蒂說道。「他們兩個人南轅北轍，而他們的球風也反映出各自的體能優勢和個性。因此，他們在網球界各自朝著截然不同的方向發展，又以不同的姿態攀上網球界的巔峰。」

「要是他們走上完全相同的路，那我會輕鬆許多。」她笑著說。「從這一點，你就可以看出『了解一樣米養百樣人』的重要性。」

2

地點、地點、地點

為什麼中型城鎮能培養出最多的冠軍選手？

米爾菲德中學校友贏得的奧運金牌數如何超過整個墨西哥？

學校、城鎮和國家對一個剛起步的運動員有什麼影響？

「我以前總是說，就像史詩英雄阿基里斯一樣，當你還是小嬰兒的時候，就被抓著腳踝，放進幽暗的墨藍比吉河（Murrumbidgee）中……這裡集市鎮與鄉村於一處。」

——澳洲板球選手傑夫．勞森（Geoff Lawson），來自澳洲沃加瓦加城（Wagga Wagga）的眾多菁英運動員之一自一九五六年起，每一屆夏季奧運會都至少有一位選手畢業自英國的這所學校，而且通常不只一個：在二〇〇八年至二〇一六年間，共有二十六名來自米爾菲爾德中學（Millfield School）的學生參與了夏季奧運會的競賽。在二〇一六年的奧運會上，甚至同時有八名選手曾就讀於米爾菲爾德中學，比代表巴基斯坦參賽的選手人數還多[1]。而這幾位米爾菲爾德校友加起來共贏得一面金牌和三面銀牌，獎牌數和整個土耳其代表團人數一樣多。在二〇一二年的奧運會中，米爾菲爾德校友們所獲得的獎牌數更多於墨西哥、印度、埃及、比利時等國相加的獎牌總數。

這所位於薩莫塞特（Somerset）鄉村的米爾菲爾德中學，並不只是用來培養未來奧運選手的訓練基地。下列幾位英式橄欖球名將同樣也畢業於這所學校：眾人公認的史上最佳球員，威爾斯傳奇蓋瑞斯・艾德華（Gareth Edwards）；二〇一五年世界盃橄欖球賽，英格蘭代表隊的隊長克里斯・羅伯蕭（Chris Robshaw）；以及英格蘭當紅球星之一，支柱前鋒馬寇・富尼波拉（Mako Vunipola）。自二〇〇〇年至今，共計有四名米爾菲爾德校友曾入選英格蘭板球代表隊，參加國際賽事。二〇一九年，米爾菲爾德校友泰朗・明斯（Tyrone Mings），首次以英格蘭國家足球代表隊隊員身份出賽。

卓越運動人才的發源地

在二〇一九年底，一個涼爽的十二月早晨，數百位米爾菲爾德的學生夾雜著幾位家長擠在學校的主橄欖球場邊，觀賞一年一度和塞德柏（Sedbergh）私立中學一起進行的比賽；這所位於昆布利亞（Cumbria）的私立中學，是米爾菲爾德的世仇。對米爾菲爾德中學而言，這是一學年中最重要的日子之一。

就雙方球員的素質來說，這場比賽可以說是英格蘭本年度中學橄欖球比賽中最精彩的一場。兩隊合計共派出了四名在U18青年國際賽事中分別代表英格蘭、蘇格蘭或威爾斯出賽的選手。塞德柏頂著四十六場連勝紀錄出賽，但是受到場邊同學喧鬧歡呼聲鼓舞的米爾菲爾德早早在場上取得了領先，而且絲毫沒有鬆懈。在米爾菲爾德和塞德柏對抗日的今天，表訂的九場男子英式橄欖球和女子曲棍球賽事中就屬這場比賽最受眾人矚目。兩校在每年的這個時候就會遵循傳統，舉辦對抗日的活動。

米爾菲爾德中學之所以能夠主辦這樣的活動，都要歸功於學校一流的硬體設施：這也是該校之所以能不斷創紀錄、持續培養出為數眾多的頂尖運動員，最顯而易見的主因。該校提供的場地設施能讓學生練習高達二十七種運動，其中更有若干設備的精良程度足以羨煞不少職業隊伍。譬如位於校園內的三座高爾夫球場以及一座室內高爾夫球中心，內部設有六面練習球網，規劃有佔地八十一平方公尺的果嶺推桿練習區，還有特別訂製的監視器能記錄選手每一次揮桿的角度和速度。室內板球中心更鋪設了第四代人工草皮，讓球員能像在真實草地球場上一般徜徉在草場上；還有仿造澳洲和印度球場所設的球網，以利球員增進調適能力。

該校共聘有四十四名全職運動教練，其中有五名曾以選手或是教練身份參與奧運賽事。除此之外，各式各樣的輔助資源也一應俱全，包括心理師、營養師和物理治療師。因為有龐大的教練陣容，所以所有的訓練計畫都能依照各個選手的需求量身打造，而這正是該校眾多前途光明的年輕運動員最為津津樂道的特點。

「非常客製化。」十七歲的奧運十項全能明日之星賈米・舒盧特（Jami Schlueter）說道，「他們會制訂長期計畫，而且米爾菲爾德會一路支持你。」他在每年年初，都會和教練「一起在每一季開始時訂定目標，然後將目標分解成細項，列出進度目標。接著再將這些進度目標分解，列出達成這些進度的方式以及檢驗方法。這個做法可以確保我們維持在正軌上。」

該校大部分的學生都住宿，因此訓練時間表能有一定的彈性。訓練時間最早從早上七點就開始，最晚則到晚上九點才結束。如此一來，選手們能透過不斷嘗試來找到最適合自己的訓練時間，也能練習讓自己更快適應不尋常的訓練時間。在接受採訪的前一天，十七歲的奧運跨欄項目明日之星露西・馬修（Lucy Matthews），先在早上七點半進行了上半身的體能訓練，然後在空堂時參加了個人體能訓練（一名教練同時訓練不超過四名的學生），接著在下午四點放學之後，再和田徑隊一起進行一次體能訓練。每週高達十二至十四小時的訓練，密度相當高；但是因為校內的設施很完善，每次的訓練時間較短，而且能集中針對特定部位進行訓練。訓練分散在一天之內的不同時間進行，使得選手在每一堂訓練之間都能有時間休息。至於籃網球（netball）隊，球員往往會先在白天進行一堂場上練習或是體能訓練，然後在晚上從七點到九點再進行一次完整的訓練。

教練會針對每個選手進行的個人化訓練，其中也包括了仔細控管選手的負荷量。「有這麼多完善的設備可以使用，很容易不小心就訓練過頭。」露西說。「我覺得教練都很清楚這一點，他們也懂得在必要時適時拉住你，以免訓練過頭，反而害自己受傷。」學校也確實控管學生的訓練計畫，確保每位選手每週都有一天休息日。

在訓練中，教練建立了一套文化促使選手對自己的運動項目負責。在每年年初，教練會和選手一起坐下來討論他們今年的目標，以及要如何達成這些目標。譬如，露西的目標是要在世界青年錦標賽的跨欄項目中獲得勝利。因此米爾菲爾德的田徑主任艾爾・理查森（Al Richardson）便會開始針對這個目標，對她提出各種挑戰。他回顧了當時和選手的對話：

「好的，所以要跑出怎樣的成績才可以獲勝？這是第一項功課。接下來，還有誰在一百公尺跨欄賽中跑出十二・八秒的成績？那他們跑六十公尺的時候成績又是如何？不知道嗎，沒關係，我們來研究研究。所以就有一點任務分派的意思，讓他們開始了解自己的運動，增進對自己進行的運動項目的認識，他們才會知道要如何問對問題。」

「問了各式各樣的問題之後，你才能從中開始擬訂計畫，並帶領他們找到正確的答案。讓他們驅動著答案、驅動著問題、驅動著他們的目標，因為說到底，他們和他們的目標是一體的。」

運動是如此深植於學校的組織架構中，因此能確保教練有充足的時間和選手相處。「我之前曾在其他學校任教過，沒有幾所學校能讓教練有時間如此親近選手，」籃網球的總教練珍娜・亞當森（Jenna Adamson）說，「這會帶來相當大的影響。」充足的相處時間可以允許有「失敗的機會」，並使運動員和教練從經驗中學習，理查森說道。

不只是因為時間很多，時間的分配也是依照最適合學習的方式去安排。很多其他學校會切出一大塊時間給運動，但是因為校內的設施完善，米爾菲爾德的教練可以把訓練內容切割成四十五分鐘為一單位。「學校的組織結構有利於我們將每次訓練的時間縮短，但是讓次數增加。」理查森解釋道，「也就是更頻繁、但是時間更短的高品質訓練。」校內的設施也讓學生一年四季都能做自己想做的運動，譬如在冬天還能利用練習網來打板球。

「訓練的社群」

從其他學校轉學到米爾菲爾德的學生表示，不只是校內的設施和訓練方式，內部的競爭關係也能幫助自己不斷進步。「在籃網球一軍的隊上有很多後衛球員，也就是我打的位置，因此你自然得要努力，不斷進步才能成為球隊的一員。」籃網球神童蘇菲・漢彌頓（Sophie Hamilton）說道，她在受訪時年僅十五歲。「在我以前的學校競爭沒有這麼激烈，因此也少了很多力爭上游的動力。」

「我有訓練計畫的架構，時間分配得很平均，所以我可以兼顧學業和運動，不需要做什麼犧牲。我真的有『我可以在兩個領域中都將潛能發揮到極致』的感覺，這對我來說非常重要。因此，我覺得在這裡比較好。」

和其他有抱負的運動員相處可以創造出一個環境，提升他們踏上菁英之路的機率。渥太華大學（University of Ottawa）的兩位學者——戴安・庫爾佛（Diane Culver）和皮耶・杜魯戴爾（Pierre

Trudel）從他們的研究中發現，這樣的「訓練社群」對於創造競技運動的正向學習環境相當關鍵[2]。這些社群將能提供相當多在傳統教室之外的非正式教學及機會教育，使運動員從彼此身上學習，並以更快速的方式成長進步。

「是有一點高溫催熟法（hothouse approach）的型態。」學校的板球主任馬克・蓋拉衛（Mark Garraway）說，「你把菁英板球選手、田徑選手、籃網球員、曲棍球員、游泳選手等全部分配到同一個學院❶，安排上一樣的課，共享同一個社交空間。」

單獨一個有抱負的運動員可能不知道比賽是什麼樣子，或者在這項運動中該如何自處；但是一群有抱負的運動員在一起，如同在米爾菲爾德這樣，他們可以隨時互相討教，了解比賽的細節。這樣的社群認同感反過來也能給他們加倍的動力，因為這同時也表示，他們若想保持自己在該項目的校內領先地位，就不能混水摸魚。

「競爭使我成為更好的運動員。」有著遠大抱負的十項全能選手舒盧特說。「我和許多參加單項比賽的選手一起訓練，大概可以看出他們在各個項目的做法，同時也想看看我能從他們身上學到什麼。尤其像是四百公尺賽跑的訓練，在這個項目中，你得真的很用力探索自己的內心深處以找到推動自己前進的力量。所以我仔細觀察了其他同學，看他們如何在過程中加速、如何督促自己。他們鼓舞了我，讓我想要做得更好。」

❶譯註：此處指的英國私立中學的「學院」制度，學生分屬不同學院，校內並以此為單位進行多種競賽。就如同《哈利波特》中，霍格華茲學校也分為四大學院，即葛來分多、史萊哲林、赫夫帕夫、雷文克勞。

有抱負的運動員也會尋求彼此的支持。「露西曾在國際賽事中大放異彩，所以我問了她很多相關問題，譬如：站上國際舞台是什麼感覺？站在起跑線上是什麼感覺？所以當那天真的來臨，亦即有機會代表國家出賽時，你已經有個初步概念了。你會知道那是什麼樣子、你又該做些什麼，如此一來，情況就不會顯得那麼恐怖。尤其是在像米爾菲爾德這樣的學校，從教練、選手、訓練夥伴到你最好的朋友，大部分的人都曾經登上國際賽事的舞台，所以你可以從他們身上學到一些東西。」

成功是可以自我延續的。從二〇一四到二〇一九年間，共有十一名米爾菲爾德的男學生，在十九歲以下（U19）的青年板球賽中，以英格蘭代表隊球員的身份出賽。如同校內競爭的情況一樣，這樣的人才輸送帶機制使得學校和職業隊伍之間持續不斷對話，積極確保所有的人才都有得到賞識的機會。這樣的關係更表示，有潛力的米爾菲爾德選手比其他人更有機會讓大學教練留下深刻的印象，因為教練們時常到學校來看比賽。

對這些孩子而言，成為奧運選手的想法並非遙不可及，不是天馬行空的夢想，因此更能鼓勵孩子加倍努力地實現這個目標。「再野心勃勃的目標在這裡感覺都可以實現，而這是非常有力量的。」露西說。而她的野心是要成為奧運冠軍，並打破世界紀錄。

米爾菲爾德是孩子受益於運動強校環境的極端案例，該校引以自豪的運動設施與訓練方式的完美搭配，全世界沒有其他學校能出其右。就讀對的學校，可以大大提升孩子成為菁英運動員的機會。

在英國，大約只有百分之七的人就讀私立學校。然而，英國的教育慈善機構薩頓信託（Sutton

Trust）卻指出，在二〇一六年，有高達三成一的英國奧運代表隊選手畢業於私立學校[3]。在二〇一六年的里約奧運會上，英國代表隊獲得的總獎牌數是世界第二，然而這個代表隊成員的社會經濟背景組成，卻完全不能反映上述他所代表的國家的現況。

就讀適當的學校的優點在各項運動皆然。整體說來，打進二〇一九年世界盃決賽的英格蘭橄欖球代表隊中，有五成五的選手都上過私立學校。這顯示了有財力就讀對的學校所帶來的不凡優勢，儘管其中有些選手還是得靠領體育獎學金才有能力支付部分或全部的學費[3]。

這樣的情況也出現在其他國家。奧克蘭文法學校（Auckland Grammar School）是史上培育了最多紐西蘭橄欖球員的學校，雖然是公立學校，但是學區周邊的房價可說是惡名昭彰地高。在澳洲，上私立學校的孩子成為職業澳式足球（Australia rules football）選手的機率，是公立學校學生的四倍[4]。一般而言，私立學校投注在運動項目的資源遠遠超過公立學校的投資，因此大大提升了學童成為菁英運動員的機會[5,6]。

以上述這幾項運動來說，有機會就讀私立學校便大幅增加了學生成為菁英運動員的可能。儘管有些學校會提供獎學金，但是絕大多數進入私立學校就讀的學生依舊是仰賴家族的雄厚財力；全英國的私立學校中，只有百分之一的學生是領全額獎學金。體壇的這個現象恰巧也反映出了社會的現實：在英國，有六成五的法官、五成二的外交官，以及四成八的英國富時三五〇（FTSE 350）公司執行長都畢業於私立學校[3]。

不過這樣的優勢在體壇並非完全一致。以英國的國球足球來說，由於盛行度極高，而且容易上手，是入門門檻最低的一項運動。在職業足球界，私立學校學生反而很少見[7]。在歐洲和南美洲的職業足球界以及美國的籃球界，也都是如此[8]。

然而，在大部分的運動項目中，像米爾菲爾德這樣的學校所帶來的優勢，可以分為兩個面向。對年輕有抱負的英國運動員而言，沒有比這所學校更好的地方能精進他們的才能。同時，也沒有比這所學校更好的地方，可以確保他們的才能不會被埋沒。

這裡的水不一樣

位於新南威爾斯的里弗來納（Riverina）區內，沃加瓦加（Wagga Wagga）就是個典型的澳洲城鎮。人口數約五萬，是個中型的鄉間城市，到墨爾本和到雪梨差不多等距。

當地有個傳說：每天的五點鐘一到，就會有一道浪將一種神祕的營養素沖進墨藍比吉河（Murrumbidgee），而這條河流經全城。當地人便以此來解釋，為什麼沃加瓦加盛產菁英運動員。來自沃加瓦加的頂尖運動好手，領域遍及澳式足球、聯盟式橄欖球（rugby league）、英式橄欖球（rugby union）、高爾夫球、足球、曲棍球，甚至鐵人三項。在九〇年代的澳洲板球對抗賽代表隊中，開場先發擊球員邁可・史萊特（Michael Slater）和隊長馬克・泰勒（Mark Taylor）就都來自沃加瓦加。米爾菲爾德的例子反映了孩子就讀的學校對其生涯發展之重要；而沃加瓦加的例子，則顯示了運動員發展的另一個關鍵因素：成長的地區類型。

「我以前總是說，就像史詩英雄阿基里斯一樣，當你還是小嬰兒的時候，就被抓著腳踝，放進幽暗的墨藍比吉河中。」八〇年代曾在板球對抗賽中代表澳洲出賽高達四十六次的傑夫·勞森（Geoff Lawson）開玩笑地說。跟五點鐘的浪潮傳說相比，造就沃加瓦加傑出運動表現的真正原因顯得很單調乏味：「這裡集市鎮與鄉村於一處。」對年輕運動員而言，沃加瓦加是城市與鄉村生活的集大成之作。

「運動佔了生活很大的一部分，」勞森回憶，「每所學校都有出色的運動團隊，校際競爭非常激烈，俱樂部間的競爭同樣不在話下，而且我們有非常棒的老師和教練。年輕人浸潤在極佳的體育環境中，不管是聯盟式橄欖球、澳式足球、英式橄欖球、壘球、足球、籃球，各式各樣的運動都有。」

在澳洲，有條虛擬的巴拉西線（Barassi Line）將整個國家分成兩半：包括雪梨在內的東北部，此處盛行聯盟式橄欖球；而剩下包括墨爾本在內的其他地方，澳式足球的普及率較高。沃加瓦加差不多就落在這條線上，冬天時，許多孩子兩種橄欖球運動都會參加，星期六打一種，星期天打另一種。整體來說，這些孩子可能參與了更多的運動，因此大大提升他們的體能和對運動的熱愛。有潛力的孩子，甚至可能走上職業之路，在聯盟式橄欖球或是澳式足球間，選擇自己較拿手的一項闖蕩，而不受限於從小只接觸了其中一種。如此一來，便大大增加了他們成為職業選手的機率。由於聯盟式橄欖球和澳式足球同樣盛行，孩子可以依照自己的天賦和興趣，選擇最適合自己的項目。沃加瓦加培育了為數眾多的澳式足球明星，以及聯盟式橄欖球頂尖好手。來自此地的澳式足球明星，包括保羅・凱利（Paul Kelly），他曾獲得代表最佳球員的布朗洛獎牌（Brownlow Medal）。而出身沃加瓦加的聯盟橄欖球好手，則以摩提梅爾四兄弟（Mortimer brothers）為代表，他們其中三人曾打進總決賽，其中更有兩人是澳洲代表隊的一份子。

由於沃加瓦加介於墨爾本和雪梨之間，距離兩地分別都是五個小時路程，距離坎培拉更只有兩個半小時的路程，因此來自這三大城市的球探，都能輕易前來觀賽。「每個中型城市都不一樣，」紐芬蘭紀念大學（Memorial University of Newfoundland）的大衛・漢考克（David Hancock）說，「看來，這些城市和離它最近的大型城市之間的距離，扮演了重要的角色。沃加瓦加座落的位置使其受益於身為小型社群的優點，但又能和大型城市保持適度的交流[9]。」

摩提梅爾家的大哥，史帝夫・摩提梅爾（Steve Mortimer）出生於雪梨，並在此度過幼年時光。直到五歲時，他被診斷出患有氣喘，「醫生跟我爸爸媽媽說：『把他帶離雪梨吧，去個鄉下地方，他會過得更開心，弟弟們也會。』」

醫生說得沒錯。在沃加瓦加，摩提梅爾兄弟們擁抱了鄉村生活，不斷參與各種運動項目。「那實在是太棒了，」史帝夫回憶，「我們全部人都玩在一起。」他們的父親成立了一個聯盟式橄欖球俱樂部，要是史帝夫不在那打球，那他大概就是在打板球（這是他童年時期熱愛的另一項運動），或是在打網球，也又可能在練習短跑。

沃加瓦加的確有它的獨特之處，這裡也是體壇許多小鎮效應（small-town effect）案例的縮影。

在澳洲維多利亞省的巴拉雷特（Ballarat）和本第哥（Bendigo），以及昆士蘭省的馬開（MacKay），都是屬於可能產生沃加瓦加效應（Wagga effect）的大型鄉間城市。這幾個都是地區型城市，人口數介於三萬和十萬之間。曾任職於澳洲運動學院（Australia Institute of Sport）的運動科學家戴米恩・法洛（Damien Farrow）指出：「沃加瓦加效應是個在澳洲被廣泛使用的名詞，用來形容那些因為所有心理社會因素都到位，而能培養菁英運動人才的城市。因為這些城市的大小適中，所以基礎建設不僅很完善，而且很容易使用；不像大城市總是過度擁擠。而且，這裡還有充足的菁英教練可以指導這些人才，因此在他們不斷進步的同時，還可以尋求教練的幫助。」

中型城市就對了

在人們總是抱怨大城市壟斷了最好的機會和頂尖人才的時代，小鎮和小型城市卻培育出了不成比例的眾多菁英運動員，這現象在大城市中反而很少見。在英國，人口數介於一萬到三萬間的城鎮培育出為數眾多的男女運動人才，這個人才數量與人口五萬以上的城市比起來是不成比例地高。在德國，絕大多數的奧運選手都來自人口數三萬以上、十萬以下的地區[10]。

同樣的準則放諸北美洲各項運動皆行。令人難以置信地，儘管居住在人口介於五萬到九萬九千人的城鎮中的人數，只佔全美國人口的一・一%，但是來自這種城鎮的男子職業運動選手卻佔了全部的十%到十七%，這些選手遍及美式足球、棒球、籃球、高爾夫球等項目。也就是說，出生於人口數介於五萬到九萬九千人城鎮的男孩，他們成為職業運動員的機率是一般孩童的十五倍。在美國，絕大多數的職業女子足球員都出生於人口一百萬人以下的城市；同樣地，職業女子高爾夫球選手，絕大多數也都來自於人口二十五萬以下的城市。

「中型城市」的定義和一個國家的人口結構息息相關。所謂的中型在芬蘭和在中國可以說是截然不同。因此，在中國可以使運動員受益於中型城市效應（mid-sized effect）的城市，若搬到其他國家如芬蘭，要達到相同效益，該城市的規模就顯得太大了一些[11]。

對新崛起的運動員而言，中型城市是個甜蜜點。因為相較於極小型的社區，中型城市能讓孩子接觸到有水準的比賽，以及有品質的運動基礎建設。在加拿大以及德國，來自人口少於一萬人小鎮的奧運選手少之又少[11]。此外，中型城市的尺寸也夠小，讓孩子能夠更容易抵達各種設施以及運動俱樂部，不用花費太多時間在交通上。因此，孩子可以花更多時間真正投入運動，減少被接送於各個地點間的時間。

沃加瓦加還有個特殊優勢，那就是比周遭城市都來得大。也就是說，來自周邊小城的頂尖選手會經常到這裡來參加運動活動，使當地的水準跟著提升；但是，來自沃加瓦加的孩子卻不需要長途跋涉到其他地方比賽。「沃加瓦加最好的地方，就是我們應該是里弗來納地區最大的城鎮。」摩提梅爾回憶，「附近有些小鎮會有澳式足球隊，然後其他小鎮有聯盟式橄欖球隊。基本上就是個大雜燴，但是對男孩子而言，就是去打球。」

沃加瓦加緊密的社區文化使家長更樂於讓孩子跟朋友進行友誼賽，因此有助於加速學習。「大部分的人都認為這裡比較安全，所以大人也比較願意讓孩子出去玩。大人的監督少了，街頭的運動活動也多了；而我們現在知道，這種類型的運動有助於孩子朝著卓越的道路前進。」法洛解釋道。

以摩提梅爾為例，聯盟式橄欖球的球場離家只有半英里遠。

以勞森為例，離他家最近的板球場只有五十碼的路程。「我小時候會在放學後，花三小時在球場和朋友練習投球，直到天黑時我媽在家裡大喊『吃飯了』才結束。那個年代的家長對外面發生的事情真的比較放心。」至於週末，「你要不是跟學校去哪裡參加運動活動，就是去某個人家或是玩什麼，甚至家長也會送你出門，然後說『天黑前不要回來』或是『晚餐時間再回來』，所以你就出門去了。大家都彼此認識，然後你什麼運動都玩。」

冬天的時候，勞森會打聯盟式橄欖球、足球（當地人稱英式足球）、曲棍球，有時候也打英式橄欖球。而夏天時，他除了板球外，也打網球、高爾夫球、壁球等。週末的時候，勞森早上八點去打板球，然後傍晚的時候去打網球。當地的一間網球俱樂部有球場照明泛光燈，因此能延長他運動的時間。「我常常打到晚上十點才回到家。」

因為和大城市比起來，這裡的孩童數較少，因此小時候較不出眾或是在青少年選拔中被埋沒的選手，也比較不會打消參與的念頭。相反地，他們還是能夠得到持續的關注，並在對大器晚成的孩子更有益的環境中成長。有一項關於選手中輟率的研究，針對加拿大青少年冰球選手做了分析，結果發現，來自人口數多於五十萬人的大城市的選手跟其他背景的選手相比，他們在任何年紀中途退出該項運動的機率高出二・九倍；而來自人口介於十萬到二十五萬間的城市的選手，最有可能持續參與運動最久，而且至少持續參與六年[11]。另一項類似的研究針對了加拿大的游泳選手進行分析，該研究發現，來自人口數大於五十萬的大城市的孩子在兩年之後就退出的機率，比來自人口一萬五千到五十萬間的城鎮的孩子高出將近五倍[12]。這種中型城市就是有辦法讓孩子留在運動活動中更長的時間，使他們更有機會發揮自己的運動潛能：這就是大魚小池效應（the big-fish-little-pond effect）。

中型城鎮的球隊人口比通常比較高，這有助於鼓勵孩子持續參與競技運動，因為能加入球隊的機會比較高。而能夠代表像沃加瓦加這樣，個人身份認同和運動活動緊密交織的地方出賽，選手的自豪感可能也更大。人才在小地方比較不容易被埋沒。蘿拉・芬尼根（Laura Finnegan）針對愛爾蘭足球所做的一項研究發現，來自愛爾蘭共和國首都以及全國四分之一人口居住的都柏林的選手，成功進入新興人才計畫中心（Emerging Talent Programme centre）的機率比全國平均低了二十五％[13]。

沃加瓦加的孩子從來不缺乏機會。從十二歲開始，勞森早上去打青年板球，然後結束後衝回家，脫下短褲再換上較長的板球褲，以符合待會去打成人板球時的服裝規定。「你能力到哪裡，就去哪裡打球。我還記得十三歲時面對超厲害快速球的感覺。和成年人比賽的話，你會學到要怎麼競爭。」

「你會學會怎麼面對更高大、更強壯的選手。尤其在板球這樣的運動中，你得好好動腦，把整場比賽想一遍，採取正確的戰術，並考慮比賽的許多其他面向，才能成功。這不需要靠高大的身材，只要夠聰明就可以做到。和大人比賽時，體能的挑戰沒那麼大，重要的是心理和創造力。你得想辦法完成，而且在每星期六、星期日不斷嘗試，這也幫助加速了學習的過程。」

在比較大的城市裡，因為有足夠的孩子能維持以年齡分級的賽事持續運轉，所以這種優點就不存在。「我們現在不分高下優劣地將他們照年齡分組，所以他們就沒有機會和大人較量。」勞森說道，他後來成為國際級的板球教練。「如此一來，他們一跟大人比賽時就敗下陣來，不然就是要花上更久的時間才能變成熟。」

現在的沃加瓦加有一道牆用來頌揚當地培育出來的運動員。這裡的孩子可以在擁有三個板球場的大型運動場中打板球，這三座球場分別以出身本地的澳洲板球對抗賽選手勞森、泰勒以及史萊特命名；而摩提梅爾橄欖球場則用以紀念摩提梅爾家族對沃加瓦加運動的貢獻。

摩提梅爾家族中最有名的史帝夫．摩提梅爾，饒負興味地回味著他童年不幸的氣喘病，如何成了讓整個家族都在體壇取得傑出表現的轉捩點。「你說得沒錯，」當我們問到要是他當初沒有染上氣喘，必須舉家遷移到沃加瓦加，是不是就不可能有這樣的家族成就時，他這麼回答：「要是我沒有得氣喘，一切都會不一樣，雖然我不知道會發生什麼事。但是，能夠在沃加瓦加參與運動活動，實在是太棒了！」

在中型城市成長所得到的眾多好處，確實是通往更多優勢的跳板。年輕運動員成長之地的規模大小並不重要，重要的是，小城鎮往往可以提供比較均衡的設施、教練和競賽，有足夠的競爭督促運動員進步，在每一個發展階段不斷給予挑戰，但又不至於讓孩子被排除在比賽外。除此之外，在小地方也有比較多非正式比賽的機會。上述這些才是成長背景之所以重要的地方。

你的國家如何影響你成為頂尖好手的機會

故事是這樣的：一九〇五年，挪威投票通過解除與瑞典的聯盟；而丹麥國王的兒子被邀請成為挪威的新任君主。此時一名挪威探險家建議他，贏得民心最好的辦法是去學滑雪[14]。他照做了。在今日的挪威，滑雪運動的盛行率之高，全國共有一千一百個滑雪俱樂部，相當於每五千人就有一個滑雪俱樂部。這些滑雪俱樂部共有十四萬九千名會員，而且因為挪威的降雪量之多，這些俱樂部每年可以營運的時間相當長。

深植於文化中對戶外活動以及對戶外的喜好，啟發了挪威思想中的「friluftsliv」概念，直譯就是「露天生活」。這個概念在一八五〇年代時，被挪威的一名詩人發揚光大[15]。這樣的傳統持續澆灌著全國上下對冬季運動的熱情，不斷增進挪威在這些運動中的能力表現。「如果你是個冬季運動明星，譬如說你在越野滑雪（cross-country skiing）、高山滑雪（alpine skiing）或冬季兩項（biathlon）中表現優異，那你就可以稱王了。」挪威男子國家代表隊的總教練艾瑞克・邁爾・諾蘇（Eirik Myhr Nossum）說。

俄國總人口一億四千五百萬，加拿大則有三千七百萬，而且這兩個國家的氣候都很適合發展冬季運動。然而，卻是具有類似氣候型態、但人口數只有區區五百三十萬的挪威，才是冬季奧運史上得牌數最多的國家。此外，更值得注意的是，挪威是冬季奧運史上表現最傑出的前二十名國家中，人口數最少的一個。想摘下冬季奧運的冠軍頭銜沒有比生在挪威更好的選擇了，這也印證了，一個人成長的國家會如何影響他成為菁英運動員的機率。

在拉格西爾・哈加（Ragnhild Haga）的老家，有一張她還是小小孩時的照片，照片中的她在後花園裡穿得一身紅，腳上踏著靴子，站在一對很小很小的兒童用滑雪板上。這個景象在冬天的挪威非常常見，但是這張照片還是有個不尋常的地方：拍這張照的時候，哈加還只有十三個月大。這張照片捕捉了挪威生氣蓬勃的滑雪文化的樣貌，而這樣的文化使他們能不斷培養出像哈加一樣的奧運冠軍。哈加在二〇一八年的平昌冬季奧運一舉摘下滑雪十公里自由式，以及四×五公里接力賽兩面金牌，而挪威也再次成為獎牌數居冠的國家。

從小時候開始，滑雪在哈加的生活中就無所不在。她父親是滑雪教練，並將自己對這項運動的熱情傳承給了女兒。從她有記憶以來，哈加和家人們（爸爸、媽媽和三個弟弟）就時常在星期天到樹林裡滑雪。「我和弟弟總是玩得很開心，我會一直想辦法讓他們無法超越我。」她笑著說，「就連打牌的時候，我們一樣誰都不想輸。」

在她的家鄉霍特爾（Holter）平常「沒什麼事好做」。哈加一家住在農場上，「我們會一起玩，然後到農場外面滑雪，」哈加回憶道，「那就是挪威孩子學滑雪的方式，我們自己玩，我們練習下坡，我們一天到晚去滑雪。」而哈加的父親會開著曳引機整地，讓家人能在房子外滑雪。

當冬天積雪夠深的時候，孩子們有時候會滑雪去上學。在學校，哈加會和其他同學一起滑雪，或是在遊樂場上練習花式溜冰。從十一歲開始，哈加每週去滑雪俱樂部兩次，並開始參加越野滑雪競賽。然而她最常登上滑雪坡的時候，往往都是在俱樂部以及正式比賽以外的時間。在挪威，完全沒有針對六歲以下孩童舉辦的正式比賽，而地區性賽事中也沒有十一歲以下的組別。除此之外，針對十三歲以下孩子舉辦的運動賽事中，如果有設立獎項，按規定必須人人有獎。這樣的文化強調讓群眾從小就開始參與滑雪運動，並鼓勵孩子持續接觸這項運動。

「我們從遊戲中學習、互相觀摩，或是看電視上的滑雪好手是怎麼做的。」哈加回憶，「所以不是每天都有排定的行程，有些是安排好的，有些就只是自己玩玩而已。」

哈加以前甚至跑去溜滑輪。「十三歲的時候，我起心動念想去試試越野滑輪（roller skis），」她回想，「所以我開始在夏天的時候，在家門前的馬路上溜越野滑輪。」

從小累積如此豐富的滑雪及滑輪經驗，對她在滑坡上的手感掌控非常有幫助。「越野滑雪是個非常講究技術性的運動，因此盡早發展出滑雪的手感是非常重要的。當然，這跟體能也很有關係，你得強健體魄、勤於訓練；但是技巧這種事，我認為是要從很小就開始練習才能取得的一種優勢。如果你從二十歲才開始接觸，就很難學到這個。」

及早接觸滑雪以及常有機會登上滑雪坡，這兩者都是冬季運動項目冠軍們普遍具備的共通點。在美國國家滑雪代表隊的選手中，有七成五的奧運落山賽（downhill）選手都來自離滑雪坡不到一小時路程的地方，而且絕大多數的選手不到三歲就開始接觸滑雪運動[16]。

霍特爾有著「強勢的滑雪傳統」，哈加回想道，「這裡曾經出過很成功的滑雪選手。」她的舅舅曾經代表挪威參加越野滑雪比賽。因為當地也曾出過頂尖的滑雪選手，這讓哈加的夢想顯得不那麼遙不可及。

「有崇拜的偶像很好啊。儘管當時覺得他們高不可攀，但這讓小時候的我有很遠大的目標。我並沒有特別想要參加奧運，可能也想吧，但我最想知道我可以成為多棒的滑雪選手。所以，知道有些人真的做到了的感覺很好，這讓人覺得那是有可能實現的事。」

她的經驗在眾多的挪威孩童之中並不特別。挪威科技大學（Norwegian University of Science and Technology）的史提格・阿爾夫・賽特爾（Stig Arve Saether）的研究發現，挪威的奧運選手絕大多數都來自小地方[17]。這些小地方所具備的許多特點，都和我們在沃加瓦加所觀察到的中型城市效應非常相似。在這些地方，除了滑雪之外，沒有什麼其他的休閒活動；校園關係密切，老師往往也同時在運動俱樂部擔任教練，並且對運動員的整體發展有關鍵的影響；最後，這些地方的滑雪文化非常興盛。這表示「我們從非常非常多的孩子中，精心篩選出了大概是最頂尖的人才，」哈加說道，「因此，挪威人都很喜歡滑雪或是其他冬季運動。」

挪威奧林匹克運動中心（Norwegian Olympic Sport Centre，挪威文稱 Olympiatoppen），在全國八個地區各設有一個分館，如此一來，全國各地的運動員都能共享合格教練的專業指導，以及挪威奧林匹克運動中心和各大學合作的運動科學研究成果。在一九八八年創立的挪威奧林匹克運動中心，除了負責訓練菁英運動員之外，也為運動員的培訓工作引進更科學的方法。

「在挪威，冬季運動項目自成一種特殊文化，以最高品質的水準不斷練習。你會看到所謂的『文化建築師』（cultural architects），也就是在其專長項目中達到國際頂尖水準的運動員，這樣的運動員在各個冬季項目中比比皆是。」挪威科技大學頂尖運動研究中心（Centre for Elite Sports

Research）的弗羅德・蒙（Frode Moen）解釋。「教練以及年輕運動員可以觀察這些選手的動作，可以和他們同場較勁，可以問他們像是關於如何練成各種技巧的問題，可以仔細研究他們等等。」

在某些程度上來說，就像米爾菲爾德一樣，挪威的菁英滑雪選手人數會自行不斷增長。因為滑雪選手間的競爭是如此激烈，使得各個選手都能不斷突破自我。

在二〇一八年冬季奧運舉行的前一年，世界北歐式滑雪錦標賽（Nordic World Ski Championships）在芬蘭的拉提（Lahti）舉辦。哈加只入選其中一個項目的賽事，而且結果甚至連前三名都排不上。她在三十公里自由式滑雪項目中，拿下第四名的成績，而前三名也都由挪威的滑雪選手包辦。

「當我開始二〇一八年賽季的訓練時，我最大的動力就是要代表挪威參加奧運，並且能參加越多項目越好。我不想再被排除在團隊之外。那一年，我特別付出額外的心力專注在訓練技巧、注意營養，以及訓練體能。」

哈加深信，要是沒有這樣的內部競爭，她絕對沒有辦法在奧運一舉拿下兩面金牌。這樣的挪威文化不只對培養優秀滑雪手非常有用，這種競爭關係更特別適合將人才變成獎牌得主。

「當我看到其他隊友比我更努力訓練，而且用也許更有效率的方式訓練，最終在拉提的比賽打敗我時，我的動機就變得很強烈，不只想學習他們的做法，甚至要做得比他們更好。我在面對奧運比賽時是有點孤注一擲的。我想，要是我沒有從訓練營中最棒的選手身上學習，或者，要是我當時就已經是全隊最棒的選手，那麼我就無法在拉提的錦標賽之後進步如此之多。」

「挪威代表隊間的激烈競爭，使我們能在錦標賽中成為更傑出的國家代表隊。」

就算是對米爾菲爾德的學生、沃加瓦加的聯盟式橄欖球選手，或是挪威鄉下地方的滑雪選手來說，成為菁英運動員的機率依舊微乎其微。在具有深厚運動文化的環境中成長，有充分的機會接觸運動，以及一個能賞識並栽培最有才華選手的制度，都不能保證你能中樂透在體壇中闖出一片天。

但是，以上這些條件的確可以增加孩子多買幾張樂透的籌碼。

3

時機就是一切

相對年齡效應對於運動成就有何影響？

「我在三年級的時候就跟七、八年級的學生打球。他們當然不會放水，因為他們才不想要三年級的小鬼頭跑來鬧場，還給他們好看。因此，我總是會被打倒在地上，然後再自己爬起來，這絕對是讓我變得更堅強的原因。」

——兩屆WNBA最佳球員得主艾琳娜．戴爾．多恩（Elena Delle Donne），談論和年長選手打球的好處。

有個故事是這樣說的，據說約翰．麥德莫（John McDermott），也就是托特納姆熱刺足球俱樂部（Tottenham Hotspur Football Club）的前任足球學院總監，有天問了一個同事說：「那個矮矮胖胖的小子是誰？」而俱樂部的招募經理理查．艾倫（Richard Allen）則回答：「他叫哈利，他的腳法很優秀。我們認為他沒問題。」

這個孩子才八歲，剛被特納姆的頭號敵人兵工廠俱樂部釋出。「他有點胖胖的，體格不太好。」兵工廠的前任學院主任連恩．布萊帝（Liam Brady）後來說道[1]。

幾年過後，還是很少有人看好他。在十三歲時，這個孩子因為靈活度、彈性、速度以及幾乎所有的參數都表現不佳，所以分數比學院中同期的其他選手都來得低。麥德莫都他叫「窩裡的小矮子」[1]。

這個男孩後來當上了英格蘭隊的隊長，更是二〇一八年世界盃的進球王，他就是哈利．凱恩（Harry Kane）。他克服了兩大障礙才有今天的成就：一是生得晚，凱恩的生日是七月二十八日，因此和同屆同學相比，他累積的總練習時數比較少；除了這個劣勢之外，他的發育跟同年齡的孩子比起來算是比較慢。也就是說，他除了因為出生在學年尾而比同屆選手的年紀來得小，身材還因為生理發育較慢而比其他選手矮小。

相對年齡效應

在教育領域中，孩子的生日是決定未來成就的最大路障：出生在學年初的孩子，最後進入牛津或劍橋大學的機率比出生於學年尾的孩子高出三成[2]。這個現象亦即所謂的「相對年齡效應」，在運動領域中的影響也一樣明顯，而這份研究早在一九八五年就被首先發佈了[3]。出生月份本身並重要，重要的是該月份落在全學年或是整個賽季年度的什麼位置。

運動賽季不一定和學年相符。國際足總（FIFA）青年錦標賽的賽季和世界上大部分的國家一樣，都是從一月到十二月為期；但是在英國卻是從九月開始，到隔年八月結束。然而，無論賽季從幾月開始，相對年齡效應都存在。出生於賽季初期的選手，入選青少年隊或是進入好學校的機會都比較大。

生於賽季後期的孩子，要是身材發育又比同齡的孩子慢，就得要面對更大的劣勢。「在同齡的組別中，選手的實際年齡差異最大就是一年，但是在成長發育上的差異還包括了許多其他面向。」英國巴斯大學的學者西恩·康明斯（Sean Cummings）解釋道。康明斯曾與英格蘭足球超級聯賽（English Premier League，簡稱英超）合作，試圖減低相對年齡效應的影響。「十三歲的男孩和十一歲的女孩都可能在體能發育上，超前或落後同齡孩子高達兩年。而這樣的差距對生於賽季末期的孩子而言，又會更加明顯。」

「在那個年紀，很難斷言一個選手會有什麼發展。」凱恩接著又說[1]，「我比同齡的孩子嬌小，我發育得比較晚。所以你知道了，很難在選手那麼年輕的時候就斷定他的未來。我十一歲的時候加入熱刺隊，但也不是說我就此平步青雲，我還是得非常努力。」

上千名生於賽季末的足球員都因為生日這個純屬運氣的理由，扼殺了自己成為職業選手的夢想[4]。有支英超隊伍最近針對其學院中的男子選手平均多久會被俱樂部釋出進行了一項分析，結果發現：出生在九月到十一月之間球員，平均會待四年；而出生在六月到八月間的球員，只會待上一年。這個結果就是相對年齡效應存在的最佳證明。史蒂芬・傑拉德（Steven Gerrard）和法蘭克・蘭帕德（Frank Lampard），這兩位曾叱吒球壇的英格蘭足球明星當初都未曾入選英格蘭足球總會（Football Association）位於里爾肖（Lilleshall）的國家學院。傑拉德的生日是五月三十號，而蘭帕德則是六月二十號，兩人的生日都落在賽季末。

最糟糕的出生時節

在北半球，無論是運動或是求學，如果你的目標是入選菁英訓練計畫，那七月對你來說就是最糟糕的出生月份[1]。在英格蘭的職業男子足球選手中，出生月份在九月的人數是七月的兩倍[5]，而英格蘭足球每年的賽季都是從九月開始。科學家在歐洲和南美洲的甲級足球聯賽中也都觀察到相同的現象：生日落在賽季第一季的選手人數，多於其他三季[6,7]。

在絕大多數的男子運動中也有相同的趨勢，包括籃球、棒球、冰球等[10]。在這些運動項目中，大約有三成到五成的職業聯賽選手，其生日都落在該項目賽季的第一季[11]。

相對年齡效應影響的範圍包括英式橄欖球和聯盟式橄欖球[12,13]、網球[14]、游泳[15]、手球[16]、排球[17]、高山滑雪[18]，以及其他許多運動項目[19]。這個系統性的偏見傾向基本上存在於所有以體格高、力量大為選才考量的運動項目中。最明顯的例外是高爾夫球[20]，因為選手之間沒有直接的肢體接觸，而且球桿的選擇可以彌補身材上的劣勢。一般來說，越受歡迎的運動受相對年齡效應的影響也越大。導致這個現象的可能原因是，越受歡迎的運動會吸引越多的年輕人參與，如此一來，就更需要將選才的年紀提前[19]。

大部分有關相對年齡效應的研究都是針對男子選手進行，但是這個效應也同樣發生在女子運動中。有一項關於相對年齡效應的研究針對五十七件研究結果進行分析，這些研究的目標包含足球、網球、排球、田徑等二十五個運動項目。分析結果發現，生於賽季第一季的選手，確實比生於第四季的選手有輕微至中等的優勢。然而，這些優勢並不如在男子選手間來得明顯。和男子運動相比，女子運動中的相對年齡效應在少年組（十一歲以下）和青少年組（十二至十四歲），甚至更高年齡組別的比賽中都有影響。和男子運動一樣，在團隊運動項目中，相對年齡效應的影響都比在個人項目中來得更顯著，而且影響對生理和體能要求越高的運動越明顯[20]。

相對年齡效應對球隊不同位置的球員有不同的影響[21]。在足球中，受影響最大的是守門員和後衛球員，因為對這些位置的球員來說，身材越高大就越有優勢。在一九八六年到一九九八年間，參與世界盃的英格蘭男子足球代表隊成員中，有四成六的中後衛、五成三的前鋒、七成七的守門員都出生於賽季的第一季，而生日落在此時的中場球員只佔了三成四[22]。

當艾隆．鮑威爾（Alun Powell）還是英格蘭橄欖球聯盟（England Rugby）的學院主管時就注意到，相對年齡效應在青少年級別中的二排前鋒球員間最為明顯，在成年菁英球員中，這個位置的選手身材至少都有六尺四吋。至於傳鋒和傳接鋒，因為對這兩個位置的球員而言，戰略和技巧比體能來得重要，因此該效應的影響也就明顯較低。

之後鮑威爾進行了一項計畫，針對一千三百名英格蘭青少年橄欖球選手進行分析，結果發現，有七成一的選手生日落在賽季的前半年內。其中更有高達八成四的二排前鋒的生日落在這個區間中。也就是說，體格發育的優勢，使得在賽季初出生的孩子在這個位置上的表現更傑出。在這些極需具備強健體格的位置中，那些被浪費的人才，亦即很優秀卻因年紀較同屆選手輕而無法一展長才的球員，人數顯得特別多。

馬太效應（Matthew effect）指出，微小的優勢會持續累積，因此不同群體，譬如入學考試時低空飛過以及沒有通過的兩個群體，彼此之間的差異會隨著時間不斷擴大。也許這個理論是用來解釋相對年齡效應如何導致某些群體最終能稱霸職業運動的最好原因。

教練在為校隊或俱樂部招募選手時，通常會傾向挑選同屆運動員中年齡比較大的人。相對地，教練也會要求這些運動員在場上和健身房進行額外訓練。如此一來，這些運動員得以向最好的教練學習，並和同齡中最棒的或是塊頭最大的運動員一起練習。至於較為年輕的運動員，教練往往不會給予相同的待遇，因此他們落後同齡運動員的差距就漸漸擴大。儘管這些入選的運動員身材發育得比較好，卻不見得一開始就在技術或天分方面贏過年紀小而落選的運動員。但是入選之後，這些年紀較大的運動員會受益於額外的訓練時數、更好的教練，以及因為受肯定而帶來的動力。

在草根階級的業餘運動中，運動員和教練一樣都掙扎於兩個動機之間：以長遠來說，他們固然想逐漸進步，但是更重要的是要在短期內不擇手段贏得勝利。學校和俱樂部都喜歡四處展示他們的獎牌以作為其工作成果的證據。對那些有提供體育獎學金的學校、尤其是對校內負責此事的老師及教練而言，上司和學生家長都是以獎盃數來評斷他們的工作績效。因此，動機就被扭曲了。現在，贏得勝利比什麼都重要，甚至也比考量運動員的長期發展來得重要。

「於是青少年運動中這種不受質疑的競爭文化就如此持續茁壯、不斷擴張，進而讓許多問題變得更棘手。」雪梨大學（University of Sydney）的運動心理學家史帝夫．寇博里（Steve Cobley）說道。「就像孩子在剛上小學的時候出現的假性近視現象，而學校和運動體系又加速使這些問題惡化。影響的後果有很多，包括長期的健康問題、影響對運動的參與度，以及未來可能的優秀運動員人數減少。」

前英格蘭足球總會的招募經理尼克．勒維特（Nick Levett）曾和數十名的未來國際球星合作過。他主導了一項研究，針對英格蘭南部的薩里青年聯賽（Surrey youth leagues）分析了所有隊伍一共高達八千名球員的年齡資料。他們得出了驚人的結論：平均年齡較大的隊伍，表現也明顯比較出色。隊伍的平均年齡、選拔組別以及隊伍所屬的級別之間，有著近乎完美的相關性。平均年齡最大的隊伍都屬於最高的級別，而平均年齡最小的隊伍都落在第七級，也就是最低的級別。我們可以從這個分析結果窺探實際情況的全貌。

「職業俱樂部選才的來源是偏頗的樣本。」勒維特說道。「一個只有十三歲，但是身體發育有如十五歲的孩子，可以完成四十碼的長傳是因為在體能上他辦得到，他能跑得更遠、能做更多次高速衝刺。那個十三歲的孩子能做到十一歲的孩子做不到的事，僅僅是因為年紀較小的球員在力氣、體力、力量或速度上都還不夠成熟。因此，誰會被在場邊觀賽的球探相中呢？理論上來說，年紀比較小的球員可能更聰明、更好，但僅僅因為他的身體發育在那個當下還沒有辦法達到相同的表現，他就注定成為遺珠。」

有時候，這樣的優勢累積又會偏向另一方；這次受惠的不是年紀最大、身材最健壯的運動員，而是年紀最小、身材最瘦小的運動員。在藝術類型的運動項目如韻律體操和花式滑冰中[23]，柔軟輕盈的身體有助於增進柔軟度以及旋轉速度。年紀小的選手在這些項目中佔了大多數，尤其在女子項目中更是如此。傳統上的年紀優勢在此被翻轉了。因為相較於同屆的選手，他們個子更小、體重更輕，這些年紀小的選手更有機會被相中進行額外訓練，而馬太效應就會藉此發揮影響力。然而，這並不代表這個現象就比一般的相對年齡效應來得好，不公平性在這個情況中依舊存在，只是倒向相反的一邊。

敗犬效應

對於發育得較慢，又比同屆選手年紀小的運動員而言，要迎頭趕上可以說是難上加難。然而，對於那些能夠克服劣勢、留在體壇的選手如凱恩，他們的發展將無可限量。光是體格比不上同屆選手的困境，以及想比賽就得拼命在力氣和速度上贏過對手，或是靠其他能力脫穎而出，這樣的努力便是進入職業運動前非常有利的準備工作。

職業冰球體現了相對年齡效應的詭譎之處。要達到職業等級，在同屆選手中較年長的球員佔有極大的優勢。國家冰球聯盟中，有五十八・二%的球員（守門員不算）生於上半年。也就是說，生於上半年的球員進入聯盟的機率，比生於下半年的球員高出了四成[30]。然而，同屆中年紀較輕的球員一旦入選之後，卻能在各方面的表現都贏過年紀較大的球員。這就是相對年齡效應的矛盾之處。生得晚的運動員要進入職業殿堂難如登天，但是一旦他們成功了，他們就比誰都有可能成為該項目的頂尖好手。

「如果你是個個頭嬌小的孩子，那麼每次在訓練的時候，你的想法都得和別人不一樣，你得解決問題、你得做決定。」勒維特說出自己的觀察，「你得嘗試在不靠身體優勢的情況下去突破關卡。如此一來，只要你能繼續待在運動體系中，你就能變得更聰明。」

另外，同等重要的事情是，球員要在體格比不上別人的情況下強化自己的心理特質。慢飛的鳥兒必須「發展出強大的心理特質，以幫助自己成功踏上選手之路，並面對隨之而來無法避免的挑戰，譬如體能退步、受傷、被球隊釋出等。」鮑威爾指出自己的觀察。體能上的不足可能會驅使他們更加努力發展技巧和戰術的能力。

與相對年齡效應相反的是所謂的「敗犬效應」（underdog effect）。和一般人所想的恰恰相反，生日落在賽季末期的頂尖運動員其實佔了大多數。相對年齡效應不只沒有作用，甚至還造成反作用。在男子足球、棒球、冰球、澳式足球等項目中，贏得最有價值球員（MVP，Most Valuable Player）獎的選手，其生日落在賽季下半年的機率是生日在賽季上半年的一．二倍[25]。儘管相對年齡效應的影響在國內賽非常之大，但是英格蘭男子板球對抗賽代表隊球員，出賽超過五十場的選手中有六成四的生日落在下半學年度，其中更有三成四的球員的生日落在學年最後三個月之間[26]。根據研究，敗犬效應在全球九個頂尖的板球成年國家代表隊，以及十個國際英式橄欖球代表隊中，影響都很顯著[13]。

麥爾坎．葛拉威爾（Malcolm Gladwell）在其二〇〇八年的著作《異數》（*Outliers*）中，以加拿大冰球隊的例子將相對年齡效應的概念普及化[27]。然而，儘管相對年齡效應的影響仍然存在於職業冰球界，從一九九八年至二〇一〇年間，加拿大冰球奧運代表隊成員中，只有一成七的選手是生於年頭的三個月之間[28,29]。這個發現反映了同屆選手中，年紀較輕者卻更有成就的情況。一項在二〇〇八年到二〇一六年間，針對北美洲國家冰球聯盟（National Hockey League）球員所進行的分析研究發現，相較於出生於第一季的球員，生於年尾（十到十二月）的球員得分數較高，收入也平均較高。這個差距在金字塔越頂端就越發明顯，在全聯盟得分以及收入最多的前百分之十的球員中，生於年尾的球員所佔的人數是不成比例地多[30]。

當同屆選手中較年輕的球員打入職業等級時，他們的職業生涯通常也比較長。以國家冰球聯盟為例，出生於年尾的選手，其職業生涯比生於年初的選手長了幾乎一整年。生日落在十到十二月的球員，在國家冰球聯盟中的職業生涯平均為七．八年，而生日落在一到三月間的球員，生涯在聯盟平均卻只有六．九年的時間[28]。

小時了了的詛咒

敗犬效應顯示了發育早的孩子也可能受挫於當前古怪的人才培育系統。這個系統對生得晚的運動員太過艱難，卻又對生得早的運動員太過容易。要是他們的步伐、力氣和身高都在同齡運動員中特別突出，他們就不會被逼著發揮所有的潛力，以利在進入成年組時能攀上顛峰。敗犬效應的存在反映了教練在培養生得早的選手時，有其所不足之處，而且在發育得早的孩子身上更是明顯。

儘管綜觀歷史，有四成五的英超男子足球學院的成員生於九月到十一月之間，只有約一成的成員生日落在六月到八月之間，但這個落差卻遠遠不如英超成年組的數據[30]。根據足球諮詢顧問公司第二十一俱樂部（21st Club）在二〇一九年進行的分析，相對年齡效應在英超球員之間並不明顯[31]：生日落在賽季上半年的選手只佔了五成六。相對年齡效應在越低的年齡層組別中越明顯，這也再度表明了敗犬效應的存在。同屆中年齡較大的球員比年齡小的球員更容易被學院釋出，但是年紀小的球員光是要入選足球學院的難度就比年紀大的球員來得高出許多。

「你的投資報酬是不成正比的，」南安普敦足球俱樂部（Southampton）前青年軍教練、現任美國足球協會（US Soccer）的運動表現經理詹姆士・邦斯（James Bunce）解釋道。「你投資在第三、四季的選手身上很少，但報酬很高；投資在第一、二季的選手身上很多，但報酬卻比較少。」

「儘管每一季選手的投資報酬大約都是二十五％，但問題是，其中有多少選手是我們實際上可以培養得更好的？我們因為這個系統錯失了多少在十、十一、十二歲時沒機會參與的選手？或是錯失了多少個，因為在十三、十四歲時沒有經過高壓挑戰，而沒有將潛能發揮到極限的十八、十九歲選手？」

「有沒有其他還沒被發掘或被好好栽培的選手？有沒有哪個生於第三、第四季的選手，因為在比賽時表現不佳沒被球探相重，因而失去興趣，投入其他運動？」

相對年齡效應在職業運動中的影響，遠遠低於其在青年組中的影響，這引出了一個更深層的問題。儘管年紀大於同屆選手依舊是不可抹滅的優勢，但許多出生於賽季初期的選手接受的挑戰卻不夠多。一個好的青年選手培養系統，應該將其加諸在年齡較小的球員身上，使其能在該系統中生存的要求，同樣加諸在年齡較大的球員身上。

「發育得早的孩子受到的督促不足，」邦斯說道，「必須以大一歲的標準要求去督促他們，如此他們才會被迫發揮各種技巧和戰術，而不只是邊跑邊帶球過人。」

「為什麼我們只幫發育較晚的選手創造能刺激敗犬效應的環境呢？這才是我們應該要給發育

得早的選手的環境，我們應該把他們放到敗犬的位置。因為要是他們被視為『勝犬』，姑且先造個新詞這麼稱之吧，那他們就永遠無法將潛能發揮到百分之百。」

挑戰勝犬

邦斯是致力於為這些勝犬創造更多挑戰的人之一，他們想重新找回青年培訓系統的平衡，讓發育得早、發育得晚的孩子，都能得到合適的挑戰。

在二〇〇六到二〇〇七年冬天，邦斯任職於南安普敦俱樂部時，曾觀察過一名十三歲的球員，他的身材異常削瘦，而且明顯發育不足。「他甚至還沒變聲，既不如其他球員高大，肌肉也沒他們發達。」

邦斯和南安普敦的其他教練一致決定，將這個孩子放到下一屆的組別去訓練，如此一來，他可以有更多時間控球，並加強訓練技術性的技能。三年後，經過青春期的發育陡增，這個孩子在十六歲的時候一舉登上南安普敦的一軍陣容。亞歷克斯・奧克斯雷德－張伯倫（Alex Oxlade-Chamberlain）後來的成就確實不凡，他成了全能的中場球員，並曾入選英格蘭代表隊，也曾效力兵工廠、利物浦（Liverpool）等俱樂部，但是他所帶來的最重要的影響，也許是在於各俱樂部未來應如何培養人才的這一點。

看著奧克斯雷德－張伯倫從一個大器晚成的球員，變身為擁有亮麗職業生涯的運動員。這對邦斯而言有如靈光乍現。年輕球員的生理發育速率不一，必須將每個球員都視為個案，而不是一股腦的把同年紀的球員放在一起訓練。把奧克斯雷德—張伯倫降級訓練是個很直觀的決定，而這個成功的案例也讓南安普敦開始引進更嚴謹、更科學的方法為年輕球員進行分組。

在二〇一〇年，南安普敦採用了卡米斯—羅許預測法（Khamis–Roche method）來判定孩子的發育程度。這個方法同時考量了身高、體重和成熟度等數據，來估計孩子的發育階段[32]。這個方法並非萬無一失，但是誤差範圍很小。這個方法可以成功預測孩子從四到十七歲的身高，而且平均誤差範圍在男孩身上是二．二公分，而女孩則是一．八公分。有了這些資訊，球隊就能確保發育得較晚的孩子也有公平的機會接受培訓，以免錯失了像奧克斯雷德—張伯倫這樣的選手。英超現在有好幾個俱樂部都固定在其學院中採行這套方法。目標是「為每一個球員，創造專屬其需求的環境」，邦斯說。

這個做法的基礎是一套稱為「生物分組」（biobanding）的程序。也就是根據選手的身高、體重來將其分組，而非單純按照年齡分組。這樣的做法不僅對大器晚成的選手有幫助，也對發育得較早的孩子有益。

「無論發育得如何，所有的球員都有機會增進技能，為將來進入職業運動做準備。」邦斯解釋。「你可以接觸到同齡的球員，也可以跟不同年齡的球員一起訓練、比賽，能參與對體能要求更高或更低的比賽，以及對技巧要求更高或更低的比賽。」

「生物分組對發育得早的球員也很重要。因為他們這樣就不會留在舒適圈裡，每週在十三歲以下的聯賽裡都輕易踢進十球。以長遠來說，那種輕鬆虛假的環境對球員的發展非常糟。這些球員必須被以更高年齡組的標準來訓練，這樣他們才能被迫使出各種技巧、技術、戰術等，而不只是單純拿到球、往前跑、過人、射門得分。等他們進入成年組之後，他們的體能優勢將不復存在，我可以跟你掛保證。因此，要是他們沒有在成長的過程中，增進自己面對不同狀況的控球技巧或是戰略理解，以及提升面對失敗的心理復原力，一旦進入成年組，他們很快就會放棄，這對運動圈來說就是浪費了。」

藉著增加訓練和比賽的平等性以及減少選手間的生理差異，生物分組還可以降低運動傷害的風險。也就是說，訓練的重點不再只著重於身材體格，而會加強對技術的指導。

生物分組的限制

然而，即使在採用了生物分組法之後，相對年齡效應依舊深深烙印在青少年足球界。研究人員針對全歐洲足壇進行了二〇〇一到二〇一一年間的相對年齡效應分析，結果顯示，儘管近年來有關相對年齡效應的危機意識已有顯著的提升，其影響實際上越來越嚴重[33]。在二〇一九年的歐洲U17青年錦標賽中，有四成七的選手生日落在賽季年度的第一季，卻只有六%的選手生日落在最後一季[34]。

生物分組不是萬靈丹，相反地，要是操作不當或是太過執著於按表操課，反而會增加犯錯的風險。有相當多年輕守門員被俱樂部提早釋出的案例都是因為根據卡米斯–羅許預測法，這些球員的身高被預測將無法達到守門員的最佳身高，也就是六尺二吋或是更高。但是這個預測法的準確度當然並非萬無一失，而且就算這個科學方法可以達到完美無缺的境界，用卡米斯－羅許預測法來取代人為判斷依舊非常危險。「這個方法沒辦法考量孩子的整體表現，」勒維特解釋，「如果他們在技巧上的表現很好或是心理特質非常強，但是在體能上的發育較慢，光憑著科學方法的判定結果就決定將他降級訓練，這對選手來說可能沒什麼幫助。」

即使沒有以上討論的這些問題，生物分組在職業學院以外的地方也很難落實。這些來到學院教練面前的球員，都早已在更早之前就受到相對年齡效應影響，各學院所面對的也僅是相對年齡效應作用下的偏頗成果。「生物分組對學院裡的球員不會有直接影響，除非這個方法能在更早期的草根階段就開始落實應用，」康明斯解釋道，「否則，從球員十一歲開始接受各學院招募時，發育得早的球員還是會比發育得較晚的球員更受球探青睞。」

當球探去觀賽時，選手的發展早已經被自己是同屆中較年長或年輕的因素所影響。同屆中較年長的球員不會只受益於短暫的體能優勢，還有來自接觸更好的對手和教練（因為最好的球員往往會被選去做更多額外訓練），以及單純有更多比賽機會所帶來的長期的利益。比起同屆中最年長的球員，最年輕的球員在被淘汰前待在學院的時間只有其四分之一，足球學院中這樣的不公不僅是相對年齡效應引起的症狀，也是其肇因。

儘管在英格蘭足球界的教練們已經大幅意識到相對年齡效應所帶來的影響，「在草根階段卻還沒有相關的討論，」勒維特指出，「偏見依舊存在，球探都已經注意到這個問題，但是事實上改變很有限。現在大家已經意識到了相對年齡效應帶來的影響，所以接下來的挑戰就是要說服大家改變想法，認識到球員現在的表現不代表他長遠的未來潛力。」

黑衫軍帶來的寶貴一課

對於相對年齡效應具有免疫力的運動中，最出名的就是美式足球，而且我們可以從中獲益良多[35, 36]。和大多數的職業運動不同，美式足球選手的發育過程到青少年後期都穩定了之後，才會被依年齡、體重等分組。如此一來，便能消除選拔過程中的偏見。就拿二〇一九年的美國國家美式足球聯盟（NFL）選秀來說，分析一下被選上球員的生日就不難發現，我們看不出相對年齡效應的作用。沒錯，被選上的球員中有二成七的人生日是落在賽季的末期，亦即實際上他們所佔的比例還略高[37]。

這個結果證實了美式足球中將青少年選手分組的方式的確具有啟發意義。按規定，球員只有在高中畢業三年後才有資格參加選秀，因為在同屆球員中體格發育較快而累積的優勢，到這個時候已經消除了。在美式足球中，球員一般不會在一開始就決定自己在場上的專長位置，此外，因為美式足球幾乎只在北美洲盛行，也就創造了一種單一壟斷的現象。相同的策略在籃球、足球等全世界都盛行的運動中，可能就行不通了。因為為了要在國際上取得優勢，一般會讓球員儘早開始接觸該項運動，並想辦法入選菁英訓練學院，尤其在足球界更是如此。

美式足球的特殊背景使其他運動很難直接套用國家美式足球聯盟的那一套做法。但是，我們可以從中學到寶貴的一課，那就是：即便真的要招募還不到青春期的選手，球隊也應該保持開放的態度，接納後期加入的球員。招募尚未進入青春期的球員是一項值得商榷的政策，但是得靠該項運動的上層機關，由上而下地做出改變。

除了生物分組之外，還有其他方法可以縮小相對年齡效應的影響。紐西蘭橄欖球隊就是世界上第一支有系統地以體重而非年紀，來將青少年球員做分組的國家代表隊。黑衫軍決定採取此一做法的原因是「因為毛利族和玻里尼西亞裔的孩子，往往比白人小孩發育得更快」，《衛報》（*The Guardian*）在報導中指出[38]。黑衫軍的成功也證實了使用這種更創新的方式來培養年輕球員是有益的。

十三到十八歲間的男孩可以依據自己的年齡或體重來決定要加入哪一個級別的橄欖球隊。「你可以選擇加入十五歲以下（U15）且『無體重限制』的組別，或是十五歲以下且『有體重限制』的組別，甚至你也可以加入最高年齡限制為十八歲，但是完全以體重作為分級標準的組別。」奧克蘭文法學校的運動發展主任大衛・阿斯古（David Askew）解釋道。「我們希望孩子能樂在橄欖球運動中，但是『樂在運動』的定義對每個孩子都不盡相同。因此，我們會盡量和他們聊一聊過去的經驗，並且盡力滿足他們的需求。」紐西蘭這個啟蒙思想的另一個體現，就在他們最近開始舉辦的專給八十五公斤以下的球員參加的比賽。他們用這個辦，來確保體格較小的球員也能持續接觸橄欖球運動[43]。

許多人也提出了不同的方法試圖消除相對年齡效應的影響。最激進的方法是固定選拔人數比例，也就是自各季挑選約四分之一的球員人數。而挪威的特倫德拉格地區足球協會（Troendelag Regional Football Association）則採取了一個類似、但是比較溫和的做法，也就是規定至少要有四成的球員，其生日落於賽季的下半年[39]。其他可能的方法還有每年調整選拔的日期，使得每個孩子都有機會獲得生於賽季初的優勢；以及提升大眾認知實際年齡與生理年齡間可能的差異，並在球員的制服後方繡上其出生月份。這些簡單的方法，能減少選手選拔時受到的偏見[40]。

另一個可能的做法是利用一些校正調整法來淡化相對年齡效應。在田徑和游泳等項目中，客觀的量測結果（公分、公克、秒）決定了個人的表現。相對年齡效應的影響可以透過調整個人在其年齡組中的表現來進行量化及解釋。在二〇一五年的一項研究中，科學家測試了校正調整法在短跑中的影響。利用包含了所有成績介於九到十五秒以內的短跑選手的龐大資料集，讓科學家根據選手的實際年齡以及該短跑比賽的日期，計算每一年齡組別中年紀最大與最小選手間的期望表現差異。最後，再根據標準參考點調整表現時間，以得到校正短跑時間。在幾乎所有組別中，相對年齡相關的可能差異都減少了，該效應在短跑表現中不復存在[41]。相同地，科學家也針對游泳項目，在青少年組別中根據不同泳式和比賽距離，各發展了一套校正調整法。澳洲已經將此方法應用在青少年游泳比賽中，而且看起來也成功消除了相對年齡效應的影響[42]。

教練可以修正青少年組的比賽，使其更適合精進技能的培養。以足球來說，讓孩子花多一點時間在較小的場地比賽，到青少年期再開始固定接觸十一人制的標準比賽，能幫助培養發育較晚的孩子，因為他們較難單憑蠻力來擊敗對手。相同的原則可以應用在不同運動項目中，教練可以讓孩子以較小規模的方式來打橄欖球或籃球。

勒維特提出的改革更簡單，他提議讓孩子根據自己的年紀，而非選拔屆數組別來比賽。孩子九歲時可以和其他九歲的孩子一起比賽，然後在滿十歲之後升級到十歲的組別。如此一來，孩子能有機會經歷身為同組中最年長及最年輕球員的不同，還能獲得和更多不同選手和對手比賽的經驗。這個原理和生物分組差不多，但是背後的科學原理簡單多了。

「他們應該要讓孩子能加入比自己等級更高的組別比賽，如此一來才能提高比賽難度，讓他們體驗失敗的挫折。」勒維特說道。「他們也應該讓孩子有機會和比自己等級更低的組別比賽，如此便能加倍提升他們的自信，讓他們打得更好。最後，他們也應該和與自己同等級的選手比賽，如此才能體驗真正的競爭。」然而，即使是這樣多面兼顧的方法，也有其必須權衡之處，因為這個方法可能會破壞草根階段的足球賽所賴以維生的社會結構。

在比利時則運用了類似的概念，讓選手能根據自身的體能發展程度，往上或往下調整自己的級別；這個策略有助於如凱文・德布勞內（Kevin De Bruyne）和蒂博・庫爾圖瓦（Thibaut Courtois）等發展得較晚的球員。在比利時，發育較慢的孩子，尤其是生於賽季末期的孩子，可以去看一門專科醫生，並以此加入較自己實際年齡低一些的年齡組。比利時足球界還採用了其他變革，譬如皇家布魯日俱樂部（FC Brugge）的八歲以下和九歲以下二軍，就只包含生於賽季下半年的選手。此外，俱樂部更為生於賽季下半年的球員，特別舉辦一場獨立的招募日。這些做法都已經逐漸削弱了相對年齡效應的影響，但還沒做到完全消除。「我們無法完全消除這個影響，」皇家布魯日俱樂部的招募經理羅爾・費尹斯（Roel Vaeyens）說道，「因為我們招募球員的人才庫大都已經被選才的偏見影響了。」

後來成為世界第一板球對抗賽擊球員的維拉・哥利（Virat Kohli）生於十一月，也就是印度學制中的上學期，但是哥利在成長過程中並不滿足於只和自己同齡的孩子比賽。「以他的年齡來說，他的力氣很大。」哥利九歲時的教練拉庫馬爾・夏馬（Rajkumar Sharma）回憶[43]。「他很有企圖心，不想和同年的孩子比賽，而是想和年紀較長的孩子一起。他總是嚷嚷著『讓我去跟學長們打』，因為在同齡的孩子中已經沒有人是他的對手。」即使是在只和同年齡選手一起訓練的情況下，教練也能想辦法在各方面督促選手，譬如在使用練習網練習時，教練可以要求選手瞄準三柱門（wicket）的特定一側擊球，以強迫他們發展出不同的擊球技巧。

對美國國家女子籃球協會（WNBA）未來的最有價值球員艾琳娜・戴爾・多恩（Elena Delle Donne）而言，和年紀較長的球員一起打球是非常重要的一件事。戴爾・多恩生於九月五號，因此她是同屆的孩子中年齡最長的幾個之一，而且她還比同齡的孩子個子高出許多，她現在的身高高達六尺五吋。在和年齡更大的孩子比賽時，她的身高優勢較不明顯，因此她必須努力增進球技，並提升心理復原力。

「我在三年級的時候就跟七、八年級的學生打球。」她回憶，「他們當然不會放水，因為他們才不想要三年級的小鬼頭跑來鬧場，還給他們好看。因此，我總是會被打倒在地上，然後再自己爬起來，這絕對是讓我變得更堅強的原因。」

戴爾．多恩天生就是勝犬人才，但是因為和年紀大上許多的人一起打球，她被迫發展出敗犬的技能。在年僅十一歲的時候，戴爾．多恩就經常和十六歲的孩子一起打球。「這讓我變得很強，因為我個子超級高，而且我一直都很高，跟同齡的孩子打球對我來說實在太容易了。但是當我去和年紀較長、身材和力氣卻與我相仿的孩子打球，這就促使我得認真靠技巧去對戰。」

這些故事告訴我們，更聰明、更個人化的訓練方式能將相對年齡效應的影響降到最低，並提升培養菁英運動員的可能。然而，沒有一種訓練系統是完美無缺的，任何用來抑制相對年齡效應的做法「都有其必須權衡取捨之處」，勒維特如此說道。

最有效的人才培育制度是不會有相對年齡效應或敗犬效應的，在這個制度中，各個年齡的選手佔比都一樣多，而且表現一樣好。職業運動中缺乏生日落在賽季後期的運動員，以及這些選手事實上又表現得比生於賽季前期的運動員出色，就說明了人才識別過程的缺陷。這也揭露了，能解決相對年齡效應問題，並確保出生於一年四季的運動員都能受到平等待遇的選才系統，將能抱回最大獎：把更多矮矮胖胖的孩子變成大明星。

4

街頭精神

「在四人或五人制的玩法中，選手每四秒就會碰球一次；但是在完整十一人制比賽中，可能會有整整一分鐘的時間都碰不到球。」

——默罕瑪度．戈瑞（Mahamadou Gory），托爾西聯合俱樂部（US Torcy）U16青年軍教練，曾訓練過曼徹斯特聯足球俱樂部（Manchester United〔F.C〕）和法國代表隊當家球星保羅．博格巴（Paul Pogba）

大巴黎地區是世界足球中樞，根據社會學家達寇．杜奇克（Darko Dukic）的統計，過去五屆的男子世界盃選手中有六十人出生於此，人數甚至比第二名的布宜諾斯艾利斯還多十人[1]。而二〇一八年贏得世界盃冠軍的法國代表隊選手中，就有八人來自大巴黎地區。

想了解箇中原理，就讓我們一起搭上區域快鐵（RER train），從巴黎北站（Gare du Nord）出發往北。只要十六分鐘，即可抵達薩爾塞勒（Sarcelles）一探究竟。

蓋爾吉—薩爾塞勒車站（Garges-Sarcelles station）外，擠滿了爭相兜售各式商品的小販，從禦寒外套、圍巾到炸雞，應有盡有。然而，在這個人口只有六萬人的小鎮，生活中心可不是這個嘈雜的假日市集。想要一窺究竟，就得從一公里外的ＡＡＳ薩爾塞勒足球俱樂部（AAS Sarcelles football club）開始。

每到週末，在社區運動中心裡隸屬於ＡＡＳ薩爾塞勒的兩個足球場上，都會固定舉辦比賽。每天大約都三到四場比賽，在人工草皮球場上一場接一場地上演。這個社區運動中心還設有橄欖球場、網球場、游泳池和射箭場。而這裡的足球場所舉行的比賽，從Ｕ11青年賽事到成年組，甚至五十五歲以上的長青組賽事都有。每場比賽都吸引了眾多懷抱熱情與夢想的觀眾，在場邊暗自希望在場上奔馳的是自己。

薩爾塞勒是個弱勢地區，以集合住宅、高失業率、群眾暴動和零星的多元文化衝突著稱。但是這裡也有好名聲，那就是出色的足球文化。維基百科上一共列出了十八名來自薩爾塞勒的知名人士，其中有三分之二，亦即十二位，都是男子足球選手，包括摩納哥體育協會足球俱樂部（Monaco）

以及法國代表隊現役前鋒維薩姆・本・耶德爾（Wissam Ben Yedder）[2]。另外，還有比耶德爾大六個月的兒時玩伴兼隊友，同時也是最出名的薩爾塞勒人——利雅德・馬赫雷斯（Riyad Mahrez）。馬赫雷斯是非常傑出的前鋒，並且曾經贏得兩屆英超冠軍頭銜，第一次是在二〇一六年，萊斯特城足球俱樂部（Leicester City）以賠率一比五千的局面傳奇封王時；第二次則是在二〇一九年效力於曼城隊時。馬赫雷斯想當然爾會入選法國國家代表隊，但是他決定代表阿爾及利亞出戰國際賽，並在二〇一九年帶領阿爾及利亞拿下當年非洲國家盃冠軍。然而，薩爾塞勒內部的競爭是如此激烈，使小時候身材極為瘦弱的馬赫雷斯直到十七歲時，才首次成功入選與其年齡相符的球隊青年軍。

來自此地的其他職業足球選手都和馬赫雷斯一樣在ＡＡＳ薩爾塞勒接受訓練。但更重要的是，馬赫雷斯也和其他人一樣，是在薩爾塞勒無所不在的集合住宅之間學會踢足球的。就在這裡，在樹與樹之間，在公園長椅間的空隙，以及任何一個他能找到的空地上，馬赫雷斯學會盤球、踩單車過人以及各式華麗的控球技巧，讓曼城隊願意以六千萬英鎊的高價簽下他。即使在進入職業球隊之後，馬赫雷斯依舊經常在週末比賽結束後，回到薩爾塞勒找尋加入街頭足球比賽的機會。當地人以法文稱這樣的比賽為「ballon sur bitume」，直譯就是「柏油路足球」。

這種比賽的競爭非常激烈。現在他們會在集合住宅間以水泥牆圍起來的空地上比賽，在馬赫雷斯小時候並沒有這種場地。這些比賽通常是各自報隊參加，以四人或五人制方式在極小的場地上進行。

「城裡的生活不容易，但是足球運動非常盛行。」ＡＡＳ薩爾塞勒的總教練暨技術總監穆罕默德·庫里巴利（Mohammad Coulibaly）說道。「薩爾塞勒球員的飢渴是由環境所造就的……年輕選手對贏球有著強烈的欲望。」

街頭足球比賽就是冠軍選手的溫床。從一九九八年起，法國隊一共打進五次世界盃及歐洲足球錦標賽（European Championship）的決賽，比世界任何國家的紀錄都還要多出兩次。

「堅強起來，想辦法贏球」

球探判別及培養最佳年輕選手的方式，一年比一年更有架構、有系統。除了巴西聖保羅之外，巴黎是全世界球探最多的城市，而這裡的相關發展也反映了此一日趨專業化的現象。不過，巴黎在媒合現代選才計畫科技和街頭精神、自發性的表現，也勝過世界上其他任何地方。如同馬赫雷斯這樣來自法蘭西島大區（Île-de-France）的球員，往往從小開始踢郊區的街頭足球，一直到青少年時期，即使他們已經被足球學院相中了也一樣。

「我認為來自法蘭西島大區的選手是全法國最棒的。」ＡＡＳ薩爾塞勒的助理教練阿達奧伊·瓦立德（Ardhaoui Oualid）說道。和庫里巴利一樣，他也是土生土長的薩爾塞勒人。「我們從很年輕的時候，就一直在街頭踢足球。」

「你能從中獲得盤球的技巧、提升力量，並發展出對贏球的熱切渴望。年輕人就是不想輸，因為那是鄰里街頭，你每天都會見到他們。剛才提到的那些能力，在來自法蘭西島大區的孩子身上比其他地區的孩子來得更明顯。」

「在這裡，舉目所及都是足球……在薩爾塞勒，你可以找到體能條件非常好，而且腳下功夫也一流的選手。在足球界，有時候你會遇到體能條件很優秀的球員，他們身材高大而且很強壯；另外一些時候，你遇到的球員則是單純球技精湛。在薩爾塞勒，你可以找到兩者兼具的球員。」

「他們有著高超的技巧，但同時也具有其他特質，譬如無所畏懼，而且很有創意。」

「如果你住在集合住宅，你就會一天到晚在外面玩，」馬赫雷斯接著解釋道[3]，「我們的家長都不太嚴格，會讓我們一直玩。每天地老天荒地踢球對於精進盤球和其他足球技巧真的很有用。我想，這就是為什麼技巧最好的選手往往來自街頭。」

馬赫雷斯全心全意地投入足球，天黑後還常常可以看到他在踢球，在昏暗的路燈照明下繼續比賽。「他每天到晚上了都還在踢，即使四周已經一片漆黑了，他還在踢，」庫里巴利回憶，「他有點走火入魔。」

馬赫雷斯的父親來自阿爾及利亞，母親則是阿爾及利亞及摩洛哥後裔，類似這樣的移民家庭背景在來自薩爾塞勒的球員間，甚至整個巴黎郊區的選手間，都非常典型。「這裡就是個大熔爐，」克萊楓丹學院的總監巴西拉說道，來自法蘭西島大區的頂尖年輕球員都在該學院接受訓練。「他們來自世界各地，因此充滿了創意，這和他們的身份認同有關，因為他們與眾不同。」

「我們有非洲裔的球員，也有可能是亞裔的球員。」，托爾西聯合俱樂部（US Torcy）的U16青年軍教練默罕瑪度・戈瑞（Mahamadou Gory）說道。這個座落於薩爾塞勒東南方三十五公里之外，同樣位於巴黎郊區的足球俱樂部，曾經是保羅・博格巴（Paul Pogba）效力的隊伍。「因此很多元化，我們是個大雜燴，有很多不同的特質。」戈瑞認為，郊區匯集了各式足球風格的優點於一身。一項針對二〇一八年世界盃四強中的三支隊伍，也就是法國、比利時和英格蘭代表隊所做的分析研究就指出，各隊中具有移民背景的球員人數都不成比例地多[4]。

街頭足球魔力的一部分原理其實就只是簡單的數學邏輯。因為場地小，而且兩隊的球員人數少，每個球員在比賽中佔的比重都更大。每個選手控球的時間和次數都比正式比賽多，不過因為對手也更積極搶球，每次持球後都必須馬上傳球或是盤球。也正因如此，街頭足球成了幫助球員快速精進技巧的最佳環境。

「在四人或五人制的玩法中，選手每四秒就會碰球一次：但是在完整十一人制比賽中，可能會有整整一分鐘的時間都碰不到球。」戈瑞解釋道。

在街頭足球中，「你每五秒鐘就會碰到球一次。我傳給你，跑過你身邊，然後球就會再傳回我腳下。也就是說，平均而言，你每四或五秒就會持球一次；然而在十一人制比賽中，你可能每十二秒、十五秒、三十秒，甚至要到一分鐘才能碰到球一次。」

「當你打四人或五人制比賽時，就是在精進技術水準，尤其是『一打一』的能力。因為一名進攻球員必須想辦法過一名防守球員，而這名防守球員則要想盡辦法擋下他。」

街頭足球的訓練包含了身心靈的層面。因為場上的選手數、對手人數，甚至球場的大小都不固定，球員必須不斷面對及消化新的資訊，然後在毫無準備的情況下做出決定[5,6]。「因為沒有人在旁邊下指導棋，街頭運動讓球員有機會自己去尋找並發現意料之外，而且可能是更好的替代解決方案。」科隆體育大學（Sports University in Cologne）的科學家丹尼爾・蒙梅爾特（Daniel Memmert）說道[7]。

「你會發展出獨立思考的能力，因為沒有教練在旁邊告訴你『過去那裡，過去那裡』，」戈瑞說道，「是你自己要做決定。」

在街頭足球中，沒有嚴格的年齡分級制度，對象是誰以及在什麼時候比賽完全取決於當時有誰在、有誰想玩、有誰可以玩。「在街頭沒有年齡之分。」AAS薩爾塞勒的瓦立德說道，「我大概十歲的時候，就會跟十五、十六歲的人一起比賽。這會讓你變得更強。」能和年紀較長的孩子一起比賽，也就表示，即使家中沒有哥哥姊姊，薩爾塞勒的年輕足球員也能享有身為弟弟妹妹在運動中所享有的優勢。和較年長的選手一起踢球，可以加快他們的技能習得。

沒有年齡限制對身材瘦小的球員更是充滿挑戰，對馬赫雷斯來說就是這樣，直到他十七歲開始長肉變壯，情況才改變。街頭沒有裁判，因此只有在重大犯規時才會判給自由球，相對來說，較輕微的犯規極少有自由球的機會。因此在街頭足球中，他自己必須非常小心。

「像馬赫雷斯這樣的球員會在街頭足球中學到，沒有人會因為你不夠強壯就給你特殊待遇，」瓦立德說道，「有時候，比賽是你的街區對抗別的街區，沒有裁判，所以你必須堅強起來，想辦法贏球。」

「他想對球怎麼樣都可以。如果你有辦法帶球從一邊跑到另一邊，你不見得要很強壯，只要夠有效率就可以。」

也許，這就是街頭足球奉為圭臬的一點：效率。你要怎麼踢都沒關係，只要贏球就好。

巴西之道

街頭運動活動不同凡響的好處，不只在巴黎郊區可以看到。

巴西至今依舊是全世界唯一一個得過五屆男子足球世界盃冠軍的國家。巴西隊擁有如此傲人的紀錄，靠得卻不是組織嚴謹的足球學院四處招募尚未進入青春期的孩子來加以訓練所達成的。在巴西，孩子至少要到十二歲之後才會開始接觸到有教練指導的足球訓練[8]。年輕球員清一色只踢街頭或沙灘足球，葡萄牙文稱之為「pelada」，或是一種在硬地球場上進行的五人制足球，在巴西稱之為「futsal」。葡萄牙文的「pelada」一字原意是「光裸的」，這個名稱源自於當地人光著腳、打赤膊踢足球的習慣。

巴西最好的球員，在成長過程中花在足球上的時間和其他國家的頂尖選手差不多，不同的是，他們絕大多數的時間都花在非正式的比賽上。十二歲以下的巴西球員，每週平均花四到五小時的時間在非正式的足球比賽上[9]。不過，除了花四到五小時在街頭或沙灘足球，胸懷大志的巴西球員，每週還會再花上另外四到五小時去踢硬地五人制足球比賽。如此一來，他們花在非正式足球比賽上的時間就比歐洲的孩子多了一倍。儘管和街頭或沙灘足球相比，硬地五人制足球比賽更正式，因為有特定的球場、固定的規則等，但是兩者都具有非正式、無教練指導的比賽所特有的多變性，能帶給年輕球員相當多的養分。

和法國的街頭足球類似，巴西的街頭或沙灘足球以及硬地五人制足球比賽，都比較像是極限運動版的足球，因為選手必須在狹小的場地裡衝鋒陷陣，並培養絕佳的控球技巧，但同時也因為場上人數較少，而能在比賽中獲得更多的持球時間。

「在硬地五人制足球比賽中，選手必須學會快速思考和反應，如此一來，當你轉入普通的十一人制比賽時，一切就顯得很容易。」史上最佳足球員之一的「球王」比利（Pelé）說道[10]。其他也曾踢過硬地五人制足球的著名球星還包括羅納度（Ronaldo）、小羅納度（Ronaldinho）、羅比尼奧（Robinho）、內馬爾（Neymar）、蘇亞雷斯（Luis Suarez）、梅西（Lionel Messi），以及克里斯蒂亞諾·羅納度（Cristiano Ronaldo，又稱C羅），他童年時期在馬德拉群島（Madeira）踢的就是硬地五人制足球。「我們一天到晚都在踢硬地五人制足球。」C羅後來說道[10]，「狹小的場地幫助我提升了近身的控球技巧，每次踢硬地五人制足球比賽都讓我覺得很自在。要不是有硬地五人制足球，就不可能有今天這個我。」

硬地五人制足球以及街頭或沙灘足球的活力與多變性，能幫助選手培養相當的彈性，以利於適應不同的情境。硬地五人制足球的用球在彈性和觸感上也和一般五號足球相當不同，而科學家的研究更指出，這讓他們轉成使用一般足球時，表現更為傑出[11]。

硬地五人制足球能培養「選手的比賽意識和決策能力，以及盤球、傳球、射門等技術能力」，巴西維索薩聯邦大學（Universidade Federal de Viçosa）的街頭足球專家以色列．提奧多寇斯達（Israel Teoldo da Costa）說道。「它也能增強孩子投入比賽的動機，因為規模比十一人制的比賽小，可以提升選手在比賽中的參與感。」

玩耍就是研究的最高境界

德國在二〇一四年世界盃的勝利被視為全國足球界組織轉型的一大成就，這次轉型主要是為了挽救德國隊在一九九八年世界盃以及二〇〇〇年歐錦賽的差勁表現[12]。毫無疑問地，這要歸功於進步的改革引來大批針對草根階段足球發展所做的投資，進而改善了地方設施，並促使優秀的俱樂部加倍關注人才培育項目。然而，就算在全世界最富裕、組織最嚴謹的足球大國之一，我們依然可以看到街頭足球被賦予重要的角色。

在一項針對贏得世界盃的德國代表隊所做的研究中，運動科學家分析了每個隊員的發展經歷，試圖找出他們相較於德國甲級足球聯賽（Bundesliga，簡稱德甲）的其他選手，以及第四到六級聯賽的業餘選手之間，有什麼特別突出之處[13]。讓人出乎意料的是，冠軍隊成員在二十二歲以前參與正式比賽的數目居然最少。相反地，冠軍隊成員在青少年時期參與非正式足球比賽的經驗遠遠大於其他選手。而同樣的現象也在女子足球中出現，德國國家女子代表隊的選手也比其他德甲的球員有更多非正式足球比賽的經驗[14]。由此可見，世界頂尖的足球選手們靠自學而來的技巧，遠遠大過於遵從教練指導而習得的技術。

德國足球協會（Deutscher Fußball-Bund）致力於確保選手在正式訓練中，也能習得街頭足球的特點。該協會在二〇〇〇年後針對德國青年足球所做的改革，打造出聰明靈活、直覺性強的選手，鼓勵他們默默學習，而非只依靠教練告訴他們該怎麼做的指示。沒錯，他們的目的是要以人為的方式培育出街頭足球員，而他們的確也成功造就了對比賽能見微知著、富有創造力、能適應各種突發狀況的新世代足球員。

一項針對英超各俱樂部的學院所做的分析研究，也另外證實了街頭運動活動在運動員養成過程中扮演了極關鍵的角色[15]。研究人員將從學院體系中畢業的選手分成兩組進行比較，其中一組選手是在十六歲時獲得三年期獎學金，另一組則是在十六歲時被球隊釋出。研究顯示，這兩組選手在學院中接受教練指導練習的時數差不多，以這部分的發展經歷而言，兩組球員間的差異不大。但是，在訓練場外的一項指標上卻有著相當顯著的差異。獲得合約的選手平均每週花上九小時在非正式的足球比賽上；然而，沒有得到合約的選手，每週花在這類球賽中的時間卻只有五個小時。

「我從那些小比賽中學到了我所會的一切。」韋恩．魯尼（Wayne Rooney）說道。他也是從街頭足球起家的球員，從小就常在利物浦貧民區克羅斯泰絲（Croxteth）的家外、圍籬另一邊的小小的柏油地球場上踢足球[16]。「關於戰術的部分我後來才漸漸熟悉，但是我百分之九十五的足球知識都是來自於小時候的經驗。」

「人數較少的賽制會讓你更容易陷入棘手的情況，而你得想辦法自救。你會習慣持球以及隨之而來的壓力，因此你也會學到如何面對這樣的壓力。當你換去十一人制的大球場比賽時，你會突然覺得身邊很空曠。」

矛盾的是，頂尖球隊想要的球員和那些早早被釋出的球員之間的最大差異卻不在學院的掌控之中[17]。非正式的街頭比賽帶給選手的是難以捉摸又包羅萬象的挑戰，而學院中的教練卻往往太過規矩，不斷給選手下指導棋，告訴他們什麼時候該做什麼[18]。如果孩子接觸運動的大部分時間都有教練在一旁指導，會剝奪了孩子自己想辦法解決問題的能力，並限制他的發展。在童年時期參與較多非正式足球比賽的選手，通常也會展現出比較高的「比賽智商」（game intelligence），也就是能在比賽中預測和判斷情勢，並在高壓的情況下做出正確決定的能力[21,22]。

非正式比賽不只能培養出更聰明的選手，街頭運動更能幫助選手自我調適以避免過勞或中輟，這兩者發生的機率都會因爲處於高壓環境之中而提升。一項針對英國菁英青少年選手所做的研究指出，有教練指導的練習時數和球員的動機成反比。似乎也可以說，把球員逼得太緊的教練就是在帶頭澆熄選手對足球的愛[23]。

街頭運動的好處在籃球界也一樣顯著。二〇一八年，美國國家籃球協會（NBA）委託了一組專家學者，針對青年選手的培訓提出相關建議[22]。他們發現，非正式的比賽能讓孩子接觸到更多比賽的變數，扮演不同角色、擔綱不同位置、適應不同規則、不同場地、不同球場大小、不同選手數，這些都能加速技能發展。和一般演練不同，非正式比賽「包含情境動態、認知、動作方式間的互動，也能提供大量靠心領神會去學習技巧的機會。」如此特殊的比賽能培養出適應性強的「更聰明的學生」，而這樣的球員，便能在季後賽面對突如其來的難題時，依舊保持冷靜、不慌亂。

隨著人才招募漸趨產業化，在街頭運動中才能學到的精明變得更加重要。在職業運動的大斧中，能保持一點隨性、調皮和趣味的運動員，比那些單純持續不懈、努力鑽研演練的運動員，更能主導場上的情勢發展[23]。

沒有組織的青少年比賽的混亂能幫選手做好準備，在進入有組織的正式比賽後快速茁壯。從巴黎街頭足球起家的球員，到了正式比賽中，有裁判公正吹哨的保護，有平整的場地可以奔跑，還有更空曠的空間可以盡情發揮。因此，向上跨了一大步之後，選手反而可能覺得比賽變簡單了。

街頭精神是各頂尖運動選手產地的一大共通點。南倫敦近年來培育出了傑頓・桑喬（Jadon Sancho）、喬・戈麥斯（Joe Gomez）、賴斯・納爾遜（Reiss Nelson）。他們都是從小在水泥場地上踢鐵籠足球（cage football）長大的，這種比賽文化和巴黎郊區的街頭足球很類似[24]。「我們入門成長的起點就是街頭足球，」桑喬解釋道[25]，「每個人各顯神通，這就是我們學踢足球的方法。街頭足球就是無所畏懼，因為你沒什麼好損失的，你就是做你自己。」

至於橄欖球，球員在加入橄欖球名校之前，往往也在紐西蘭的鄉村地區培養了該有的活力和自我認識；而美國許多大城市的貧民區都曾培養出隨性又有個人風格的籃球員。根據二〇一九年的統計，美國職棒大聯盟（Major League Baseball）共有一〇二名來自多明尼加共和國的選手，佔了總人數的百分之十二。在多明尼加，棒球比賽在街頭或公園內隨處可見。在T20（Twenty20）的板球比賽中，千里達及托巴哥（Trinidad and Tobago）的頂尖好手密度極高，因為這裡的球員習慣了用稱為風球（windball）的塑膠球來進行人數較少的比賽。這類非正式的環境所帶來的活力和混亂能讓孩子打好基礎，帶著該有的技能及精神去闖蕩邁向菁英選手之路。正如愛因斯坦所說的：「玩耍就是研究的最高境界。」

街頭精神和純熟技巧的交會

從薩爾塞勒及托爾西這樣的俱樂部畢業，並一躍成為大明星的球員，很明顯都是靠來自街頭足球的鍛鍊，但是他們同時也受到全世界最成熟的教練體系的薰陶：據估計，在整個大巴黎都會區，一共有約三萬名的專業教練[26]。在法蘭西島大區，教練人才培育的發展及球探人數的成長，和來自該區的頂尖法國選手數的大幅成長相吻合。根據社會學家巴斯提安．杜魯特（Bastien Drut）和理查．杜奧拓（Richard Duhautois）的研究發現，在法國最高級的聯賽即法國足球甲級聯賽（Ligue 1，簡稱法甲）中，來自法蘭西島大區的選手佔比，在一九九六年到二〇一六年間，從一成大幅成長至二成七[27]。

對郊區的教練而言，他們的工作基本上就是撮合街頭精神和職業足球所需的精密戰略。「一般來說，孩子出門就是去踢足球。」托爾西U16青年軍教練戈瑞說道。「所以早在他們加入俱樂部之前就已經具備了一定程度的技巧及踢球風格，也就是說，我們已經有了優秀的獨立個體球員，而我們的工作就是要讓他們學會共同合作。」

「當你踢四人或五人制足球時並不會養成這種『共同集合體』的概念，只會有個人獨立的發展。」

「有些球員會一直盤球，可以說有點『自我』，他們比較喜歡自己來。」戈瑞會告訴這些球員：「你可以盤球，但是之後一定要傳球或是射門。這麼做會讓他們變得更聰明，讓他們的高超技巧變成對整個球隊、整個共同體有益的事情。」

郊區有為數眾多、技術超群的球員，但是只有學會如何以最高效率應用這些天賦，才能脫穎而出成為菁英選手，戈瑞說道，「能應用自己的比賽智商去解決眼前問題的選手才是我們要找的人。」

在薩爾塞勒，年輕選手每週接受三次訓練，每次一個半小時。最常見的訓練賽是以較少人制的規模比賽，並且規定選手在持球後，最多只能踢個兩三次，就一定要再將球傳出去。

「你必須養成另一種思維。」薩爾塞勒的助理教練瓦立德解釋，「我們教導他們如何一起合作。該往前跑的是球，而不是球員。當然，當你進到禁區時，這些技巧就會派上用場，但我們必須培養加快比賽速度的踢法，讓球跑。」在薩爾塞勒，俱樂部評量青年軍教練的標準是看他們如何培養選手，而不只是看比賽成果。對青年組階段而言，太過重視贏球的教練反而會壞了球員長期的發展。「可以整合他們在小場地所練就的技巧以及在俱樂部所學的其他技能的球員，未來將能靠著對運動的熱愛與個人的努力成為偉大而出色的選手。」

「我們視每個球員都為獨立的個體，但是我們將他們放在一起成為一個共同體。每位球員都獨一無二。我們有很有創造力的球員、體能很好的球員，也有技巧高超的球員。每個球員都有自己的強項。我們的工作就是蒐集這些各式各樣的技能，把他們集合起來。」

薩爾塞勒和其他郊區俱樂部最擅長的便是按照年輕球員的特質，量身打造訓練他們的方式。馬赫雷斯的成功之路並非如外界一般所認為的那樣，其街頭足球和天賦異稟因素高於正統訓練。事實上，他的成功是街頭足球和天賦異稟在水準高超的訓練之下所獲致的。

「他抓緊了身為街頭足球員的技巧能力，也就是在街頭習得的創造力，然後又抓緊了我們教導他的一切。」瓦立德說。「你不能隨邊抓一個只踢過街頭足球的球員，然後把他放進職業足球的框架。不行。你必須學習正式足球的樣子，而利雅德做到了。」

「當你把這些因素相加，就能得到我們現在這些優秀的選手。」

克萊楓丹學院：街頭足球和菁英教練的交會處

座落於巴黎市中心西南方約五十公里外的森林中，蒙鳩耶城堡（Château de Montjoye）是一座具有五星級設備的十七世紀莊園大宅。在大宅周邊共五十六公頃的土地上，有十座足球場、一座先進的醫療中心，還有無可比擬的森林景致。這裡就是法國國家訓練中心——克萊楓丹學院。法蘭西島大區最頂尖的二十三位年輕選手將在此接受為期兩年的訓練，並一同度過他們十三歲到十五歲的時光。在二〇一四到二〇一九年間的五屆新生招募中，一共有五位來自AAS薩爾塞勒的選手入選。

在克萊楓丹學院的牆上，驕傲地展示著他們自一九八八年創校以來最出名校友的海報。其中包括了蒂埃里・亨利（Thierry Henry）、尼古拉・安耐卡（Nicolas Anelka）、路易・薩哈（Louis Saha）、威廉・加拉斯（William Gallas）、布萊斯・馬度迪（Blaise Matuidi）等，個個都擁有相當長的國際職業生涯。

在這些展示品中，最引人注目的是一張手寫的紙條，上面寫著：「給ＩＮＦ（法國國家足球學院）：謝謝你給了我永生難忘的兩年。」（'Pour L'INF, merci pour ces deux années inoubliables'.）寫下這張紙條的是最近竄紅為世界巨星的克萊楓丹學院校友——基利安・姆巴佩（Kylian Mbappé）。在二〇一八年，法國隊靠著姆巴佩的四次射門進球登上世界盃冠軍寶座，而他也成為繼「球王」比利之後，第二個在世界盃決賽中射門得分的青少年選手。

克萊楓丹學院的校友名單十分讓人驚艷，尤其是因為法蘭西島大區的人口，只佔了全法國人口的十八%。克萊楓丹學院的成就可以鼓舞下一代的足球員，也足以做為其他國家的足球或其他運動協會模範，供其檢視考察，並試圖在國內複製使用。

克萊楓丹學院確實有許多讓人欽羨之處。其評選過程歷時六個月，從法蘭西島大區最優秀的兩千五百名選手中篩選出最頂尖的一百位，接著再一步步篩選到每年的額定人數，二十三人。從飲食控制到醫療設施，入選的球員在這裡能得到全方位的支持，以使其能將天賦潛力發揮到極致。同時，訓練中心也致力於不讓選手過早養成優越感，因此除了守門員之外（他們一般來說身材都比較高大），所有的運動員都與室友同住。

這裡的訓練精實銳利，而不是用過多的資訊令選手難以招架。從星期一到星期五，運動員在下午五點四十五分開始接受一小時的訓練，只有星期三例外，因為這天是例行的比賽日。運動員們白天要到當地的公立學校上課。「如果你在學業上表現得更聰明，在球場上也會是一樣的。」國家學院總監巴西拉說道。當他們週末返家時，會代表各自的俱樂部出賽，以保持和自己的根源連結，並藉此接受與菁英學院中不同的挑戰。

克萊楓丹學院培育出了大批優秀球員，卻沒有養成自得自滿的習氣。學院鼓勵教練不斷重新檢視自己的指導方法，譬如學院近年來刻意著重招募身材比較瘦小的選手，以對抗相對年齡效應的影響。選手總是不斷接受意想不到的挑戰，像是被安排去踢不同位置等等。「站上不同的位置可以幫助你更了解比賽的樣貌，」巴西拉解釋道，「換個位置，你的眼界也會不同。」

然而，無論法蘭西島大區最精良的年輕選手所接觸到的設施、教練、訓練計畫再怎麼厲害，克萊楓丹學院就是如此而已，沒有什麼不為人知的祕密武器。克萊楓丹學院之所以能從其他模仿者中脫穎而出，關鍵不在於選手在這個豪華的場地上所受的指導，而是在於法蘭西島大區內多元的文化。

一如薩爾塞勒的教練群，克萊楓丹學院的教練視他們的工作為補強街頭足球之不足，因為孩子已經對街頭足球非常熟稔。「街頭足球是教學的起點，因為在街頭踢足球時，沒有教練在一旁叫你該這樣踢或是那樣踢，你心裡想怎麼踢就怎麼踢。」巴西拉回憶道，他在展開職業生涯前也是在郊區長大的孩子。「這也是為什麼街頭足球對創造力的養成如此重要。」

作為法蘭西島大區的頂尖青年選手在訓練過程中的最後一個環節，克萊楓丹學院表現得非常優秀。但是，主要是因為每年入選的十三歲選手的資質，保證了每年十五歲畢業生的高水準。相較於其他學院，儘管擁有相似的設施裝備，卻無法培育出具有相同才能水準的選手。「唯一的不同之處就是地區，」巴西拉說道，「巴黎確實是人才濟濟。」

克萊楓丹學院給選手最棒的機會，讓他們將潛能發揮到極致。但是，儘管克萊楓丹學院能打磨、拋光寶石，卻不能無中生有。這部分的工作得要靠像薩爾塞勒這樣的俱樂部，甚至是俱樂部外，在街上、鐵籠場地、公園等進行的街頭足球來完成。

5 尋找卓越

要如何通往體壇卓越之路？
各界對此為何遲遲沒有共識？

「我們絕對更鼓勵綜合發展勝過單項專精。我們的哲學是，過早的單項專精訓練會阻礙長期的潛能發揮。」

——大衛．阿斯古，奧克蘭文法學校體育發展主任；此校是培養出最多黑衫軍橄欖球隊成員的學校

「我從八歲到十六歲都在青年網球中度過，在傑克克萊默俱樂部（Jack Kramer club）比賽。網球就是我的生活，是我生活的重心。我花了非常多的時間在這上面。你說到一萬小時法則，我用那些時間來琢磨技巧，學習如何打球、如何競爭。我每天、每週無時無刻的注意力焦點都是網球、打錦標賽。」

——皮特．山普拉斯（Pete Sampras），前世界排名第一網球選手暨十四次大滿貫冠軍得主

西元二〇〇七年的春天，海倫・葛洛佛（Helen Glover）的媽媽瑞秋（Rachel）正在看報紙。她的女兒在威爾斯大學卡地夫學院（University of Wales Institute in Cardiff）攻讀競技運動和運動科學，再一週就要畢業了。此時，報紙上一則徵求優秀運動人才的廣告吸引了瑞秋的注意。英國運動委員會（UK Sport）提出了一項大膽的計畫，要在二〇一二年倫敦奧運來臨前，將具有適當身體條件的運動員改造成奧運冠軍，尤其是手球、划船和排球等項目。凡是年齡介於十六至二十五歲的年輕人都能參加。

向來非常熱愛運動的海倫也對媽媽看到的消息十分有興趣，她在接下來的日子著手進行線上報名，詳列出過去曾參與過的運動，並提供了一些基本資料，如年齡、身高、體重等。

「我還記得，我那時候想說這應該會很有趣。因為我的好勝心很強，所以想看看自己能做到什麼程度，」她回憶，「對於訓練過程倒是沒有多想。」當時海倫手邊已經有其他計畫了，她那時正在迦納當志工，而且也已經入選了一個教師培訓課程，回國後就會開始。

海倫在迦納接到媽媽打來的另一通電話，說他們通知她去做一些測試。她趕不上原訂的日期，只好改時間換到第一輪篩選的最後一個測驗日期。這個測驗在她回到英國的幾天之後進行，地點在畢許漢莊園（Bisham Abbey），這是位在柏克夏郡（Berkshire）的一個國家訓練中心。

「我記得自己離開的時候還心想，剛才沒看到幾個人比我厲害，雖然我明顯比所有人都矮了一截。」這一點也不奇怪，因為葛洛佛在匆忙填寫申請表時，她沒忘記要謊報身高。實際上她比計畫要求的最低身高五尺十一吋還矮了一吋半。「我記得我那時候還想，唉，要是有什麼意外應該就是因為這件事了。」但是，看完葛洛佛的表現之後，身高少幾公分的事情根本不成問題。

根據她過去在曲棍球運動的豐富經驗（她曾在青年組比賽中擔任郡級代表隊的隊長），葛洛佛原本預期自己會入選接受手球或排球訓練。但是，當她接到錄取通知，並在幾週後前往訓練營報到時，卻發現那是划船訓練營。葛洛佛從沒划過船，「我當下真的感到非常驚訝。」

營隊開始後，葛洛佛發現其中有幾個人是經驗豐富的划船選手。「她們看起來和我完全不一樣。」

但是，葛洛佛依舊成功晉級到最後一輪，二〇〇七年夏天在諾丁罕（Nottingham）的訓練營。這是她有生以來第一次坐上賽艇。「我在做的事跟你在電視上看到的完全不一樣，感覺根本是兩個截然不同的運動。他們看起來做得那麼輕鬆的動作完全不是常人能做到的。」

結果，葛洛佛根本早就已經入選這次計畫了[1]。最後一輪營隊的目標之一是要讓運動員對參加計畫需要做的犧牲有心理準備。「事實上，他們先把難度提得很高好讓我們有台階下。他們不希望選手為此離職或拋家棄子，卻落得半途而廢的下場。」

幾週後，葛洛佛收到一封信，通知她正式入選，為本計畫從五千名申請者中篩選出的最終共五十二名男女各項運動選手之一。如果她同意加入，就必須搬到英格蘭西南部的巴斯（Bath），接受保羅·史坦納德（Paul Stannard）教練的訓練。此時已經是二〇〇八年的二月，她早已經搬到了南海岸的普利茅斯（Plymouth）開始上教師培訓課程了。「我差點就要跟他們說『我沒辦法參加』。我剛從大學畢業，還有一屁股債，我必須找份工作，我二十一歲，我對划船一無所知……當他們打電話來的時候，我真的不知道我要不要答應。」

葛洛佛想著這個新奇的目標，就此展開了這趟旅程。「要不是因為奧運的驅使，我絕對不會接觸到這項運動。不誇張，從第一天開始，他們的目的就不是要讓你樂在其中，我們唯一的目標就是要拿下奧運獎牌。」

葛洛佛有兩年的時間過著兩種不同的生活。白天，她在巴斯的奧德菲爾德中學（Oldfield School）擔任體育老師，並且在每天上班前和下班後接受奧運特訓。「我每天早上四點半起床，準備五點鐘準時到俱樂部的划船機上做訓練。但與其說是俱樂部，不如說是個小棚屋，沒有廁所、沒有淋浴間，什麼都沒有。」訓練完畢後，她就走路到位在山丘上的學校開始上班。「學生放學之後，你還得去帶曲棍球或體操隊，那時候我就會開始看錶，然後想著『這會耽誤到我今天下水的時間』。」

下班後，葛洛佛走下山坡，希望還有時間進行一整堂的水上訓練。放假聽起來像是天方夜譚。葛洛佛在週六和週日要進行三堂不同的訓練，而且盡量都是水上訓練。「最困難的一點就是你根本沒時間恢復。」她回憶，「我光是上班就累癱了，不過我當時已經快追上隊上最弱的幾個選手了。」葛洛佛每週除了工作之外，還要接受大約十五個小時的訓練。

復活節的時候，英國划船隊的選手接受了一整年最重要的一項試煉：決定誰能晉升正式選手的計時測試。為了提昇自己入選的機率，葛洛佛在二月的時候辭去工作，以便在試驗前能有幾個月的時間全神貫注投入訓練。她的父母幫她負擔了幾個月的房租。「這次放手一搏是非常大的賭注。要是沒有成功的話，我也不知道要怎麼辦。」

結果葛洛佛吊車尾進了代表隊，而她的生活馬上有了一百八十度的轉變。從二〇一〇年五月，葛洛佛開始獲得英國運動委員會的全額補助，這筆補助款的來源是國家彩券資金，每年約兩萬英鎊。現在，她只有一份工作，而不是兩個。

她每週的訓練時數，包括水上訓練、划船機及其他體能訓練，翻倍變成三十小時。然而其中最明顯的差異並不是訓練的內容，而是在每一堂訓練跟訓練之間的「復原休息時間」。她轉成職業選手後的進步十分亮眼：她在二〇一〇年十一月舉行的世界划船錦標賽（World Rowing Championships）中，一舉奪下雙人項目的銀牌。而她的搭檔海瑟．史坦寧（Heather Stanning）也是從二〇〇六年才開始投入划船運動[2]。「到十一月的時候，我就已經只想著要贏得奧運獎牌了。」葛洛佛回憶道。

二〇一二年夏天，葛洛佛和史坦寧贏得了女子雙人無舵手項目金牌，這是英國隊在倫敦奧運奪下的第一面金牌。「有點像是靈魂出竅，感覺好像不是真的，整個故事都太完美了。」

一萬小時法則的反例

根據葛洛佛的估計，截至二〇一〇年十一月奪下世界錦標賽銀牌時，她所受的划船訓練和練習時數總共約兩千小時；而到二〇一二年，她奪下奧運金牌的時候，她的總划船時數約三千五百小時。她的例子顯示，有了對的身體條件（儘管她比英國代表隊要求的最低身高限制還矮了一些）、過人的努力以及有遠見的訓練方式還是有可能走捷徑，打破麥爾坎・葛拉威爾所提倡的「一萬小時法則」[3]。根據這個「法則」，用十年的時間取得一萬小時的訓練，對於要在任何領域成為專家都是必要的；然而葛洛佛只花了大約三分之一的時間就做到了。

儘管她的進步速度的確不同凡響，但是在取得一萬小時的訓練之前就登上巔峰的例子並非鳳毛麟角。在某些運動中，運動員不用經過一萬小時的訓練就能登上職業殿堂。就算是相當普及盛行的運動如籃球，只靠不到五千小時的訓練就取得菁英成就的球員也大有人在[4,5]。然而，籃球也許是美國四大運動中的例外，因為打籃球唯一靠的就是身高，而且以身體條件來說，因為身高和球的尺寸的關係，籃球是要到某個年紀以上才能參加的運動。

「一萬小時法則」很吸引人，尤其對咄咄逼人的家長來說；有些家長甚至精心安排孩子的練習時程，只為了達成這個空洞的數字。但是這個法則簡單到近乎荒謬可笑，而且如此廣泛的準則根本等於沒用。安德斯・愛立信（Anders Ericsson）的研究被當作一萬小時法則的立論基礎，但是他卻表示很遺憾自己的研究成果被曲解了[6]。事實是，根本沒有什麼法則。這只是很粗略的指標而已。

「我的例子就打破了這個說法。」葛洛佛在談到一萬小時法則時說，「表面上看來，我在體壇的快速崛起完全違反了一萬小時法則的理論。我在划船本身的練習時數並沒有達到一萬小時，但從我會走路開始，就不斷參與其他各式各樣不同級別、不同項目的運動。我還在學走路的時候，就開始跟哥哥們賽跑、在戶外玩鬼抓人，我的父母會帶我們去打曲棍球和籃球等等……那些時數也算在內，而且我在學校也參與很多運動。」

「也不是說我從來沒接觸過運動，然後突然就變成划船奧運選手，只因為我的身高夠高。事實上比較像是，我做過很多運動，但是沒有找到最適合我的項目，然後我又有著不可思議的好運，讓從開始接觸划船的第一天起就有非常棒的教練引導。除此之外，我也非常努力練習。」

葛洛佛打從一開始接觸划船運動時就一頭栽了進去。「我大概是落在光譜最極端的一邊，生活完全圍繞著划船。我不會建議大家都這麼做，但是這對我來說很有用。我回家之後還會找划船的相關影片來看，然後去查相關的統計數據。我不喝酒，而且早早就上床睡覺……如果我從小就開始練習，我絕對不希望任何人這樣過生活。這不是長久之計，而且長期下來大概也不太健康。」

葛洛佛的生涯在倫敦奧運結束的四年後攀到最高峰，她和史坦寧在二〇一六年的里約奧運成功衛冕冠軍。「我們是奧運冠軍，要保衛我們的冠軍寶座，我們必須如此，我們一定要贏。」

一萬小時法則的代表

一如一萬小時法則的概念必須放在一定的脈絡之中去討論，葛洛佛的成功也有其特殊的脈絡。儘管她的迅速崛起在運動界很引人注目，但是划船這個項目的確比其他運動更容易造就這樣的故事。首先，划船在全世界都是很小眾的運動項目。第二，選手先天的身體和生理特性對划船的運動表現影響極大。運動員比較晚才投入專精訓練（雖然很少像葛洛佛這麼晚）也是常態。當葛洛佛開始投入專精訓練時，接受的是英國運動委員會的訓練計畫，這個計畫可以說是全世界最優秀的計畫。因此，儘管葛洛佛的例子告訴我們，要達到巔峰不一定要靠一萬小時的練習，但是能從她的故事中得出的結論還是有限。每一個像葛洛佛這樣的故事的另一邊，都有一個相反的例子，是選手窮盡畢生的努力投入練習，才終於攀上巔峰的故事。

皮特．山普拉斯（Pete Sampras）的父母，在他五、六歲的時候給了他一支網球拍。「這就是我當初一頭栽入網球的原因。」他回憶，「我的父母並不打網球，但是我們家的地下室裡有一支球拍，我以前會拿著它對牆壁擊球。然後事情就這樣發生了，我後來跑到附近的公園打球，然後上了一些課。無論如何，我就迷上了這個運動，而且真的很喜歡。一切大概就是這樣開始的。」

大約在他七歲生日的時候，山普拉斯一家人從華盛頓特區（Washington, DC）搬到加州的帕洛斯弗德斯（Palos Verdes）。小山普拉斯因此有了整年都能打球的氣候、活躍的網球文化，以及可以督促他的同儕。他有時候會和比他大一歲、從拉斯維加斯來比賽的安德烈．阿格西（Andre Agassi）一起打球，也固定和小時候舉家搬到加州的張德培（Michael Chang）一起打球。山普拉斯加入了傑克克萊默俱樂部（Jack Kramer Club），一個曾培養出崔西．奧斯丁（Tracy Austin）和林賽．黛文波特（Lindsay Davenport）等大滿貫選手的傳奇俱樂部。「我從八歲到十六歲都在青年網球中度過，在傑克克萊默俱樂部比賽。網球就是我的生活，是我生活的重心。」

儘管山普拉斯沒有完全專精在網球中，但它對其他運動的投入也僅止於蜻蜓點水。「網球就是我每天的生活重心，週末去打錦標賽等等。我會打籃球、踢足球、打棒球等，但都只是跟朋友或家人好玩而已，不太認真，也不太正式。只有網球……我花非常多的時間在這上面。」

沒錯，他花了非常多時間在網球上。事實上，他最後崛起拿下十四座大滿貫冠軍的故事，可以拿來做為一萬小時法則的個案研究。「你說到一萬小時法則，我用那些時間來琢磨技巧，學習如何打球、如何競爭。」

激烈的辯論

有關專精訓練的辯論是立基於運動員何時該開始專攻單一項運動的問題。這場辯論的內容極端兩極化，以至於學術界甚至連要定義「專精訓練」的意涵都花了一番功夫[7]。

總結歸納來說，孩子參與運動的方式大約可以分成三種路徑：

- **專精訓練**：從小（通常不到青春期）就開始主要投入單一運動，整年接受相關訓練。
- **多元發展**：在進入青春期前，同時接觸多項運動，而且花費的心力和時間幾乎相等。
- **早期參與**：從小（一般是進入青春期前）就開始投入一項主要運動項目的訓練，通常是世界普及的一種運動，而在以該項運動為主的訓練之外，也同時投入幾項不同的運動中。

當然，這幾種路徑的優劣差異會依不同運動項目而有所不同，而且這些差異是漸進的。而其中的挑戰在於訂出明確的指標，讓我們能以投入的運動項目數量，以及在其中花費的時間長度，來做為將各個運動員歸類的分水嶺。

如果早早開始專精訓練並嚴謹地投入一萬小時是成為菁英運動員的必要條件，那麼葛洛佛的故事就不會成真。以下這些案例也都不會存在：馬克・奎托（Mark Cueto）並沒有從十到十七歲就開始接觸英式橄欖球，但是後來卻代表英格蘭出征成年組比賽高達五十五次；史蒂夫・奈許（Steve Nash）直到十三歲才開始打籃球，卻兩度贏得ＮＢＡ最有價值球員獎；而喬爾・恩比德（Joel Embiid）十五歲才開始接觸籃球，但是在三個月內就收到參加籃球營的邀請通知，「一切都只是因為我當時身高大約六尺十吋。」他後來寫道[8]。奎托速度很快、奈許爆發力十足[9]，而恩比德身高極高，這些故事在在顯示了，在某些特定運動項目中，身體和生理特性可以幫助運動員克服沒有從小開始訓練的不足。

以上這些案例都顯示，就算沒有從小開始訓練，還是有可能在某些運動項目中成為頂尖好手。毫無疑問地，前青少年期的專業訓練不見得是成為菁英運動員的必要條件。而更有趣也更複雜的問題是：一名運動員如果早一點或晚一點開始接受專精訓練，是不是可以提升他們成為菁英運動員的機會？

較晚接受專精訓練的好處

許多菁英運動員都將自己獨特、不尋常的技巧，歸功於他們曾練習過的其他運動。諾瓦克・喬科維奇（Novak Djokovic）就曾說過，他在網球場上的柔軟度以及他招牌的滑步救球招式，都得歸功於年輕時的滑雪練習。「滑雪幫助我從小訓練腳踝和膝蓋的柔軟度。」喬科維奇說[10]。另外，足球員茲拉坦·伊布拉希莫維奇（Zlatan Ibrahimovic）也將其驚人的倒掛金鉤技巧，歸功於過去接受跆拳道訓練時練就的平衡感，他在十七歲時就取得黑帶資格[11]。英格蘭的板球世界盃冠軍明星喬瑟·巴特勒（Jos Buttler）也將自己的剷球（ramp shot）技巧，也就是擊球時讓球飛越過守門手的頭的技巧，歸功於過去的曲棍球訓練[12]。

二〇一八年NBA的一份報告指出，童年時大量接觸不同運動可以加速運動員的技能發展[5]。延後專精訓練的時間，「運動員能獲得更全面的技能組，也就是更廣泛且更緊密交織的知動技能（perceptual-motor skill），而這有助於學習使用功能性技能做為解決方案。」此外也有研究顯示，讓孩子大量接觸不同的運動，有助於發展更全面的動作能力，並強化創造力；反之，若太早投入專精訓練，則可能限制了孩子的運動技能發展。

儘管有些證據顯示，戰術技能可以在相似的不同運動項目間互通，尤其是同屬侵入性運動（invasion games）❶的項目之間[13]；但是，目前尚未有足夠的實證研究能證明，技巧性能力也能在不同運動項目間互通。即使是有關生理特性優勢能夠在不同項目間互通的證據，也顯示這樣的共通性有限，其優勢往往僅限於開始投入另一項運動的入門階段[14]。共通互換的可能性在性質和規則

❶ 譯註：指的是像足球或籃球這類的運動，也就是比賽的兩隊分別有自己應防守的場地範圍，而得分的方式必須靠「入侵」對方防守的區域內，進行進攻。

較相近的運動間也較高[15]，但是目前尚未有證據表明，運動員必須接觸過幾項運動以及投入多少小時的時間，才能極大化此互通性。相同地，儘管這個概念尚未經過任何實證測試，有些運動員也將其心理能力的發展歸功於其他運動，譬如偉大的澳洲板球擊球員史帝夫・史密斯（Steve Smith），將他優秀的適應能力歸功於網球的訓練[16]。

儘管不同運動項目間技能的互通性尚未完全被證實，但是較晚開始專精訓練的選手卻有著其他非常明顯的優勢。譬如較早開始投入專精訓練的選手，因為過度使用而受到運動傷害的機率是其他選手的兩倍多[17]；年輕網球選手受到運動傷害的機率是同時投入多種運動的孩子的一・五倍；每年投球局數超過一百局的青少年棒球投手，受傷的機率是一般人的三・五倍[18]。

隨著提早投入訓練的壓力不斷升高，過度使用傷害（overuse injury）發生的機率在棒球界也不斷攀升，尤其是青少年投手：孩子的身體能承受的肌肉傷害有一定的限度，否則產生過勞型運動傷害的風險就會大幅提高。「相較於延後專精訓練以及延緩訓練量，早期專精訓練和大量的訓練會造成更多的運動傷害，並導致人才的損傷。」著名運動科學家羅斯・塔克（Ross Tucker）如此說道。

過早開始接受專精訓練的運動員到了職業等級的時候，身體依舊會受到過度使用的影響，並且在職業生涯中受到嚴重運動傷害的風險也比較高。以游泳來說，相較於後來才投入專精訓練的運動員，較早開始接受專精訓練的運動員，其職業生涯往往較短[19]。而美國職棒大聯盟的選手中，在高中前（通常在十四歲就開始）就投入專精訓練的球員，在職業生涯中受到的嚴重運動傷害通常比其他選手多[20]。

延後開始專精訓練對運動員的心理健康也比較有益。較早投入專精訓練的選手，有更高的機率會發生過勞，並因而放棄運動生涯，因為他們必須將所有心力都專注在單一項運動上，而且這項運動佔據其童年的絕大部分，讓他們失去了生活的平衡[20]。

因此，出現了一個強烈的道德論述，譴責逼迫孩子在進入青春期前就接受專精訓練的行為。即使是發育得早並且持續接受嚴謹訓練的選手，最後真的能成為菁英運動員的機率也是微乎其微。在出了名嚴厲且保守的俄國運動學校裡，三萬五千名獲選進入接受訓練的年輕運動員中，有高達九十九・八六％的選手，都無法成功晉級菁英選手的行列[19]。

在某些運動中，運動員即使沒有在青少年級比賽中就有傑出表現，也可能在未來攀上職業的巔峰。譬如田徑運動，選手的表現可以被精準測量，而非僅依據教練主觀的意見作評斷。成年組世界排名前二十名的短跑、投擲、跳躍和中長跑選手之中，只有九％的男子運動員以及十三％的女子運動員曾在U13青年組的比賽中，取得世界排名前二十的成績[21]。

延後投入專精訓練，也表示孩子有更多機會能挑選最適合自己的運動項目，而不只是因為這個運動最適合他在某階段的體能發展狀態，或者只是因為是家長最愛的運動項目。塔克特別提到，各項運動中最厲害的選手在未成年的階段，往往到了其他的項目中也一樣技壓全場。「鼓勵孩子多元發展是好的，因為這為他們保留了選擇權，冥冥中也能加強他在最後選定的項目中的表現。」孩子越早決定專精項目，就越有可能做出錯誤的決定。

最驚人的一項發現是，在許多項目中，較晚投入專精訓練的選手成為菁英選手的機率更大。英國有一項研究針對一千位十六到十八歲運動員的發展歷程進行了分析，其中有只打入校級比賽的運動員，也有打進十六至十八歲青年組國際賽的選手。這項研究涵蓋了超過五十項運動。此研究回溯了每位運動員過去的五個時間點，也就是七歲、九歲、十一歲、十三歲、十五歲時的表現，並發現後來打進國際賽事的運動員，一直都多方接觸數種運動，而且相較於其他成績較差的選手，他們投入專精訓練的時間都比較晚。舉例來說，十五歲以下的國家級選手或代表隊成員，投入三項以上不同運動的機率是其他選手的兩倍以上。「在專精訓練的同時，接觸三種不同的競技運動可以提升運動員更上一層樓的機會。[22]」因此，總結而言，運動員接觸的運動項目越多，他們在最拿手項目中的表現也就越好，這是反對早期專精訓練一個強而有力的論述。雖然該研究結果並未提出其中因果關係的證據，也未檢視運動員投入各項運動的總時數，僅僅統計了他們曾參與過的運動項目數。此外，德國的奧運獎牌得主和其他差點拿下同個項目獎牌的選手相比，投入專精訓練的時間都比較晚，累積了較多參與其他運動的經驗，以及接受其他項目訓練的時數。這些獎牌得主平均也比其他選手晚了十八個月才開始接受其主要項目的專精訓練，時間點大都落在他們快要滿十二歲時；而其他選手大都在滿十歲後幾個月就開始接受專精訓練[23]。

一項針對丹麥運動員所做的研究發現，菁英運動員在十五歲以前，每週花費在他們後來的主要項目的訓練時間，比起沒有成為菁英選手的運動員明顯少了許多[24]。此研究將菁英運動員定義為，在世界級賽事或奧運會中拿下前十名，或在歐洲賽事中拿下前三名的選手。那些差點進入菁英行列的選手在九歲時累積的訓練時數，就比後來真的成為菁英選手的運動員多了一百六十小時。在九到十二歲以及十二到十五歲的這段時間中，後來成為菁英選手的運動員的每週訓練時數，比差點成為菁英的選手少了兩小時。差點成為菁英的選手，第一次打進青少年國際賽事的年齡，平均比後來真的成為菁英的選手早了兩年，兩組的平均分別是十五和十七歲。但是，這是一場慘勝。因為一開始沒有接受嚴謹訓練的運動員，其實是在為之後攀上巔峰預作準備。菁英運動員一直要到十八歲之後，每週的訓練時數才會開始超越差點成為菁英的選手，並在生涯中漸漸追上其主攻項目的訓練時數[24]。英國一項針對奧運四十七個比賽項目的研究也得出類似的結論：超級菁英選手（重大賽事的獎牌得主）擁有其他運動項目豐富的正式與非正式比賽經驗，較晚開始接觸他們的主攻項目，並且比其他成就較低的選手更晚開始投入專精訓練[25]。一如丹麥研究人員所寫道，以這些奧運項目而言，「較晚開始專精訓練會導致運動員的發展較慢，並且無法後來居上，這個假設是不被支持的。」

起步過早

類似的研究顯示，及早投入專精訓練不見得是邁向職業運動巔峰的要件。但是不需要早期專精訓練，不代表早期參與就沒有相對優勢。一般來說，相較於划船等盛行率較低的運動，競爭越激烈、全世界選手越多的運動，就越需要盡早開始參與投入。相較於身體和生理條件比重較高的運動項目，越講究戰略和技巧的運動通常也需要運動員投入較多的時間[7]。

英格蘭足球前鋒馬庫斯·拉什福德（Marcus Rashford）在七歲時就和曼聯簽下了一紙青年合約，

其他有意簽下他的俱樂部還包括利物浦以及艾佛頓（Everton）[26]。簽約後，拉什福德依舊保持參與多項運動的習慣，只是有了更明確的優先順序。

「我以前常和朋友一起玩各式各樣的運動，我總是精力充沛，常常參加許多不同的運動。」拉什福德回憶。在學校，「我們進行很多活動，板球、繞圈球（rounders）❷、羽毛球、網球等等。」

拉什福德喜歡的運動很多，但是唯一被他稍微納入職業考量的卻只有足球，這一點和其他早期參與的範例相吻合。儘管他接觸的項目非常多，我們並不清楚他在每個項目中的累積練習時數有多少，也無從得知這些時數和足球練習時數的相對關係。「足球就是我們最喜歡的運動，」拉什福德說道，「一直以來都是如此。」

在這個全球最受歡迎的運動中，幾乎所有闖入高階職業聯賽的球員都從很小的時候就開始固定練習。通常他們不會在那麼小的時候就完全投入專精訓練，進而排除其他運動，但是和拉什福德一樣，他們踢足球的時間往往遠大於其他運動。有項研究審視了三百二十八名十六歲的頂尖男子足球員，其中包含來自巴西、英格蘭、法國、迦納、墨西哥、葡萄牙、瑞典等全世界的球員，結果發現，儘管這些國家的國情文化不盡相同，所有的運動員卻都是在五歲前就開始踢足球[27]。他們在五到十一歲時，每週會花上將近十小時的時間在足球相關活動上，包括練習、非正式比賽、正式比賽等；而到了十一至十六歲時，每週的時數更增加到將近十五小時。到了十六歲的時候，所有的菁英選手

❷譯註：是一種流行於英國和愛爾蘭的蓋爾式運動，其玩法和規則類似於棒球。

都已經累積了大約五千小時的足球練習時數。這些選手並非所謂的專精球員，平均來說，他們每個人都同時參與二至三項其他的運動項目，只是投入的程度遠遠不及足球。對於像足球這麼競爭的運動，選手一般來說都需要大量的練習：各國男子國家代表隊的選手通常在十八歲前就會累積超過六千小時的足球相關活動時數。更有研究發現，比利時代表隊的成員在二十到二十五歲時就累積了一萬小時的足球相關活動時數[28]。

類似的情況在女子足球中也一樣。有研究分析了英格蘭、瑞典、澳洲，以及奪下二〇一九世界盃冠軍的美國等頂尖的國家代表隊，結果發現選手往往在五、六歲時就開始接觸足球，但童年時期仍保持輕度或中度參與其他運動，平均接觸的運動項目是三項[29]。因此，儘管菁英選手大都不是很早就投入專精訓練，但是他們絕大多數都非常早就開始接觸足球。在足球界中，還沒有聽說過像葛洛佛這樣的案例。

還有一些運動項目的選手，在童年時必須接受比足球學院的球員更密集的訓練。奧運體操選手在十六歲以前就能累積將近一萬九千小時的練習時數[30]。因為體操選手通常在青少年時期就會達到生涯巔峰，想要有任何一丁點攀上體操界巔峰的可能，在十歲前確實開始接受專精訓練是必不可少的。像是競技體操、花式溜冰、跳臺跳水、韻律體操等由青少年選手稱霸的項目中，超級菁英選手在十歲之前花在接受訓練的時間是其他奧運項目選手的三到七倍之多，而後者已經可以說是很早就開始接受專精訓練的選手了[31]。

一項針對美國的高山滑雪菁英選手所做的研究發現，平均而言，選手在三歲左右開始接觸滑雪運動，六歲左右開始接受正式訓練，而在七歲時開始投入滑雪比賽。到了十九歲的時候，菁英滑雪選手累積的滑雪相關活動時數大約是八千五百個小時，而且他們另外還投入了相當多的時間從事五到六種和滑雪無關的運動[32]。頂尖的滑雪選手往往從很小的時候就開始接觸滑雪運動。

一個世紀前，一名選手同時在迥然不同的奧運賽事中奪牌是相對更常見的事：首度參賽時間落在一九二〇至一九三六年間的選手中，一共有二十四名選手在數項運動中奪牌；但是，在二〇〇〇年後才首次闖進奧運殿堂的選手中，只有四名選手曾在不同的比賽項目中奪牌，而且其中兩位奪牌的運動項目還非常類似：高山滑雪和滑雪板、競速滑冰和短道競速滑冰。因此，事實上只有兩名選手達成此成就：美國的羅倫・威廉絲（Lauryn Williams）在田徑項目以及雪橇比賽都成功奪牌；英國的蕾貝卡・羅米洛（Rebecca Romero）則在自由車和划船項目中都成功奪牌。他們兩個都先受過其中一項運動的專精訓練，然後在中斷訓練後，接著轉換跑道到另一項運動。然而，這些驚人的成就都是在普及率相對較低的運動中達成的，而且這四項運動都可以說是看重身體和生理屬性大過於技巧和戰術的培養。這些發現也指出：「成年後，專精訓練是生存的唯一法則，」南澳大學（University of South Australia）的運動科學家提摩西・奧爾茲（Timothy Olds）說道，「一旦你選擇了這項運動，專精訓練就是唯一的辦法。我們再也沒有多才多藝的運動員了。」

三階段模型

有些傳奇故事經過美化，有些則完全不需潤飾。在老虎伍茲（Tiger Woods）只有十個月大的時候，他的父親厄爾（Earl）說自己「把他從高腳椅上抱下來，讓他過來玩，而他就抓起了一支推桿，擺好一顆球，搖搖晃晃的把球打進網中。第一次！[33]」

伍茲第一次上場打高爾夫球是在離他家開車只有五分鐘距離的海軍高爾夫球俱樂部（Navy Golf Club），而且是在他只有十八個月大的時候[34]。兩歲的時候，伍茲就常常打電話到父親的辦公室，然後問他：「爸爸，我今天可以跟你練習嗎？」他兩歲的時候就曾上過電視，和喜劇演員鮑伯·霍伯（Bob Hope）比賽推桿；三歲時，就打出九洞總分四十八分的紀錄[35]。在他踏入屢創紀錄的職業之路前，伍茲曾六度奪下青少年世界高爾夫錦標賽（Junior World Championships）冠軍。然而，伍茲和他自幼沉浸在單一運動項目的故事以及葛洛佛的故事，分別各是光譜上的兩個極端。這兩個例子對於探討專精訓練和多元發展的優缺點都不太有用。

著名的加拿大運動科學家尚·寇特（Jean Côté）為年輕運動員設計了一套三階段模型[36,37]。寇特認為，若是要同時讓他們擁有邁向頂尖之路的機會，又要照顧到個人的福祉的話，年輕運動員應該：

1. 在進入青春期前，多方嘗試各種不同的運動。

2. 在青春期前、中期，集中心力在其中幾項主要運動。
3. 在青春期中、後期，選定項目開始投入專精訓練。

寇特相信，這個範本模式在小鎮中的高度盛行，正是小鎮能培育出多到不成比例的頂尖運動員的原因。這個模式能確保運動員在選定主攻項目時，還能有足夠的精力能全心奉獻其中，因為要是他們在進入青春期前就接受專精訓練，到了此時繼續全心投入就可能會導致過勞倦怠。

寇特的模型正好也能用來說明紐西蘭的橄欖球文化。「我們絕對更鼓勵綜合發展勝過單項專精。」奧克蘭文法學校的體育發展總監大衛．阿斯古解釋，「我們持續施行夏冬兩季不同的運動時程，如此一來，絕大多數的學生就不會一年到頭只接觸單一項運動。我們的哲學是，過早的單項專精訓練會阻礙長期的潛能發揮。」他相信，除了體操等少數幾項運動，「理論上來說，越晚開始專精訓練越好。」在紐西蘭，幾乎所有的男孩都從很小就開始接觸橄欖球，這一點和我們在世界頂尖足球員身上觀察到的早期參與模型很類似，這能確保他們累積足夠的練習時數。但是他們同時也會參與許多其他運動，譬如當板球球季在夏天如火如荼的展開時，他們常常會有幾個月的時間完全不碰橄欖球。這樣的早期參與可以同時確保孩子及早開始練習某項運動，又能讓他們享有大量接觸不同運動項目的優勢。

寇特的模型具有很強的實證基礎，但是他也假設運動參與是以道德為基準。這套方法的危險之處在於，同時接觸多種運動的運動員在主攻項目所短少的練習時間是會累加的。譬如，在十五歲沒有投入專精訓練的足球員，其總練習時數可能會比從十歲起就投入專精訓練的球員少了兩千到三千小時。即使這個差距並非無法克服，卻會被球探的態度所放大，球探可能認為學院系統外的球員不如系統內的球員優秀，並且因此不願給系統外的球員機會。儘管有些運動員比較適合晚一點投入專精訓練，但是他們通過選拔的機會，可能會因為花太多時間同時投入多種運動而減損。「在每一個挑選人才的階段，他們往往也轉身就關上了門。」塔克說。

各個運動主管機關應該攜手合作，譬如約定讓同時參與多項運動的選手，在至少十三、十四歲之前不會受到必須投入專精訓練的壓力，這就是個可能的解決辦法。在某些國家如英國，人們在近年來開始意識到專精訓練的危險，而學院教練也開始以更全面的觀點看待球員發展。然而，卻還沒有出現任何跡象顯示大環境開始出現轉變，去扭轉青少年運動中認為必須不斷提早專精訓練時間的狂熱思想。

綜合法：早期參與

也許早期參與模式可以為早期專精訓練及多元發展提供一個更謹慎的替代方案[38]。在早期參與模式中，會積極鼓勵選手針對主攻的一至兩項運動盡量累積足夠的訓練時數，以盡可能縮短和投入早期專精訓練的選手之間的時數差異。同時，早期參與模式也鼓勵選手持續參與其他有興趣的運動項目，而且越多越好。如此一來，他們便能累積足夠的練習時數培養必要的運動技能，並藉此機會學習各式各樣的身體和心理技能。參與其他項目的練習是否會導致選手最終轉換跑道，這並不重要。接受早期參與模式訓練的選手，會發展出更廣泛的生活技能，並降低在主攻項目中發生倦怠過勞以及過度使用傷害的機率。儘管目前還沒有針對網球、高爾夫球、冰球等項目的實證研究（這些項目可能是以早期參與模式做為訓練常規的運動），但已經有證據顯示，早期參與模式已經是男女足球和高山滑雪選手普遍的訓練模式[28,32,39,40]。

早期參與的孩子依舊會在他偏好的一項或幾項運動中投入較多精力。因此，相較於早期專精訓練模式，早期參與模式是更好也更圓融的方式。早期參與模式不只給孩子一個成為菁英運動員的機會，更能確保他們在安全的環境中成長，使身心都得到完善的呵護。從小開始大量嘗試多種不同的運動能讓孩子漸漸增加他們投入最擅長項目的時間，同時又保持適度的彈性，並確實了解到自己最擅長的運動可能會隨時間改變。

藉由大量參與不同運動，早期參與模式可能漸漸成為最一石二鳥的訓練方式：一方面最大化孩子所享受到的運動的樂趣，另一方面也大大增進他們成為菁英運動員的機會。對划船等普及度較低，而且身體和生理條件所佔比重較大的運動而言，多元發展模式可能會是最佳選擇。

有部分學者指出，「一定程度的專精訓練，對於菁英等級的技能發展是必要的[4]。然而，對大部分的運動而言，密集針對單一項目進行訓練，並排除掉接觸其他項目的方式，必須推延至青少年後期，以使成功率提升至最大，並將受傷、心理壓力、倦怠過勞等發生的機會降到最低。」

在不同項目及不同時代中，運動員有機會以早期專精訓練、延後專精訓練，或綜合之早期參與法攀上職業運動之巔峰。這三種方法都有各自可行的方式，其優劣要依運動項目及時代背景而定。

對大多數（但也不是全部）投身於最盛行的運動項目的運動員而言，早期及規律的參與看來是成為菁英選手必不可少的一步。但在早期參與模式的框架之中，運動員應該有足夠的自由徜徉在不同運動中，這尤其有助於提升他們的心理健康並預防運動傷害。

有些運動員如伍茲，在成長過程中就已經找到最合適的項目，平常對其他的運動也不過是稍微涉獵；而另外一些運動員，則必須經過多方嘗試後，才能選定一個主攻項目。有些運動員將自己的身體和心理技能發展，歸功於他們曾參與過的其他運動；其他運動員則認為，他們的技巧就是投入單項運動訓練多年的成果。重點是，儘管我們非常希望能找到一個通向各運動項目巔峰的範本模式，但是每個孩子都是獨一無二的，每個人的身體和心智成熟的速度也不盡相同。與其直接套用一套嚴謹的規則，任何有關專精訓練最合理的策略都必須以運動員各自的想望和需求為出發點。在孩子想多方嘗試不同運動時，強迫他投入專精訓練會適得其反；同樣地，當孩子已經找到最愛的項目，卻被強迫去參加他沒有興趣的運動，也一樣不好。

因此，孩子什麼時候該開始投入專精訓練？這個問題只有一個答案：看情況。

6

未知因素

為什麼弗雷迪．阿杜（Freddy Adu）最後沒有成功？
英國隊的成績如何在二十年間，從一面奧運獎牌進步到二十七面？

——談選才的藝術和理論

「你無法教一塊磚頭水母漂。」

——切爾西．沃爾（Chelsea Warr），前英國運動委員會表現總監一如作家西里爾．康納力（Cyril Connolly）的著名評論所言，「上天要摧毀一個人，必先稱其前途無量。」[1]雖然康納力的意圖是解釋自己為何從沒寫出暢銷小說，但這句話同時也能輕易套用在運動金童身上。

要預測誰會在體壇闖出一番名號，向來都是件冒險的事。但是也有少數的案例，因為運動員的資質極度優秀出眾，不管是球探、媒體、隊友，甚至是已經退休的傳奇球星，都一致同意他的成功毋庸置疑。運動彷彿寫在他的基因裡。

「他的左腳球技不同凡響[2]。」史上最有名的足球員「球王」比利如此說道。「就像莫札特五歲就開始嶄露頭角了。如果你很行，你就很行。上帝給了弗雷迪踢足球的天賦，如果他在生理和心理上都做好準備了，沒有人能阻止他。」

比利在二〇〇四年三月做出以上評論，談及一名年僅十四歲的男孩，當時他正接受美國雜誌《運動畫報》（*Sports Illustrated*）的採訪。這名男孩的名字正是弗雷迪．阿杜（Freddy Adu）。

「球王」比利的興奮之情並非曲高和寡。阿杜在十四歲時就被美國職業足球大聯盟（Major League Soccer）的華盛頓聯隊（D.C. United）簽下。簽下這張合約後，年薪五十萬美元的阿杜一躍成為美職聯薪水最高的球員。同時，他也成為所有團隊運動史上簽下職業合約時年紀最輕的美國男運動員。甚至在他的美職聯處女秀登場前，阿杜就已經和 Nike 簽下了一百萬美元的贊助合約。Nike 的董事長菲爾．奈特（Phil Knight）甚至公開表示，阿杜可能會成為「超級英雄」，成就甚至能超過麥可喬丹、老虎伍茲、雷霸龍詹姆士（LeBron James）等人。阿杜曾在國際足總 U - 17 和

U-20世界盃中出賽，而且兩次參賽時都是參賽各隊中年紀最輕的球員。然而，美國國家隊總教練曾說，即使是第一次和年長的隊友一起訓練時，他也「不顯突兀」。

運動畫報的記者格蘭特．瓦爾（Grant Wahl）指出，「阿杜和青少年時期的比利有著近乎詭異的相似度，從兩人開闊、天真且看不出年紀的的臉龐，到極貼近地面的踢球風格都極度相似。」「要不被這些評論沖昏頭是很困難的。」阿杜說[2]。

了解天才

天才是什麼？在體壇中，天才指的是才能出眾、有潛力獲得極高成就的運動員。這些運動員之所以脫穎而出，靠的是先天的好基因，加上後天的練習。加拿大約克大學（York University）的科學家暨運動選才專家喬．貝克（Joe Baker）曾說，天才是「影響長期發展的先天因素，並且對技能的培養有直接（如影響身高和體型的遺傳因素）或間接（如其他先天因素影響學習與調適的速度和程度）的影響」。他還說，「我們往往認為天才是恆常且可預測的東西，但事實上，天才這件事比大部分的人，甚至比科學家們想的都還要更複雜、更微妙。」

運動選才的機制是為了發掘有潛力成為菁英選手的運動員。隨著運動越趨於職業化，認定運動員有沒有運動天分的年紀也越來越小。各個足球學院間為了將不到十歲的天才選手納入旗下而劍拔弩張，此情形更是惡名昭彰。二〇一三年，比利時的博斯伯格賽車俱樂部（FC Racing Boxberg）簽下一名年僅二十個月大的選手，球隊教練更堅持「以這個年紀來說，他的控球表現相當驚人[3]」。而英國的曼城俱樂部（Manchester City）更在二〇一九年，成立了U-5青年學院菁英小隊[4]。

運動選才的原則很簡單：選手的年紀越輕，而且從被招募到預期達到生涯頂峰間的間隔越長，他們成功晉升菁英選手的機會就越渺茫。簡單來說，關於運動員可以確知的事情太少，而在他們的職業生涯中能出錯的事情又太多。

有人說，天才與否是不容爭論的事實。但是也有過被球隊摒棄的球員，後來卻闖出一番名堂成為菁英選手的例子，他們的故事恰巧提供了反證。其中一個這樣的例子就是傑米．瓦迪（Jamie Vardy），他在十六歲時被雪菲爾星期三俱樂部（Sheffield Wednesday）釋出，一直到二十五歲時都只能踢業餘足球，後來卻成功晉升英超的最佳前鋒之一。在職業運動界，即使是最厲害的幾位選才專家，對於要支持哪一個年輕人才也可能抱持著極端不同的看法。有科學家找來了七位教練及兩位球探，讓他們觀看十三名冰球選手的比賽影片，並根據影片將這些選手分成最佳及最差的五名。研究結果發現，這十三位選手中有九位同時出現在最佳及最差的名單中。由此可見，要說哪些運動員最具潛力，即使是體壇專家們也毫無共識[5]。

後來，阿杜成了流浪球員，先是在美國境內到處漂泊，後來又輾轉到了葡萄牙、法國，甚至希臘，試圖讓自己的職業生涯有所發展。阿杜的旅程就這麼一直持續不歇，去土耳其、回美國，接著又到巴西、塞爾維亞、芬蘭等國。後來，他再度回到美國，只不過這一次，他沒有拿到任何一只美職聯球隊的合約，只能在第二級的美國足球冠軍聯賽（USL Championship）踢球。而他生涯中代表美國出賽高達十七次的紀錄，如今看來只屬於當初被看好成為的球員的他，而非現在的這個他。

到了三十歲時，阿杜已經完全淡出了職業足壇。他後來回想時曾說：「在十四、十五、十六歲時，你還年輕、還不成熟，你會因此而有點被沖昏頭[6]。」

阿杜的故事正反映了運動選才的困難之處。因為阿杜身體上的優勢，使得他在同儕之中如此突出，這個優勢指的並不是他的身材，而是他的速度。兒童的發展並非線性的，有些兒童發育得比較快，而這個差異會在青春期前和青春期時達到最大。因此，要在運動員進入青春期前預測他們未來的發展非常冒險[7,8]。而我們可以猜想，阿杜在身體和生理上的發展不只優於他的同儕，甚至也優於許多在世少盃和他同場較勁，卻比他更年長的選手。

「小時候，我一直都是最厲害的球員，」阿杜在他三十歲那年回憶道[9]。「那個時候技術比我差得多了的人，我相信他們現在的職涯發展都比我的好太多了。」

預測成功

兒時表現向來都不是預測未來成就的好指標，更不是未來成功與否的先決條件。在英超足球學院中，每兩百名在九歲前就入選的球員中，最後成為該俱樂部先發球員的只有不到一人[10]。科學家透過學院系統追蹤了超過五百名球員十二年的發展歷程，結果發現，在十七至十八歲時，只有一成的球員還留在學院系統中，而其中有高達七成是在十二歲或十二歲以後才被招募加入學院[11]。一項針對英國二〇一八年的奧運獎牌得主所做的研究，發現在被作者形容為「超級菁英」的選手中，有三分之二的人在青少年時期都沒有特別傑出的國際比賽成果[12]。

即使選手都比當初阿杜獲得 Nike 一百萬合約時的年紀大的多，專家對於準確辨識出誰未來能夠最有成就還是感到非常艱難。被視為史上最佳美式足球四分衛的湯姆．布雷迪（Tom Brady），當初在國家美式足球聯盟選秀中排名第一百九十九。而美式足球的選秀規定，參加選手必須已經從高中畢業三年，平均年齡二十一歲。在國家美式足球聯盟的比賽中，只有九％的變數可以用球員的選秀名次來預測，這也就是有效率地選才和將其排名的無用之處[13]。

運動項目越複雜，可以造就出色表現的因素就越多，在選才時要做出正確決定就越困難。「任何運動都差不多，要斷定年輕運動員的未來成就極度困難，而且還充滿了許多錯誤的努力方向。」NBA的運動醫學總監約翰．迪費歐里（John DiFiori）說道，「我們手上的數據清楚地指出，選才方式在過去並不成功。」這個問題在強調戰術和技巧的運動項目中特別急迫，如棒球、板球、足球、網球等。要在這些項目中出人頭地有很多不同方法：以足球來說，英格蘭的彼得．克勞奇（Peter Crouch）身高六尺七吋；而阿根廷的梅西，他可以說是史上最厲害的球員，身高卻只有五尺七吋。但是他們兩人都是前鋒。要在這些項目中攀上巔峰，運動員得具備多種不同的出色條件，如心理、身體、技巧和戰術能力等，但這些條件是如此複雜，以至於在選手成年之前，幾乎不可能確定誰會是眾多球員中最厲害的一個。

補償現象

太過依賴生理條件來預測運動員表現的危險，會因為補償現象而加劇[14]。補償現象指的是運動員在某方面的不足，譬如速度和靈敏度較差，可以靠培養其他方面的傑出能力來彌補，譬如戰術的敏銳度和技巧的純熟度。在像足球這類的運動中，選手可以靠著改變防守位置來抵銷自己的弱點並放大優點。克洛德・馬克萊萊（Claude Makélélé）是個幾乎比所有對手都來得嬌小、速度也不如人的選手，但是他機敏過人，讓他終究成為世界最強的防守中場之一，並曾贏得歐洲冠軍聯賽（the Champions League，簡稱「歐冠」）、兩次西班牙足球甲級聯賽（La Liga，簡稱「西甲」）冠軍，以及兩次英超冠軍。最強的運動員，不一定是最棒的選手。

關鍵的要點也會隨時間改變。在同屆選手中特別高大，或像阿杜這樣速度特別快的選手，可能會因為他們的身體條件超乎常人，而在某個年齡組別中特別出色；但是，同樣一名選手也可能會隨著晉級，而變得越來越不出色。對像足球這樣的運動來說，身體、生理條件、心理素質和社會因素的相對重要性會隨著時間而改變[15]。儘管身體和生理因素對預測早期發展歷程很有用，但是心理、技巧、戰術等因素的重要性會在後期逐漸增加[16]。因此，運動員可能在年輕時因為量測結果而落選，但是同樣的因素會隨著年齡增加或是進入成年組而變得比較不重要[16]。

以慧眼識英雄著稱的兵工廠俱樂部前經理阿爾塞納・溫格（Arsène Wenger），在接受《四四二雜誌》（*Four Four Two*）專訪時，談到辨認年輕運動員是否具有能攀上職業巔峰的特質的困難之處：

> 我認為第一印象非常重要，而且這在短短二十分鐘內就會建立。每個球員確實都不相同，有些人明顯很有天分，一眼就看得出來。其他比較屬於穩紮穩打型的選手，他的天分可能不太顯眼，大概要花上六個月左右的時間才能確定他是不是有真本事。如果是十三歲時的梅西，你大概只要一分鐘就可以確定他很優秀。我看過他十三歲時踢球的影片，他拿到球之後，盤球、過人、射門得分。他很有天分。而有些球員，不，應該說大多數的選手，就沒有這麼明顯。
>
> 大約在十四到十六歲的時候，你就可以看出一個球員的身體條件是不是能夠應付職業運動的需求。而從十六到十八歲，就開始可以看出來這個球員懂不懂得和其他人合作。到了二十歲的時候，心理方面的條件開始突顯出來。他如何做準備？他如何面對生命中的誘惑，以及頂尖選手必須做的犧牲？這是一個必須隨時做好準備的工作。一有機會，你就必須把握[17]。

科學研究的結論和溫格的看法一致。研究顯示，決定要讓誰入選非常依賴直覺，因為依據的是對球員的技巧能力、比賽了解度、速度，以及像是態度和「可教性」等個人特質的主觀判定[18,19]。

隨著年齡增長，阿杜的身體條件所佔的重要性逐漸降低，他的實力也許從來不如大家所說的那麼好。也許，他只是非常不幸地被指派為美國男子足球的救世主一角。人們對這個角色的殷切期盼，不代表他就能成為那個對的人。

阿杜的身體條件變得不再那麼出眾，技術和戰術等能力隨著選手年紀的增長也變得更加重要。菁英選手的預測和決策能力一樣也高人一等，而且最早從八歲起就能看出差異[20]。但是這些因素究竟有多穩定，或是能隨時間逐漸增長到什麼程度，依舊是未知的謎團。技巧能力難以度量，必須利用簡單的技能測驗、像是歐普達（Opta）這樣的公司所開發的資料分析軟體，或是針對比賽表現做主觀評斷[15]。科學家尚未針對這些因素的發展做長期追蹤研究，也還沒試著估算青少年時期在這些量表上的出色表現能如何用來預測後來的表現。儘管技巧和戰術能力的量表可以用來區分年齡和技術的分組，這些量表的預測功能仍舊有待證實。

真正的意志力

心理素質是傑出菁英表現的核心。一項針對荷蘭足球員所做的研究，分析了一份由球員在十五年前填答的問卷，問卷中包含多項心理學預測因子，諸如目標承諾（goal commitment）、問題焦點因應（problem-focused coping）、尋求社會支持等。研究發現，有高達七成二的個案，其問卷分數和該選手是否成為菁英選手相吻合[21]。此研究結果顯示，心理特質，包括意志力、心理韌性、自信、動機、不畏懼失敗等，對職業運動都是極其重要的要素。然而，由於此項研究是以回溯的方式進行，對於提供一套範本供選才專家參考的幫助有限。孩子在心理測驗的得分是否能預測其未來在相同測驗中的得分，依舊是未知，更不用說這些量表分數和運動表現的相關性為何？科學家指出，大約有三到六成的心理特質變數是遺傳而來的，因此儘管心理素質能力越好的運動員越適合職業運動，但這些特質可以靠時間培養，而且並非一成不變[16]。

根據阿杜本人的敘述，他最大的缺點就是溫格所謂的「心理方面的條件」。從他一生中換過這麼多的俱樂部，就可以看出他可能常常適應不良，或是他可能很難搞，又或者他可能就只是不夠努力。

「我對比賽自有一套想法。」阿杜後來回想[22]，「他們的看法是『你可以為球隊貢獻很多』，但我卻沒有那麼做。」

「當我看到一個很有天分的孩子明顯比其他人都要優秀，但卻不知上進，憑藉著天賦而心存僥倖，我一定會說：『不，不，不，不可以！你不可以這樣！他們會超越你。』因為我就是過來人。」

二〇二〇年初，應該是阿杜站上人生巔峰的時候，但是他卻沒有得到任何一份職業足球俱樂部的合約，還得在一個叫「Cameo」的網站，靠替人錄製生日祝福影片賺錢。只要花三十五塊美金就能訂製一支影片[23]。

運動選才：英國代表隊的逆轉勝

他們曾被稱為「國恥隊」。在一九九六年的亞特蘭大奧運會，英國隊只贏了區區一面金牌，在總獎牌排名表上只排到第三十六名，甚至還輸給阿爾及利亞、哈薩克和北韓，因此被視為全國的笑柄。

在該屆奧運會中，梅根・史提爾（Megan Still）代表澳洲拿下女子雙人無舵手划船冠軍。史提爾是透過一個運動選才計畫所徵選上的選手，而且她過去並沒有任何接觸划船運動的經驗。她的成功經驗是透過運動選才計畫創造奧運奇蹟最早的案例之一，也是切爾西・沃爾（Chelsea Warr）的靈感來源。沃爾是澳洲昆士蘭的運動獵才經理，她於二〇〇五年搬到英國後，在英國運動委員會擔任過一系列的職務。英國運動委員會是一個政府單位，負責奧運和帕奧的業務。她提出的做法讓英國代表隊從奧運後段班一躍成為國際常勝軍。在二〇一六年的里約奧運，英國隊一共贏得了二十七面金牌，足足比二十年前的亞特蘭大奧運會時多出了二十六面，而且在獎牌統計中排名第二，只輸給美國隊。英國隊在里約奧運贏得的獎牌數，比從一九七六年至一九九六年間舉辦過的六屆奧運會獎牌得獎數總和還要多。

運動選才在某些項目中比較有前景。這種方式可能在以「公分、公克、秒數」計分的項目，如跑步、跳高跳遠、划船等比較容易成功，因為這些項目中最看重的就是體能。在這些比賽中，有潛力攀上巔峰的運動員人才庫往往受限於身體條件。如果你的身高只有五尺五吋，那麼你成為奧運划船選手的機率就相當小；相反地，同樣身高的運動員還是有可能成為職業足球員。在實務上，這就表示招募人員可以單用身高體重就剔除掉一大票可能成為奧運划船選手的運動員，儘管葛洛佛的故事告訴我們，身高這個因素不該被視為強不可撼的依據。有效率的運動選才計畫可以把資源集中在最有可能出人頭地的選手身上。

在蒙受一九九六年亞特蘭大奧運會的恥辱之後，英國政府開始大量投資奧運，並毫不留情地將其在資源分配中的重要性提高。但是，單單金錢並不足以解釋英國奧運代表隊在比賽表現上的蛻變。英國隊的表現，從落後於那些投注更少資金在奧運會上的國家，到現在甚至超越了一些比它投注更多資金的國家。

英國運動委員會展開了或許是史上最大的系統性運動選才計畫。在二〇〇七年，「運動巨人」計畫（Sporting Giants）正式上路，這項計畫的目標，是要將具有合適體能條件的運動員，調教成二〇一二年奧運會的手球、划船、排球等項目的冠軍。不出所料，該計畫在英國各地的火車上所張貼的海報引來了眾人的訕笑。

人才回收

沃爾所謂的「人才轉移」（talent transfer），或者是更精準形容的「人才回收」的概念，指的是一個在某項運動（特別是盛行率極高的項目）中成績不夠理想的運動員，可能有潛力在另一項運動（尤其是全球盛行率較低的項目）中成為頂尖好手。與其假設成績不夠出色的運動員，因為有根本上的限制而永遠無法贏得冠軍，英國運動委員會轉而將這些「近乎菁英」的運動員所具備的各項條件，包括生理、體能、復原力和訓練紀律等，視為能夠轉移至其他運動項目的能力。新的項目也許更適合該運動員的體格，或者以國際的觀點而言，該項目的競爭較不激烈；也就是說，即使運動員比較晚才開始投入訓練，他還是有機會攀上巔峰。舉例來說，目前還沒有人才被成功轉移至足球界的案例。

基本原則就是「幫這些人才找到更能發揮的舞台」，沃爾說道。「如果你砸重本在能力最差的運動員身上，結果就是絕大多數根本連及格邊緣都碰不到。因此如果你聰明一點，把人才庫攪一攪、重新整頓，你就可以把這些年輕人為國出征的機率大幅提昇，就算是要在一項他從來沒想過的項目中出賽也一樣。」

葛洛佛的例子是這個概念實際推行後的極端案例。她只花了三年，就從一個從沒划過船的生手化身為世界划船錦標賽的銀牌得主，而且還在兩年後贏得奧運金牌。「她很親水，而且她的水性以及其他條件都太棒了。」沃爾回憶。

然而，葛洛佛並非絕無僅有。英國最功勳彪炳的冬季奧運會選手莉齊・亞諾德（Lizzy Yarnold），她原本想成為七項全能選手，但是沒有成功。亞諾德在十九歲的時候，加入了英國運動委員會的「金牌女生」（Girls4Gold）人才招募計畫。她本來以為他們可能會認為自己有潛力成為馬術騎師，結果他們卻認為她很適合加入俯式冰橇（skeleton）。四年後，亞諾德在世界錦標賽贏得銅牌；然後再過兩年後，在二〇一四年的索契冬季奧運中，贏得她人生中兩面奧運金牌的第一面。

要判別某個運動員的能力是不是能夠被回收，靠的是「實力而非運氣」，沃爾說。英國運動委員會的選才活動部門，自二〇〇七年起已經評估了超過一萬名運動員。從二〇一二年至二〇一八年，加入運動選才或人才轉移計畫的選手一共已經為英國贏得十面奧運獎牌，以及十四面帕奧會獎牌。這些獎牌得主當時在各自的項目中都名不見經傳，而且在加入訓練之前，僅有一丁點，甚或沒有任何基礎。

運動科學家奧爾茲指出，有了像英國運動委員會這樣的機構所擁有的資源撐腰，人才回收可以為許多不同的目的所用。有些運動員原本投入的運動可能不是最符合他才能的項目，「人們一開始可能會選錯項目」。對於人才庫較小，而且資源投注的歷史也較短的運動而言，人才回收的可行性也越高。沃爾指出，人才回收的策略在女子運動項目中的成效較佳，因為在許多運動項目中，女子組的基礎建設和參與度都不如男子組來的發達。

發展漸緩的草根階段運動或是參與人數，都沒有隨著英國代表隊獎牌數的大幅提昇而改變。也就是說，人才庫的大小並未改變，改變的是運動選才、人才回收、訓練等的機制。

這樣的成功反映了英國對奧運選手的投資規模。透過英國運動委員會的補助，英國體育學院（English Institute of Sport）得以為運動員提供運動科學方面的支援，學院中一共有四百五十位工作人員，專注於分析、了解、量化菁英運動，以便為運動員提供更多競爭優勢，並加強運動選才的工作依據。他們的工作讓原本無形的概念化暗為明。游泳教練常說的「水性」（aquatic feel），現在也從無形的概念變成可以用「在水中每一次划水所前進的距離」來度量的項目，如此一來，選才專家就可以更輕易地挑選出最可能贏得獎牌的游泳選手，即使他們在其年齡組別中表現並非特別出色。測量和量化水性非常簡單，唯一的限制就是必須使用水中攝影機，從這個例子我們就可以看出，相較於其他資源匱乏的機構，英國運動委員會的資源如何提升選才機制的成效。

沃爾解釋，透過繪測運動項目可能的發展走向，英國運動委員會要判定奧運選手是否有前途就不再是依靠該項運動當下的成功樣本，而是考慮在未來幾年，在該項運動中的成功可能是什麼樣子來做為參考依據。「我們稱之為表現路徑，比方說，這就是我們這禮拜在做的事，想辦法知道在二〇二四年和二〇二八年能奪牌的秒數會是多少？我們往前推兩年去看，往前推四年、六年、八年，然後歸納出『贏的條件』有什麼特性、特徵，全面性地去看，而不單只看某個領域。接著再看現在有哪些事情是最重要的，我們有證據可以顯示這些是可以拿來預測的事項。」

儘管這些成果都顯示出英國運動委員會的一絲不苟，但是英國奧運代表隊在奪牌表現上的改頭換面，往往被認為是人才培訓工作的成功，而非運動選才機制的成果。從二〇一二年到二〇一八年間共有四屆的夏季及冬季奧運，英國代表隊一共奪下一百四十一面獎牌，但是其中只有十面是由國家人才招募計畫所培育出的選手所贏得的。也就是說，有九成三，也就是一百三十一面獎牌，是由本來就在運動培訓系統中的選手所贏得的[24]。至於在這幾年間的帕奧會，英國代表隊所贏得的一百四十七面獎牌中，只有十四面是由人才招募計畫培訓的選手所贏得，也就是說，有高達九成的獎牌是由本來就在培訓系統中的選手所贏得。

這些統計數字顯示，儘管有許多不凡的個案成功地在晚期才被選才機制相中，但英國隊的奧運奇蹟絕大多數還是應該歸功於已經在培訓系統中的選手。英國政府將獎牌視為第一優先目標的決定，可以從英國在整個雪梨夏季奧運及帕奧從資格賽到決賽過程中，只投資了六千九百萬英鎊；而在二〇一六年里約奧運，卻投資了高達三億四千七百萬英鎊這一點，看出一些端倪，而這個決定也非常關鍵。這樣的投資方式助長了「勝者全拿」的文化，但是這個文化也受到了嚴厲的批評，被認為對運動員的心理健康有害，會導致霸凌文化以及剝奪像籃球等運動的資金。因為這些運動雖然普及率非常高，但是贏得奧運獎牌的機率卻不高[25,26]。

但是儘管有上述這些缺點，這樣的投資依舊顯示出，在培訓系統中的選手能獲得發揮所有潛能的最佳機會。當沃爾被問到，要是一切重來，她在接下表現總監時會做些什麼時，她說她會「把投注在教練身上的資源增加三倍，因為他們是離運動員最近、最能改變成果的一環。」她接著說，「不管是什麼項目、什麼體制，每當我去研究最大的突破來自何處時，就會發現，無論是在菁英等級或是之前的路徑中，教練工作的品質都非常前衛並且具有前瞻性。」

英國運動委員會的蛻變顯示了運動員要夠幸運，才能生在一個夠富裕，而且重視運動、願意花大錢投資在運動選才和人才培育的國家。每一個成功被回收到其他運動項目的人才，或是受到優良設備及教練方式的激勵而全力發揮潛能的運動員的背後，都有數十個同樣有天分、同樣努力的運動員，卻沒辦法進入一個能好好栽培他們的體制，而這些運動員散佈在世界各地。

在菁英層級中永遠都會有位置留給意外崛起的選手，運動員也永遠都有讓最資深的觀察員，甚至運動員自己感到驚艷的可能，並以迂迴的路徑，攀上巔峰。但是，英國運動委員會證明了，結合足夠的投資和一絲不苟的計畫，更能掌握選才的過程，最終甚至能提升運動員成為菁英選手的看好度。

「我是說，我們打敗了中國。」沃爾笑著說，「我到現在還是不太敢相信，那時我坐在位置上，看著我的蘋果手機，然後想說『最好趕快截個圖，我想這不會再發生第二次了。快，馬上把它拍下來』。」

先天與後天

所有關於運動選才的討論的核心是一個很簡單的問題：有多少人有潛力成為頂尖選手？先天條件和後天培養的相互配合是成為頂尖好手的必要條件，而依據運動項目的不同，兩者的比重調配也不盡相同。英國代表隊的成功是因為他們能夠精準地判定各項目所需的比重配方，並知道誰具備該有的條件。

攀上體壇巔峰所需具備的能力，是「包含身體、生理、心理、戰術等不同條件所組成的，非常非常難得的組合結果」，沃爾說道，「不論是哪一種人才的預測，從來都不是只依據某一個單獨因子，而是許多條件的組合，而且會隨著時間而改變。在十七歲時很重要的條件，到了十九歲時就不太一樣了。」

「你一定有什麼天生的條件，讓你首先能在人群中能脫穎而出，而這些條件不論你訓練的強度為何都不會改變。你要不有天賦，要不就是沒有。接著，還有一堆東西是：『好的，我們現在增強一點刺激，看看會不會啟動這裡面的什麼東西。』」

「不見得都是身體方面的，也可能是心理或是技術性的問題。但是一定有個什麼東西，先讓你成功加入飛行常客會員俱樂部，接下來，就要靠你自己想辦法進到頭等艙了。」

沃爾估算，考慮到每個人的出生地、出生時間、是否選擇了正確的運動項目、是否有家長的支持、是否有好的訓練計畫、是否能讓自己避免受傷等條件，大約有一成的人口有這個能力可以成為職業運動的高材生。當然，我們無法以任何科學方法來驗證這個數字，但是奧爾茲也說，若將這些條件都納入考量，那麼要估算有潛力在某項運動中成為頂尖好手的人數有多少，一成的確是很合理的數字。對那些有特殊身體天賦的人而言，脫穎而出的機率會更高一些。根據作家大衛・艾波斯坦（David Epstein）的計算，在年紀介於二十到四十歲之間、身高七尺以上的美國男性中，每六個人就有一個人是NBA選手[27]。

基因在體壇很重要，而且也能幫助我們了解菁英選手的表現。「大多數的研究人員都表示，遺傳基因對運動表現的影響非常大，但是這個影響卻非常難量化。」奧爾茲說道。針對雙胞胎所做的研究就發現，大約有五十%的肌力表現是由遺傳基因決定的，至於心肺能力的表現上，數字也差不多[28]。也就是說，「有高達五成的個體差異，譬如馬拉松選手間的表現差異都可以用遺傳來解釋。然後剩下的才是訓練的成果，以及運氣的成分。」意思是，在培養菁英運動員的時候，天生才能和後天努力具有相同的重要性，而且兩者相互交織、難以分開。

認為年紀輕輕就有出色表現的運動員是因為被上天賦與特殊基因的想法，事實上是太過誇大其詞。基因會因為環境影響而有難以預測的發展。「基因並不代表命中注定，」史丹佛大學（Stanford

University）的生物學家羅伯特・薩波斯基（Robert Sapolsky）寫道，「相反地，他是一種情境依賴（context-dependent）的趨勢、習性、潛力和弱點。[29]」

基因的作用可能會因為實體或社會環境、訓練、機會等的影響而改變。表觀遺傳學（epigenetics）就是在研究如何啟動或關閉某個基因，或是將其表現調高或調低的科學[30,31,32,33]。其中最備受爭議的一點就是，在邁向頂尖的過程中，天生才能和後天努力何者的貢獻較大？儘管擁有好基因的人更有可能脫穎而出，但事實上許多基因很優秀的選手都因為沒有機會、不想或是沒興趣，而沒有成為頂尖運動員。然而，任何的結論都會受該項運動的性質、盛行率、運動員通常從小接受專精訓練與否，以及技術、戰術、身體、生理條件等的相對重要性，還有機緣和大環境等的影響[31]。

在某些項目中，單靠體格、體能、多基因風險分數（polygenic risk scores）分析就能相當準確地找出運動員能力的預測因子。多基因風險分數是一組數字，可以根據遺傳基因來預測某個體會出現某些特定表現的機率。「最容易預測的就是一個人是否能成為好的馬拉松選手。」奧爾茲說。「如果你找到一個很苗條，而且身材適中，不太高、不太矮，肌肉不會太過發達，而且心肺功能又很好的人，那麼我們就能引導他加入長跑運動。」他又說：「你的多基因風險分數中的心肺功能可能必須排名前一％，才會有一點成為菁英馬拉松選手的可能。」

基因在其他更多面向的運動如板球或足球中也很重要，只是其中的交互作用更複雜，技術性和戰術能力佔了更關鍵的地位，而且每個運動員都能以各自不同的方式茁壯、成功。奧爾茲指出，儘管馬拉松選手間的表現差異，大約有一半都可以用遺傳基因來解釋；但是對板球、足球等團隊運動而言，全由遺傳基因決定的變數少了很多，因為基因對技術性和戰術能力發展的影響有多大依舊是未知數。一般而言，運動選才中有一項不變的原則：運動項目越是多面向，就越難預測誰會成為菁英運動員。

然而，即使是在遺傳基因影響最明顯的運動中，光靠天賦能達到的成就也有一定限度；當然相對地，沒有天賦光靠努力，能獲得的成就也有一定限度。而基因對成功的貢獻究竟有幾成完全無從得知，尤其是在競爭最激烈的運動項目中更是如此。

「儘管在運動遺傳學的領域有為數眾多的研究論文發表，我們並沒有發現任何具有預測功能的基因。」著名的運動遺傳學家亞尼斯・彼希拉迪斯（Yannis Pitsiladis）在他的論文〈菁英運動表現的基因研究〉（'Genomics of elite sporting performance'）中寫道[34]。

也就是說，現在還沒有能用基因做為預測未來表現的可靠方式。但這可能會有改變的一天：目前為止，運動科學家只「研究了不到一%的基因組，而且大多數都不是菁英運動員的基因」。

「像運動表現這樣複雜的多因子表現型，絕對不會只取決於單一或少數幾個基因表現，而是幾百或幾千個基因間複雜的交互影響或是演算結果。」彼希拉迪斯說道。「除非相關研究可以檢視所有菁英運動員的基因體，否則遺傳科學依舊沒有辦法為運動選才提供任何預測，而且也不該被用來做相關的預測。」

「你無法教一塊磚頭水母漂。」

先撇開運動人才預測固有的風險，隨著菁英運動變得越來越系統化，運動員人才庫也漸趨全球化，運動員的表現也因此而隨之提升。奧爾茲和彼希拉迪斯都認為，在認定誰是頂尖運動員時，基因的重要性顯然越來越高。

「所有的證據都指出，菁英運動員的培訓似乎越來越取決於遺傳基因，當然，合適的環境條件也很重要。」彼希拉迪斯說道，「隨著運動表現水準持續提高，天生基因條件不足的人自然會被排除在外。因此，和體能條件，如體型、力量、耐力等等有關的基因，可能都會變得越來越重要。」隨著運動員越來越接近菁英等級，或是表現成績不斷被超越，具有高最大攝氧量（VO2 max）在耐力運動中變得越來越重要。「這麼說好了，如果你的最大攝氧量不到七十五，那你就無法跑出有競爭力的成績。但是在四十年前，這是有可能的。」

「在許多項目中，選手的身材都一年比一年高、一年比一年壯，而且改變的速率比一般大眾的數據要快上許多。」奧爾茲在他共同撰寫的一份論文中提到[35]。至於在那些身材嬌小才是優勢的運動中如體操和賽馬，研究人員則發現了相反的情況。之前提到的同一份研究也指出，「對某些運動來說，困難之處在於要找到身材夠嬌小的運動員。」艾波斯坦更指出，當今最厲害的女子體操選手，其平均身高比三十年前的最佳選手矮了六吋[27]。

因此，無論是身材高大才是優勢，或者身材嬌小才有優勢的運動，菁英選手的身材都更加偏離一般大眾的普遍身材。

「無論什麼運動，人才選拔都會將在該項運動中佔優勢的特徵導向極端，無論是身體特徵、生理特徵或是兩者的組合。」奧爾茲說道。「在各項運動中，職業運動員的身體和生理特徵都變得越來越極端。」

而運動員彼此之間可能也「在基因上比五十年前更加相似，因為要成功，就得要具備對的基因。」奧爾茲說。

「在菁英運動中需求非常高，也就是說，如果你要找到頂尖運動員，他們不只要接受最好的訓練，你還得在一開始就找出誰最有潛力。而我認為，那通常就是取決於遺傳基因。」

「基因在現代可能更加重要。以前你可以找一個先天條件不錯，但不必到非常出色的運動員，然後靠著後天的努力、訓練、決心，他還是可能成為頂尖選手。」奧爾茲用句玩笑話說，當代體壇已經成了「美國夢的相反，因為不再是人人都能成功。」

對於可以用身體和生理條件來預測選手表現的運動項目而言，奧爾茲的說法其實具有一定的可信度。但是，對於那些更加注重技巧、戰術，以及心理素質的運動來說，選手的技巧和戰術能力究竟有沒有一年比一年提升是非常難以衡量的。我們無從得知，譬如：究竟維吉爾．范戴克（Virgil van Dijk）是不是比博比．摩爾（Bobby Moore）更會解讀比賽；或者小威廉絲的心理素質是不是真的比瑪蒂娜．娜拉提洛娃（Martina Navratilova）更好？

因為還沒有任何可靠的辦法能在選手小時候就看出誰具有成功所需之必備才能，因此無論他們如何努力投入某項運動的訓練，也不是每個人都能夠攀上巔峰。一如沃爾所說的：「你無法教一塊磚頭水母漂。」

「每個人都能靠訓練而進步，」彼希拉迪斯說道，「但是，如果你是要進步到最最最頂尖的菁英等級，對一般人來說，就算一萬或甚至兩萬小時的練習都不夠。」

第二部

冠軍選手的內心世界

7

如何在〇・五秒內揮棒擊球？

為什麼「眼睛盯好球！」
可以說是全世界最沒用的建議？

「那感覺真的就像是不正常的時間扭曲，我看著球從投手手中飛出來，然後中間的過程好像都不見了，我要不揮棒擊球、要不放棄、要不就是讓球直接飛過我的頭頂。那是一種很奇怪、很詭異的感覺。我根本不覺得在那麼短的時間內，我還有時間能移動雙腳，或是做任何事。」

——澳洲板球擊球員麥克．赫塞（Mike Hussey）談到與時速一百英里的投球正面對決想像一下，你站在溫布頓網球錦標賽（Wimbledon）的中央球場（Centre Court），或是美國公開賽的亞瑟·艾許球場（Arthur Ashe Court）的發球線上。你知道接下來要面對的是時速一百四十英里的發球，只是你不知道球的落點會在哪裡、球會彈多高，或是球會往哪邊旋轉（也有可能根本不旋轉）。重點是，球一旦被擊出後，你只有〇·四秒的時間反應。

因此，大家常說的「眼睛盯好球！」根本就是全世界最沒用的建議。就算是全世界最厲害的運動員，也沒有辦法等到球落到發球區之後才做出反應，這是人類生理條件辦不到的事。基本上，根本就沒有足夠的時間能讓你做決定、調整動作，然後再回擊。

張德培在其十六年的職業網球生涯中，一直都是最會處理發球以及回擊對手的選手之一。他就是靠著解讀對手發球的靈敏度，贏得法國公開賽及台維斯盃（Davis Cup），並打進澳洲公開賽和美國公開賽決賽，爬上世界排名第二的位置。

張德培的身高只有五尺九吋，以菁英網球選手來說是相當嬌小的身材。他的身體條件普普通通，而他在回擊發球上的出色表現全來自他靈活的腦袋。他搬到加州後，從八歲開始就固定和山普拉斯一起打球。山普拉斯除了是十四座大滿貫冠軍得主，更可以說是史上發球最厲害的選手。因此，當他們在職業賽中碰頭時，張德培破解山普拉斯發球的方式令其他選手望塵莫及。他在職業生涯中贏得的頭五場勝利都是對上山普拉斯。

在他職業生涯的初期，山普拉斯在重要局點時都非常明顯有特別偏好的發球落點。「我從左發球區發球時，通常都會設定球的落點在靠近中線的地方。」山普拉斯解釋。但他在右發球區發球時，其實也比較偏好靠近中線的落點。

張德培「非常會解讀山普拉斯的發球，尤其是在青年賽，還有大概就是我們在職業賽頭五次碰頭的時候。」張德培回憶道，「山普拉斯的發球非常厲害，這毫無疑問，他可能是整個網壇數一數二的發球好手，但是我非常清楚要怎麼解讀他的發球，那也是我在我們的生涯初期每次都能擊敗他的原因之一。」

在最重要的局點時，張德培「很清楚他發球的落點會在哪裡」。「我知道他的習慣，因此就算他發球壓線，我也已經準備好回擊了。」

如此一來，張德培逼迫山普拉斯在兩個同個不討喜的選項中抉擇。山普拉斯可以選擇用他熟悉的方式發球，但是他也知道張德培早已預料到了，所以可以做出很好的反擊。或者，山普拉斯也可以選擇往張德培預想的反方向發球，但他在這一邊的發球準度較低，所以在重要局點時，他通常會避免往這個方向發球。

「如果他沒有把握，他這麼做的機率就會降低。」張德培解釋，「在關鍵時刻的發球，我會顧好他比較擅長的位置，並以此逼迫他往另一個方向發球，而這是他比較沒有把握的發球。」

在山普拉斯提升了他過去比較弱的發球方式後，張德培的策略也漸漸失效，因為預測單一種發球方式已經沒有用了。「在他把之前比較不行的發球區域也練成後，跟他對打就變得比過去更困難。後來再對上他，就是截然不同的比賽了。」

但是，張德培在生涯初期對山普拉斯的勝利就說明了，選手可以靠脈絡分析來取得優勢，譬如根據當下的比分和比賽情況預測對手會做出什麼舉動。在對上他比較不熟悉的選手時，張德培就比較不能依靠這些資訊來比賽，他會依靠第二種資訊來源：選手在發球動作前和發球中的動作和姿勢定向（postural orientation）。

反應、預期、預測

面對時速高達一百四十英里的發球時，根本就沒有足夠的時間能讓你調整姿勢，然後擊球。選手得憑藉著對手的準備動作，以及他們自己腦中的知識庫，去揣測接下來會發生什麼事。接發球方的選手必須在對方擊球之前，預先設想自己將會面對什麼樣的發球，以及球的落點會在哪裡。對頂尖球員來說，觀察球飛行的路徑可以幫助他們蒐集更多額外資訊以增加判斷的準確度。對沒那麼厲害的選手而言，就只能靠觀察球的飛行路徑來判斷，因此他們能夠反應並做出回擊的時間就更短。

接發球方選手也會觀察對手的細微動作，像是拋球的動作、肩膀和軀幹的動作改變等，並用這些資訊來推測可能的發球方向。回擊能力最強的選手並不是因為反應快，而是因為他們比其他人更早開始反應，因為他們優越的預知能力讓他們有更多時間能準備回擊。菁英網球員會將注意力放在對手的頭部到肩膀區間，以及軀幹到臀部區間的動作的時間，明顯比觀察對手手臂、腿部，甚至球本身的時間來得多上許多，亦即他們試圖儘早蒐集身體動作的資訊去解讀發球。等級沒那麼高的球員則會花最多的時間將注意力放在對手的球拍上，然後花第二多的時間在看球，亦即相較於菁英選手試圖先發制人的預知策略，他們的策略是比較被動的[1]。

在對上某些選手時，張德培能夠依據對方發球時的開始動作，推測他們比較可能擊出的發球種類，或者至少可以推測他們絕對不可能擊出的發球種類。「如果他們會依據不同類型的發球而改變拋球方式，那麼我絕對可以在他們擊球前就知道這一記發球是什麼樣子。」他說道，「譬如他們想發外角球時，我就會注意到他們將拋球拋得比較遠。或是如果他們把球拋得高過頭，而且我知道那是他們打上旋發球的唯一方式，那麼當然我可以破解。」

「選手發球時，若是拋球拋得高過頭部，一般來說就是要打上旋發球。知道這一點的話，我就可以搶先一步，預作回擊準備。」

同樣的道理在發球後的來回攻防對打中也一樣。雖然相較於發球，選手在來回對打時，在球從底線被打回來前有更多反應時間，但是每一次回擊的可能性也更多樣，球的落點可能是球場的任一角，而且不只侷限於發球區內。因此選手必須不斷快速掃描對手的動作，試圖從中蒐集線索來預作準備。

「要知道球會飛往哪裡，就得先觀察對手的位置與他們身體的角度。」張德培解釋道，「如果他們的身體轉向某個特定角度，那就會限制他們的位置，以至於他們只能以幾種特定的方式擊球，那麼你就可以預期這顆球會飛向哪裡。選手的所在位置可以成功擊球，不代表他們可以隨意將球擊向球場的各個角落。這是人體體能條件的限制。」

選手在來回對打時，很少能在球被擊中前預測它的落點。一項針對曾經是世界排名前十的男子網球選手所做的研究，分析了他們超過三千場的對打。結果發現，只有在十三．四%的回擊中，有觀察到選手的預測行為[2]；儘管預期對手行為的作法非常重要，實際上選手卻是選擇性地使用。大多數時候，頂尖選手會依據其決定正確與否的成本效益分析來進行雙面下注。也就是說，他們往往會在對手擊球前，先決定好自己要站的位置，但同時也保有一定的彈性能隨時做調整。因為他們非常善於在球被擊出前以及被擊中的當下識別微小的線索，譬如對手的位置、他們準備擊球的姿勢、球的飛行軌跡等等，因此像張德培這樣的選手，比一般選手有更多時間可以調整自己的動作。越是靈巧的選手，就越能夠延後他們做出最終決定的時間[3]。

「重點在於分辨哪些擊球路徑出現的機率較高，哪些出現的機率較低，一旦你了解這一點之後，就能更清楚自己該移動到什麼位置。」張德培解釋。「有時候選手被調離得太遠了，他們只能選擇把球挑高或是讓球直線前進到對手場內，因為他們離球太遠了，沒有辦法擊出對角球。或者，即使他們可以擊出對角球，球速也不會太快。在這個情況下，你自然而然就會先確保自己百分之百守住了直線的位置，然後，基本上你就是給他機會打角度很小的對角球，但是你也知道他有九成九的機會沒有辦法這樣擊球。」

靠著大腦靈活的思緒，菁英選手可以先預料到這一球會被打到哪裡，因此要回擊也比較容易。「你不必一次防守整個球場，你可能只需要注意七十%的場地，因為剩下的三十%都是球不可能到達的地方。」

菁英網球選手甚至能在沒有任何肢體線索的情況下，預測對手的擊球動作。在二〇一六年，科學家做了一項研究，做出動畫版的網球對打情境，並把兩邊的選手簡化成圓桶狀，移除任何可能的肢體線索，排除球拍位置能傳達的資訊以及選手在擊球過程中的動作，亦即選手只能看到對手的所在位置以及球場的標線記號。技術高超的選手依舊比一般選手更能正確推斷球的落點[4]。一般選手的預測正確性大約只有將近五成，而技術高超的選手在這個動畫情境中，其預測的正確性可以達到七成以上。

球員和球的相對動作、擊球順序、選手彼此間的角度、選手在場上的位置等等，都能幫助選手進行預測，因此即使在肢體線索被排除的情況下，或者在對手抵達擊球位置前，選手就能進行推斷[5]。

在無止盡的比賽中，對於頂尖選手而言，網球被簡化了，因此他們的動作也是自動化的。「我不能說我整場比賽中，百分之百的時間都會看著球。」張德培說道，「我知道球在哪裡，也知道我的球拍在哪裡，因此我不一定要真的看到球打在球拍上的樣子。」

網球選手的視覺搜索行為中，最大的差異在於發球之後。一如張德培的觀察，頂尖選手通常不會特別注意球的飛行路徑；相反地，他們會將視線放在球預計會落地的地方，也就是說他們的策略更仰賴預測能力。一般來說，選手的確會在球彈地時注意球，但是和一般人想像的相反，選手並不會特別留意球彈到球拍上的情況，球移動的速度太快了，眼睛根本追不上[6,7]。因此，菁英選手通常會將注意力放在球和球拍接觸的位置附近，並移動到他們預測自己要擊球的位置。

「我只能想著自己接下來要擊球的位置，也根本不太會去思考技術性的問題，因為我已經花了這麼多年在訓練技術性的動作。」張德培解釋，「唯一要想的就是，好的，我要讓球直線前進，或是打個對角球、我要打短球，還是打個角度、打上旋球，要打高一點還是低一點的切球。」這樣的精湛技藝來自於「多年來不斷練習各種擊球法，現在只需要上場去打就對了。」

解密大師——安德烈·阿格西

安德烈·阿格西是和山普拉斯及張德培同期的美國網球選手，曾贏得八座大滿貫冠軍，並且被視為史上最佳回擊發球的選手之一。他能有如此出色表現的回擊，原因在於他評估對手的能力非常高竿。「網球的重點是解決問題，真的就是這樣。如果你沒有辦法或是沒有足夠的同理心能察覺身邊的一切，那你就沒有辦法解決問題。」阿格西後來如此說道。

阿格西在頭三次遇上發球爆發力十足的鮑里斯·貝克（Boris Becker）時，他都輸了比賽。阿格西後來回想，在他們第四次對戰之前，他認真研究了兩人過去對戰的影片。看了回顧影片後，「我發現他有個奇怪的習慣動作，跟他的舌頭有關。」

在他拋球準備發球的時候，他都會伸出舌頭，而且舌尖都會指向球要落地的方向。當他要發球到右發球區時，如果是要發外角球，他的舌頭就會往左邊伸；如果舌頭是伸在嘴巴中間，那就表示他要往中線或是靠近接發球選手的身體方向發球。就這樣，阿格西看出了貝克的破綻，就像撲克牌選手看穿對手是否在吹牛一樣。

像是破解了恩尼格瑪密碼機（Enigma code）的解密員一樣，阿格西最大的挑戰是要保守這個祕密，並且只在必要時出招。「最困難的地方在於，我不能讓他知道我已經看穿了他的破綻。因此整場比賽下來，我都得不斷克制自己不要去破解他的發球，並且精心挑選讓這個資訊能派上用場的時刻。」

「要破解他的發球不是問題，問題是我必須保守這個祕密，我不能讓他改掉伸舌頭的習慣動作。[8]」自從看出了貝克的破綻之後，阿格西在接下來十一次和貝克碰頭的對戰中，贏了十次。

菁英選手的視力比較好嗎？

菁英選手感覺像是另一個品種的人類，因此人們很容易會對他們之所以能這麼出色的原因產生許多迷思。然而，要了解頂尖好手究竟有什麼祕密，得先了解他們沒有什麼。看著羅傑·費德勒（Roger Federer）面對時速高達一百四十英里的發球時，以芭蕾舞般優雅的單手正手拍反擊，回敬對手一記致勝的對角球，以及他居然能在過了三十五歲後，老當益壯，拿下大滿貫冠軍頭銜，這些看來都得歸功於他過於常人的反應時間。但是，即使是頂尖選手的反應速度，幾乎也不會比同年齡的一般人快上多少。單純視覺反應時間（basic visual reaction times）的測驗，也就是測試一個人能在看到燈亮後多快按下按鈕，實驗結果顯示，會計師和運動員一樣，都能在兩百毫秒內完成任務[9]。

一般大眾最普遍的想法就是認為菁英運動員確實看得比其他人更清楚。他們的視力優於一般人，所以他們可以看得更清楚。從某些角度來說，用遺傳的角度來解釋為什麼菁英運動員的反應速度比我們快上許多，是一個比較撫慰人心的想法。在板球界，認為「視力是其中關鍵」的看法特別普遍，因為擊球員必須面對投手投出時速將近一百英里的球。但是板球對抗賽史上打擊率最高的唐・布萊德曼（Don Bradman），卻在二次世界大戰時，因為視力太差被澳洲軍方判定為免役。檢測結果發現，大部分菁英運動員的視力都只是普通而已；甚至許多表現出色的運動員，視力只有中下。譬如曼聯和蘇格蘭代表隊的優異前鋒丹尼士・羅（Denis Law），他患有斜視，這對他的視力影響非常大。而一九六六年，英格蘭奪下世界盃冠軍時的當家守門員戈登・班克斯（Gordon Banks），儘管到生涯後期有一眼已經逐漸失明，他的表現仍舊非常亮眼。一項針對冬季奧運選手所做的問卷調查就顯示，為數眾多的選手其實都有不為人知的視力缺陷[10]。

科學家做了一場實驗，找來俱樂部板球選手對著投球機擊球。實驗一開始，選手先在正常的視力條件下進行打擊；然後研究人員會給選手戴上特殊的隱形眼鏡，使得他們的視線變得模糊，並繼續進行打擊；接著繼續換上下一副隱形眼鏡，讓視力變得更模糊，直到最後選手只能隱約看到球的輪廓為止。一開始，即使視線變得模糊了，選手的打擊表現依然不受影響，要一直到視力模糊到等同法定失明的地步，選手的表現才出現了明顯的退步[11]。

「我們一開始簡直無法相信，視力要衰退到什麼地步才會對選手的表現造成影響。」研究的共同作者大衛・曼恩（David Mann）說道。「我們讓擊球手戴上會導致視力模糊的隱形眼鏡，他們都覺得很害怕。因為看不清楚，他們都不太敢擊球。結果最後每個人都對自己的表現感到很驚艷。」有些選手甚至想要繼續使用這些隱形眼鏡，因為他們認為「這讓他們更專注在球上，甚至覺得表現得比平時更好。」

在另一項研究中，研究團隊將投球機換成了真正的投手，但是會告訴擊球員相關的投球角度和動作。同樣地，擊球手的擊球表現一樣要到視力變得非常模糊之後，才會出現明顯改變[12]。另外，科學家用標準的視力檢查工具（就是一般驗光師會用的工具），檢查了一百三十七名英國菁英等級和次菁英等級足球員的視力。結果發現，不管是靜態或動態視覺敏銳度、視覺深度靈敏度、周邊視覺注意力等，在各組球員間均無明顯區別，只能解釋不到五％的預期變數差異，剩下九十五％的變數都要靠認知因素來解釋[13]。

運動員的過人之處不在視力，而在腦袋。優秀的運動員很少真的比一般人反應更快或是視力更佳，但是他們的知覺認知能力（perceptual-cognitive skill）都比普通人更好。優異的知覺和認知能力使他們能在極短的時間內能夠蒐集資訊、進行處理，並決定最佳的回應方式。最棒的運動員就像阿嘉莎．克莉絲蒂（Agatha Christie）筆下的大偵探白羅一樣，蒐集最重要的線索，並搶先大家一步解開難題。

轉瞬之間

板球場兩端的門柱相距二十碼，但是按照規定，投手和對方球門之間的距離最遠不能超過二十．七碼，而且擊球手必須站在己方的門柱之前，亦即從球被投出的點到擊球手之間的距離，實際上不到二十碼。因此，當投手以時速九十英里的速度投出球後，擊球手只有大約〇·六秒的時間可以做反應。九十英里是男子國際板球比賽中的平均球速，只有偶爾才會出現時速一百英里的投球。在如此短暫的時間內，擊球手必須評估投手會往哪邊投球、球投出後會怎麼彈跳，球會先在空中滾動，還是會靠縫線在彈跳後改變方向？然後，擊球手還得接著決定要就定位準備打擊或是放棄打擊。如果擊球手決定要擊球，他們還得盡量瞄準投手、守門手，以及其他九名試圖阻擋跑位得分（run，簡稱「跑分」）的守備球員間的縫隙。

說起面對球速特別快的投球時，澳洲板球對抗賽史上最強球員之一的赫塞說，球速太快了，根本不可能一路看著它飛向球棒。尤其面對布雷特·李（Brett Lee）和蕭艾巴·阿赫塔（Shoaib Akhtar）時（他們是史上唯三曾投出時速一百英里以上的投球手中之二）[14]，「那感覺真的就像是不正常的時間扭曲，我看著球從投手手中飛出來，然後中間的過程好像都不見了，我要不揮棒擊球、要不放棄、要不就是讓球直接飛過我的頭頂……那是一種很奇怪、很詭異的感覺，因為你根本沒有時間思考或是做任何決定，你必須不加思索地做出反應。」

「我記得有一次，我擊出了超漂亮的橫壓擊球（pull shot），但是卻完全不記得我有看到球從投手的手中飛出來，也不記得我有動。一切都是靠直覺反應完成的。我甚至不記得我是什麼時候決定要擊球的。」

赫塞的記憶和關於板球如何被擊出的科學研究結果相符合。即使是最頂尖的擊球手，也需要大約兩百毫秒的時間來根據球的飛行路徑去調整打擊動作，這個時間和一般運動員及會計師在普通視覺反應測驗中完成任務所需的時間相同。因此，一如邁可・藍德（Michael F. Land）和彼得・麥可李奧德（Peter McLeod）的研究結果所言[15]，擊球手必須在球抵達面前的〇・二秒前決定好自己要做什麼。這時，球只飛了三分之二的路程而已。不管球在最後這三分之一的路程中發生了什麼變化，擊球手都只能做出最低限度的調整。而且可容忍的誤差範圍非常微小，若是擊球手要完成有效的打擊，他在判定球位置時的誤差不能超過三公分，而且判斷球抵達的時間誤差不能超過三毫秒。如果判斷錯誤，可能會擦棒打出側擊球而被接殺出局，或是揮棒落空而被投殺出局，甚至是揮棒落空卻被球打個正著，還有可能被擊中頭部。對大部分的球類運動來說都一樣：人類的反應時間就是不夠快，球員沒有辦法等到發球或是投球之後才開始準備反應。

「一直擔心被擊中、受傷、出局這些事都對我都沒有幫助，尤其是對準確判定球的位置，而且盡可能及早做出判斷等，都毫無助益。」赫塞回憶。「我的對策就是將腦袋放空，看著球，然後盡我所能地回應。這麼做能提升我面對投手時的表現。當你沒有時間多加思考的時候，你會被迫只能看情況做出反應。很神奇的是，你反而會發現自己有非常好的表現。」

赫塞通常會避免預先計畫如何擊球，但還是會快速掃描一下相關線索，做好心理準備。「你會有感覺。線索有很多種，當然，譬如從他們排出的守備陣型可以大概猜出他們要投什麼球。另外，當他們準備投球預跑的時候也會有一些線索，如果他們跑得又快又急，通常是要累積動能，那麼往往就是很有力的投球，很有可能是快速反彈球。」

「如果是速度快的投手要投快速反彈球，當然他放手的時間就會比較晚，因為他要投得離擊球手比較近。所以如果你腦袋放空，看著球從投手手中被丟出來，那麼你很快就能注意到他放手放得比較慢，這球會比較近。那麼你基本上就可以在球被投出來的同時，開始做準備動作。」

菁英擊球員更懂得靠投手在投球前的跑姿，以及軀幹、肩膀、投球手臂的動作做為線索，來預測球會怎麼跑。等級較低的選手沒辦法做到這一點，因此開始反應的時間一定比較晚，使得他們沒有太多時間能用來準備就定位[16]。藍德和麥可李奧德的研究發現，最頂尖的擊球員甚至會依據球投出的方向調整自己的眼球動作。當球被投出的路徑離自己比較近時，這些選手會調整、順一下眼球活動的方式，讓自己的動作比較不彆扭。

研究人員分析了三名男子擊球手的動作，其中，這三名受試人員分別是職業選手、厲害的業餘選手和沒那麼厲害的業餘選手。分析結果發現，三名選手在球反彈之後的處理策略都大同小異，最大的差別在於：職業選手在球反彈之前，就已經預料到了球的路徑。最厲害的擊球手可以在球一開始飛的時候，就擷取到許多重要資訊，因此在一百到一百五十毫秒之後，也就是球只飛了四分之一路程的時候，他們就已經做好擊球的準備了。如此一來便造成了一種假象：讓人認為厲害的擊球手，即使在面對投手時速高達九十英里的投球時，依舊有大把時間做準備。事實上，在這個速度下，選手只能看到球大約一半的飛行過程。在一項模擬實驗中，單靠研究人員提供的比賽狀況、守備陣型等資料，老練的擊球員就能預測接下來的投球類型，而且準確度比較沒經驗的擊球員高[17]。

潛意識所扮演的角色

這種預知的藝術是大腦意識和潛意識的合作成果。在國際賽職業生涯（二〇〇〇至二〇一五年之間）中，拿下三十八次板球對抗賽百分紀錄，榮登史上第四的庫馬爾・桑卡卡拉（Kumar Sangakkara）說，在他表現最好的時候，總覺得自己是靠潛意識在動作。在每次擊球之間，「你必須很清楚地決定何時要對旋球出擊，或是要和哪一個守備球員對決。」他解釋。但是，「絕對不要在投手開始助跑、投球的時候思考，而是要等到每一次擊球後到下一球投出前再思考。」

桑卡卡拉每次上場時，使用的策略都圍繞著相同的中心思想。「達到腦袋放空的境界，但是到達那個境界後，你還是得要能夠擊球。我不知道要花多久時間才會到達那個境界，但只要成功了，我馬上就會知道，因為有幾次都是這樣，我打出了漂亮的揮擊（stroke），然後想說『我是怎麼辦到的？』然後你就會知道，你已經到達了最高境界。」

到達那個境界後，桑卡卡拉就會停留在那：他曾經有十一次把一百跑分打到兩百跑分的紀錄，這是史上第二高的紀錄。「取得前一百分很困難，但是要取得第二個一百分，就沒那麼難了，因為我已經進入了那個境界。我可以做微調、改變，可以積極出手，而不只是消極反應。」

在有限輪的板球比賽中，投手往往會比在對抗賽中嘗試更多樣化的球種。在這樣的情況下，赫塞預測球種的表現依舊極為傑出。「我喜歡試著找感覺。」譬如，如果赫塞覺得他們要朝正面區投外角的腳前球（yorker），他就會「先預備好，假設他們真的要這麼投，然後將球棒就定位準備挑球……這樣和投手玩是很有趣的，你可以看出他葫蘆裡賣的是什麼藥。」

他在國家隊的隊友，同時也是俱樂部比賽時的對戰投手，凱德・哈維（Kade Harvey），每次要投慢球時就會在投球助跑時咬著嘴唇，所以赫塞「基本上每一次都可以很準確地預測到他要投慢球」。其他的投手則有更不著痕跡的線索，譬如說偉大的旋球投手穆提阿・穆拉利塔藍（Muttiah Muralitharan），他在早期每次要投他著名的「doosra 旋球」，也就是和一般球旋轉方向相反的球時，動作都會比平常慢一點點。

「當他的球要出手時，我會試著讓自己靜止，然後放空腦袋。」赫塞說道。「接著去觀察那些細微的線索，不管是咬嘴唇的動作，或是較晚放手來投近身球。若是看起來比較用力或是臉上表情比較多，可能表示他要投快速球或是離擊球手較近的近身球等。之後我就放手去面對眼前這一球。」

頂尖的擊球手不會有意識地分析所有會影響球的路徑的變數，相反地，他們靠潛意識和過往的經驗來幫忙。當他們面對新投手或是到了不熟悉的球場時，擊球手就像電腦一樣，不斷利用剛得到的新資訊去重新計算所有變數。在不熟悉的情境中，擊球手一開始會傾向較保守的打法，以保護己方的三柱門。研究顯示，隨著厲害的擊球手連續面對同一名投手的投球後，他們就會開始倚重前段的資訊，譬如投手的助跑姿勢，以及球出手前的肩膀、軀幹和投球的手臂的動作等，減少針對球投出後的動作做分析[18]。

如此一來，擊球手就能替自己爭取到更長的準備時間。「不管面對哪一個投手，時間一長，你就會開始覺得比較輕鬆。」赫塞回憶道。「第一，你會習慣他的節奏；第二，你會更清楚他想做什麼，以及球的反彈情況等等。」

第二天性

當喬伊・沃托（Joey Votto）還在學校打棒球的時候，他就遵守了這種老掉牙的建議：看球，做反應，然後打擊。「我就坐在那，看著投手投出時速七十五或八十英里的球，然後試著解讀每一球。」

但是，當沃托升上較高等級的棒球聯盟後，這些舊方法馬上就不管用了。「當球速開始上升到八十五或九十英里時，我的動作就顯得太慢了。」在大聯盟中，他成功入選六次大聯盟全明星賽，而且截至二〇一九年年底，他的上壘率（on-base percentage）排名是大聯盟史上第十二高，因為沃托在這裡學會預想和解讀每一個投球。「習慣成自然，就像是第二天性。」

對沃托而言，預想投手球路的過程，遠從進到球場之前就開始了。在比賽前，「我會盡可能蒐集資料，試著去了解這個投手和他的習性。」

因此，沃托的預測工作大多在真正對上投手之前就完成了。「早在上場之前，應對的計畫就已經在腦中成形，所以在打擊的時候，不單純只是靠反應，反而比較像是執行計畫。所以如果我預期這次會出現滑球，而且也真的發生了，我一定得揮棒；如果沒有的話，我會很氣自己。」

在面對每一次投球前的最後一刻，沃托會努力尋找最後的蛛絲馬跡。「有時候要看捕手的習慣，有時候是投手的肢體語言，通常都依當下的情況而定。」他想了想後說，「我的成功是預測某個事件發生，並正確執行相對應的計畫所產生的副產品。」

打擊棒球的原理和打擊板球的原理差不多。有項研究以影像的方式記錄了專業打者和新手在面對投手時的視線移動。新手比專業選手更早改變視線焦點，而且注視的範圍比較大，甚至會聚焦在比較不重要的部位，如投手的臉和頭等。專業打者只注意少數幾個地方，而且凝視的時間更長，尤其是視線落在投手慣用手手臂上的時間特別長。專業選手將視線中心放在投手的手肘，然後靠周邊視覺來注意投手的動作、球投出的時間、球的飛行路徑等[19]。

「人們似乎長久以來有個迷思，認為視覺敏銳度在棒球中極為重要。」紐約洋基隊（New York Yankees）的表現科學總監大衛・懷特塞德（David Whiteside）解釋道，「來自其他截擊式運動（interceptive sport）的證據，讓人們開始把焦點轉向『擊打移動中物體時的預測成分』——具有進階線索偵測和動態物體追蹤功能的頭部和眼睛運動，以及依據脈絡而完成的預想工作。這對於培訓打者以及各球隊間進行軍備競賽的方式都是一大變革。」

最厲害的棒球打者和最厲害的板球擊球員一樣，都沒辦法一路看著球從被投出到抵達球棒，因為球速太快了，眼睛根本追不上。因此，他們必須依靠預測性或預期性的眼球動作，來推測球會飛向哪裡，以及多久後會抵達。

「我們看不到球。你一定會很驚訝於我們看不到球的時間有多長。」沃托解釋道。「你看得到的很有限，但你還是必須揮棒。其他的都看不到。」根據他的估算，球從投手手中投出後，大聯盟的打者約會看到「六成到八成」的飛行路徑，「但是有時候感覺起來甚至更少。」

事實上，沃托的估算還算太樂觀了。以快速球而言，從球被投出到抵達打者面前只有四百毫秒。但是大腦至少必須要花八十毫秒的時間，才能針對眼睛看到的資訊進行處理，並對身體動作進行微調；如果要改做一個完全不一樣的動作，至少要花兩百毫秒。因此，打者最多最多也只有三百二十毫秒的時間可以做反應[20]。

等球飛到路程的最後一百五十毫秒時，一切就已經來不及了。二〇一六年的一項日本研究讓打者戴上一種特殊眼鏡，這副眼鏡會分別在球飛行過程的不同時間點，遮蔽打者的視線。結果發現，打者的視線在球飛到最後一百五十毫秒時被遮蔽，其打擊表現和視線完全沒有被遮蔽時一樣好。也就是說，在最後那一百五十毫秒中，「看得到球」對打擊表現沒有正面幫助[21]。把頭尾的空檔加一加，打者真正能看到球的時間，大約只有一百七十毫秒。亦即他們在球從投手手套出發，到抵達本壘板之間的飛行過程中，有六成的時間根本就是處於失明的狀態。

打者看到不同球種的時候，會啟動大腦內不同的神經結構。當打者腦中期望出現快速球時，眼前與預期路徑平行的偏差代表投出的是滑球，而與預期路徑垂直的偏差則代表是曲球。不同的路徑偏差會啟動負責追蹤物體移動的視覺神經中的不同部位。這項發現說明了不同球種會在打者腦中形成各自特有的神經訊號，使他們能夠在球剛投出的時候，就開始跟著調整自己的動作[22]。這樣的調整行為在球飛行的過程中隨時出現，所以神經科學家就可以用腦部掃描的技術，去偵測打者的腦神經活動在球被投出後七百毫秒之間的變化。至於打者在球被投出前的兩百毫秒間的腦神經變化，在專業打者和新手的腦中也大相徑庭。打者的腦神經結構連結發展，會影響他面對投球時的反應正確性和速度[23,24,25]。

「有關棒球打擊的預測能力可以被分解到打者必須做決定的一百七十毫秒左右。」該研究的共同作者之一傑森・雪爾溫（Jason Sherwin）說道，「這個分析可以用神經標記來做，這些標記會隨著時間和空間不斷變化，所以能清楚指出究竟主宰打者的預期能力的是哪個部分的神經系統。」

沃托的技巧在於能夠提早注意到細微的線索，甚至早在球還沒投出之前，以及剛投出的當下就能有所察覺，因為他的大腦已經學會辨識球在被投出當下的每個特定變化，以及各自對應到的球種。「你看著球通過一個非常非常特別的漏斗，他通過的時候也會表現出非常非常特殊的特點，而這些特點就跟你所預期的條件一樣。」

打棒球時，擊中一記快速球靠的是「眼睛的動作、大腦的動作，以及你如何填補視線盲點的空白」，沃托說，「面對快速球的時候，你感覺你得在球根本還沒投出來之前就做好準備。」

8 超智能

菁英運動員如何讓自己聰明過人？

「相較於速度，我寧願自己有一顆非常好的足球腦，而非相反。你知道的，即使現在每一季比賽都越來越注重體能，足球腦依舊是其中最重要的一件事。」

——杰米．卡拉格（Jamie Carragher），利物浦和英格蘭代表隊中後衛比賽很不公平，亨利、C羅、安德烈・舍甫琴科（Andriy Shevchenko）等全世界速度最快的足球前鋒，向著在場上移動緩慢，速度跟業餘選手差不多的中後衛直衝而來。他甚至沒有一般中後衛選手的身高優勢。大多數時候，他面對的前鋒都比他高、比他壯、速度比他快。

一開始，杰米・卡拉格（Jamie Carragher）也想當前鋒。

卡拉格從青少年時期開始，一直到十六、十七歲，大都是踢中鋒的位置。但是，在一步步邁向職業生涯的同時，他在場上的位置也漸漸被往後挪，使他速度不足的缺點不會太明顯；一開始他先被移到中前衛，然後是中後衛[1]。

「我沒有天生過人的身體條件，不管是速度、身高、力量，我都只有一般平均值而已，真的。」他說。

不過，卡拉格的速度優勢顯現在別的地方：不是他的肢體，而是他的腦袋。他的對手比較高、比較壯、比較快，但是都沒有關係，因為他在足球場上比他們都聰明。他們跑得比較快，但是腦袋沒有卡拉格來得靈光。

對卡拉格而言，轉得快的腦袋比跑得快的腿更值錢。「我必須很專注、很專心。我能夠打進一流聯賽的原因，就在於我很了解比賽。我解讀比賽的能力非常值錢，而這是我從小就有的天賦：對足球的了解。」

其他防守球員在發現自己跑錯方向時，可以靠速度來挽救，但是卡拉格沒有這個能力。不過，卡拉格的腦袋把自己這樣的普通球員變成一個超級球員。他在從小加入的利物浦足球俱樂部貢獻了極為出色的十七年職業生涯，甚至還曾在二〇〇五年拿下英超冠軍。而在二〇一三年時，卡拉格甚至被利物浦的球迷選為俱樂部史上第六優秀的選手[2]。

意識勝於物質

卡拉格的生涯印證了，心智的力量，也就是深入理解運動項目的能力，以及懂得使用這個能力去預想及「解讀比賽」，可以幫助球員彌補自己身體條件的不足。對大部分的運動項目而言，身為最優秀的運動員和身為該項目的最佳選手之間，通常沒有什麼關連性。最佳選手不一定總是最好的運動員，但是最佳選手通常都很聰明。卡拉格證明了，選手的腦袋可以幫助他們從普通的運動員，搖身一變成為場上傑出的選手。

「我身為球員的最大強項就是解讀比賽。」卡拉格說道，「要論了解比賽的能力，我是一流的，而且我對自己有信心。跟其他同時期的選手相比，要說到解讀場上情況的能力，並知道接下來會發生什麼事，我在這方面絕對數一數二。這大概就是我最大的強項，我可以預知危險。」

卡拉格能夠預知危險的原理在於菁英中後衛選手觀察場上情況的方式，他們花在看某特定區域的時間較少，但花更多力氣去掃描整個球場的情況。相對於較不厲害的選手，他們一次蒐集更多資料[3]。他們用眼睛朝場上各個方向拍許多快照，然後在腦中建立一個完整影像以了解四周的情況。

「有經驗之後，你根本不用思考，幾乎就像開車一樣。」卡拉格回想，「當球出現在某個位置的時候，你就會知道自己該移動到什麼地方。」

卡拉格的腦袋之靈光，他不只可以幫自己想好要怎麼面對眼前世界級的前鋒，他還能幫隊友想好該做些什麼。沒錯，他一個人就是許多足球腦的綜合體。

「有點像自動駕駛，我就是全隊的總指揮，我不會只思考自己的站位，而是會同時思考場上所有人的位置。我認為這是靠經驗累積而來的能力，是成熟的象徵。」

「當你站上我的位置，你要做的就是組織整個球隊。你不只是要看球，還得注意場上每個人的相對位置，要眼觀四面，顧全大局。厲害的攻擊球員也是一樣，時時都在留心所有防守球員的位置。所有的頂尖選手，都會隨時留意自身周遭的一切動靜。但當然啦，做為一名後衛球員，你必須非常注意，不只要控制自己的位置，還要組織調動其他人的位置。你必須非常清楚身邊和周圍的一切。」

「當你成為資深球員後，會理所當然認為自己的表現當然沒有問題，然後開始擔心其他人在做什麼。有時候你在後面，就會開始想前面的人到底有沒有站對位置，前鋒是不是後撤到防守中場的位置了，你要後退到什麼地方之類的。所以，事實上你是在調度很多人的行動，而且如果你真的這麼做了，會讓自己輕鬆很多。」

如果球還沒靠近罰球區，厲害的後衛會擴大掃描的範圍，但是隨著球一步步靠近罰球區，他們會改變觀察方式。當對手往罰球區的邊緣，朝著自己直奔而來的時候，厲害的後衛（也就是帶球的球員）會更專注於眼前的情況，並減少轉頭和眼睛掃描其他地方的次數，轉而依靠周邊視覺來留意其他沒有持球的選手的位置和動作[4]。

「當你了解自己的對手，知道對方前鋒要跑什麼路線之後，你要做的就是讓自己永遠超前他們一步。」卡拉格解釋道。「做為中後衛，我認為解讀和了解比賽可能是踢這個位置需要具備的最重要的能力，因為你不需要一直跑或是衝刺，只需要在對的時間出現在對的地方。」

足球腦

從卡拉格到露西・布隆澤（Lucy Bronze）和范戴克，頂尖後衛都知道眼睛該往哪裡看：注視持球選手的下半身，然後以球為視線中心，靠周邊視覺來監控對手的動作。他們可以將眼睛接收到的資訊和耳朵聽到的聲音結合，耳朵聽到的聲音包括隊友或對手的呼喊，或是聽到有選手往自己的方向前進的聲音等。他們可以靠這些線索來預測接下來會發生什麼事，以及接下來如果要搶球、斷球，或僅僅上前逼迫持球選手時的最佳位置。頂尖選手會利用大量資訊，包括視覺、聽覺的線索、更廣的比賽意識，和關於對手、當下比賽情況的特定知識等。他們個個都是多工處理大師。「你必須隨時注意一切。」卡拉格說。

除了更有效率地用眼睛搜索有用的資訊，頂尖選手也比其他選手更懂得預測接下來會發生的事。有一項研究準備了許多不同的比賽影片，並讓受試選手觀看守門員將球傳給後衛的片段，然後請他們預測後衛球員的下一個動作[5]。受試者點出持球選手的可行選項，並按照這些選項對敵隊造成的威脅進行高低排序。一流選手在列出可行選項以及預測其出現的機率高低上，比其他選手更厲害。最頂尖的選手會在腦海中建構一個資料庫，收藏與自身運動項目相關的各種打法，然後依據當下的綜合情勢、比賽脈絡、有關對手的特殊了解，在潛意識裡將每種可能的打法按照出現的機率排序。如此一來，他們就能篩選出要特別注意哪些跡象，並加速確認或否決各個預測，讓他們能正確預期接下來會發生的事。

「如果球到了保羅・斯科爾斯（Paul Scholes）腳下，他第一件會做的事就是先看能不能突破你的防線。他的傳球非常有殺傷力。」卡拉格解釋道。「因此一旦球到了他腳下，你就得做好這個準備。」

「如果是翼鋒，就得看他通常喜歡盤球，或是喜歡過人？如果球到了〔大衛〕貝克漢腳下，而你踢的是中後衛的位置，你就得馬上準備好面對他的過人。如果是到了〔萊恩〕吉格斯腳下，事情就會有點不同。他通常會往後衛的方向跑。」

因此，卡拉格會隨著持球的翼鋒的不同去調整自己的位置。即使是踢同個位置，兩個不同球員拿到球就會有兩種截然不同的反應。擁有這樣的知識就表示，在貝克漢帶著球一路衝鋒陷陣過人無數的時候，卡拉格會就定位等他，準備搶球。他的腳會帶他到正確的位置，他的腦袋會告訴雙腳該走到哪裡。

很多人都認為，即使是腦袋像卡拉格這麼靈光的中後衛，也會需要一個以速度見長的中後衛搭檔。然而，在卡拉格的生涯中，最成功的組合搭檔是薩米・海皮亞（Sami Hyypia），海皮亞的速度甚至比卡拉格更慢。這兩個人的搭檔關係維持了十年之久，是利物浦多年來中場防守組合的第一人選，他們也幫助利物浦拿下二〇〇五年的英超冠軍盃。

「我們兩個不是速度最快的組合，但是我們都非常擅長解讀比賽。」卡拉格解釋。他們兩個人的強項互補，因此他們的搭檔組合能發揮出一加一大於二的效力。

「我不是塊頭最大的中後衛，我身高還不到六英尺。但是，他有六尺四吋這麼高，可以說他是我們的制空關鍵，他是主要選手，尤其是在發定點球時。」

「我在搶球的部分可能比薩米更積極，而他在空中的優勢較高。但我想最重要的還是我們兩個都對比賽的狀況非常了解，我想那就是為什麼我們極少因為速度上的劣勢而被打倒，比大部分人想像得還少。」

這樣的組合很容易被諷刺漫畫以兩隻烏龜的搭檔來呈現，但是對那些速度夠快、腦袋卻不如他們靈光的對手而言，他們根本沒有機會發揮自己的速度優勢，要突破卡拉格和海皮亞的防線射門得分簡直難如登天。

「相較於速度，我寧願自己有一顆非常好的足球腦，而非相反。」卡拉格想了想說，「你知道的，即使現在每一季比賽都越來越注重體能，足球腦依舊是其中最重要的一件事。」

超級掃描機

「眼光好的球員能幫你贏球，但沒有幾個球員能做到如此。」兵工廠球隊經理溫格曾經這麼說道[6]，「有幾個特別的選手，他們總是能找到空檔。」

溫格依據的是「每分鐘掃描次數」的統計，也就是選手每分鐘審視自身周圍的次數。這個統計和選手轉動頭部，為球場各處拍下腦內快照的頻率有關。塞斯克．法布雷加斯（Cesc Fàbregas）、蘭帕德和傑拉德曾經同時分別佔據英超這項排行榜的前三名，他們三個在當時被公認為英超最佳的中前衛。他們平均每秒會對球場做〇．六次的搜索或掃描，而且他們的用眼方式和其他沒那麼厲害的選手有系統性的差異，他們幾乎就像是一台掃描機，總是對著整場比賽不斷拍照。巴塞隆納中場選手哈維（Xavi）平均每秒做〇．八三次掃描，也就是說，他每分鐘會拍下五十張不同的比賽快照，這是研究蒐集到的最高數據[6]。頂尖中場球員會花很多時間觀察敵隊選手，搜尋可以利用的球場空間或是可能暴露出來的防守弱點。技術較差的球員則會花比較多時間在注視持球的選手，或是看著球[3]。

有人問過「掃描之王」哈維，為什麼他要花這麼多時間掃描全場[7]？他回答道：

我的腦袋就像一台處理器，會將資料和訊息進行分類。轉頭察看四周對我處理訊息有幫助。這一點不只很重要，甚至是掌控時間與空間的關鍵要素。我會想：我的隊友被緊迫盯人地盯上了，我得轉頭看看找尋其他出路。當有個敵隊選手在我身後心想：『我要去搶他的球，他背對著我，他沒有看到我。』但是，我早就看到他了。

踢足球的時候，你必須觀察周圍的情況才能找到最好的路線。如果你不思考別人的動態，你就什麼都不知道，什麼都做不了。踢足球，你必須學會了解這個時間與空間的關係。

球員掃描全場功力的精華，應該就出現在哈維足球生涯中最有名的一場比賽：二〇一〇年世界盃冠軍賽。最後的致勝球是由哈維的隊友，也是他在巴塞隆納隊的同儕，安德烈斯・伊涅斯塔（Andrés Iniesta）踢進的。

在比賽的第一百一十六分鐘，差五分鐘就得進入PK賽的時候，西班牙的一名球員挺進了荷蘭隊的半場，但是球馬上被斷下，結果在陰錯陽差之下，被清到伊涅斯塔腳下，他輕輕一點，將球控制住，然後幾乎看也沒看，就用腳跟把球傳給另一名隊友。

伊涅斯塔拿到球之後連看都不用看，因為他趁著隊友持球，還沒傳到他腳下之前，就已經環顧四周在腦中拍了許多快照。如此一來，他在拿到球之前，腦中就已經有了一幅影像，清楚顯示場上其他球員的位置。伊涅斯塔知道他身後有一名隊友，可以搶在荷蘭隊球員之前接到他用腳跟往後傳出的球。因此，在世界盃決賽如此關鍵的時刻，一記輕鬆的腳跟傳球，看似漫不經心，卻實際幫助了西班牙隊往前推進。在這一記腳跟傳球的十三秒之後，球在荷蘭隊門前又傳回伊涅斯塔腳下。又一次，伊涅斯塔在接到球之前已經掃描了全場，因此他知道自己不需停球就能控制住球。接著，他大腳一踢把球塞進球門右下角，幫助西班牙拿下國史上第一座世界盃冠軍金盃。

伊涅斯塔在腳跟傳球前以及最後決定性射門前的全場掃描，都是挪威運動科學學院（Norwegian School of Sport Sciences）的科學家蓋爾・卓戴特（Geir Jordet）在簡報時最喜歡舉的例子。在他那一記腳跟傳球之前，「你可以清楚看到，在那五、六秒之間，他掃描了全場三次，這個頻率就是頂尖選手的等級。」卓戴特解釋，「這個行為是踢出那一記腳跟傳球的關鍵，因為如此一來，他就為左半邊的場地開出一個大空檔，鋪陳出最後讓伊涅斯塔射門得分的最後一個傳球。」

「在場上，要做出正確決定就必須知道四周的情況，這很合理。在步調越來越快的比賽中，在拿到球之前就知道該怎麼做可以讓你佔有優勢。」

在二〇一八年，卓戴特參與了一項澳洲與挪威科學家的共同研究，研究人員於過程中讓準菁英足球員在比賽時戴上頭戴式感應器，檢測選手在持球後的十秒內利用頭部動作來進行探索式掃描的頻率，以及此頻率和他們比賽時的持球表現之間的關係[8]。科學家同時利用影像分析記錄選手在比賽中做了什麼。研究發現，如果選手在接到球之前轉動頭部掃描四周的頻率比較高，他們就有更高的機率會帶球轉身，並做出更有攻擊性的傳球，而不只是將球往側邊或往回傳。被歸類為高掃描頻率的球員，其傳球成功率高達八成一，而且其中七成五的傳球都是往前傳；被歸類為低掃描頻率的球員，其傳球成功率只有六成四，其中只有四成一是將球往前送的傳球。也就是說，越常掃描全場的球員就越清楚哪裡有可以傳球的空檔，並隨時保持領先對手一步。

「我們總是可以看到菁英選手花上大把時，觀察離球比較遠的一邊的場地情況。」主導整個研究計畫的卓戴特說道，「最簡單的假說就是，頂尖選手在比賽中會看著整場比賽，而沒那麼厲害的選手只會看著球。」

蓋茲卡・門迭塔（Gaizka Mendieta）因為在二〇〇〇年和二〇〇一年連續兩年帶領瓦倫西亞打

進歐洲冠軍聯賽總決賽，而兩度被歐洲足總（UEFA）評為最佳中場球員。他也同意卓戴特所說的，要看比賽，不要看球。

「你不應該花太多時間看球，因為你知道球在哪裡。」門迭塔說道，「你不用真的看到球就能知道它在哪裡。理想狀況下，你就像機器一樣，你的腦袋、眼睛還有球和你的身體都是連動的，而且大部分的時候，你都知道球在哪裡。你必須評估並思考有什麼選項，但是一切都非常快速，所以你的腦袋得馬上反應、立刻行動。」

中心視覺和周邊視覺

菁英運動員更懂得同時運用周邊視覺和中心視覺來搜尋比賽中的蛛絲馬跡。周邊視覺對動作比較敏感，但是中心視覺更能掌握細節。

當選手試圖預測對手的下一步舉動時，這兩種視覺類型就會進行動態的交互作用。厲害的選手運用中心視覺審視資訊時，效率更高。他們會將注意力放在資訊更豐富的地方，而且移動視線的方式也更有效率[9]。頂尖選手往往也更懂得利用周邊視覺來擷取對手「在球以外」的動作。「你不該花太多時間在看球，」門迭塔說道，「你有周邊視覺，球應該在這個區域之內。」

有些厲害的選手會用「視覺中心」點或定位點將視線焦點放在一個中心區域上（例如球），然後同時利用周邊視覺監控隊友和對方選手的位置及動作[4]。中心和周邊視覺的最佳用途會依下列幾種因素有所不同，包括球場的區域、可用的反應時間長短，以及周遭附近的選手人數等[10]。疲勞、工作負荷、焦慮等壓力源都會影響中心視覺（視網膜中央窩）和周邊視覺在運動中的交互作用[11, 12]。

在場上，門迭塔會不停轉頭、移動視線、用眼神拍下四周比賽的快照，並持續修正、調整自己相對於其他二十一名球員在場上的最佳位置。「我會一直到處看，確認隊友在哪裡、我的位置為何、我接到球之後會有什麼選擇等等。」

門迭塔接到球之後的行動取決於身邊有誰。「你必須心裡先有個第一志願選項，知道接到球之後要往哪裡去。但是你也許還有其他想法，因此如果接到球的時候孤立無援，你就要轉身然後做點什麼。一切視當下情況而定。如果我要往空檔的地方跑，那麼我就會繼續想下一步該做什麼，而不會急著把球再傳出去。如果我接到球的時候，身邊有很多選手，我應該會先踢個一兩腳。我腦中會一直有許多選項。」

儘管掃描審視對運動員的表現極為重要，有時候看了也不保證看見。不同選手就算用相同的方式掃描，也可能會注意到不同的事情。因此選手的掃描能力還必須搭配必要的知識，才能在對的時間針對正確的資訊進行覺察和詮釋。這樣的意識是依靠多年經驗以及從無數比賽中蒐集大量知識磨練而來的[13]。類似的情況不斷重複，而選手也總是選擇以某個特定的方式回應，如此一來，足球員的腦神經就建立了特殊的連結，使他們不用思考也能自動做出正確的決定。這個技巧是建立於所謂的知覺組集（perceptual chunking）：將選手的位置和動作分組，歸類成有意義的比賽組集或模式，以便加速資料處理[14]。

就像出色的數學家能在一般人看來隨機的數字中找出規則，厲害的選手也能從隊友和對手在場上的位置看出箇中邏輯。「尤其是身為中場球員，你必須隨時保持注意，注意你的位置、其他人的位置、其他人可能會有什麼動作，注意你想利用哪些動作來製造空檔，或是做點什麼事。」門迭塔說道。

能看出比賽模式的能力是深刻在選手腦袋中的精密設定。科學家做了一項實驗，將一連串進攻活動的影像做處理，只留下球場的白線標記，並以不同顏色的光點圖取代雙方球員的輪廓。研究發現，選手還是可以靠這些資訊來辨識場上選手的動作模式，並正確預測該動作的結果為何；而且頂尖選手的正確率明顯高於一般選手[15]。研究結果證明，足球選手的腦袋會依其專業需求做出調適。

防守球員和進攻球員在比賽時的掃描技巧，其實也是術業有專攻的，而且一般相信，在其他的侵入性團隊運動項目中也是同樣的情況。防守球員必須預測接下來會發生什麼事，亦即他們對於即將發生的動作比較無法掌控。因此防守球員掃描的範圍更廣，以便能掌握對手在進攻時的所有可能選項。他們的掃描模式非常詳盡透徹，而且會避免花時間在看球，以免錯失了對手的關鍵舉動[16]。「防守的時候，你必須同時留心注意隊友在哪裡，以及對手在哪裡。」卓戴特說。

前鋒的觀察方式則完全不同。他們會選擇性的觀察場上狀況，尋找站在得分位置的隊友，或是場上可以利用的空檔。如果他們花時間進行詳盡的掃描，可能就會錯失先機，讓對手補上防守的空檔。雖然選手在場上同時會扮演進攻及防守的角色，但關於比賽智商的技能發展，還是會依各選手的位置而有所不同[16]。

門迭塔精湛的技巧，使他能在場上保持彈性和依靠直覺反應。「靠踢球、看球、看其他選手，這就是你觀察後衛、中場、進攻球員等的好時機，看他們的機制如何運作。每個球員都不一樣，個性也不相同。在聯盟中踢球，或是觀察下週末的對手進行比賽，你就知道左腳球員是誰，他們的高矮、速度快慢、空中技巧與截球技巧等到底好不好。有了這些資訊，你就好好吸收並將它們存在腦中，上場之後就能隨意存取使用。」

四分衛的藝術

在美式足球中，一個球隊最重要的角色莫過於四分衛。在場上，四分衛得負責指揮全隊的進攻。問題是，從他接到球的那一刻到對手全衝向他之前，只有幾秒鐘的時間可以反應。任何猶豫不決都會造成球隊的致命傷，更不用說自己的皮肉傷了。

接球的時候，「腦中會閃過許許多多的事」，擁有長達十六年美國國家美式足球聯盟生涯，並被評為史上十三大最佳傳球員的前超級盃冠軍科特・華納（Kurt Warner）說[17]。

「不管什麼時候，我們都遵循著一套設計好的打法戰術。因此，第一個出現在腦海中的就是和現在這一套打法有關的所有枝微末節的事。然後，第二件事就是觀察和了解防守方策略的能力。就是注意場上特定一兩位選手，然後進行我們所謂的『解讀』。」好的四分衛必須「破解所有訊息，在對的時間走到對的地方，然後下決定」，華納回想道，「最好將這些能力內化、深深烙印在腦中，讓你在那三、四、五秒之間能夠立刻做出反應，而不必多加思考。」

美式足球是最有組織的運動項目之一，不管場上出現什麼情況，都有一套相對應的戰術規劃。但是，在接到球與決定要往哪裡傳的瞬間，四分衛依舊必須搜索有關防守方戰術的蛛絲馬跡來決定最佳的傳球方向。

四分衛「讓防守方來告訴自己該往哪裡傳球」，華納解釋，「我必須試著破解防守方想做什麼，才能知道要根據哪一個或兩個防守球員來決定我是否傳球，以及傳球的方位。因此我發球之後就要緊緊盯著防守方，因為照理說，我應該很清楚我的隊友們都在做些什麼。」

華納會聚焦在強衛和游衛[1]上，以做出傳球的最佳決策。他們是防守後衛之一，常被視為球隊的最後一道防線。「如果是在發球的時候，他們可以告訴你：『我在做什麼？我要跑到場中央嗎？我會打半場嗎？我要下來幫忙跑，或是要去支援傳球戰術？』」

「你可以從他們身上看出來：嘿，如果我跑來這裡，那就表示我的其他隊友要去別的地方。因此，你可以從這兩個後衛開始觀察，然後再把眼光放到其他球員身上。」

「你要注意哪一個球員，取決於你對不同戰術的特殊解讀。所以不管面對哪一種戰術，我都可能依據當下進攻方向的不同，而特別注意其中某一個防守方球員，或是防守後衛。」

---

[1] 譯註：原文「safety」為通稱，可以用來指稱「strong safety（強衛）」及「free safety（游衛）」，此兩個位置為防守方的最後一道防線。

華納的雙眼所告訴他的資訊會決定他接下來要怎麼處置這顆球，以及要使用哪一套演練過的戰術。「我的目標是緊盯著防守球員，然後讓他們告訴我該把球傳向哪裡。如果他往外線跑，我就往內線傳；如果他往上走，我就往下傳。只要一接到球，我就會將視線放在防守球員上，搞清楚他們要往哪裡去，然後往反方向傳球。」

在這轉瞬之間的反應全靠華納對敵方球隊的了解，而這些了解都是從過去的對戰經驗累積，或是觀看賽前影片分析所獲得。「最終目標就是要找出每一個球隊在面對不同情況時，通常會做出什麼反應。他們在第三波進攻（down）時做了什麼？他們推進到紅區（red zone）後會做些什麼？我們在經過兩波進攻之後，還差三碼以上❷，該怎麼辦？只要你摸清楚這些習慣，就可以針對這些行為來制訂進攻戰術。」

在面對朝自己直衝而來的對手時，華納的潛意識有辦法馬上接手，讓他能夠在幾秒之內，專心處理令人眼花繚亂的排列組合，然後決定下一步該怎麼做，並精準地將球傳給隊友，往前推進。他非常清楚只要有一點點微小的錯誤，甚至只是一點點遲疑，都會導致他被對方防守球員撂倒。

「你的手臂離身體太遠、你的腳站錯位置、你讓壓力影響自己，這都會讓你的技巧變差。一旦你的技巧變差了，你就很難精準地把球傳到你想傳的地方。」

「一旦你知道防守方要做什麼之後，就可以有個概念，想好兩個或三個可以傳球的對象。而最

❷譯註：美式足球播報員通常以「third and long」來形容此情況。

終的決定就取決於防守球員在這三、四秒間對你的戰術有什麼反應。有時在開球後，你已經決定了傳球的對象，但當你要把球丟出去的那一刻，對手調整了戰術，做了一些改變，因此你必須馬上反應過來，並把球傳給其他隊友。這也是很常發生的事。」

「我們有所謂開球前和開球後觀察。在開球前的觀察，我會有個感覺：『好，我想他們應該是要做這個，所以我應該就是要傳到這裡。』結果開球之後，他們卻採取了另一套戰術，因此你就得再觀察他們開球之後要做什麼。接著你就得特別注意其中一個或兩個球員，來決定你到底要把球往哪邊傳。」

和足球一樣，國家美式足球聯盟的選手也會靠過去的經驗以及他們儲存資訊的方式（組集），來增進自己預測未來的能力。一項針對專業和業餘美式足球員的研究分析就指出，拿到戰術示意圖的時候，專業球員比業餘球員更能正確回憶起場上選手的位置[18]。

因此，儘管接球和傳球之間只有短短幾秒鐘，華納自己感覺上可以支配的時間可能遠大於實際時間。「當你知道自己在看什麼的時候，你可以讓比賽慢下來，所以你可以看出防守球員在做什麼。如此一來，一切就變得比較容易。」

母語

雖然操作的方法不盡相同，優秀的西洋棋棋手一樣也會因各自深謀遠慮及預先計畫的功力而脫穎而出。「在開棋準備時，有時候你甚至可以預想二十到二十五步之多。」公認為史上最佳女棋手的朱迪·波爾加（Judit Polgar）說道。

隨著棋賽的推進，變得比較難預想這麼遠。到了棋賽後期，波爾加通常只能預想三到十步。「一切真的要看當時的局面有多穩固、戰略性有多高，以及佈局或棋盤上的進展影響有多少。」

波爾加的腦袋就像電腦一樣，不停演算、校準出最佳棋步，以及每一種走法可能會對往後所有潛在棋步造成的影響。「每一步棋你都要重新計算一次，然後整個棋局就會變成像一棵樹一樣，有許許多多不同的分支。」她解釋，「你會有一種感覺。當你看著每一步棋，就可以看出對手的策略；到了段數更高的時候，你就能預先分析對手的棋步。」

西洋棋特級大師（grandmaster）只要看一眼便能正確無誤地背出棋盤上的對戰局面。比起其他選手，他們可以更正確地預測棋賽局面。和足球選手以及美式足球選手一樣，西洋棋大師的預測能力便是來自於組集[18]。

「我在選擇戰術的時候會考慮很多因素。」波爾加解釋，「能帶給對手最大困擾的戰術或想法是什麼？他可能面對到最棘手的情況是什麼？」

「你知道其他對手的策略，知道他們的手法、風格，所以可以預先思考可能的情況，做好心理準備。」

波爾加充分的準備工作讓她在棋局中能夠優遊自得，並有足夠的彈性可以靈活調整佈局。「如果只有一兩種可能的走法，就會把棋局帶向完全不同的走向。你必須隨時準備好面對改變。」

「你要做好計畫，譬如用什麼策略、佈什麼局等等，但是在面對實際情況時，仍舊必須非常小心地仔細計算。你必須非常精明，並學會善用時間。」波爾加學會不要浪費時間想剛才下的棋步，「你很容易就會不小心掉進回憶之中，這會影響你接下來的決策。」

運動員會依據比賽當下的情況來修正自己的決定。科學家研究指出，運動員在比賽中判斷事件發生的機率特別有效率[5]。運動員會依此來調整自己的決策：在籃球比賽中，落後一方的球員會更積極的投三分球（而非一般的兩分球）。這就顯示了運動員的行為會隨比賽當下的情況而定[19]。籃球選手結合了他們不凡的體能天分，以及天才般的思考能力：不只是計算機率，還得考慮不同選項的投資報酬率，並根據當下的比賽情況，決定是否需要採取高風險的策略，譬如更積極地投三分球等等。

快思慢想

《快思慢想》（*Thinking: Fast and Slow*）的作者丹尼爾·康納曼（Daniel Kahneman）指出，大腦在做決策時會使用兩種不同的路徑[20]。系統一是所謂的快思，在此系統中，決策是自動而且直覺性的，幾乎毫不費力。而系統二則是慢想，這是一種比較費神的思考過程，比較適合用來解決問題以及進行深度分析。康納曼指出，人類通常比較依賴使用系統一的思考模式，而系統二只有在必要時，也就是系統一無法得出答案時才會派上用場；或是另一個被康納曼忽略的情況：系統一認為自己沒辦法得出答案時。

儘管套用康納曼所提的模型在運動中進行研究的成果並不多，但是選手在球場上極有可能就是利用這兩種思考系統的交互作用來做出迅速又正確的決策。戰況激烈的時候，選手只有時間進行系統一的思考；在他們有較多時間思忖考慮時，就會用到系統二。頂尖運動員有時候得化身投機的賭徒，有時又得化身精算師，仔細規劃未來動向，避免損失。

「你擁有許多知識，即使是在潛意識中；你腦中就是擁有這些知識。」波爾加解釋，「有時候，對手只求和局，因此你就得選擇不同的策略。因為你知道他不會太機警，所以你就得避免使用容易形成和局的開局方式。因此從運動競賽的角度而言，下西洋棋時必須隨時保持警覺。你在擬定策略、選擇開局方式和做每一個決定時，都必須仔細考量所有因素。」

「就好像如果你會說某個語言，你就能用這個語言來說話、表達自己。在職業生涯也一樣，西洋棋對我來說就像母語一樣。」

9

詐欺的藝術

為什麼咆叫聲能起作用，以及如何一路騙到贏？

「你從來沒有接受過對付下手發球的訓練。因此他當時嚇了一跳，而且從此以後，這就不再只是體能之爭，還是鬥智的比賽。」

——張德培談起一九八九年法國公開賽中，面對伊凡·藍道（Ivan Lendl）時名留青史的下手發球當崔佛・鮑爾（Trevor Bauer）站上投手丘的時候，他全神貫注專心在一個目標：如何騙過站在六十・五英尺外，準備好要擊球的打者？鮑爾是辛辛那提紅人隊（Cincinnati Reds）的職業棒球投手，他的球速不快，無法用快速球來對付打者，相反地，他必須智取這些大聯盟打者。

鮑爾練就了六種投球球路：四縫線快速球（four-seam）、二縫線快速球（two-seam）、變化球（change-up）、切球（cutter）、曲球（curveball）、滑球（slider）。就看他如何混合搭配使用。

「我喜歡混搭不同的球種以創造最極致的混淆視聽效果。如果我可以把所有球種都做到共軌（tunnel），而且全部都瞄準進到好球帶，也就是該瞄準的方向，我想我就能創造出最混淆打者視聽的球種組合，而且也可以讓自己的投球更難以預測。」

鮑爾孜孜不倦地研究了打擊的原理。「打者能夠用來預測球種的資訊，只限於球出手之前，例如投手是否放慢速度、出手位置是否可能大幅改變，或是投手身體的角度之類的，再來就是球飛行的前三十到三十五英尺之間，在那之後打者基本上就是處於失明狀態。」鮑爾只要能夠掩飾這些投球的線索，就能讓自己佔上風。

「沒有人能說個準，究竟打者在球飛向本壘板的時候看到了什麼，或是他們在球出手的那一刻、從球的旋轉中看出了什麼。」他說，「我們最多只能猜到，如果能讓每一球投出去的時候都先走相同路線，然後再以不同速度往不同方向飛，這大概就是最好的做法。」

這個概念就是共軌效應（tunnelling）。「共軌效應指的是投手可以專注在控制每一球的初期飛行路徑。」亞利桑那州立大學（Arizona State University）的科學家羅伯・格雷（Rob Gray）解釋，

「如果有兩顆球，一個是時速九十英里的快速球，另一個是時速七十六英里的曲球，兩者可以盡量維持相同的初始軌跡越久越好，打者就無法在最後必須揮棒之前分辨出是哪種球。但是，兩顆球最終會落在非常不一樣的位置。而且，要打時速九十英里的快速球，和打時速七十六英里的曲球，打者必須調整的揮棒參數完全不同，所以如果打者無法在揮棒前分辨是哪種球，麻煩就大了。」

一顆時速九十英里的快速球，從離開投手的手到抵達本壘板只要四百毫秒，這也是打者能夠反應的全部時間。在球離開投手的指尖後，打者必須馬上決定該如何揮棒或是根本不揮棒，亦即他們有大約兩百毫秒的時間可以處理相關的視覺訊息，然後用另外兩百毫秒的時間，執行揮棒動作[1]。隨著球越來越接近本壘板，持續追蹤球的軌跡所需的動眼速度會漸漸超過人體極限[2]。厲害的打者追蹤快速移動中的物體的能力也更優秀，因為他們懂得同時運用頭部和雙眼的運動[3]，但是球速依舊快到無法使用視網膜中央窩來追蹤。視網膜中央窩指的是視線中央一到二度的範圍。因為有反應延遲時間，打者沒辦法在打擊的同時使用投球軌跡的視覺訊息，因此他們必須在球飛行的前期依據自己的預測來決定接下來的揮棒動作[4]。

擅長投快速球的投手，往往也比較有本錢可以欺瞞打者。一項在二〇一四年進行的研究指出，打者打不到變化球的原因通常都是因為他們動作太快了，所以來不及對變化球突然慢下來的速度做反應。大部分的打者似乎都會先做好打擊快速球的準備，如果他們先準備好打速度較慢的變化球，就沒有時間切換去打擊意料外的快速球。因此投手的快速球速度越快，他就越有本錢能靠慢速的變化球來愚弄打者[5]。

一般來說，大聯盟的打者在面對快速球時，必須在球距離本壘板還有二十三．八英尺的時候就做好決定[6]。共軌效應要發揮作用，就是要讓球在飛超過這個距離後仍然讓打者摸不著底細，看不出眼前這顆到底是什麼球種，並以此逼迫他預測或猜測要何時揮棒，以及要怎麼揮棒。

鮑爾的方法源自於史上最厲害的棒球投手之一，也是一九九五年的大聯盟世界大賽冠軍亞特蘭大勇士隊（Atlanta Braves）的葛瑞格．麥達克斯（Greg Maddux）。麥達克斯也許不曉得共軌效應的原理，但他卻將這個技法練到爐火純青的地步。

麥達克斯的目標是「讓每顆球投出去，看起來都像飛往本壘板的一柱乳白」，他後來說道。他的做法是在投任何球種時，「都用相同的出手位置、相同的特徵，所以幾乎沒辦法看出球速如何」，《華盛頓郵報》（*Washington Post*）寫道[7]。如此一來，打者就無法蒐集任何投手身體上的線索，因此無法爭取到更多反應時間。麥達克斯的理想之投，就是要引誘打者揮棒，但是又讓他們受騙上當，而無法成功擊球[8,9]。

鮑爾靠著將打者的選項想像成一棵決策樹，來鍛鍊自己的投球技術。「想像一下一棵有很多枝幹的樹，然後讓它橫躺下來，主幹的部分朝著投手，而樹枝部分朝向打者。每一顆球投出去都會沿著主幹飛行，所以看起來都差不多，直到飛到接近本壘板時，才會分散到不同的枝幹。」

「我們認為，你越知道如何讓每一球在離手之前的初始階段都長得一樣，對打者來說就越困難，他要分辨各個球種並且要能做到及時分辨的決策就變得更困難。」

「共軌效應就像是路標，告訴你如何產出不同成果以騙過打者。然後，你只要試圖解讀打者當下的意思，就能決定什麼時候要丟出什麼球種才能反擊打者的預期球種。」

有時候，鮑爾不會隱藏他投的球種，反而會以一種特殊的方式投球，讓打者以為是某個球種，但實際上是另一個。「我也可以不要丟在這個軌道上，然後投一顆看起來像是壞球，最後卻進到好球帶的球；或者是看起來像好球，最後卻變成壞球的球。所以你就可以玩弄打者，引誘他們打某些球，或是引誘他們揮棒打擊一顆最後會出界的球。」

欺瞞與偽裝

在運動中，欺瞞指的是以傳遞假消息的方式來誤導對手，讓他們猜不中你真正的意圖。橄欖球員在往右衝刺之前，先往左側踏一步；或是網球員假裝要打直線球，最後卻打出對角致勝球，這都是欺瞞的例子。

偽裝和欺瞞很有關係，但是欺瞞是將對手所需的消息隱藏起來，而且盡量隱藏到出手前的最後一刻。以網球發球為例，不管是發往對方左邊或右邊的球，在最一開始的動作都很相似，因此對手很難分辨。頂尖運動員會靈活地交替使用欺瞞和偽裝兩個技巧來增加自己的優勢[10]。

鮑爾在大學校內比賽中的一個故事，可以說是他這種企圖的經典之作。「我對這個右打者先投了一記偏高、好球帶內的快速球，然後第二球是偏下、外側的滑球，最後是瞄準本壘板而去的變化球。」他驕傲地回憶道，「他把快速球打了個擦棒界外，然後面對滑球時揮棒落空，最後他揮棒變化球，然後被三振出局。」

賽後，當鮑爾跑去笑這個隊友時，隊友卻回應道：「我真的不知道面對一個一開始像快速球飛來，結果變成滑球，又突然像變化球一樣下墜的球的時候，到底該怎麼辦。」

「這就是欺瞞的最佳總結，他根據一開始的軌跡判定為快速球，因為那是剛才的第一球，然後當他面對滑球時，看到這球一開始像快速球一樣飛來，卻在半路突然變成滑球。所以他揮棒後，思考了一下，然後想：『喔，那是滑球』但是對他來說，那球看起來像是快速球，所以非常難區分。接著當我投出變化球的時候，他從剛才的經驗，已經知道快速球和滑球長得很像，一開始會長得像快速球，然後變成滑球，所以當這顆球開始往下墜，畢竟這是一顆變化球。他根據初始的軌跡判定這可能是快速球或是滑球，但是他無法確定，結果最後才發現其實是第三種球。」

這是一個很極端的例子，但是每當鮑爾站上投手丘時，這就是他努力想達成的目標，將他的真實意圖隱藏或是偽裝起來，隱藏想投的球種或是球速，讓對手無法成功提前預測。對鮑爾來說，這不只是一場球技的對戰，更是狡詐和科學之爭。

了解原理，善用情勢

某些球種特別容易誤導打者犯錯。打者在面對一連串慢速球之後的快速球時的平均失誤，明顯高於面對一連串快球後的快速球時[11]。葛雷（Gray）的研究指出，打者會根據最接近的幾個投球數來調整當下揮棒的動作協調模式。

鮑爾當然也知道這一點，「我知道這個過程的原理，」他解釋道，「你不會太頻繁地投相同球種，因為你用得越頻繁，打者就會越來越清楚如何辨認它，並越來越懂得如何揮棒。」

「你也不會太常把球投到同個位置，因為經常看到球出現在同個位置，也會讓擊球變得更容易。你同樣不會想一直投相同球速或是相同樣子的球，但是你還是會想辦法讓每顆球看起來很相似，所以打者才沒有辦法提早猜到，沒有時間及早調整、做好準備。」

其他投手可能不像鮑爾一樣對這些原理如此了解，但是他們出於直覺還是會這麼做。「無論他們是否清楚了解背後的原理，他們就是知道這樣做有用。」

鮑爾面對不同打者時都各有一套稍微不同的騙術。有些對手在面對線索時會有不同反應，因此他會同時用偽裝和欺瞞的招式來誘騙打者相信一套和事實不符的幻象。

「也有些打者就是專門只打某個球種，」他說道，「不管你投什麼球都一樣，他都會把它當成他想打的球來打。譬如有的打者專門只打快速球，所以就算你投了一顆變化球，但是一開始長得像快速球，他也會不管三七二十一的揮棒，然後像個傻子般揮棒落空。但是如果你剛好就是投了一顆快速球，那麼他就有辦法把球打到四、五百英尺之遠。」

「其他打者則是比較靠臨場反應。他們會觀察投手投出的每一球，然後想辦法見招拆招。」

鮑爾說道，最難纏的就是那些難以捉摸的打者，他們揮棒與否完全取決於當下的球數。「你永遠看不出來他們在等什麼球，所以很難安排一套投球組合來騙過他們。」

不管他對上誰，鮑爾都會好好在對方身上搜出有用的線索。雖然他在賽前不太看對手比賽的影片，但他會在中場休息的時候去看打者剛才的影片。「我想看他們在第一個打數對上我時，表現得如何？他們是不是上半身會往本壘板上方傾斜？對上快速球時，是不是來不及揮棒？我投了一顆變化球，而且我覺得他應該會揮棒，結果他到底有沒有揮棒？這些都是有用的資訊。同時我也會特別留意，我在第一次或第二次對上某個打者時投了哪些球，接下來又該怎麼安排不同球種的組合才能讓打者覺得看起來都一樣？」

鮑爾的中心思想就是把自己真實的意圖隱藏起來，這一點和其他頂尖運動員有志一同。山普拉斯小時候，教練會在他發球的同時喊出「外角」、「中間」、「近身」等口令。也就是說，山普拉斯「用相同的拋球方式，卻可以把球發到任何一個地方」，他說，「我以前總會說，不管發什麼球，我都是用同一個拋球方式，這是我小時候練習的技巧。如此一來，就能把我要發的球偽裝起來。」山普拉斯的對手無法從拋球的動作猜出他要發什麼球，所以他們在對付網球史上最佳發球王時更是會錯失先機。

為什麼下手發球能置對手於死地？

張德培抽筋了，沒辦法好好發球。在一九八九年的法國公開賽第四輪比賽，年僅十七歲、生涯才第五次打大滿貫賽的張德培正和世界第一的伊凡．藍道（Ivan Lendl）爭奪第五盤。張德培在第五輪靠著破發取得四比三的優勢，但是他的發球卻差強人意。到了第八局，張德培落到十五比三十的劣勢，眼看藍道就快要反過來破他的發球局。

就在此時，張德培突然靈光乍現，「我大概在擊球前兩秒突然有了這個主意。我這一個發球局守得很痛苦，因為嚴重抽筋的關係，發球也發不好。當時我比分落後，十五比三十，但是我四比三領先一盤。我當時想著必須得做點什麼來扭轉情勢，因為眼看我就要再度被破發了。所以我沒有多想，就打了一記下手發球。」

藍道仔細規劃每一場比賽的能力是世界知名的，但是這關鍵的一刻卻是他永遠預料不到的場景。這一記發球落在發球區的底線，藍道以直線回擊，但是回擊的力道迫使他必須往前跑到網前。張德培回擊穿越球觸到球網上緣，結果藍道反手拍回擊，把球打出了界。

「真的非常意外。」張德培說，「你可以從他的表情看出他完全沒有料到會是這樣。伊凡是追求完美的選手，他準備得非常周全，會為任何可能的情況預作準備。但是，你從沒練習過要如何跟一個腿抽筋的選手對戰，你也從沒接受過對付下手發球的訓練。因此他當時嚇了一跳，而且從此以後，這就不再只是體能之爭，還是鬥智的比賽。」

張德培靠著下手發球把比數拉到三十比三十，並且守住了發球局，接著又破了藍道的發球局，並完成了法國公開賽史上最精采絕倫的比賽。一週後，張德培更拿下了當屆的法國公開賽冠軍。

因為比賽節奏非常快，他們能夠反應的時間非常短，菁英網球選手都必須試圖設想下一步會發生什麼。當下的賽況以及過去和同一名選手對戰的經驗，都能幫助他們判斷各種結果出現的機率。

同時他們也一邊從對手身上蒐集更多資訊、線索，以確認或推翻自己的預測。因為很多事都必須靠預測，所以即使是菁英運動員也很容易落入詐欺術的陷阱裡[12]。

為什麼咆叫聲能發揮作用？

以網球來說，這是個「陰魂不散的問題」。整個網球界都被籠罩在一個持續不斷的辯論之中，而辯論的主題就是咆叫。咆叫指的是選手（尤其是女性選手）在擊球時所發出的聲音。

對許多選手來說，咆叫能讓他們打得更好。咆叫可以幫助選手保持節奏，而且還能幫助他們在不消耗過多氧氣的情況下，更用力擊球[13]。厲害的選手在擊球同時發出咆叫的情況下，可以加快來回擊球時的速度達四％，而且發球速度也會快上七％[14]。但更重要的是，咆叫能幫助選手欺瞞對手。

菁英網球選手可以靠聽球拍和球接觸時的聲音判斷球飛行的軌跡。球拍擊球時的聲音越響，球就會飛得越接近底線。咆叫聲可以掩蓋這個重要的資訊，混淆對手的視聽，讓他們難以判斷球的路徑。

擊球時咆叫能讓對手的反應時間延後三十毫秒，讓球多飛兩英尺，而且咆叫還會讓對手推論擊球路線的正確性降低三到四個百分比。因此，咆叫的選手可以預料對手的反應會變慢，而且正確性也會降低：這樣的雙重優勢完全勝過他們因為咆叫而受到的任何抨擊[13]。

「如果你咆叫地很大聲，對手就無法聽到你擊球的聲音。」曾登上女子網球世界排名第一的卡洛琳．瓦芝妮雅琪（Caroline Wozniacki）一度解釋[14]，「因為咆叫聲之大會讓對手以為是個快球，結果球速卻很慢。」

選手的咆叫聲越響亮，對手就會預期球落在越靠近底線的地方[15]。因此，選手可以利用這樣的直覺反應來操弄對手，譬如提高咆叫的音量，讓對手先做好要防守底線的準備，結果卻吊個小球；或是在要大力擊球的時候，卻故意壓低咆叫的音量。如此一來，他們就可以利用對手的預期反應來增加自己的優勢，以其人之道還治其人之身。

「網球選手可以靠控制咆叫聲來增加自己的優勢，就像橄欖球員的側踏步或假動作一樣，藉此來騙過對手。」德國耶拿大學（University of Jena）的科學家魯文．肯納布蘭（Rouwen Cañal-Bruland）指出，「比較聰明的做法是把真假咆叫聲混搭使用，如此一來，對手就無法將咆叫聲當成可靠的線索。」

咆叫聲甚至對世界頂尖的選手也會造成影響。在一九九二年的溫布頓錦標賽中，娜拉提洛娃在對上莫妮卡．莎莉絲（Monica Seles）的比賽時曾向主審抱怨，對手的咆叫聲太大導致她聽不到球的聲音[16]。娜拉提洛娃甚至說過，她認為咆叫「是作弊，就這麼簡單」。

咆叫也可能會激怒對手。「當他要大力擊球時，咆叫聲也會特別響亮，就好像他覺得自己贏定了一樣。」藍道也曾如此抱怨過阿格西的咆叫聲。「咆叫會讓你分心[17]，」瓦芝妮雅琪在二〇一八年和莫妮卡．尼古列斯庫（Monica Niculescu）對戰時，也曾向裁判抱怨過對手的咆叫聲，「她會在擊球後兩秒，等球已經飛到我的場上，而我正準備擊球時突然咆叫一聲。」瓦芝妮雅琪說道[18]。

網壇的傳奇教練，曾訓練出包括阿格西等十名世界排名第一的男女選手的尼克．波利泰尼（Nick Bollettieri），被人指稱刻意教導選手在打球時咆叫[17]。曾於波利泰尼創辦的著名網球學校訓練多年的瑪麗亞．莎拉波娃（Maria Sharapova），其咆叫聲曾被測出最高達一〇一分貝[17]。針對咆叫一事，她曾說：「我一直以來都是這樣打球的，我不會改。[17]」然而，也有一說是莎拉波娃在練習場上出奇地安靜[18]。

無論他們咆叫的原因為何，網球選手會這樣做就是因為咆叫對比賽有幫助。

詭計、假動作與虛晃一招

曾兩度獲選美國國家美式足球聯盟最有價值球員，並得過超級盃（Super Bowl）冠軍的四分衛華納，深知防守球員會注意看他的眼睛來預測傳球的方向，因此他決定將自己的眼睛，當成一項欺敵武器。

「用眼神誘敵」是華納最愛用的伎倆。這個招式就是眼睛看著一個方向，然後把球丟往另一個方向。「如果我要往左邊傳，那麼我在往後退的時候，就會往右邊看。」

除此之外，他還會使用其他欺敵的詭計。「我可能會把身體往外側移一下來引開他，或誘導他往那個方向移動，如此一來，我就能把球往內側傳。你常常都得靠眼神、肢體語言或外表盡可能地操弄對手，以確保傳球的時機。」

和華納同時期的選手中，查爾斯・伍德森（Charles Woodson）和艾德・里德（Ed Reed）被視為聯盟中最精明的兩名防守球員，他們「只要看你一眼，就能知道你想做什麼。」於是華納決定借力使力，把他們的才能轉過來變成對付他們的武器。

「你可以用眼神引導他們。引導他們往左邊看，然後傳球到右邊。或是看向一個離自己比較近的接球員，讓他們過去防守他，然後把球長傳出去到對方防守陣線的後方。有幾個選手的直覺很強，直覺很強的對手非常難以對付，所以你就得想辦法，把這樣的直覺變成對他們不利的武器。」「我們的戰術有個很大的重點，就是要讓很多東西看起來很像，所以對方會以為他們看穿我們了。」

像華納這樣的頂尖四分衛，不單單只是靠精準的傳球能力登上巔峰。更重要的是，他們有辦法完成讓對手出其不意的傳球。

「我們平常訓練時就是不斷練習每個陣型跑法的時機和細節，以及每個隊員的位置。一直練到幾乎變成本能反應，而且不必多想為止。」，華納解釋道。「你知道隊友會在什麼位置，所以剩下的對四分衛來說就是看準時機，或是操弄其他球員，讓你能夠抓準時間傳球。不管什麼時候，你都知道每個隊友會在什麼位置，所以你得想辦法操弄防守球員，想辦法在對的時機把球傳給對的人。」

華納對防守球員的心機暗算正顯示了，因為比賽的節奏如此快速，使運動員必須靠蒐集線索和培養預測能力來預知接下來會發生什麼事，但是這同時也讓他們很容易被騙。儘管運動員都非常善於解讀線索、預測未來，他們的對手也能利用這一點，讓他們預期自己要做某個動作，結果卻做了完全不同的舉動。比賽的等級越高，選手就越需要依賴預測來進行比賽，因為比賽節奏更快，幾乎沒有時間能反應。等級越高，越沒有時間，運動員就越容易落入假消息的陷阱，因此他們也必須訓練自己，更小心注意自己是否受騙。

狡詐的選手

狡詐的選手可以把關鍵線索隱藏起來以混淆對手視聽。前威爾斯橄欖球代表隊翼鋒與年度最佳球員得主肖恩·威廉斯（Shane Williams），就會在衝向得分線（try line）之前用側踏步誤導對手，讓他們重心偏移而來不及追上他。「側踏步的重點就是我要誘導你往某個方向移動，然後在最後一刻改變我的方向。」他後來解釋道。「你必須利用對手的動量（momentum）讓他失去平衡。在讓他突然改變方向之前，我可以誘導對手移動地越遠越好。」[19]

同樣地，七度獲選全明星賽、曾和華納一同效力於聖路易斯公羊隊（St Louis Rams）❶，並一起拿下一九九九年超級盃冠軍的國家美式足球聯盟的外接員（wide receiver）托瑞·霍特（Torry

❶ 譯註：二〇一六年起，改為「洛杉磯公羊隊」。

Holt），也是個詐騙對手的大師。

「對我來說，我在每個不同的戰術都會讓對手看到不同的東西。」霍特回憶，「不論是擲球方式、速度的改變，或是頭部假動作，然後往反方向移動等等，這都是我會在比賽中使用的手法，確保我能保有優勢。因此當他們喊出某個戰術的時候，我就馬上都計劃好了，要怎麼做才能讓這個戰術發揮到極致。」

霍特的招牌動作之一就是頭部假動作：假裝要往某個方向移動，結果卻往另一個方向移動。「許多詐騙招式都從頭部和肩膀的動作開始。也就是說，如果我想切入右側，我的頭和肩膀就會假裝往左邊移動，但是腳步卻往右邊跨。」

「最好的假動作要讓頭和肩膀動作一致，此外和四分衛之間還要有相當的信任感。要讓這種假動作起作用而且造成一定的影響，進攻線上的球員必須給四分衛和接球員足夠的時間來執行這些動作。」

菁英選手不只很會欺騙對手，他們也更知道如何識破對手的詐騙意圖。一項針對橄欖球員所進行的研究顯示，菁英球員能夠更靈敏地察覺對手在騙他。大約有八成的機會，頂尖橄欖球選手可以提前一百毫秒，預測出對手的下一個舉動，因此他們於欺瞞和偽裝的復原力也較高。而較不專業的選手，正確預測對手行為的機率只有二成五，而且在同樣一百毫秒的觀察區間中，他們的正確性也沒有明顯提升，因此他們也就更容易落入欺瞞和偽裝的陷阱中[20]。頂尖橄欖球選手識破對手側踏步的速度比新手球員快了七十毫秒[21]；新手比較容易落入假動作的陷阱，也就是被騙往錯誤的方向移動幾英吋，導致對手逮到空檔能長驅直入[22]。

魔術師都知道，只要朝某個方向看去就能混淆觀眾，讓他們受騙上當[23]。頂尖運動員也懂得利用這個弱點。以籃球來說，如果頭的方向和傳球的方向一致，對手往往能更快而且更正確地做出判斷，儘管所有的球員都被教導要忽略頭部的動作方向[24,25]。

「視線方向對於運動員在解讀對手的行動意圖上是特別有利的線索。」羅福堡大學的科學家羅賓．傑克森（Robin Jackson）說道，「如果有意識地選擇性使用，可以做為欺敵的好方法。若是可以搭配視線方向，再加入一些符合脈絡的線索，更可以提升假動作的可信度。」

對於持球中的選手而言，盡量讓頭部動作和傳球方向不一致，可以幫自己多爭取幾毫秒的時間。因此，厲害的詐騙大師不只可以幫自己爭取到更多時間來做決定，還有更高的機率能騙過對手。

「我總是不斷想辦法要騙過對手，讓她們措手不及。」兩度獲選WNBA最有價值球員的戴爾．多恩解釋道。她的其中一個招式就是「眼睛看向一邊，然後把球傳到另一邊，騙過對手。」「最重要的是能夠快速做決定，快到連自己都沒有意識到我在想什麼。我已經演練過非常多次了，所以我知道，如果我現在做了個頭部假動作，那我的下一步就是要越過妳，我知道妳會往哪裡去，我也知道我得往哪裡走。一切都變得像是直覺反應一般。」

這個直覺反應非常根深蒂固，所以戴爾．多恩做頭部假動作時，不單單取決於自己當下以及場上其他球員的位置，與當時防守她的球員是誰也很有關係。「有些防守球員很擅長地面防守，不會跳起來，所以遇到這些球員時就得用其他招式。但是我也知道有一些防守球員是只要我一有頭部假動作，她們就會跳到我身上，而我就可以藉此要到一個犯規。」

對於菁英等級的運動員而言，比賽就是一連串的取捨權衡。他們越早決定下一步舉動，那麼在其預測無誤的情況下，就能收到越大的效益。但是如果他們預測錯誤，而且被對手給騙過去了，那麼越早決定下一步舉動所蒙受的損失也越大。太明顯表露出自己預測對手擊球落點的網球選手，就是冒險讓對手有機可乘，攻擊自己大半邊無人防守的場地。

頂尖運動員有時候會花上整場比賽的時間設計陷阱。在山普拉斯比賽初期，他在以四十比〇領先的局數中，發球會比平時更靠近左發球區的邊線，這是他平時較不慣常的發球路徑。如此一來，他比較擅長的發球路徑就能在比賽後期，他更迫切需要得分時，依舊保有優勢。這種作法被稱為脈絡性欺瞞，而戴爾．多恩的招式則是生理上的欺瞞。

「大家都知道我最擅長的是在左發球區靠近中線的發球，所以為了保持那一區域的空檔，我在比賽一開始會盡量往邊線發球。」山普拉斯解釋。「如果是四十比〇領先，我可能會多發幾次靠近邊線的球，因為我想往邊線發，以免他因為知道我的習慣而佔上風。但是，到了搶七或是破發點時，你還是會習慣用最擅長的發球。一切都要看比賽的情勢、對手是誰，以及你有多少空間而定。」

「我當然會混著用，尤其是對上非常擅長回擊的選手時。所以對上阿格西的時候，如果我可以打出左邊發球區靠近邊線的發球，他就不能佔上風。就像棒球或是板球投手一樣，你可以先佈局幾個發球，然後等到重要時刻到來時，你能發揮的空間就更大。」

山普拉斯也會依照對手來改變第二發的策略。「有時候，如果對手回球回得不好，我就會繼續上網，譬如繼續攻擊反手方。如果對上像張德培或阿格西這樣的選手，你大概就在底線幾次，你最好不要讓他們找到固定標的。每一天都不一樣。有時候，如果他們已經預期你會上到網前，那最好就留在底線……就像下西洋棋一樣，必須出其不意，殺個對方措手不及。」

同樣地，在山普拉斯排名世界第一的同時，登上女子網球世界第一的瑪蒂娜・辛吉絲（Martina Hingis）在獲得四十比〇的領先比數時，發球後上網的機率也比平時高出許多。網球策略教練克雷格・歐宣尼斯（Craig O'Shannessy）指出，這不是她在重要時刻的習慣打法，但是這樣做可以增加比賽策略的多樣性，讓對手更摸不著頭緒[26]。頂尖運動員懂得利用比賽中較不重要的時刻，增加自己在關鍵時刻獲得勝利的機會。

為何壞球能製造出局數？

要如何在球場上擊垮史上最佳板球擊球員，並且讓他們看起來像是無能的業餘俱樂部選手？在對抗賽和國際單日賽都取得世界排名第一的德維里爾斯，在二〇〇八年對孟加拉的對抗賽中得了四十六跑分；然後穆罕默德・艾許拉福（Mohammad Ashraful）被派上場，他是偶爾會使用旋球的投手，而且等級比其他投手差得多了。

艾許拉福的第一球投得太短了，球反彈了兩次才抵達德維里爾斯跟前，這樣的投球，即使是新手都能有充分的時間能做好打擊準備。不過，德維里爾斯卻留在打擊區裡，被如此糟糕的投球搞得一頭霧水。德維里爾斯試圖從背面區擊球，但是一向很會抓時機的他卻完全失了準。他打了個上緣的側擊，球飛向艾許拉福，於是後者開心地接殺了打者。德維里爾斯在打擊區留了幾秒，因為他以為這一球會是廢球。廢球指的是反彈超過兩次以上的投球，而在當時像艾許拉福這一球這樣只反彈剛好兩次的球，不算是廢球。

「我在等裁判宣告那是廢球。」德維里爾斯說道[27]，「這是我職業生涯中第一次以這種方式出局。」

在板球中，被各級比賽視為壞球的投球，譬如過短（像是艾許拉福投給德維里爾斯的這一球）、方向不對、歪球（wide），或是在抵達擊球員之前沒有彈地的球等，造成擊球員出局的次數，在頂尖賽事中出奇的高。不是因為菁英擊球員不會打這種球，相反地，他們從小就不斷練習揮棒擊打這種球。像德維里爾斯這樣的一流擊球員，之所以會被投不好的球所擊敗，最大原因就是因為這完全出乎他們的意料之外，這樣的球在如此高階的比賽中非常突兀。

防守球員的站位、同個投手之前的投球情況，以及投手的助跑情況，都能幫助擊球員預測下一個投球球種。但是在頂尖國際板球賽中，這些線索幾乎從來不會讓擊球員覺得接下來會是一個好打的歪球，或是所謂的「half volley length」，也就是反彈一次就可擊中的球。矛盾的是，這正是擊垮頂尖選手的原因。

當投出的球和投球前、投球中透露出的線索不符時，擊球員就很容易犯錯。這個現象讓他們在面對意料之外的投球時顯得非常脆弱，有時候是因為投手非常巧妙地隱藏了自己的意圖，有時候僅僅是因為投得真的太糟糕。

二〇一九年的一項研究指出，當面對和投球前接收到的訊息不符的球時，菁英擊球員犯錯的次數會提高，即使這一球一般會被視為是投得不好的球也一樣。儘管菁英球員在面對和投球前的脈絡線索相符的球時，打擊的情況比其他球員出色許多，但他們在面對和投球前的脈絡線索不符的球時，犯錯的機率也明顯增加。菁英擊球員在面對這樣的球時，表現看來甚至真的比次菁英球員來得差，這有可能是因為他們在平常比賽中較少發生這樣的情況[28]。因此，當頂尖投手對上頂尖擊球員時，偶爾故意投個壞球，也不失為聰明的技倆。

「厲害的板球擊球員可以靠當下的比分、防守球員陣勢、比賽情況、投手先前的投球情況等，預測接下來這一球可能的樣子，不是要『預謀』，只是縮小接下來投球的可能性。」奧利佛・朗斯維克（Oliver Runswick）解釋。他是倫敦國王學院（King's College London）的科學家，也是一項有關壞球為何能製造出局數的研究的共同作者之一。「儘管這個做法在面對大部分的投球時佔有相當的優勢，但是它也有個缺點，就是擊球員在面對意料外的球時，出局的機率會升高。」

另一項研究也證實了這項發現。羅福堡大學的連恩・桑德斯（Liam Sanders）針對直投球（full toss）做了一項研究。直投球是指在抵達擊球員之前都沒有彈地的球，這通常被視為非常失敗的投球。這項研究分析了二〇〇六年至二〇一五年間，由旋球派投手在對抗賽中投出的七萬個球。桑德斯的研究結果發現，直投球比其他任何種類的投球更頻繁地製造出局數。在門柱前一公尺內才彈地的球（因此在抵達擊球員之前都沒有彈地），每二十七球就會製造一個出局數，相較之下，在門柱前四到五公尺彈地的球，每六十一．二球才會製造出一個出局數。但是，傳統上對這兩種球的好壞價值認知並沒有錯，平均而言，直投球每六球會造成將近八分的跑分，而在門柱前四到五公尺彈地的球，每六球只會造成二．二分的跑分。

然而，也正是因為直投球在對抗賽中非常稀有，才造就其無比神力。因為太急切的想擊中直投球，擊球員可能會因此犯下令人難以理解的錯誤，桑德斯說。「看起來，當辨認系統失效，也就是面對之前幾個投球的經驗等脈絡線索和當下發生的情況不符時，對老練擊球員的預期能力和擊球執行力有著相當顯著的負面衝擊。」

這也就是為什麼板球史上最糟糕的投球，卻一反常理地能有效製造出局數。即使在對手無心的情況下，菁英運動員也可能落入詐騙陷阱中。

10 靜眼

菁英運動員在壓力下如何改變用眼方式？

「前幾天，有個退役選手傳了一張我在罰球線上的照片給我，他說『天啊，看看你的眼神，看你多專注。看看你專心的樣子。』」

——瑞克．貝瑞（Rick Barry），史上最佳罰球線射手之一在二〇一五年的世界盃橄欖球賽，紐西蘭對上澳洲的決賽中，紐西蘭隊所得的三十四分中，有十九分都是由丹・卡特（Dan Carter）一個人包辦，而且全靠他的一雙金靴。他踢進一次落踢射門（drop goal）、四次罰踢射門全中，還有三次的加踢（conversion）踢進兩次，而且第二球還是用右腳踢進的，因為當時紐西蘭大幅領先，使他能暫時減輕對左腳的依賴。因此卡特靠著其精湛的球技，在生涯中最後一場國際賽事中獲選為該場比賽的最佳球員。

在他生涯參與過的國際比賽中，卡特個人共得了一千五百九十八分，比男子英式橄欖球測試賽（Test rugby union）史上任何其他球員的紀錄都多了三百多分，而且其中有一千四百五十三分都來自踢球射門。如此傲人的紀錄都奠基於他在壓力下也不失常的踢球技巧。

每當卡特上場踢球時，無論當下的戰況如何，他都會望向球門後方的看台座位區，試圖找個可以用來瞄準的目標：「我就會集中注意力在那一點上……我會往右跨三步，告訴自己放鬆、呼吸、控制心跳，然後重新找到球門之間的那一個目標點。」如此一來，卡特可以確保自己全神貫注，專注在把球踢向那一個目標點。

在踢罰踢射門或加踢時（落踢射門因為是在比賽進行中，所以比較不一樣），卡特的眼睛也會採取一樣的步驟。「動一動，在我想踢的方向找一個定點。然後我會把注意力放在球的甜蜜點上，也就是我待會要踢的地方。這可以幫助我穩定頭的位置。接著我會再往球門柱的方向看一看，想像球飛過球門的樣子，就是這樣飛過去，很好。就這樣靠想像增加信心，這很好。接下來就是深吸一口氣，開始助跑。如果我每次踢球都按照這樣的步驟，那我就不會去想自己會不會失手，或是在要踢球的三十秒前胡思亂想。這是我每次踢球前都會做的一個很棒的流程。」

從練習場上到世界盃決賽，卡特始終如一地貫徹這一套踢球法。「如果你找到適合的方法，就一定要持續貫徹，你會知道這多重要。」

當他在二〇一五年的決賽中上場準備踢球時，卡特「專注於當下，我沒有去想如果沒踢進就會讓球隊陷入壓力。我就只是專注在我的準備工作上，確實做好每一個步驟……我不會去想如果怎麼樣、如果我踢進了或是如果我沒踢進。我就是專注在我的準備步驟上，跟我那一週在訓練場上所做的一模一樣。」

「我看過很多踢球員在訓練場上表現非常令人驚艷，但是到了正式比賽時卻沒辦法拿出練習時的水準。對我來說，這一切的關鍵就是控制自己的內心，對抗腦海中的思緒。」

當像卡特這樣的菁英選手要在壓力下上場踢球時，他們會逐漸發展出一種視覺專注力，緊緊鎖定在目標上，不受外界其他事物或是巨大壓力的影響，許多運動科學家稱之為「靜眼」（quiet eye）。在很多運動項目中都發現，菁英選手在極高壓下進行靜態任務時，真的會改變用眼的方式。沒那麼頂尖的選手會在點和點之間快速掃掠，但是菁英選手通常會鎖定一個點，然後像雷射光一樣穩穩地聚焦在這一點上。

「重複搜尋同一個點，可以幫助卡特在視覺上控制自己，把專注力放在一個重要的點上」並且「避免不重要的資訊來擾亂，讓他分心」，南非西北大學（North-West University）的科學家瑞提夫．布魯德瑞克（Retief Broodryk）解釋，他曾做過有關靜眼的相關研究。「一般來說，教練如果看到踢球員的頭動了，就會叫他要把頭穩住。但是如此一來，踢球員就會轉移內心的注意力，變成注意自己的頭是不是有保持穩定。把注意力放在一個外在的事物上，譬如卡特提到聚焦在球的甜蜜點上，這就可以幫助他控制注意力，並且保持頭部的穩定。」

布魯德瑞克在研究中，測量了十八名橄欖球員在離球門三十到五十公尺不等的距離進行罰球射門時的靜眼時間長度[1]。研究人員在球員準備踢球和正在踢球時，都分別測量了靜眼時間的長度。結果發現，每個球員在準備踢球時專注在球上的靜眼時間都差不多，但是在真正踢球的時候，成功射門的球員所花的靜眼時間比其他球員多了兩百毫秒。比較成績最佳的前三名受試球員（他們的準確率和職業橄欖球員差不多），和成績墊底的三位受試球員，也得到了類似的結果。最佳球員的靜眼時間比墊底的球員多出半秒，九百三十二毫秒比四百八十二毫秒。靜眼時間較長，準確率也較高，而且不只在橄欖球場上是如此。

運動員的GPS

瓊安．維克斯（Joan Vickers）是卡加利大學（University of Calgary）的科學家，她將靜眼定義為：在開始動作之前，對於目標的最後凝視[2]。「選手可以把靜眼想像成GPS全球定位系統」，維克斯解釋道，「他們必須提供大腦非常精準的空間資訊，而這個資訊可以靠選手在出手前，長時間凝視關鍵目標位置來取得。」

科學家依舊不清楚靜眼背後的機制，他們認為大腦利用靜眼的時間來整理、計劃接下來這個動作的執行步驟。隨著任務難度提升，靜眼時間也會增加，這一點可以用來印證前述的理論。有人認為靜眼可以協助當下動作的視覺控制，幫助運動員用視力提升動作的準確度，也有人認為靜眼是保持集中注意力與控制情緒的關鍵。最有可能的是，以上這些機制都同時作用[3]。

一項正在進行中的研究利用大腦掃描技術檢查射箭時的腦神經運作，結果發現，射箭選手和非射箭選手的腦部反應具有明顯的差異。射箭選手在靜眼期間，腦部活動較非射箭選手少，由此可以看出射箭選手的專注力有多高。「有射箭背景的受試者，其腦部活躍的部位較少，而且局部腦神經活動較多，也就是說他們在處理訊息上的效率較高。」克勞蒂亞·岡薩雷茲（Claudia Gonzalez）說道，她是主導加拿大湯普森河大學（Thompson Rivers University）這項研究計畫的主科學家。「看起來，隨著運動員的精進個人專長，大腦也會發展出一套高效率的脈絡背景處理網路。」

在許多不同運動項目中，凡是跟瞄準有關的工作都可以觀察到靜眼的動作。從射擊[4]、飛鏢[5]、射箭[6]到回擊排球發球[7]，在出手前花比較多時間凝視目標的選手，往往也都有比較好的成績。矛盾的是，菁英運動員在一般比賽中移動頭部的次數比其他選手都高，尤其是在足球和籃球項目，因為這樣的動作對於提升比賽智商極端重要，但是在處理靜態、需要瞄準的任務時，菁英運動員卻會採取完全不同的視覺策略，比其他球員花更多時間聚焦在更明確的目標點上。因此，在一般比賽和靜態情況下，頂尖選手用眼的方式都和其他選手不同。

在體壇之外，其他需要處理瞄準任務的人往往也會在壓力下使用靜眼。以執法單位為例，菁英武裝特勤警員在扣下扳機前，會花更多靜眼時間聚焦在犯人身上；菜鳥警員的眼神則會快速在犯人和自己的槍管間來回，這可能會影響他們大腦處理資訊的能力[8]。熟練的外科醫生在下刀前會花更多時間在靜眼凝視。在解剖喉神經時，外科主治醫生平均會有二．四秒的靜眼時間，而較資淺的外科醫生則平均只花八百四十四毫秒[9,10]。無論是在運動中或是其他領域裡，靜眼時間的長短就是菁英專家從其他人脫穎而出之處。

桿頭

史蒂芬．亨得利（Stephen Hendry）是史上最佳的司諾克（snooker）❶選手之一。每到關鍵時刻，譬如在他即將拿下第七座世界司諾克錦標賽冠軍頭銜時，他花了比平時更久的時間準備出桿。

「如果這是一個很困難的長距離球，你可能會多花一秒來看，在擊球前確保你選擇的擊球碰撞點是正確的。當然，在遇到越困難的球時，你就會花越多時間在擊球準備上，將球桿來回移動；在比較困難的情況下，你可能會延長把球桿往後拉的時間。」

頂尖司諾克選手凝視母球和目標子球的時間都比其他選手來得長。通常選手花比較多時間在集中視線時，球都會入袋，比較少失手。由此可見，靜眼是讓頂尖選手出類拔萃的原因之一。科學家

❶譯註：一種落袋式的撞球運動。

曾做過實驗，限制選手的擊球時間，並且規定他們必須在比平常更短的時間內擊球，這導致靜眼時間縮短，表現也會比較差。科學家觀察菁英選手的行為發現，就跟亨得利一樣，他們在面對複雜難解的球時，往往會定眼凝視更久[11]。「我會試著多花一兩秒的時間來確定我選擇的線路是正確的。我幾乎處理每個球都是同樣的狀況。」

在每一球出桿之前，亨得利都會看看母球，看看目標球，再看看球袋。「當我要準備擊球時，我的眼睛會在這三者間快速切換，」他回想道。在球碰撞之前，「我會一直看著我想打的那顆球，這就是我會一直盯著的地方。」

「如果你花太多時間在準備擊球可能會導致失常，但如果是特別困難的球或在關鍵時刻的高壓下，你就會多花一兩秒鐘準備。」

有時候連像亨得利這樣的頂尖球員都可能會失手。亨得利說，這些情況都有一個共通點：通常都是因為他太快出桿，沒有給自己足夠的時間好好思考現在要做什麼。

亨得利記得曾經「匆匆出桿，或是在還沒決定要打哪一球之前就出手擊球。我的腦袋還在一邊想『我應該要打另一顆球』。然後我就出手了，而且也沒打進。因此，在出桿前決定你要打那個球非常重要。就算只是停一下，再吸一口氣，確定你可以專心，而且很清楚接下來要打什麼球。我覺得這是最重要的一件事。」

面對壓力時，運動員通常會更快反應，而不是慢條斯理。研究人員測量了國際級射擊選手，在低焦慮情境和高焦慮情境，即練習和模擬競賽中靜眼時間的長短。菁英射擊選手的射擊準確度，在高焦慮情境會降低，而低焦慮情境則沒有此現象；準確率分別是六成三及七成五。關於這個現象的其中一個解釋是，選手在這個情況下用眼的效率較差。在較高壓的情況下，射擊選手會比較慢才開始注視標的，而且維持高度專注力（也就是靜眼）的時間也比較短；在壓力較高及較低兩種情境下，射擊選手的靜眼時間分別是三百六十二毫秒及四百〇三毫秒。選手在焦慮情況下的凝視行為改變，也會伴隨著更大、更快，而且更多變的槍身移動[12]。

「眼睛從標的物所擷取的資訊可以幫助運動系統更有效地進行組織，以利更準確的射擊」，利物浦約翰摩爾斯大學（Liverpool John Moores University）的科學家喬・考瑟（Joe Causer）解釋道。在面對壓力時，有些運動員的用眼效率會降低，而「導致擷取的資訊不佳或不全，以至於動作模式多變，射擊準確度也隨之降低。」

在壓力下放慢腳步

安妮卡・索倫斯坦（Annika Sörenstam）是史上最佳女子高爾夫球選手之一，當她在準備關鍵時刻的推桿時，每每都得和自己內心想速戰速決的欲望扭打一番。不過她也很清楚，這就是問題所在：「我總是想速戰速決。」在高壓之下，索倫斯坦會有意識地抵抗自己的天性，並確實花時間集中注意力。她發明了一套長達二十四秒的準備流程讓自己慢下來；和卡特面對罰踢射門時一樣，索倫斯坦會努力遵守這一套流程。

「對我來說，我會一直想著要趕快脫離這個情況。因此我必須強迫自己遵守這些準備流程，然後多吸幾口氣，直到我真的覺得自己花了夠多時間準備。」索倫斯坦回憶，「我必須逼自己花那二十四秒的時間做準備，通常會覺得自己好像在慢動作播放一樣。我會感覺自己像用慢動作呼吸或說話，因為一般事情很多的時候，我都想加快腳步處理。」

索倫斯坦會盡一切努力用平常心看待每一次推桿，就算是在爭取四大賽冠軍時也一樣，她曾經拿下十次的四大賽冠軍。她會去看每一次推桿的相同之處，忽略不同的地方。「有固定的準備流程很重要，不管是推桿、切球或發球都一樣。確實完成所有步驟，包括分析我得做什麼、給自己正面積極的想法、讓腦袋放空、尋找手感，然後擊球，並且全心相信自己。我會努力讓自己對每次推桿都一視同仁。」

像這樣一貫的擊球準備流程就是菁英高爾夫球選手和優秀的業餘選手之間最大的不同。專業選手的準備流程和靜眼時間長度都明顯比較一致，而表現較差的選手在這擊球準備和靜眼時間的表現都相對不穩定[13]。靜眼時間是鑲嵌在擊球準備流程之中的過程，但是靜眼時間只是其中一段較短的時間，特別是指選手靠視覺來準備設定接下來的動作、控制注意力、動作微調等。運動員在焦慮時，往往會縮短擊球準備步驟和靜眼時間的長度。

研究人員測量了大學高爾夫球選手在壓力下的表現數據。結果發現，在情勢最緊張的時刻，選手花在擊球準備的時間從平均二．四秒，縮短到二．〇秒。同時，靜眼時間也從二．二秒，縮短到一．六秒。由此可見，擊球時間的長短和靜眼時間的長短往往是相關的[13]。靜眼時間改變最明顯的時候是在實際推桿時，靜眼時間減少了大約三百毫秒。在關鍵時刻，選手在擊球後持續凝視球的時間會從四百毫秒縮短到一百毫秒[13]。高爾夫球選手在緊張時，似乎會提早將注意力從球的身上移開，中斷和球的接觸。也就是說，壓力對擊球本身的影響比對擊球準備階段的影響來得大。

選手在緊張時會縮短推桿時的靜眼時間一事，在其他運動中也一樣[3]。較長的靜眼時間似乎可以幫助選手控制情緒，運動員如果能將注意力集中在外在目標上，而不要放在內心的疲勞或壓力之上，就可以有更好的表現[14]。選手被壓力綁架的時候，會不自覺地把注意力放在自己的動作上，譬如打高爾夫球時的揮桿等對選手來說應該是早已習慣成自然的動作；這就是所謂的分析癱瘓（paralysis by analysis）[15]。

「壓力會影響我們的注意力，即使菁英運動員也無法倖免於壓力的負面影響。」艾克塞特大學（University of Exeter）的科學家馬克．威爾森（Mark Wilson）說道。延長靜眼時間可以幫助運動員「更有效地阻擋潛在的負面思緒」，以免影響場上表現。「注意力是成功的關鍵，菁英運動員能夠靠靜眼時間維持自己的注意力來控制情緒，並將注意力放在手邊的任務之上。」

「你很容易受環境影響，不管是壓力、當下的情勢或是其他人的行為。」索倫斯坦思考了一下。「這有點像是開關，打開的時候，就是碰！碰！碰！然後你把開關關上，慢慢放鬆下來。你漸漸就可以以此來保留體力。」

當然，有些選手則是會花太多時間在準備推桿。「他們無法扣下扳機，他們會一直等，一直等。我不知道他們在等什麼。」

不過大部分的選手會倉促擊球，不會等太久。差點（handicap）越低的選手在推桿時凝視著球的靜眼時間，明顯比差點較高的選手來得長；差點低的選手靜眼時間超過兩秒，比差點較高的選手多了將近一秒鐘[16, 17]。在推桿成功的情況下，靜眼時間會隨著推桿距離增加而增加；當果嶺有坡度而更難估算時，靜眼時間也會增加[18]。

身心靈在菁英等級的比賽中是合一的，因此當選手筋疲力盡的時候，不僅會導致他們跑不快、跳不高，也會影響他們視線的專注力，即他們的靜眼時間會縮短。一項針對加拿大冬季兩項奧運射擊選手的研究發現，選手在激烈運動後，射擊的準確度會從七成四落到五成。冬季兩項是一個結合了越野滑雪和獵槍射擊的運動項目。和壓力下的高爾夫球選手一樣，疲累的射擊選手無法維持和平常一樣長的靜眼時間。經過休息後的射擊選手，在扣扳機前平均會有兩秒鐘的靜眼時間，但在疲勞時卻只有不到一秒鐘的時間[19]。能在高壓下表現不失常的冬季兩項選手，往往花更長的時間在靜眼時間以保護自己不分心，並且避免自己把內心的注意力放在疲勞和外在壓力之上。

訓練靜眼

因為較長的靜眼時間對運動表現帶來的好處，尤其是在關鍵時刻帶來的影響之巨，體壇已經開始研究教導選手提升靜眼效率的可行性。

初步研究有些好消息。有項研究設計了一套專門用來提升選手凝視行為效率，以影像為基礎的回饋和指導系統，並招募國際級的定向飛靶（skeet shooting）選手參加為期八週的訓練。結果發現，選手在結訓後的靜眼時間比訓練前更早開始，而且也持續更久[20]。這樣改變也意味著選手有更好的表現：接受視覺訓練的菁英選手，其射擊準確率從六成三提升到七成七。而且跟他們在訓練前的表現相比，在訓練結束六個月後，這些選手的競賽表現也提升了。

這樣的訓練在許多項運動中都被證實有效[21]。以籃球來說，接受靜眼訓練的球隊選手，其罰球命中率在兩個球季間進步了二十三％[22]。有項針對高爾夫球選手的研究則找了兩組平均差點均為三的菁英選手，一組同時接受體能和靜眼訓練，另一組則只接受體能訓練。結果發現，接受靜眼訓練的選手在面對壓力時，可以維持較長的靜眼時間，而且相較於沒有接受靜眼訓練的選手，平均在一場十八洞比賽中，推桿次數可以減少一．九桿[23]。另外，接受靜眼訓練的足球隊，其球員在踢十二碼罰球時，球擺放的位置正確率更高，而且再面對實力相當，但沒有接受靜眼訓練的對手時，其十二碼罰球被擋下的機會也降低了五成[24]。

「選手若按照該項目翹楚的方式，複製相同的靜眼專注目標、開始時間、偏移時間、靜眼時間總長，便能提昇自己的表現。」維克斯解釋道，「靜眼訓練的進行方式通常是先讓選手觀看一部影片，逐格播放，讓選手清楚觀察做為範例的靜眼動作，然後再讓受訓選手觀看自己在執行靜眼動作時的影片。如此一來，選手馬上就能看出自己在靜眼專注目標、開始時間、偏移時間或是總靜眼時間上，有什麼需要調整的地方。我認為靜眼訓練還有一個特別之處，那就是選手很少會為自己現行的做法爭辯，他們會很清楚地看到自己有什麼需要改進的地方。」

注意籃框

瑞克・貝瑞（Rick Barry）是他同期的球員中最厲害的罰球線射手，而且自從他在一九八〇年宣布退休之後，也一躍成為史上最厲害的罰球線射手，他的罰球線命中率高達八成九。

貝瑞最為人所津津樂道的是他投籃的方法。有別於史上任何一名職業籃球選手，貝瑞用的是奇特的蹲馬桶式下手罰球。

在他十五歲的時候，貝瑞的父親告訴他，如果你用下手罰球，瞄準籃框，試圖讓球越過籃框前緣，命中率會很高。一開始，貝瑞並不想使用下手罰球的招式，因為動作看起來很怪，而且有失男子氣概。貝瑞第一次在高中籃球比賽中使用下手罰球時，「我聽到觀眾席上有個人對著我大叫，開我玩笑」，然後貝瑞「又聽到那個人旁邊的觀眾對他說『你為什麼要笑他？他百發百中。』」從此之後，貝瑞確立了他的罰球法。

「這是史上最有效率的投球法，我不知道為什麼其他人不這麼做。」他說道，「大概是因為什麼男人的尊嚴之類的。實在是太荒謬了。」

二〇一七年《皇家科學學會》（*Royal Society of Science*）刊登的一項研究指出，貝瑞的想法是對的。該研究指出，只要懂得控制投球角度和力道，下手罰球是最佳的罰球投籃法。對這些球員而言，下手罰球可以增加球進框的機率，因為當球從正上方靠近籃框（也就是下手罰球時的情況）時，球和籃框的橫截面比球從一個角度進框（也就是當球以上手投射方式投籃）時的橫截面更大[25]。

即使到了七十五歲，貝瑞還是認為自己在罰球線上的命中率可以勝過許多現役ＮＢＡ球員。「我還是可以去暖身，然後投十中八。」他說道，「罰球的時候，你不會去多想周遭的情況，只會專心在投籃的準備流程上。」

貝瑞不只將自己的高罰球命中率歸功於勇於下手罰球，他同時也認為自己的用眼方式有很大的功勞。「重點是每次投籃時都遵循相同的準備步驟，而其中一個步驟就是確定自己好好看著目標。」「我會在拍球的時候就一直盯著球，直到我停下來，將球拿在手裡。然後，當我要準備投籃的時候，我會換成盯著籃框。在我準備好要投籃時，我會稍微動動手，讓雙手處於一個自然的狀態，接著投球。我有一套流程，每次投籃時都一模一樣。」

維克斯發現，菁英射手在罰球時，平均會凝視籃框前緣長達九百毫秒[26]。而比較不老練的選手，凝視籃框的時間則短上許多，平均只有三百五十毫秒左右，而且視線會來回游移在不同點上。「當靜眼目標設在籃框前緣，在投籃前就進入靜眼狀態，並且讓靜眼時間維持達一秒左右，罰球命中率就會提高。」維克斯說道。靜眼時間較短的話，「大腦就沒有足夠的時間能組織整理投籃動作，會使選手的表現受影響。」

靜眼時間的影響之巨，會左右菁英射手投籃命中與否的結果。在菁英射手偶爾失誤的時候，往往都是因為他們凝視籃框的時間過短，而這種情況在貝瑞身上幾乎沒有出現過。

「前幾天，有個退役選手傳了一張我在罰球線上的照片給我，他說『天啊，看看你的眼神，看你多專注。看看你專心的樣子。』」

11

左撇子的優勢

為什麼左撇子的運動表現比較佳？

「和左撇子對戰的感覺很奇怪，因為一切都是反過來的，必須花一陣子去熟悉。但是等到我終於比較習慣的時候，比賽也差不多結束了。」

——莫妮卡．莎莉絲，曾為世界排名第一的網球選手一九八二年的禮物日❶板球對抗賽是史上最刺激的對抗賽之一。比賽結果，澳洲隊以三分跑分飲恨輸給英格蘭，讓艾倫・伯德（Allan Border）即使頂著六十二分未出局的耀眼紀錄也只能暗自神傷。不過這樣的表現對左撇子的伯德來說，只是稀鬆平常的一局，他既有耐心又不屈不撓。

儘管伯德在賽局中有出色的表現，但最終仍然無法改變對抗賽的結果。不過他卻在許多年後，幫助澳洲隊發掘了另一名優秀的擊球員：麥克・赫塞。赫塞後來也和伯德一起，同樣以在對抗賽取得超過五千分跑分，並且平均每場比賽都取得超過五十跑分的紀錄，並列澳洲八大菁英板球選手之一[1]。

赫塞在七歲時就深深著迷於墨爾本板球對抗賽（Melbourne Test），他入迷之深以至於甚至從此改變了自己的擊球方式。「我本來是右手打者，但是因為我非常欣賞艾倫・伯德，」他回憶，「所以我跟我兄弟跑到後院，然後我說：『沒錯，我想要像AB一樣！』然後我就換邊站，開始以左手擊球。」

「我記得那時候真的很困難，但堅持下去之後漸漸地就越來越熟練。」雖然赫塞在其他方面都是右撇子，不管是寫字或丟板球都是用右手，他卻始終只用左手擊球。這樣的改變意味著，與其用較強壯的右手當作握棒時的下手❷，不如將右手當作握棒時的上手。原本只是兒時單純想模仿偶像的行為，卻成為赫塞為自己建立起精彩的板球對抗賽生涯的序曲，他生涯中有過十九次單場得分超

❶ 譯註：在許多英語系國家將十二月二十六日稱為「禮物日」（boxing day），因為傳統上是聖誕節隔天，大家拆聖誕禮物的日子。

❷ 譯註：指的是選手以雙手握棒時，較接近地面的一隻手。

過一百分的紀錄。

赫塞在那一天改變擊球時雙手握棒位置的決定，和運動科學研究的發現相符合。出名的左手擊球員如布萊恩・賴拉（Brian Lara）、班・斯托克斯（Ben Stokes）、亞當・吉爾克里斯（Adam Gilchrist）、亞拉史塔爾・庫克（Alastair Cook）、大衛・華納（David Warner）、庫馬爾・桑卡卡拉（Kumar Sangakkara）、馬修・海登（Matthew Hayden）、克萊夫・洛伊德（Clive Lloyd）、葛雷姆・史密斯（Graeme Smith）等人，他們事實上都是右撇子；而真正的左撇子，如邁克・克拉克（Michael Clarke）和亞倫・芬奇（Aaron Finch），卻都是右手打者。

「我也這麼覺得。我一開始沒有多想，但是幾年後再回頭看，就覺得這好像有點道理。」赫塞想道，「我做什麼事都用右手，我的慣用手就是右手，在學校寫字用右手，丟東西用右手，投球、打網球、甚至打高爾夫球也是用右手。我的右手應該比左手更強壯，也更具主控性。這對我打板球很有幫助，能夠幫助我用上手持棒和控制球棒。我覺得這算是個優勢。」

在那個十二月，與赫塞同為右撇子的兄弟大衛並沒有改變自己擊球的方式。大衛的板球生涯也發展得不錯，他代表澳洲出賽過非常多場的有限輪（limited overs）賽制比賽；但是相較之下，麥克有七十九場對抗賽的出場紀錄，大衛卻從沒打過對抗賽。

改頭換面的改變

大部分的運動科學研究都是關於要如何造成區區幾個百分比的改變。但是，有關用慣用手做為握棒時上手的好處，也就是右撇子以左手擊球，左撇子以右手擊球這個做法的相關研究造成的卻是完全不同層級的影響。根據二〇一六年的一項研究，職業板球選手用慣用手當作握棒上手的機率是業餘選手的七．一倍：這是改變「正常」握法後帶來的巨大優勢，也是運動科學研究最偉大的發現之一[2]。該研究的作者，大衛．曼恩（David Mann）、奧利佛．朗思維克（Oliver Runswick）以及彼得．艾倫（Peter Allen）發現，改變握棒方式所帶來的優勢，對原本是右撇子但改成用左手擊球以及原本是左撇子但改成用右手擊球的球員，都一樣有效。

「有關『改變握棒方式的優勢』的想法，是我在布利斯班國家板球學院（National Cricket Academy）工作的時候想到的。」曼恩回憶道。他發現，在囊括了全國頂尖年輕選手的球隊上，全隊十六名球員中有十一名球員是用左手擊球；而這十一名選手中，有九人都是右撇子。「我們開始注意到，有非常多優秀的板球選手都是用左手擊球、右手投球。」截至二〇二〇年六月，在澳洲代表隊裡，曾在對抗賽取得五千五百跑分的十六名選手中，有八名都是以慣用手做為握棒的上手。其中更有七位是天生的右撇子，但是卻以左手擊球[3]。

跟赫塞小時候的親身經驗一樣，根據曼恩的解釋，兒童在小時候以慣用手做為下手，也就是讓右撇子以右手擊球的握棒方式來擊球比較容易。傳統的握棒姿勢對於剛開始學習打擊板球的孩子來說比較有利，因為慣用手在球棒的低處，讓孩子可以在一開始學習的時候比較容易掌控球棒。但是這個優勢稍縱即逝，而且很快就會被反轉。隨著擊球員的體格發展，反過來以慣用手做為上手的握棒姿勢的話，反而因為能讓慣用手做為揮棒時的主控手而比以非慣用手做為上手時，控制得更好[4]。以慣用手做為上手的球員可以更輕易地「擊出直球」，也就是直直地將球打向場中、越過投手，這個能力會讓球探印象深刻，並增加自己入選青少年球隊的機會。

諷刺的是，以慣用手做為握棒上手的優勢正漸漸因為大眾對於此一優勢逐漸廣泛的認知而被削弱。由德國運動科學家弗羅里安．洛芬（Florian Loffing）主導，一項正在進行中的調查就發現，過去幾十年來，得分率平均超過三十跑分（這是代表選手能帶來有效擊球的指標）的對抗賽選手中，有三分之一都是以慣用手做為握棒上手，其中也包括赫塞。而這個數字已經隨著時間逐漸提升。在一八八〇年代，板球對抗賽最初的十年間，平均跑分超過三十的選手沒有一個是用慣用手做為握棒上手的。

因此，隨著越來越多選手在家長的鼓勵下，在小時候改變自己的握棒方式，使用慣用手做為握棒上手的諸多優勢，可能將不復存在。但是即便如此，家長鼓勵兒女們改變握棒的方式，以統計數據來說依舊是家長能留給下一代最大的運動優勢。而令人意外的是，板球界對於此一優勢的認知反應慢了好幾拍，很晚才開始鼓勵孩子們全面使用慣用手做為握棒上手，除非有什麼不可抗拒的因素才能例外。「這麼做的影響規模非常大，」曼恩想了想說，「實在有點難以置信，一直以來都沒有人注意到這一點，而我們還一直教導孩子用我們現在認為是『錯誤的方法』擊球。」

邪惡之事❸

在板球界，還沒有一個詞能用來指稱「用右手投球，卻以左手做為握棒上手」的球員。但是在棒球界卻有，這樣的球員在棒球界被稱為「左右手球員」（sinister right-handers），也就是指那些在擊球時改成使用非慣用手的球員。和板球一樣，這個做法在棒球界也佔有極大的優勢。

整體來說，只有二％的棒球選手是用右手投球、左手打擊。但是，在大聯盟中，卻有高達十二％球員是右投左打的選手，人數比例高達六倍之多；和投打使用不同慣用手的職業以及業餘板球選手比例差不多。這個數據差異在頂尖選手中更為顯著：高達三十二％的菁英選手（打擊率高於〇・二九）都是右投左打，其中更包括在一九四一年創下大聯盟單季打擊率〇・四〇的泰德・威廉斯（Ted Williams），此項紀錄目前後繼無人。菁英球員是右投左打選手的機率是非職業選手的十六倍之多[5]。

左打選手比較佔優勢的可能原因有很多。右投左打或是左投右打的選手，他們的慣用手在擊球時離球棒的擊球點比較遠，如此一來，擊球時的槓桿比較長、力道也比較強，因此能將球擊得更高。這些優勢和板球擊球員用慣用手做為握棒上手的優勢差不多[5]。

「我覺得一定有差。」喬伊・沃托說道。沃托曾六度入選大聯盟全明星賽，而且是一名右投左打的選手。「我和右打球員一起時，有時候會想：『哇，你比我還強。』不過這是單純從技術的角

❸ 譯註：「sinister」在英文中意指左撇子，但同時也有「邪惡」的意思，因為古代認為左撇子是惡魔的化身。

度來看。」

以打擊姿勢來說，左打者自然會比右打者更靠近一壘的壘包。而且左打者的揮棒動作自然會產生讓自己往一壘方向前進的動能，所以會讓跑壘更容易一些；但是右打球員揮棒時，並不會產生這樣往一壘方向前進的動能[5]。

和近年來的板球類似，棒球界也開始重視最佳配對組合，因此球隊會盡可能網羅大量的左打和右打選手。對左右打選手人數均衡的追求，導致訓練機構大量培養左打選手，人數之多到和人們口中天生的左撇子人數完全不成比例。

「球隊開始偏好左打球員，因為每一隊都想要在先發陣容中，安排一半左打、一半右打選手，讓對手比較不容易靠戰術取勝。」辛辛那提紅人隊的投手鮑爾說道，「一般來說，右投手比較容易三振右打者，所以如果隊上有很多左打選手，就可以獲得一定的優勢，因為左打者比較有機會打到右投手所投出的球。當然這因人而異，但是以整個聯盟的數據來說通常是如此。因此左打球員比較搶手。」

在棒球界和板球界，近年來都興起了一股變位打擊（switch-hitting）❹的趨勢，也就是球員不管是使用慣用手或是非慣用手，都能以平常熟悉的擊球方式來擊球。這個方式和右撇子改成使用左手擊球有異曲同工之妙，因為如此一來，你組成最佳配對組合的機率就更高。但是這個做法的風險

❹ 譯註：也就是一般口語上常說的「左右開弓」。

也很高，因為光是以慣用手訓練到一定程度的擊球程度都很困難了，何況是要練習到能左右開弓一樣厲害。

儘管研究人員指出，不管是在棒球或板球中，右撇子練習用左手打擊都具有一定的技術優勢，事實上在這兩種運動中，只要是左打者都佔有相當不平等的優勢。「我大概有七成的機率會對上右投手，」沃托說道，「這對左打者來說是非常明顯的優勢。」

不管是板球或棒球，左打者都很習慣於面對右投手，但是右投手卻不怎麼習慣面對左打者。因為不習慣面對左打者，使得投手更難以控制自己的投球動作，於是左打者就能受益於失準的投球。無論他們投球時的慣用手為何，只要選手在打擊時使用左手就有明顯優勢[6]。因此左打者較習慣於面對右投手的優勢，跟選手本身是右撇子或左撇子無關，只要你在打擊時的慣用手是左手，那麼無論你投球時慣用左手或右手，你都能受惠。

棒球從投手丘投出到抵達本壘板只需要四百毫秒，只比板球選手面對投球時所擁有的反應時間多出一點點。因此任何能讓反應過程更簡單的方式，都能提升打者俐落擊球的機率。相反地，如果這個過程變得更陌生，就會讓選手在面對擊球任務時更加混亂。這就解釋了，為什麼儘管全世界人口中只有一成的人是左撇子，但是左撇子的人數在板球投手及棒球投手中，卻分別佔了二成二及三成之多[7]。

全球的左撇子人口比例在幾世紀以來一直是持平的，也就是大約一成左右[8]。但是左投手卻包辦了二〇一五年以來，板球對抗賽中高達二十五%的出局數，而且對抗賽史上出局數最多的前三十名投手中就有六名是左投手[9]。此外，在最近六屆板球世界盃中，就有五屆都是由左投手拿下出局數最高投手的榮耀。和左打者的情況不同的是，板球的左投手幾乎全部都是天生的左撇子，在日常生活中也一樣凡事慣用左手，基本上，他們的非慣用手恐怕根本沒有足夠的力氣可以投球。

「左撇子效應」

在拳擊運動中，左撇子選手（在體壇中經常慣稱為「southpaw」）也一樣有優勢。洛芬和諾伯特・哈格曼（Norbert Hagemann）蒐集了活躍於一九二四年到二〇一二年間，橫跨八個不同量級、超過三千名菁英拳擊手的資料，並分析各選手在對上左撇子或右撇子選手時的勝負比率[10]。左撇子的拳擊選手比例特別高，高過一般人口中的左撇子比例，而且他們的勝負比率通常都比右撇子選手出色。不過出人意料的是，左撇子拳擊手將對手擊倒（knockout）而獲勝的比例，卻沒有比右撇子選手更高。該研究的作者指出，選手在面對左撇子時，因為其攻擊方向、角度等和一般右撇子拳擊手不同，左撇子選手便能靠這樣的不熟悉感獲得優勢，不過這樣的優勢僅能幫助他們主導比賽並靠比分獲勝，不會增加擊倒對手贏得比賽的機會。

左撇子選手在網球場上一樣也享有類似優勢。左撇子球員很習慣和右撇子對打，但是右撇子球員卻不習慣和左撇子球員對打。二〇〇九年的一項研究中，將右撇子和左撇子男子網球選手依照各自的等級分組[11]。接著研究人員讓各組球員觀看電腦螢幕上對手擊球的動作，預測球擊出後的方向和深度。結果發現，對各組球員來說，不管在國家聯賽、地方聯賽或初學者的組別，右撇子球員的擊球都比左撇子選手更容易預測，即使是對左撇子選手來說也一樣。等級越高的右撇子球員預測左撇子球員擊球結果的能力也越佳，但是和他們預測右撇子選手擊球結果的能力還是有落差，因此左撇子球員還是佔有優勢。左撇子選手能輕易預測右撇子球員的擊球，但反之則不然，這顯示了，左撇子選手因為有更多機會與右撇子球員對打，所以也能更準確地預測其擊球結果。相同地，一項針對排球選手所做的研究也指出，預測右撇子選手的攻擊動作比預測左撇子選手的動作來得容易[12]。

相較於左撇子選手，運動員能更準確地預測右撇子選手的意圖和動作[13]。「右撇子對上左撇子時總是得不斷改變、調整，但是左撇子卻不必。他們在比賽時，十次有九次會對上右撇子選手，所以他們不需要調適。」網球策略教練歐宣尼斯說，他是喬科維奇等選手的教練。

這個現象也同時存在於足球界中，守門員能更精準預測右腳球員的罰球，但是對左腳球員的罰球預測狀況就比較差。一項研究找來許多守門員，讓他們預測球通過球門線的位置。結果發現，面對左腳罰球和右腳罰球時的預測誤差值是六．七公分，這剛好是大多數守門員的指尖長度[14]。

左撇子的天生優勢

左撇子選手在網球、排球，和其他運動項目中的優勢，其原理來自於所謂的知覺頻率效應（perceptual frequency effects）[7]。選手有越多時間認識某個行為模式，那麼他們就越容易預測這一類的動作，譬如慣用某一手的選手的擊球方式。選手經驗越豐富，他們面對左右撇子的總時數差距也會越大，因為選手每一年和右撇子對戰的時數都遠大於和左撇子選手對戰的時數，因此面對左撇子選手時所遭遇到的困難也不會消退。

「有關左撇子選手為何能在互動性的運動項目中佔有諸多優勢的一點，最能使人信服的解釋是，因為左撇子選手人數稀少，因此對手比較不熟悉左撇子選手的球風。」洛芬解釋道，「在速度極快的運動如棒球或板球中，選手無法及時修正因為預測錯誤而做出的錯誤揮棒動作，因此要解讀左投手的動作相當困難。」

在網球中，左撇子也佔有極高的優勢。在左發球區，當比分是三十比四十時，左撇子選手的外角發球正好會落在對手右撇子球員的反手拍範圍。在破發點，「你最強大的武器，大多時候正好就能對上他們最大的弱點。」歐宣尼斯根據自己的觀察指出。大約有七成五的破發點都是在左發球區發球，而左撇子球員更能夠處理這個情況，因為他們的外角發球會落在對手的反手拍範圍，這是網球中最難回擊的球種。但是，當左撇子選手在一樣三十比四十的情況下要接發球時，外角發球會落在他們的正手拍範圍內。

「和左撇子對戰的感覺很奇怪，」前世界排名第一女子網球選手莫妮卡．莎莉絲曾經說過，「因為一切都是反過來的，必須花一陣子去熟悉。但是等到我終於比較習慣的時候，比賽也差不多結束了。」

選手可以反應的時間越短，左撇子選手的優勢就越大。洛芬發現，左撇子選手佔最大優勢的運動都是選手必須在極短時間內做出反應的項目[7]。基本上，反應時間越短的項目，其左撇子選手所佔的人數比例就越高。在棒球、板球、桌球等項目中，左撇子選手的人數比例就比一般人口中的左撇子人數比例高出三倍。然而，在選手擁有比較長反應時間的壁球項目中，左撇子選手的人數就只佔了九％，甚至比全球左撇子人口平均還略低[7]。

洛芬指出，這個明顯的差異是因為，選手在時間壓力較小時，還來得及修正因為不熟悉左撇子選手的行為而做出錯誤預測的結果。但是，當選手必須在極短時間內做出反應時，就難以進行修正。因此在時間壓力較大的運動項目中，左撇子選手的優勢就特別突出[7]。

也有人說，因為左右腦在行為控制時的結構性差異，使得左撇子天生有腦神經和生理上的優勢，但是左撇子選手的人數在節奏較慢的運動項目中偏少一事，就抵觸了這個說法[15]。此外，在不需直接與對手互動的單人運動，如飛鏢、司諾克、保齡球等項目中，左撇子選手的人數也偏少，同樣也抵觸了前述的說法。這些發現就表明了，左撇子選手在某些項目中人數眾多的原因，正是因為他們人數稀少，所以比右撇子選手更能在面對面的較勁中脫穎而出。而且這樣的優勢不只存在於運動中。在最暴力動盪的社會時期，左撇子人數是最和平社會時期的九倍之多。這顯示了，擁有和大多數人相異的慣用手，對個體來說也有達爾文適者生存的優勢[16]。

左撇子選手的機緣巧合

菲爾・米克森（Phil Mickelson）的爸爸是很罕見使用左手揮桿的高爾夫球員。而一心想模仿爸爸的米克森，儘管天生是右撇子，也硬是學會了用左手揮桿。「我們一開始沒有察覺，我們發現之後曾經試著教他改成用右手揮桿，但是已經來不及了。」米克森的媽媽瑪麗說道[17]，「他在年紀還很小的時候就是一個天生的揮桿好手。」

以平順的長距離揮桿著稱[18]的米克森，為自己開創了出色的高爾夫球事業，生涯中共贏得五座大賽冠軍。米克森不經意地模仿父親動作的結果，反而為自己在高爾夫球場上取得了相當顯著的優勢。有一項研究招募了一百五十名高爾夫球選手，並依據每位選手的差點來分組。研究指出，差點最低的選手以反向站姿❺揮桿的機率，是差點較高的選手的二十一・五倍[19]。以反向站姿打球被認為有極大優勢，甚至比以反向站姿揮桿的板球球員高出三倍，因為以反向站姿揮桿意味著選手的慣用手會在球桿的上緣。這種握桿法能提升選手對球桿的控制，創造更平順的揮桿及更準確的擊球。

然而，自從紐西蘭的鮑伯・查爾斯（Bob Charles）在一九六三年贏得英國公開賽（British Open）冠軍後，一直要到四十年後才再有另一位左手握桿的選手贏得四大賽的冠軍。而在高爾夫球史上，曾贏過四大賽冠軍的四位左手持桿球員中，只有巴巴・沃森（Bubba Watson）是真的用左

❺ 譯註：即右撇子選手改以左手握桿或左撇子選手改以右手握桿的站姿。

手寫字的左撇子。和米克森一樣，麥克・維爾（Mike Weir）和查爾斯都是用右手寫字的右撇子。如寇提斯・史傳吉（Curtis Strange）、格雷格・諾曼（Greg Norman）、班・霍根（Ben Hogan）、阿諾・龐馬（Arnold Palmer）等左撇子選手，各自都有相當輝煌的高爾夫球生涯，不過他們都是用右手揮桿，所以也都受到反向站姿的幫助。在過去，因為專門為左撇子設計的高爾夫球裝備及球桿相當稀少，許多左撇子選手都得學著用右手揮桿；此外，用右手揮桿也被視為高爾夫球的「正確」打法[20]。現在用左手揮桿已經不是禁忌了，專為左撇子設計的裝備也比以前更多，所以用左手揮桿（儘管右手才是他們的慣用手）的菁英高爾夫球選手人數也如雨後春筍般大幅增加。

儘管以慣用手做為握板球、棒球球棒及高爾夫球球桿上手的做法，其科學原理及成效非常誘人，不過大部分採用這方法的頂尖選手都是早期誤打誤撞的結果。從米克森模仿父親的動作到赫塞仿效伯德的姿勢，這幾個運動員改變擊球姿勢而使成績蒸蒸日上的故事，也再次提醒了我們，機緣巧合在頂尖選手的生涯路上所扮演的重大角色。

12 成就豐功偉業的心理機制

運動競賽為何往往是心理戰？

「每天的訓練不見得都很好玩。說實話，有時候我真的一點狗屁動力都沒有。但是，你的內心深處始終有個微小的火花等著綻放。」

——艾達・海格伯格，二〇一八年女子足球金球獎得主艾達・海格伯格來自挪威中部山區的松達爾瑟拉（Sundalsøra），她從小就非常熱愛足球，就連此地的極端氣候也無法阻止她去社區公園踢球。「我有數不清的回憶背景都下著雪，大雪紛飛卻還是必須去練習。」她回憶道，「因為足球就是一切。」無論天氣如何，「你都得自己到球場去完成練習。就是這樣。」

西亞・科里西（Siya Kolisi）從小生長於南非伊莉莎白港（Port Elizabeth）郊區的茲維德（Zwide），小時候經常過著有一餐沒一餐的生活。「我以前有時候會光著腳去上學，而且肚子餓了好幾天。」他回想道，「每次打橄欖球或去訓練的時候，我都卯足了勁全力以赴，想著自己也許有一天能成為頂尖選手。」

海格伯格和科里西分別是來自挪威中產階級家庭的女孩，以及來自南非最弱勢地區的男孩，這兩個人的身世背景天差地遠。但是他們倆有個共通點，就是攀上體壇巔峰所必備的心理特質。在二十五歲以前，海格伯格就已經拿下了四座歐洲冠軍聯賽獎盃，並拿下史上第一屆女子足球金球獎。二〇一八年，科里西在球隊深陷危機之時，接掌成為南非代表隊隊長，並在十八個月內帶領球隊贏得世界盃冠軍的榮耀。

一九九一年六月十七日，南非國會投票廢止了種族隔離政策。在這前一天，科里西在茲維德誕生了，而他的父母都還只是青少年，因此他主要是由祖母撫養長大。他的家人在他小時候買不起任何玩具，所以科里西只有一塊磚頭，而他會「把磚頭當作車子開著玩」。

科里西十五歲的時候，母親和祖母相繼過世[1]。「祖母和阿姨對我非常重要，她們在我小時候拉拔我長大，而我爸爸很少在家。」科里西的發洩出口之一就是橄欖球。橄欖球在伊莉莎白港周邊城鎮是非常盛行且歷史悠久的運動，科里西的父親和祖父也都是球技出眾的球員[1]。小科里西在當地的艾姆森金尼小學（Emsengeni Primary）開始接觸橄欖球，同時也在放學後在社區的泥土球場打球。

他從家人身上學到：「將手邊一切資源物盡其用，幫助自己往上爬。不要抱怨太多，專心利用你所有的一切。」不過窮困的童年生活，也成了科里西的一大動力。「我無法滿足於我們所擁有的，我總是想要更多，我想要其他孩子也有的那些。」

科里西童年時期的第一個重大里程碑，就是他第一次參加青少年省級代表隊選拔的那一天，當時他年僅十二歲。科里西沒有專門的橄欖球短褲，所以他只好穿著四角內褲上場。「我買不起球褲，而且我也不在乎外表，我只在乎自己上場後的表現……我永遠忘不了那個心情。」科里西入選了代表隊B組。

沒多久之後，他就在U-12東部省級聯賽比賽中，被格雷高中（Grey High School）的教練安德魯・海伊達奇斯（Andrew Hayidakis）相中。格雷高中是一間極富盛名的私立中學，而科里西馬上就接到學校提供全額獎學金的入學邀請。

對於運動的熱情往往來自運動員的內心，而不是強加於其上的訓練。沒有像科里西這樣強烈的內在動機，運動員很難撐過各種運動項目的高強度訓練。在挪威的海格伯格也具有非常相似的強大內在驅動力。「爸爸媽媽從來不需要拉著我去足球場練習。我和姊姊自己會早早起床，然後拖著爸媽帶我們出去踢球。你必須要自己有這樣的意志力……不應該是家長逼迫孩子去踢足球，應該是孩子要自動自發才對。」

海格伯格家距離社區足球場，騎腳踏車只要十五分鐘的距離。「我們的父母想讓我們從小養成負責任的習慣。他們從來不會開車送我們去練習，我們得自己騎腳踏車去……這讓我們學會了承擔責任，我覺得這教會我很多事情。」和姊姊安德里恩（Andrine）同場競爭更提升了海格伯格的動力。大她兩歲的姊姊，後來也成為了一名優秀的足球員。姊妹倆會「彼此激勵」，並「互相督促著出去練習」。

小海格伯格漸漸對射門得分的快感上了癮。「這讓我更加努力，不斷督促自己進步，因為我想要常常感受到得分的快感。」

她的故事點出了，運動員必須先對某項運動有一定的熱情：從小自動自發接觸某項運動的孩子，長大後成為菁英選手的機率更高[2]。影響海格伯格的是家長和姊姊，當然還有教練，但教練的影響力沒有那麼大。他們引導、觸發了海格伯格最一開始的興趣，並鼓勵她逐漸增加投入在足球中的時間和精力。

外在動機與內在動機

心理學家將動機分為外在動機及內在動機，外在動機指的是來自外界的獎勵，像是金錢報酬或是家長的讚許等，而內在動機則是指來自個人內心的驅動力。內在動機越強，運動員的練習時間也越長，而且在沒有家長控管的情況下，自發的動機依舊比較高，因此這些運動員的表現一般也比較出色。一項針對菁英板球選手所做的研究發現，內在動機強度和運動員表現成正相關[3]。運動心理學的翹楚戴夫．科林斯（Dave Collins）指出，儘管兩種動機對運動員來說都很有利，但是內在動機在運動員的童年時期特別重要。

我們可以說，科里西的內在和外在動機一樣強烈。「很飢渴？天啊，就是因為我當時的處境，你知道嗎？」

「我當初的欲望真的非常強烈，這毋庸置疑。而且毫無疑問地，我當時真的非常飢渴，我不會騙你，或說這沒什麼。我那時候真的非常想成功，現在還是一樣。」他回憶，「我就是沒有人看好的黑馬。」

科里西有了能力之後，就領養了自己同母異父的弟弟和妹妹。「我希望他們能闖出一番成就，不管他們的夢想是什麼，我都希望他們能成功，以慰母親在天之靈，無論那是哪裡。」

「當我不小心犯了大頭症，或是覺得自己已經成功攀上巔峰了的時候，我就會提醒自己，看看我的出身，看看我是為了誰而努力。」

「我想要技驚全場，因為我不只是為了自己而打球，我是為了遠方的家人而打，為了家鄉的人們而打；我不努力表現，就幫不了他們。你知道的，當我越努力工作，就有越多人願意跟我合作，這樣我才能幫小鎮裡的孩子蓋橄欖球場、做球衣。所以很多人依賴我，而我過去也同樣是靠他們才有今天，你知道的，他們曾經幫助過我，至今依舊對我幫助很大，他們就是我的動力。」

「我想幫這些孩子打破藩籬，讓他們相信自己也能有所成就，不管他們是來自貧民窟或是郊區，他們想做什麼都能成功。」

科里西的經歷時常被浪漫化，而他本人則有著截然不同的觀點：「很多人認為我的經歷是一個很美、很感人的故事……然而我認為這種故事根本不應該存在。」

「我認為住在郊區、小鎮或是貧民窟的孩子，都應當能夠擁有相同的夢想。他們應該要能接觸到同樣的裝備、同樣的器材，應該要有相等的機會。因此我才會這麼努力工作，希望能透過蓋球場、幫學校買電腦、讓孩子每天都有飯吃，來確保所有孩子都有同等的機會。」

意志力指的是為達成長遠目標而投入的付出及堅忍不拔的毅力[4]。研究發現，意志力可以使運動員在比賽中脫穎而出，而且各種等級程度皆然[5,6]。在意志力量表得分較高的足球員，其練習時數和比賽時數也較高[8]。此量表是由心理學家李惠安（Angela Duckworth）和派翠克・奎因（Patrick Quinn）所研發，用以量測個人在克服困難或挑戰時的毅力[7]。球員額外的練習時數可以提升他們預測對手動作，以及做決策的能力。此外，這些額外的練習時數通常都來自於非正式比賽，譬如海格伯格和姊姊一起練習踢球；而這些非正式比賽和比賽智商有顯著的關聯性[9]。意志力也和其他心理特質有關，譬如責任感，其中對毅力和持續努力的影響最大[10]。

「每天的訓練不見得都很好玩。」海格伯格說道，「說實話，有時候我真的一點狗屁動力都沒有。但是，你的內心深處始終有個微小的火花等著綻放，而且當火花不見的時候，一切又會變得更加困難。我知道自己現在在什麼地方，我也知道自己想要達成什麼目標，所以每天起床去工作非常容易。」科里西對於自己每天的動力也有類似的形容。「有時候你會完全不想起床，早上不想離開被窩，尤其是冬天很冷的時候。但是我別無選擇，我必須去練球。」

頂尖好手的完美主義

二〇一九年，英國運動委員會和學術界聯手進行了一項研究，旨在了解頂尖運動員和其他選手之間最大的不同之處。該研究針對兩組各十六名運動員進行了比較，其中一組是曾在各大錦標賽，奪下數面獎牌的英國超級菁英選手，而另一組則是不曾贏過任何重大獎牌的菁英選手[11]。

研究發現，「完美主義」——也就是對達成高標準的強烈追求，正是區分超級菁英選手和普通菁英選手的其中一項重要因素。在十六位超級菁英選手中，有十四位都具有完美主義的傾向；而在一般菁英的組別裡，十六位選手中只有五位選手有這樣的傾向。頂尖運動員的完美主義傾向更強烈，而且他們在追求目標的過程中，可能更不留情、更自私。

完美主義特質越多的運動員，他們累積的運動相關活動時數，包括自主練習和有教練指導的訓練，也比完美主義傾向低的運動員來得高[8]。反過來，為追求完美所做的努力，也和獲得較佳的表現息息相關。一項針對美國高山滑雪選手所做的研究也支持前述針對英國運動員所做的研究結果。美國的研究發現，完美主義傾向越高的選手，他們的全國排名也越前面[12]。

海格伯格的完美主義傾向導致她無法好好慶祝自己的成就。當她贏得歐冠時，「我會慶祝一下，但是很快就會轉移注意力。這麼多年來一直驅動著我的就是不停複製、重現成功的時刻，而我可能會操之過急。我認為你在準備好重新開始之前，應該享受這個過程，享受重要的時刻。但我想我的完美主義也有正面的影響，顯然我就是靠著這一套哲學，才讓自己這些年都能一直保持在頂尖的位置。」

「要如何重現成功的時刻？我認為心理層面是成功的最大關鍵。每個人都可以認真努力，但不是每個人的心理素質都夠強大到能夠支持他們攀上巔峰，並保持領先地位……能夠讓自己保持在頂尖位置的人，都擁有不可思議的心理素質。」

「當一切都一帆風順時，你更要加倍鞭策自己、注意小細節並且微調。你要是不這麼做，有一天就會自食惡果。」

海格伯格和其他眾多頂尖運動員一樣，在心理學家稱為工作取向（task）及自我取向（ego）的兩種動機的得分都偏高[13]。工作取向動機高的運動員，會以自己做為參考標準來評斷成功，而且只有在自己精通了某個工作、學會了新東西，或提升了某個技能時，才會有成就感。而自我取向動機高的運動員，則偏向以他人做為參考標準，而且往往只有在自己的表現超越他人時，才會感到滿足。工作取向和自我取向動機的最佳平衡點因人而異，但是具有高自我取向動機和低工作取向動機的人，比較容易陷入倦怠的危機[14]。

科里西不斷追求進步，渴望更大成就的心態，顯示他跟海格伯格是同道中人。「奮鬥沒有結束的一天，因為你永遠有進步的空間。這就是讓某些運動員走火入魔的原因，因為他們無時無刻都在不斷追求進步。」

在獲得重大勝利時，「我會非常開心，但接著就會開始思考，下一次我還有什麼地方能做得更好。因為到頭來，你想要的是成為一個完美的運動、打一場完美的比賽。你不會只想要有一兩個精彩好球，而是想在整場比賽中都有完美的演出。即使你已經做到如此了，你還是會持續思考要怎麼做得更多，或是還有哪一兩個地方可以做得更好。因此，當你能夠滿足於你的表現，我不知道，我還不想到達那個階段，如果是那樣，那應該就會是我的最後一場比賽了吧。」

成為「超級冠軍」的要件為何？

二〇一六年，一群科學家將來自各種運動項目的運動員分成三組進行比較。第一組是擁有五十次以上國際賽出賽紀錄，或五面以上的世界錦標賽或奧運獎牌的「超級冠軍」選手；第二組是打進一級聯賽，但只有五次以下的國際賽出賽紀錄，或是世界排名前四十，但是卻沒有得過任何世界錦標賽或奧運獎牌的「冠軍」選手；第三組則是「小時了了」的選手，他們在青少年時期表現優異，但成年後的發展卻止步於乙級聯賽（團隊運動），或從未贏得任何獎牌（個人運動）[15]。

研究發現，面對失敗時還能保持正面的態度，正是運動員走向不同生涯發展路線的關鍵因素。超級冠軍選手更擅長運用失敗和挫折來做為學習和驅動自己向前的力量，譬如被球隊釋出、被調離自己熱愛的位置，或是輸了一場重要比賽等。如同兩位匿名接受研究訪問的兩位超級冠軍選手所說：

> 我比其他女生晚起步很多，所以我對於自己最終還是能迎頭趕上，並且成功入選，感到很驕傲；因為我知道我沒有其他人那麼厲害。」

> 在做了那麼多努力之後，如果還是沒有入選，很多人會罵一句「去死吧！」但我的心態就是不認輸，我就繼續把所有的練習都加倍做！

這些故事揭露了一個關鍵的心理特質。「高成就者往往具有正向積極的應對方式，並抱持『從中學習』的態度來面對一切挑戰，在他們遭遇困難前便如此。」研究的作者科林斯、安因・馬卡納馬拉（Aine Macnamara）和尼爾・麥卡錫（Neil McCarthy）寫道。

另一方面，「小時了了」的選手往往傾向於哀嘆不公平的情況，或是怪罪他人。根據他們向研究人員提出的一些評論來看，他們似乎不夠堅定，或是沒有足夠的能力能面對失敗：

> 我很喜歡格鬥，但是訓練是件苦差事，所以我一逮到機會就會躲掉。如果要練習我特別爛的部分時，我總會想盡辦法避開。

> 前一年一切都很順利……進行國家代表隊選拔、很多人支持我，然後一切在二〇〇六年的冬天

時都走樣了。我突然迷失了方向……不知道該往哪裡去，原本強大的支持也突然消失地無影無蹤。

有人說，頂尖運動員往往在小時候都曾遭遇過重大創傷[11]。但是科林斯和同事所做的研究之中，卻沒有發現任何相關證據，超級冠軍選手遭遇童年創傷（如父母離世）的機率並沒有比其他兩組選手來得高。

不過，超級冠軍選手的童年還是有和其他兩組選手不同之處。最終攀上冠軍寶座的選手，其發展的過程往往比較慢、比較坎坷。他們在小時候雖然也算是出色的選手，但是他們比其他兩組選手更習慣面對失敗，這也讓他們在往後不可倖免地面對更大的挫折時，能夠調適得更好。超級冠軍選手在小時候面對失敗的經驗，似乎讓他們在長大後能更遊刃有餘地面對各種逆境。有些「小時了了」的選手從來沒有過這種經驗，因此在面對人生中第一次失敗時只能百般掙扎。「一切對我來說都很容易，」一名受訪者說道，「我從來沒有什麼壓力，而且當別人說『你是天生好手』時，我也覺得他們說得很有道理。」這種態度對未來的成功幾乎毫無幫助。

「許多文獻都指出，態度決定了選手的成敗。」科林斯說道，「不管意外、受傷、選拔失利等等，有沒有受過創傷都不是關鍵，真正的關鍵在於你是否能從中學習。」

「攀上巔峰的頂尖選手中，只有不到一％的人是一路頂著傑出光環的。」他說道，「小時候一帆風順的選手，通常是因為他們體格比一般選手高大、比較有天分，或是因為爸媽付錢讓他接受更多額外訓練。這些半途失利的選手都沒有面對過挑戰，更重要的是，他們從未學習過如何克服困難。接著他們突然在十八、十九、二十歲的時候遇上瓶頸，因為大家都變得跟他們一樣厲害、一樣高大、動機跟他們一樣強烈（或甚至比他們更加強烈）。突然之間，他們就沒辦法繼續了。」

這些發現確認了，讓發展中的運動員不斷面對各種挑戰，使他們有足夠機會從挫敗中學習的重要性。科林斯將這些挑戰稱為「減速丘」（speed bumps）。對海格伯格來說，十一歲時從松達爾瑟拉搬到首都奧斯陸的經驗，對她的發展養成有特別重大的影響。「人要不斷挑戰自我，不管在球場上或是人生中，挑戰自己的最好方法就是嘗試新事物，並踏出舒適圈。」

和兄姊一起比賽是讓運動員體驗阻礙，並學習面對逆境的方法之一；此外，和年紀較長、塊頭較大的選手比賽，或是經常和不同球隊比賽、接觸陌生的情境等，也都有異曲同工之效。對女孩子來說，和男孩子一起打球也會有類似好處，海格伯格就常常這麼做。十四歲的時候，她入選了地區的男子球隊。「對我來說，那是一個很棒的經驗，當然他們的塊頭都比我大得多，但我還是有辦法和他們同場較勁。」

復原力

二〇〇六年十月，切爾西足球俱樂部的門將彼得・切赫（Petr Čech）在對上雷丁（Reading）的客場比賽開場二十秒時，往前衝出去攔截左翼的傳球。在這麼做的同時，切赫的頭砰地一聲撞上雷丁前鋒史堤芬・亨特（Stephen Hunt）的球靴。切赫當場倒地，更駭人的是他甚至必須由擔架抬下場。

切赫馬上被緊急送到皇家伯克郡醫院（Royal Berkshire Hospital）治療。醫院檢查後發現他傷勢嚴重，當晚馬上為他進行了緊急腦部手術，醫生在他的顱骨內植入了兩片金屬片[16]。切赫喪失了有關於整起撞擊事件的記憶。而醫生後來指出，那一擊有可能會讓切赫喪命[17]。

「手術後的前幾個星期是我人生中第一次感受到無法掌控自己的身體，」切赫回想道，「我的身體和腦袋是各做各的事。」

在他遭遇頭部重擊事件的同時，正是他被廣泛認可為英超最佳守門員的時期。在他頭部受傷的前一年，他創下了在英超聯賽連續一千〇二十五分鐘未被進球的新紀錄。

切赫在接下來的幾週開始了一系列艱難的復健。這次受傷讓在他頭上留下了一個巨大的疤痕。他重新回到訓練場上時，是他生涯中首次戴上保護頭套上場。

「接下來我要面對許多問題和挑戰，但最重要的是要學會聽從我的身體，確保我做每個動作都非常精準。不做過頭，也不能太小心翼翼，我必須找到最佳的平衡點。」

「那是個非常大的挑戰。一方面，我的心理已經準備好要用盡全力抓住機會重回球場。我想知道自己到底可以做些什麼來讓事態好轉、繼續前進，並且繼續保持正向的心態。我知道如果要一年，那就花一年的時間。大家都告訴我，我得花一年才能復出。所以我說：『好，沒問題。』我不在乎時間表。」

但是，在遭受幾乎致命的頭部重創後的三個月又一週，切赫就復出了，帶著保護頭套重回職業足球。他馬上就重新站穩世界最佳守門員的地位，在下半球季交出連續八場無失分的紀錄。之後，切赫在英超又待了十二年才宣布退休。

頂尖運動員與其他選手的不同之處，除了面對逆境時的反應之外，菁英運動員在受傷後，似乎也復原得比較好。沒有達到菁英等級的選手，在受傷後往往會哀嘆自己的不幸；如上文提及的超級冠軍、冠軍、「小時了了」選手的研究中，其中一名「小時了了」組別的運動員所描述的：

> 我就有點失去熱情了，因為我不想要這樣，我甚至覺得非常失望，尤其是在第二次手術之前……為什麼我的傷勢和其他人不一樣？為什麼同樣的手術，我要花十四個月養傷，而其他人只要三個月就好了？

頂尖運動員比較擅長將因為受傷而感到失望的情緒，轉化成在個人和運動上進步的推動力，並發展出更佳的復原力。「那次受傷非常關鍵，」其中一名超級冠軍選手說道，「完全踩到了我的痛處，使我下定決心要重回賽場。」

另一項研究則檢視了十二名前奧運金牌選手的心理復原力[18]。研究發現，菁英運動員僅僅將受傷視為另一項需要克服的障礙，而不是無法挽回的問題。

專攻有關受傷的心理研究的猶他大學（University of Utah）的科學家勒斯・波德洛格（Les Podlog）指出，切赫的復原狀況就是所謂「運動傷害成長」（sport injury-related growth）的體現。

運動傷害成長指的是在傷癒後，表現、功能都較傷前更佳的一種心理狀態。有些運動員甚至會受益於受傷，他們對戰術和技術性的認知都更進一步，技巧提升了，而且力量和體能或柔軟度也變得更好[19]。

「頂尖運動員會將傷勢看做是新的『競爭挑戰』，將受傷當成是一次提升體能表現和技巧的機會，並藉機動員自己的人際支持網，以此來提昇成長的可能性。」波德洛格解釋道，「將受傷重新包裝成一個需要克服的挑戰，並將多年來的專業鍛鍊成果，用來對付傷後復原的過程，包含強烈的目標導向、有效控制疼痛的能力、聚焦在可控制因子之上等，如此一來，運動員在傷後復出時，反而能成為更穩健的選手。」

切赫傷後復出的故事超群不凡，但故事背後，其實就是菁英運動員面對逆境時的復原力，以及面對挫折時保持正向心態的重要性。聚焦在未來的機會，而不只是耽溺於失去的一切。面對受傷時的正向心理反應，可以幫助運動員快速、有效重回傷前的狀態表現[20]。

儘管頂尖運動員所需的心理素質，有部分是天生，有部分是靠成長過程中的家庭和環境所型塑，但還是有一部分能靠長大後的後天努力獲得。

「我每天都在鍛鍊心智。」海格伯格解釋道，「每個能夠保持在領先地位的選手，他們在心靈上的準備一定也非常充分。」海格伯格會定期和一名運動心理學家碰面。和心理學家一起討論目標設定、情緒控制、放鬆等議題，可以提升運動員的表現[21]。

海格伯格尤其經常使用意象訓練（visualization）。運動心理學家常常協助運動員進行意象訓練，也就是要運動員想像自己正在進行某一場比賽，並想像自己會有什麼感覺。意象訓練可以提升選手表現，因為訓練能匯集視覺、聲音、氣味、觸覺等不同感官，在選手腦中放映一部比賽背景情境的電影[22]。意象訓練也能幫助選手的技能學習，這可能是靠觸發與實際操練時相同的腦神經路徑；此外，意象訓練還能增強選手動機及幫助選手放鬆。有項研究訪問了七位頂尖選手，並發現他們全都用過意象訓練之類的心理學策略，也都借助過心理學的工具來控制情緒，應對來自於比賽的龐大壓力[23]。

「心理層面對我來說非常重要。」海格伯格說道，「能夠長期保持最高等級的表現，靠得全是充足的心智準備工作。」

在逆境掙扎的運動員如何扭轉劣勢？

在二〇一六年大聯盟球季開始的第二個月，平常應該是大聯盟最佳打者之一、曾獲得大聯盟最有價值球員獎，並且曾連續四年獲選全明星賽的喬伊．沃托卻陷入了低潮。他一般有超過〇．三的打擊率，但是在本季開賽兩個月，五十二場比賽後，沃托的打擊率卻只有〇．二一三，落入聯盟最低打擊率的區間，而且也比他平常的紀錄低了五成[24]。「你陷入了一場災難之中，只能心想『天哪』。」

儘管前三分之一的球季表現如此慘澹，沃托在二〇一六球季結束後，卻拿下了生涯第二高的打擊率：〇．三二六。在全明星賽之後，沃托的打擊率甚至飆升到〇．四〇八，是從二〇〇四年以來，第一個在全明星賽後取得超過〇．四打擊率的選手。結果，他生涯最差的一個球季，卻變成屢創紀錄的一個球季。

「我一整年都在試著扭轉情勢。我不認為有什麼決定性的時刻。運動跟電影不太一樣，必須要每天努力，沒有什麼尖銳痛苦的時刻，沒有什麼特別的時刻會突然響起一首歌，然後你突然就打通了任督二脈。你能做的就只是不斷埋頭苦幹，直到你突然抬頭，發現『哇，我做得比以前好多了。』但是你必須提醒自己這不重要，因為汗漬每一天都在身上，你必須不斷努力清除它。」

沃托在這一季的蛻變展現了他強大的心理韌性（mental toughness）。根據西澳洲科廷大學（Curtin University）的心理學家丹尼爾．古馳亞迪（Daniel Gucciardi）的解釋，心理韌性是驅動個人追求目標的心理能量，尤其是在極具挑戰性的情況下。心理韌性強的選手會發展出更強的生理耐力，強大的韌性讓他們可以忍受更多痛苦，而不至於影響表現[25]。有這項特質的人在面對批評或逆境時，也能調適得比較好[26]。

心理韌性也是頂尖選手能從一般選手中脫穎而出的原因之一。針對國際級和國家級聯盟式橄欖球選手[27,28]、技術等級高低不等的板球投手[29]和板球擊球員[3]、越野賽跑選手[30]等所做的各項研究，都得出相同的結論：頂尖運動員的心理韌性通常比其他選手來得高。「高心理韌性可以幫助個人取得並保持較佳的表現，因為心理韌性高的人，可以更有效地將能量導向追求個人目標，極大化行為和目標的一致性，並在面對壓力來源時，更有效地調整自己的想法和行為。」古馳亞迪說道。

「這是一個很奇怪的運動。」沃托想了想說，「有時候你必須具有強大的復原力，而且必須不斷往前進。當我想到棒球，尤其是想到棒球打者時，我總會聯想到殭屍——他們朝你肚子開槍、砍斷你的腿，但你還是得不斷往前爬。」

和沃托一樣，菁英運動員往往是最擅長面對逆境的人，而他們通常有以下三種策略。首先，問題導向策略是試圖改變或處理會引起壓力的狀況；其次，情緒導向策略是試圖調節高壓事件對情緒造成的影響；最後，迴避策略則是讓運動員在心靈上或行為上脫離當下的情況[31]。以上三種策略都很有效。

沃托在二〇一六年似乎同時使用了問題導向策略和情緒導向策略：使用問題導向策略幫助自己改善揮棒的問題；使用情緒導向策略讓自己保持冷靜，避免陷入情緒低潮，導致扭轉當季表現的工作變得更加困難。「我當時遇到一些技術上以及運氣上的問題，我的擊球表現不錯，但就是無法把球送到空檔處。同時，我在心理上也有點覺得受夠了，所以我得加倍往內心深處挖掘，面對每一球時更積極，在每一個打數都更加好勝。比賽變得更困難，但我卻太輕鬆以對，結果就是它又再次磨練我，讓我變得更堅毅。」

不同運動項目所需的應對策略可能有所不同。科學家曾指出，職業橄欖球選手[31]和菁英青少年足球選手[32]一樣，較常使用問題導向策略。而針對菁英青少年高爾夫球選手所做的研究則指出，他們會同時使用上述三種策略[33]。

二〇一六年抑鬱的開始激勵了沃托。「我記得我就是一直覺得自己必須趕快追上。」他回想道，

「那一年年底我感到非常不滿意，因為我想要更多，我年初的表現應該要更好。但是，現在回頭看，那次的大逆轉毫無疑問是我生涯的最佳表現之一。」

沃托展現了頂尖運動員所需的心理韌性。「有時候你就是只想放棄，但是你不行，因為如果你現在放棄了，就會養成放棄的習慣。對我來說，那是最要不得的習慣。我寧願盡全力然後得個丁下，也不要隨便拿個丁或被當掉，然後等著下次再來，你懂我的意思嗎？」

「我就專注在我必須做的事情上，專注在我想達到的目標，專注在我要的感覺。就是這樣。有時候你會覺得緊張，你的感覺並沒有對錯，但它們通常會自己消失無蹤。」

當沃托被問到還有沒有其他類似的低潮經驗時，他笑著說：「天啊，可憐可憐我吧，實在太多了。當然有，還有好幾次。但這就是大聯盟打者的命運。」

沃托相信二〇一六年初遭遇到的挫敗讓他變得更「強大」。在接下來的兩年，他都入選了季中全明星賽陣容。「我覺得自己變得更有韌性，心理素質也更強大。但那真的是很艱困的時期。我喜歡這些困難，因為我真的覺得在這種情況下，你要不是一蹶不振，要不就是站起來面對挑戰。而那個時候，我選擇站起來和當時的挑戰正面對決。」

掌控感

山普拉斯在生涯七次的溫布頓決賽前都抱持著同樣的信念：他今天在中央球場是輸是贏完全

取決於自己的表現，和對手無關。「如果我好好比賽，把自己準備好，我就沒有問題。」這七次決賽他都贏了。

「我必須做這件事，如果我這麼做，我就會贏球。這就是我對付比賽的方法。除此之外，別無其他。我手上握有武器。如果我發球發得更好，跑動位置都做得好，而且好好打網球，那就沒有人可以打敗我。我不是驕傲自大，但那就是我的感覺。」

唯一一個讓他覺得「好像把我的球拍給拿走了」的選手是戈蘭・伊凡尼塞維奇（Goran Ivanišević），他是個左手球員，也是史上發球最有力的選手之一。即便如此，山普拉斯還是分別在一九九四年和一九九八年的溫布頓決賽中擊敗了他。「在我生涯中對上的其他選手，我都覺得只要我發球發得好，那麼比賽的結果就取決於我打得如何，這是我的看法。我對待比賽和網球的方法非常黑白分明，沒有什麼討價還價的空間，我知道我得做些什麼。而且，如果我做到了，我就會贏。」

山普拉斯的回憶非常發人深省。菁英運動員比較容易覺得自己對比賽結果握有控制權，而且認為自己能左右比賽結果的能力大於對手。這就是所謂的內在控制信念，而不是外在控制信念。內在控制信念搭配高度自信就能降低運動員的焦慮程度，也能提高他們對於焦慮感的控制[34,35]。二〇一五年，一項針對挪威足球員所做的研究指出，職業足球員所覺察到的自我控制感明顯比業餘球員高出許多，也就是說，對於握有控制感的信念也是菁英運動員在心理上和其他運動員的不同之處[36]。

和山普拉斯一樣，認為自己的體格條件「只是中等」的足球員卡拉格，也覺得比賽的結果成敗掌握在自己手中。「我總是覺得只要我表現得夠好，就沒有人可以阻止我贏球。」

「我幾乎不曾擔心過對手是誰。的確，我會想這件事，也會想我要對上哪些選手，但我從來不會在上場的時候去想今天的對手是誰。我只會想說，我今天要為球隊做些什麼。」

以心理健康做為代價

偉大的美國運動作家萊特·湯普森（Wright Thompson）將其最新的文選命名為《夢想的代價》（*The Cost of These Dreams*）。標題很貼切，因為對運動員而言，攀上體壇巔峰往往得付出一定的代價。儘管贏得各大菁英賽事、獎盃都伴隨著無上的榮耀，目前卻還沒有證據顯示，獲得體壇成就和快樂之間有任何的關聯性。

做為菁英棒球員「他媽的一點都不好玩」，沃托說道。「身為大聯盟打者是個奇怪的體驗，尤其是當你在低潮掙扎時。這種感覺非常孤單，而且很讓人困惑。」

這就是攀上體壇巔峰的負擔。許多可以幫助運動員取得優異功績的特質，同時也增加他們承受心理健康問題的風險。

幫助運動員成為菁英選手的完美主義特質容易帶來負面影響。完美主義者嚴苛的自我評價會提高倦怠過勞、過度使用傷害，以及自信心低落、焦慮、憂鬱等心理健康問題的風險。一項最新研究指出，有二成五的英國足球學院選手有輕微至中等的憂鬱症狀；一成五的選手則表現出可能患有重度憂鬱症的症狀[37]。世界衛生組織指出，英國十八到二十四歲的青年中，有七%到十五%患有憂鬱症[38]。如此看來，頂尖兒童運動選手可能受到心理健康問題困擾的機率更高，這也讓人開始注意到，外界強加在本來就對自我評價較嚴苛的選手身上的壓力。

在職業等級選手中，對心理健康的挑戰有過之而無不及。許多運動員都有足夠的技巧和體能條件來應付菁英等級比賽，但是心理素質卻不夠強健。「這樣的選手有好幾百個，」卡拉格在談及有運動天分，卻沒有足夠強大的心理素質能在英超久待的選手時說道，「因為為頂尖球隊出賽而受到評論，一切都會被放大檢視；又或是你單單身為一名選手，一週有兩場比賽卻還得不斷接受質問，報紙上用一到十的量表為你評分等等。沒錯，有非常多選手都沒辦法應付。」

就算選手有辦法承受自己的一舉一動都被細細檢視，這個工作對選手和其家人的需索無度也會對其心理健康造成極大負擔。「我非常好勝，幾乎到了病態的程度。」二〇一三年的溫布頓錦標賽冠軍瑪麗昂．巴托利（Marion Bartoli）回憶，「我無法接受自己輸掉任何比賽。」

而在團隊運動中，過度訓練可能會被用來「減輕愧疚感」，曾在板球對抗賽拿下三十八次百分紀錄的桑卡卡拉說道，「你不想到時候對自己的努力有所懷疑，你有多努力、你準備得多周全等等，因為這對其他人也很重要。對我來說當然很重要，沒錯，但對其他人來說也差不多一樣重要，因為如果我得分了，對最後球隊總積分也有幫助。所以大概就是這種心態：繼續努力、繼續努力、繼續努力……我不確定這是不是健康的心態。」

近年來，許多運動員前仆後繼地分享了自己和心理健康問題對抗的經驗，研究也證實了這些問題的普遍性。二〇一五年，芬蘭、法國、挪威、西班牙、瑞典等國的男子足球員，有超過三分之一患有焦慮症或憂鬱症；另外，也有相當人數的球員受睡眠問題困擾[38]。在某些地區的研究結果更為驚人：二〇一五年，大約四成五的澳洲運動員有焦慮、憂鬱、心理困擾等其中至少一種的症狀[39]。

二〇一八年進行的一項調查發現，有六成一的美國運動員認同以下的敘述：「我如果沒有贏，人們就對我不再感興趣。」美國反禁藥組織（US Anti-Doping Agency）的執行長崔維斯・泰嘉特（Travis Tygart）曾指出，這樣「不擇手段求勝」的文化助長了「選擇使用禁藥」的選手人數[40]。

運動員拼命求勝的渴望會讓他們開始探索使用表現增強藥物的可能性。隨著比賽獎金以及贊助合約金額不斷提升，教練和選手尋求各種巧妙的手法去作弊的誘因也越來越強。在二〇一一年的世界田徑錦標賽中，只有〇・五%的選手沒有通過藥檢；但是世界反運動禁藥機構（WADA）近期發表的一份匿名調查指出，有三成的選手坦承在錦標賽前的一年內曾經使用過禁藥[41]。

然而，儘管在職業生涯中會面對如此多的挑戰，對頂尖運動員而言，最難熬的卻是退役後的日子。許多選手都曾形容，退休就像是痛失親人一般難受。職業球員協會（Professional Players' Federation）在二〇一八年進行調查發現，已經退役的英國運動員中，有超過半數的人對於自己退休後的心理健康表示擔憂[42]。每兩個退休選手中，就有一個人在結束職業生涯後的頭兩年，表示自己覺得無法掌控自己的生活[43]。

世界各地的研究結果都不樂觀。在足球界，有三成五的退役選手患有憂鬱症和焦慮症。有大把的選手表示，自己不知道該如何應付退役後的生活；有四成的退休足球員在退休後五年內宣告破產，更有三成三會在退休的第一年內離婚[43]。近年來，運動員紛紛鼓起勇氣公開談論心理健康問題，提高了大眾對此問題的意識，也有助於加強針對現役及退役選手的支持系統。但是在許多其他運動項目中，還是迫切需要更多幫助改善選手心理健康的投資，以及相關的文化變革[44]。

對許多運動員而言，最諷刺的慘劇就是，幫助他們達成不凡成就的特質，同時也使他們無法滿足於自己的成就。備受我們崇拜、羨慕的運動員，從某方面來說，卻非常不幸。

13 運動員為何會表現失常？

為什麼有些運動員會在重要關頭表現失常，而有些運動員卻在關鍵時刻表現愈加出色？

「我的雙腿像果凍一樣，我感覺自己完全沒有前進。我試著讓雙腳正常活動，卻感覺像在作夢一樣慢動作。」

——艾倫．唐納（Allan Donald）談及他在一九九九年板球世界盃準決賽中著名的追殺出局經驗就在幾分鐘前，尚・范德維德（Jean Van de Velde）還一派輕鬆地悠游在航向英國公開賽不凡勝利的航線上。英國公開賽是高爾夫球四大錦標賽之一，也被公認為其中聲望最高的賽事。然而現在他卻雙腳泡在水中。他剛剛脫了鞋襪，看來他打算從貝瑞伯恩河中（Barry Burn）把球打出來，這條河流經位於蘇格蘭北海海岸的卡諾斯替（Carnoustie）高爾夫球場。

「你到底在搞什麼東西？誰可以行行好，過去阻止他吧，給他一大杯白蘭地，幫他擦乾身子。」BBC的球評彼得・艾利斯（Peter Alliss）說道[1]，「這已經超越笑話的等級了，他根本就瘋了。」

范德維德花了幾分鐘衡量自己的選項，他身後站了一大群看得津津有味的觀眾。

「我剛踏進河裡的時候，球還有四分之三是浮在水面上的，」范德維德後來回憶道[2]，「沒想到會突然漲潮。在五到十分鐘之內，球就完全被淹沒了。我沒辦法把它打出來。」

范德維德只好接受罰桿，並將球重新定位，也就是說他必須放棄一次揮桿機會，並在下次揮桿時，從球落水位置的附近開始。

一九九九年，第一百二十八屆的英國公開賽成了該公開賽的悠久歷史中最奇特的賽事之一。范德維德在本次比賽前，世界排名僅一百五十二，和贏得任何大賽從來沒有擦上邊過[3]。然而，在四天的精彩表現後，他在星期天傍晚以王者之姿來到了第十八洞。范德維德有三桿的領先優勢，所以在這一輪的最後一洞，標準桿四桿的球洞，他還有空間能讓對手兩桿之後，依然抱走冠軍銀瓶葡萄酒壺獎盃（Claret Jug）。他有望成為自一九〇七年以來，第一位拿下英國公開賽冠軍的法國球員。歷史正在向他招手。結果接下來二十分鐘所發生的事，卻將范德維德永遠地推入體壇的臭名錄中。

「當然，你可能會在比賽接近尾聲的時候開始緊張，但我一直打得很好，至少到十六、十七洞都是如此，我的神經緊繃。」他後來說道[4]。

范德維德拿出了開球木桿，在桿數領先的情況下，這似乎是個太過積極的選擇，也出乎所有球評的意料，結果范德維德這一球打偏了，比預計的往右偏出許多。幸運的是，這一球雖然非常靠近水邊，卻安全落在河岸的彎曲處。不過從這一刻起，范德維德的好運已經用盡了。

他的第二桿依舊非常積極，但是同樣也打歪了，偏離原本預定的目標落點。最詭譎的是，球打到觀眾看台的扶手，彈到石牆上，最後退了五十碼落在長草區中。「現在沒有誰比他更需要一個軍師了。」艾利斯在播報時這麼說。

接著是致命的第三桿。范德維德試圖把球打過貝瑞伯恩河，但是打歪了，球應聲落水。

在即將被擊垮的時候，范德維德又重新找回了沉著冷靜。在第七桿的時候，他靠著七英尺遠的推桿成功將比數追平。但是不幸地，這只不過是延長了他的垂死掙扎。

從打完第十八洞到延長賽開始的四十五分鐘空檔，「不足以讓我好好消化剛才所發生的一切，」范德維德回憶[5]，「卻又讓人難以維持相同的心態和精神，放下剛才的慘烈戰況不去多想，專心繼續比賽。」

范德維德在延長賽揮出的第一桿也是場災難：他甚至必須接受以「無法打之球」（unplayable）罰一桿。最後，他在確定輸掉比賽之後失望地哭了[4]。

「得帶著這個回憶繼續過日子的是我，不是你們。」范德維德在公開賽結束後說道。他後來雖然沒有贏得任何高爾夫球大賽，卻名流千古，成了輸掉高爾夫球界最重大賽事的選手。「我很惱火、很難過，五味雜陳，」他後來說道[5]，「壓力很大。我只覺得……剛剛到底發生什麼事？」

「史上最爛的一輪？」

史考特・波斯威爾（Scott Boswell）站在投球起跑點，在眾目睽睽之下彷彿深陷地獄的煎熬之中。這是二〇〇一年的赤爾登罕暨格洛斯特盃（Cheltenham and Gloucester Trophy）決賽，原本這應該會是波斯威爾板球生涯的一大亮點，結果他卻完全無法正常做出自己已經做了大半輩子的動作。

「我太焦慮了，整個人僵住。我沒辦法不去想它。根本就是惡夢一場。」他回想道，「我怎麼會沒辦法跨步投球？怎麼會這樣？我的腦袋怎麼了，導致我無法動作，而且還讓我覺得想吐、焦慮，無法做出一個我已經練到渾然天成的簡單動作？」

波斯威爾原先只是列斯特夏（Leicestershire）板球隊中表現普通的快速球投手。然而他在準決賽中出色優異的表現，為他贏得了在決賽中上場的機會。門票早已銷售一空的決賽將在板球殿堂羅德板球場舉行，這可是所有平凡郡級板球手的夢想。

在決賽之前，波斯威爾在準決賽後的三週一直處於失衡的狀態，他變得不確定自己的定位。在決賽前一天的晚上十點，列斯特夏的教練把波斯威爾找來。他問「我有沒有意願，以及我能不能做到。所以在我正式上場之前，這個想法就在我腦中萌芽了。」最後，在比賽前四十五分鐘，他才被告知要準備上場。列斯特夏的對手薩莫塞特（Somerset）贏了擲硬幣，在豔陽高照的日子選擇進行先攻。身為先發投手之一的波斯威爾，主投第二輪。

「第一、二球的時候我覺得還可以。」他回憶。但在這一輪的最後一球時，波斯威爾投了一顆中距離好打的球，在板球術語中又稱為「長距離彈地球」（long hop），被擊球員打擊出去，並得了四分跑分。「投出去的感覺就是不對勁……就變得有點卡卡的。」這正是接下來一連串災難的前兆。

下一輪投球時，他一開場就投出一個大歪球（wide）。「我心想：『喔，我的老天！我從來沒有投過這麼偏的球，到底發生了什麼事了？』一切就從此開始。我接下來又投了一個歪球，觀眾開始鼓譟。我心想：『唉呀！』這一球投到了背面側，所以我的歪球一個在背面，一個在正面，我調整得太過頭了。噢！天啊！」

板球比賽中，一輪是投六顆球，確切來說，是除了廢球跟歪球以外的六顆。一般來說，廢球或歪球在每局中出現的次數寥寥可數。波斯威爾主投的第二輪卻總共投了十四球，因為他不斷把球投偏，偏向兩側的區域線。YouTube 上有人上傳了這一輪比賽的影片，影片名稱是「史上最爛的一輪？」點閱數高達一百五十萬次[6]。

波斯威爾覺得這一輪彷彿「沒完沒了」。而他也承認，這次表現的確就是「失常」。

表現失常的原理

失常是一個經常有人討論，卻很少有人能理解的現象。失常指的是因為無法應付某個時刻的壓力和焦慮感，導致個人出現災難般的表現[7]。當比賽壓力升高時，運動員的焦慮指數也會隨之增長。

焦慮是面對外在及內在壓力時所產生的神經生理反應。在進行攸關輸贏的行為，而且可能影響個人地位的情況下，焦慮感會升高。焦慮的症狀包括心理層面的擔心和恐懼，以及生理層面的手心冒汗（波斯威爾對此印象深刻）和心跳加速。焦慮會佔去個人的注意力及工作記憶，因而影響表現[8]。

運動員在這種情況下會開始思考一些平常早已習慣成自然的動作要如何操作。波斯威爾當時在決賽中就是如此，奠定他整個職業板球員生涯基礎的基本投球動作突然變得很陌生。「當你的腦袋不相信自己的潛意識時，你就糟糕了。」他解釋道，「你在很進入狀況的時候根本不會多想，就是投球，差不多就只靠潛意識在動作。那時你相信自己的技術。」

在羅德板球場，波斯威爾「不信任自己，我無法信任自己的動作，不信任自己的技術，所以在壓力下，一切就崩潰了。」

運動員焦慮時，會把注意力放在技術的執行，但是這些技巧動作對他們的身體而言，早已經可以靠自動駕駛模式來執行；這就是典型的「分析癱瘓」[9,10]。在一般情況下，位於眼睛上方的大腦區塊內的前額葉皮質（prefrontal cortex）可以幫助增強腦部活動，所以我們不會注意到自己每一個動作的小細節。在面對壓力時，前額葉皮質會過度工作，導致大腦開始將心力投注在每項工作進行時的分解動作細節[11]。在這個情況下，運動員就會開始想太多，並過度注意那些隨著多年的訓練早已自動化了的動作。如此一來，選手就彷彿回到多年前，剛開始練習某個動作時，還需要靠意識控制動作的時期，因此表現就受到影響了。這個概念解釋了，為什麼堂堂二十六歲、已經轉成職業板球員七個賽季的波斯威爾，會在突然之間連球都投不直。

現在，波斯威爾主投的第二輪已經成了一場鬧劇，他前八球投球中有六球都是歪球，他記得當時群眾「鼓譟聲越來越大」。為了讓自己早日脫離地獄，波斯威爾越來越急躁，在每一球投球前的準備時間也越來越短。「我記得當時一心想趕快結束這一輪，只想盡可能趕快把球數投滿，但是這一輪卻一直沒完沒了。」

「不幸地，我在被壓力擊垮的情況下，還試圖讓事情加速進行，而不是放慢速度，後退一步，調整呼吸，試著微笑一下——『這只是一場板球比賽而已，上吧。』」波斯威爾知道這一切只能怪自己，但是隊友都沒有上前來說幾句加油打氣的話，使得情況愈發嚴重。

這時在羅德板球場上真正的問題是，波斯威爾的方法耐不住高壓。「應該說，如果發生了什麼事，我並沒有什麼投球的流程可以依循，就只是恐慌緊張而已。」在此之後，波斯威爾只在職業板球界中又參與了一場比賽，投了非常糟糕的一輪（其中有兩個歪球），然後就此被球隊除名。

應付焦慮

菁英運動員就跟我們一樣，會感到焦慮，也會因此影響表現。在戰況激烈的籃球比賽最後三十秒中，WNBA和NBA選手的罰球命中率相較於整場比賽的其他時刻，分別低了五．八%和三．一%[12]。選手在主場比賽時，如果觀眾人數較多，他們的罰球命中率也會較低。觀眾每多六千人，主場球員的罰球命中率平均會下降一成，但是客場球員的罰球表現卻不會受觀眾人數多寡的影響[13]。

然而，相較於其他對手，頂尖運動員在任何時刻的焦慮程度都相對比較低。此外，他們也較能把焦慮的感覺轉化成正面的動力。自信心也能幫助運動員對抗焦慮[14]。比較沒有自信的運動員往往會認為焦慮對表現有百害而無一利，但是有自信的運動員卻會將焦慮的感覺，解讀成自己準備好面對挑戰的徵兆[7]。因此，他們也比較不容易在壓力下表現失常[14]。

頂尖運動員也比較懂得將比賽中不好的事拋諸腦後。安妮卡．索倫斯坦常開玩笑地說，自己此生從沒擊出過不漂亮的球——「我不記得我有。」這樣的選擇性失憶幫助索倫斯坦成為了史上最佳高爾夫球選手之一。沒那麼厲害的球員容易被自己的失誤給吞噬，但是索倫斯坦卻能精準地把不好的記憶切除，然後集中注意力去扳回一成。

「你必須學會如何抽離，迅速地分析一下，然後碰！忘掉它，繼續前進，放下，從錯誤中學習。我們都曾擊出壞球，問題是你要怎麼冷靜下來，重整旗鼓？」研究指出，像索倫斯坦這樣心理素質極高的人，最能夠應付像是球打歪了這樣的負面事件，並且能從中學習，提昇自己的表現[15]。

到了下一次擊球時，索倫斯坦已經拋開了和剛才那個失誤有關的一切想法。「重點是要在準備揮桿擊球時，先想像自己用七號鐵桿揮出漂亮的一擊，而不是想著自己用七號鐵桿揮桿不力的經驗。」

「你必須學會如何把打得不好的球拋在腦後，然後在下一次揮桿時站在球前，說：『好，現在就是最關鍵的一擊。』我總是稱之為『當下之擊』，你現在要打的這一球就是最重要的一球，十分鐘前發生的事完全不值一提，而且又有誰能說得準，接下來十分鐘會發生什麼事？」

「你必須學會如何把打得不好的球拋在一邊，我認為這是打好高爾夫球的關鍵。大家都知道，比賽時最難克服的距離就在兩耳之間，因此你必須保持正向積極的心態，你必須站上場，從容揮桿。如果站上場時還在擔心這個操心那個，你就會綁手綁腳，因此很難在那種情況下好好揮桿。我表現得最好的時候，都是在我輕鬆自在、沒有壓力的時候。我只需要集中注意力，看好目標，但同時身體放鬆，肌肉就可以做出最好的表現。沒有什麼比當你要做一件事時，卻感到神經緊繃、壓力大到你甚至無法好好呼吸來得更糟糕的了。」

強大的心理素質讓索倫斯坦能夠在打得不太流暢時，也保持表現不失常。「很難想像心靈的力量有多強大。比方說你這一球打得不太好，但你還是可以湊合著打完。隨著比賽不斷推進，最重要的就是堅持照著計畫走，腦袋放聰明——你的對手現在可能打得非常流暢，但也可能突然間就慌了手腳。」

索倫斯坦最出名的就是乘著大有可為的情勢一舉奪勝的能力。值得注意的是，她曾經十次在大賽中奪冠，比她在其他等級比賽中得到前十名的次數還多。「我的心智大概就是我的第十五支球桿❶，我非常珍視也很需要它。」

頂尖高爾夫球選手更懂得如何應用正向自我鼓勵、目標設定、放鬆技巧等，也因此比較沒有憂慮及負面的想法[16]。其他如吃苦耐勞及自戀等個人性格特質，也能更進一步幫助頂尖運動員遠離焦慮的苦海[7]。

「我當然會感受到壓力，」索倫斯坦回想道，「但是是一種有趣的壓力，我想知道自己是不是能應付得來。所以我會誠實面對自己，相信自己，直到比賽結束為止。我總是這麼想：你希望是誰來揮這一桿或是推這一桿？我希望是我自己，因為我可以信任自己。」這與波斯威爾在羅德板球場的經驗形成了鮮明的對比，他當時想的是「我就是無法相信自己」。此一對比，對我們極富啟發性。

索倫斯坦的力量來自於「我堅忍不拔的性格、我的決心，而且我很清楚自己投入了多少小時的努力在其中。我們都知道，要是比賽只有十六洞的話，那麼就有更多人有機會奪冠，但比賽是十八洞，是很長的比賽。你必須孜孜不倦，堅持到底。」

對索倫斯坦而言，這就表示她必須壓抑自己想加快腳步的衝動，盡可能堅持遵循自己的準備流程，也就是在揮桿之前，多花二十四秒的時間做準備。高爾夫球選手擊球的方式在壓力之下會改變，導致高爾夫球桿頭的運動範圍縮小，而球受到的撞擊力量增大，這就是他們太急躁的表現[17]。

❶ 譯註：在高爾夫球比賽中，選手最多只能攜帶十四支球桿上場。

在棒球界，被壓力擊垮的投手往往會在投球時，倉促完成腳部的動作以及彎曲手肘的方式[18]。

受到焦慮影響表現的運動員不管在動態或靜態情況下，用眼的方式都會變得較沒有效率。桌球選手感到焦慮時，會花更多時間凝視球，用比較少的時間觀察對手。如此一來，便會影響他們從對手身上獲取線索，預測下一步的能力，進而使他們只能針對迎面而來的球做出反應[19]。網球選手感到焦慮時，他們解讀脈絡資訊的能力也會變差，譬如來回對打時的球序，或是對手可能會擊出某種球的機率高低，這些都會影響選手預測的準確度[20]。焦慮引起的感知缺陷還包括過度警覺（hypervigilance），也就是「鹿在車頭燈前」一時呆住無法反應的現象，以及視野緊縮或出現管狀視覺（tunnel vision）情況，而且還會把注意力集中在不重要的地方。不管是以上哪種情況，受焦慮影響的運動員都會因此而錯失關鍵訊息。

運動員在倉促行事下容易做出糟糕的決定。焦慮的運動員就像草率的槍手、過度謹慎行事的撲克牌選手，或是無法下定決心的膽小鬼[21]。范德維德在卡諾斯替球場第十八洞的其中一個失誤，就是在挑選球桿和打法上過度積極進取，而且播報員在後來的不幸事件發生前就提出了這個看法，絕對不是事後諸葛。

在壓力之下堅持遵循自己的準備流程，可以避免發生這樣的失誤。「每個運動員都應該去找個運動心理學家幫自己建立一套準備流程，讓準備過程的每一個面向、每個元素都有其意義。」佛羅里達大學（University of Florida）的運動心理學家克里斯．賈奈爾（Chris Janelle）說道。「這一套流程必須顧及數個面向：抗壓、集中注意力、提升自信。同時也必須具有一定的彈性，讓選手能以此做為架構，在整個賽季中使用，不止做為賽前的準備工具，也同時是比賽中每一刻、每一次動作前的例行步驟。」

「這就是關鍵，不管是第一洞果嶺或是第十八洞果嶺，不管是美國公開賽（US Open）或是職業業餘慈善配對比賽（Pro Am）的週日，我都會堅持遵循同一套準備流程。」索倫斯坦說道。「只要這麼做，你就能對抗壓力。一般人都會想：『有這麼多人在看，這個推桿很重要。』、『這一洞很難』或是『這一洞很簡單，我必須把它打好。』這一切都會影響心情，也會影響你的表現；但是如果你可以盡量把這些都隔絕在泡泡之外，打起球來就會簡單許多。」

僵在原地

時間回到一九九九年的板球世界盃準決賽，史上最精彩的比賽即將來到最緊張刺激的時刻。南非必須拿下兩百一十四分才能打敗澳洲，並且創下隊史上第一次晉級決賽的紀錄。雖然兩隊得分相同這在板球世界盃中史無前例，但如果兩隊得分相同，因為澳洲隊在小組賽中的積分較高，還是會晉級決賽。

最後一輪南非進攻，輪到最後一組擊球員上場，他們需要拿下九跑分才能贏得比賽。負責打擊的是藍斯・克魯森納（Lance Klusener），他的得分氣勢銳不可當，最後甚至拿下錦標賽最佳球員獎座。

最後一輪的頭兩個球由戴米恩・弗萊明（Damien Fleming）主投，他是在賽局末數一數二精明的投手，但這也更凸顯了克魯森納的好戰。克魯森納擊出兩球，獲得四分跑分。

南非隊需要在接下來的四球都各得一分跑分才能贏得比賽，而克魯森納還在擊球的位置。因此，南非隊出色的快速球投手十一號的艾倫・唐納（Allan Donald），同時也是全隊最爛的擊球員，不需要站上擊球位置。他只需要負責跑到球道的另一端，幫南非隊拿下所需的跑分就可以了。在南非隊的休息室裡，有選手已經拿好了香檳酒準備慶祝勝利[22]。

這是「功敗垂成的一刻」，克魯森納回想，「我跟艾倫說，我們應該直接打個六分球，然後握手、離場，但是要是我們可以每一球都得個一分，也不能貿然放棄。」

「雖然只要打一個好球就能結束比賽，但是如果你不好好把握每個得分機會，也可能搞得一場糊塗。雖然有很多如果、但是，不過這就是我們的計畫。只要我們有機會得分，就要把握。」

等了好一陣子之後，弗萊明終於投出第三球。克魯森納把球擊出，卻朝著守備員飛去。此時，在克魯森納還來不及阻止他之前，唐納就已經起跑奔向三柱門，這讓他暴露在被守備員追殺的危險中。要是守備員投出的球擊中了門柱，南非就要跟世界盃說再見了。

「要是真的打中了，我就會在門柱前幾英尺的地方出局。」唐納後來說道[23]，「我躺在地上，心噗通噗通地跳，心想著：『感謝上帝，我們逃過一劫，現在開始一切都沒問題了。』」在下一球投出之前，唐納跟克魯森納說：「隨便選個方向，把球打出場吧！[23]」

弗萊明的第四個投球，可以說是板球界的范德維爾德翻版。克魯森納這一球的擊球時機沒有頭兩球時那麼好，但他擊到球後還是馬上拔腿就跑。「在我腦中，我認為這就是個可以得分的機會。」前面一球，唐納不該跑卻跑了；但是這一球，他卻完全沒有跑，站在原地動也不動，看著克魯森納朝他飛奔而來。當克魯森納從他身旁狂奔而過時，唐納卻只丟下球棒，可憐兮兮地站在原地四處張望。他的雙腿完全不聽使喚。

「我抬頭望向藍斯，看到他往我這飛奔而來，所以我也開始跑。」唐納寫道[23]，「然而我的雙腿像果凍一樣，我感覺自己完全沒有前進。我試著讓雙腿正常活動。卻感覺像在作夢一樣慢動作。」

唐納似乎也被分析癱瘓給打敗了，這是表現失常的典型症狀之一。當他終於開始跑之後，在幾碼之外馬上就被追殺出局了。澳洲隊也因此晉級決賽。

刻板印象威脅：為什麼曾經表現失常的隊伍，更容易再犯？

自一九九九年開始，南非在世界盃慘遭出局的事件引發了一連串體壇的荒謬鬧劇。在二〇〇三年，南非主辦的板球世界盃中，他們因為誤解了贏球所需的跑分數而出局，再次在平手後被淘汰出局。在二〇一一年，他們在四強賽對上紐西蘭，正準備一帆風順準備贏得勝利時，卻因為自亂陣腳而遭淘汰。四年後，南非錯失了好幾次接殺和追殺的機會，最後在史詩般的準決賽中輸給了紐西蘭隊。

自一九九九年那歷史性的一刻之後，南非男子板球隊共參加過十九個國際錦標賽，包括世界盃、國際板球協會冠軍盃（Champions Trophy）以及T20板球世界盃。儘管南非隊依舊是當代頂尖板球國家之一，他們卻從沒晉級過決賽。他們曾經八次晉級準決賽，卻從來沒有贏過。

不斷反覆上演的失敗劇碼讓人不禁想問：當唐納被追殺出局的時候，是否也開啟了南非隊在世界盃的無盡失敗？他被接殺出局，是否不僅扼殺了南非隊在一九九九年的大好機會，還將遺毒留給了未來世世代代的南非選手？

刻板印象威脅（stereotype threat）指的是，當一個群體與某個負面形象畫上等號時，此一形象便會不斷壯大，而相同的結果和行為也會因此不斷重複出現。在一項經典實驗研究中，科學家分別請男學生和女學生做算數測驗，其中一組學生被告知男生和女生在這項測驗中表現相仿，另一組學生則被告知男生的表現較女生為佳。結果發現，被告知男女生表現相仿的女學生，在接下來測驗中的表現確實和男學生旗鼓相當。而被告知女生的表現通常較差的女學生，在接下來的測驗中，也的確就表現得不如男學生[24]。因此，意識到特定的刻板印象，似乎確實會影響受試者做出與該刻板印象相符的表現。

刻板印象威脅也同樣瀰漫在體壇，而且會影響「任何你可能（擔心）被人們依據你所屬群體的某個刻板印象來評斷你的情況，包括種族、性別，甚至是你所屬的球隊等等。」《搞什麼，又凸槌了?!》（*Choke*）一書的作者翔恩．貝洛克（Sian Beilock）說道[10]。「只要有被根據所屬群體分析、評價、評斷的可能性，都可能會造成焦慮，進而導致表現失常。」

不管在運動或人生中，過去的失敗都可能導致未來更容易在相同的地方跌倒。從一九九九年起，南非板球員就拖著刻板印象威脅的包袱到處走，像是拉著沒人要的巨大行李箱一般，走過一個又一個的錦標賽。

南非隊選手每當聽到有人提起和失敗同音的「ㄕ」開頭的字時，就會越來越焦慮，但這不代表他們就能倖免。「我們的確表現失常。」南非隊在二〇一三年國際板球協會冠軍盃準決賽又一次上演糟糕透頂的表現後，總教練蓋瑞・克斯丁（Gary Kirsten）說道。他將過去遺留下來的失敗傳統形容為「南非板球隊遇上淘汰賽時，頭頂上的一片烏雲。」[25]

如何擊敗刻板印象威脅？

南非板球隊球迷以及（二〇一八年世界盃之前）深受ＰＫ大戰創傷的英格蘭足球隊球迷都可以作證，失敗似乎會招致更多失敗。每一次的表現失常，不論是真的失常或是外界看來的失常，都會在下一次遇到相同情況時，為球隊增加更多包袱，使得眼前的困難顯得更難以克服。

此外，黑衫軍也有類似的風評，儘管他們在各式錦標賽中都表現得極度出色，卻唯獨老是在英式橄欖球世界盃（Rugby Union World Cup）出師不利。紐西蘭在二〇〇七年跌破眾人眼鏡，於四強賽時輸給了法國之後，黑衫軍自一九八七年起就沒有贏過世界盃。而且他們輸球的原因百百種，從裁判吹哨失誤到食物中毒都有。

「他們再也擺脫不了因為『失常』而淪為笑柄，黑衫軍一次又一次在世界盃中重新定義失常兩個字。」《每日電訊報》記者寫道[26]，「每當燈光漸暗，表演即將開始之際，紐西蘭隊卻嚴重怯場了。」

然而，紐西蘭隊接著卻連續兩屆奪下英式橄欖球世界盃冠軍。由此可見，儘管失常表現可能會不斷延續，運動員在面對壓力時的表現卻可以提升；循環是可以被打破的。

有許多技巧都可以幫助你提升面對壓力下的表現。雖然有些運動員天生心理素質就比較強，但這並非無法改變的[27]。專門幫助強化心理韌性的介入手段，可以提升運動員的表現[28]。

選手越常練習，他們的動作就有越多部分被自動化，這可以幫助選手控制焦慮，並提高注意力[29]。像索倫斯坦這樣遵循一套準備流程，可以讓選手在壓力下的表現更穩健。設計來幫助選手增進獨立思考的能力，而不只是聽命行事的訓練方法。這可以幫助選手發展內隱知識（implicit knowledge），而不單只是獲取外顯知識（explicit knowledge），並盡可能降低選手表現失常的機率[30]。

「如果你的技能習得完全只來自外顯知識，那麼你在壓力下崩潰的機率就會比較高。」菲爾．肯勇（Phil Kenyon）根據自己的觀察如此指出。肯勇是頂尖的推桿教練，曾經指導過包括羅伊．麥克羅伊（Rory McIlroy）、賈斯汀．羅斯（Justin Rose）、亨利克．斯滕森（Henrik Stenson）等高爾夫球大賽冠軍得主。「我傾向鼓勵內隱學習（implicit learning），這可以幫助選手在壓力下依舊表現如常。」

雖然人們總說，訓練無法忠實複製正式比賽中的關鍵時刻所帶來的巨大壓力。即便如此，在訓練中盡量增加外在壓力，還是能幫助選手提升上場後調適、面對壓力的能力。

不管是要準備公開演講或是參加重大運動賽事，「有件很重要的事，就是要模擬你即將面對的情況進行練習。」貝洛克說道，「大家常常忽略了在高壓環境中練習的重要性，這麼做可以幫助選手習慣正式上場時的情況。如果能做到這樣，就能提高對表現失常的免疫力。」

「我們知道，實境模擬考可以幫助學生提高正式考試的表現，重點是要縮短練習和正式上場時的差距。」她進一步指出，同樣的原則必然在菁英運動員身上也一樣受用。

一項針對英國羽毛球代表隊選手所做的研究就採納了貝洛克的想法。研究將選手分成三組，分別是：高度焦慮訓練、低度焦慮訓練，以及控制組。高度焦慮訓練組的練習全程錄影，研究人員告知選手，國家隊教練會根據這些影片來評量選手表現；低度焦慮訓練組的訓練過程沒有錄影，選手也沒有被告知關於教練評量的事；控制組的選手則按照平常的方式做訓練。在訓練前後，受試者都必須分別根據影片及在場上實際進行發球預測。結果發現，高度焦慮訓練組的選手在訓練後，根據影片所做的發球預測準確度明顯高於其他兩組。更重要的是，這樣的進步也代表選手在比賽中的表現也會進步。也就是說，高度焦慮訓練讓選手變得更厲害[31]。

波斯威爾現在是一名頗有聲望的板球教練，他在俱樂部及學校指導選手。他的指導方式奠基於自己表現失常的經驗上，去幫助選手在面對巨大壓力時，依舊能保持表現不失常的能力。

他的訓練課程分為三個階段，分別是綠燈：壓力小，大多集中在指導；黃燈：壓力升高；紅燈：「選手被置於龐大的壓力之下，而且結束後還要承受不同後果。」這些課程的目的是要讓選手

「能體驗和正式比賽類似的情境」。

他不認為表現失常是必然的，相反地，他認為每個人都能透過特定的訓練降低自己失常的機率。「如果我再遇到同樣的情況，有沒有辦法用不同的方式來處理呢？我有沒有辦法讓自己慢下腳步來？我覺得答案是肯定的。」

波斯威爾希望能幫助其他選手，避免他們步上自己的後塵。「我的身心基本上在所有電視機前看轉播的觀眾面前崩潰了，天知道到底觀眾人數有多少……我自己只看過一次影片，而且沒有看完。我看了五、六球，心想：『這簡直慘不忍睹。』」

「緊要關頭」：梅迪納的奇蹟

二〇一二年，在梅迪納舉行的萊德盃（Ryder Cup）賽事中間的星期六接近尾聲時，歐洲隊以四比十的比分落後美國隊。美國隊只需要再從剩下的十四分中，拿下四．五分就能留住萊德盃獎盃，而歐洲隊則需要再拿下十．五分才能獲勝。

當歐洲隊以四比十的比數落後時，伊恩．保爾特參加的下午兩場四球賽（four-balls）之一尚未結束。「當你看向計分版，然後看到下午的頭兩場比賽結果都是紅隊（美國隊的代表色）勝出，你很容易就能猜到結果。」他回憶。

保爾特和搭檔麥克羅伊在四球賽中居於落後，另一組歐洲隊的選手也一樣，這一組雙人搭檔分別是塞爾希奧・加西亞（Sergio Garcia）和路克・唐納（Luke Donald）。也就是說，在第二天賽事結束後，歐洲隊將會落到四比十二的比分劣勢。

「雖然看起來很不妙，但你知道還是有一線曙光，就是接下來還有兩場比賽。」保爾特回憶，「雖然看起來我們很可能落到四比十二的局面，那樣一來就是災難一場，一切就完蛋了。但是你還是得在心裡盤算，只要能讓這兩場比賽起死回生就還有機會，只要可以把比數拉到六比十就有可能。我們以前也曾有從六比十後來居上的經驗。」

「只要贏下前四場比賽，我們就能追平了。所以這端看你怎麼說服自己，告訴自己還有一絲機會。你的自尊心會突然間佔上風，告訴你不准輸，然後你就此來到一個前所未有的境界。」

保爾特不曾在萊德盃失利過。在二〇一〇年的賽事中，他為自己贏得了「郵差」的綽號，因為他總是能為團隊捎來更多得分。自二〇〇四年第一次參加萊德盃以來，保爾特在十三場比賽中贏得了十分的比分進帳；如果把他在梅迪納四球賽的表現也算進去，他至此已經連續贏了六場比賽。

打了十二洞之後，保爾特和麥克羅伊在四球賽中還落後兩桿：「情況看來非常慘烈。」然而正是這場比賽以及整體萊德盃的絕望情勢，激發了保爾特的動力。就算對改善歐洲隊的處境沒什麼用處，保爾特和麥克羅伊也得拼了命地不斷進攻。麥克羅伊在第十三洞拿下博蒂（birdie）❷把差距拉到剩一洞後，保爾特鼓脹著雙眼，一口氣連續五洞拿下博蒂，完成了萊德盃史上最精彩的個人表

❷ 譯註：在高爾夫球比賽中，選手打出低於標準桿一桿的成績稱為博蒂（birdie）。

現之一[32]。

「把自己的心態提升到那個境界不是常有的事。但是一旦你到達那個境界之後，就有辦法扭轉乾坤，打出一個又一個好球，贏得比賽。」

「我不知道如果我們當時是領先三分的話，我們會不會有不同的表現。這就是那種難以回答的問題，你怎麼知道如果你當時領先三分的話，又會有什麼樣的表現？我們還有可能在最後六洞連續摘下博蒂嗎？我說不準。事實是，我們當時必須拿出狠勁。我們必須贏。他們在標準桿五桿的洞拿下博蒂，我們也必須在標準桿五桿的洞拿下博蒂。我們必須掌控比賽，也必須在標準桿四桿的第十六洞也拿下博蒂，因為他們在這一洞沒有拿下。所以我們要做的事很簡單，非常簡單。我們一定要贏得比賽，一定要在每一洞都拿下博蒂。」

隨著黃昏降臨梅迪納球場，保爾特在第十八洞推出了精彩的十五英尺推桿，以一桿之差贏得了比賽；他發出狂喜的低吼，並喊了一句「好呀！」歐洲隊就此從瀕危邊緣，起死回生[33]。

「當保爾特眼神一變，像那週在萊德盃時那樣，那真的很讓人印象深刻。」搭檔麥克羅伊在贏得四球賽的勝利後說道[32]。「他的眼神完全不一樣，尤其是在長距離的推桿時，他會揮拳慶祝，而且他的眼神會直直看穿你。」

歐洲隊沒有以四比十二落後，反而將比數追到六比十。雖然情況還是不太樂觀，在萊德盃史上，只有一個隊伍曾經成功在最後一天追回這麼多分，而且現在追回平手的局面也和當時不同。保爾特在慶祝推桿成功的同時，感到「全身充滿腎上腺素，感覺我們的時機到了，我們有機會了」。

「這就是好事會發生的時機。在這六洞之間，我們打出好幾個好球，大大鼓舞了團隊的士氣。我感覺到有一股動力在我們之間流動。」

在短短幾小時之間，歐洲隊從擔心會輸掉萊德盃，一躍成「能帶著連贏兩場比賽的快感入睡、充滿活力，並且準備好要為勝利拼搏的隊伍。」

他們同時也感覺到美國隊的氣氛驟變。「他們在星期六以十比四領先時，個個神情愉悅、快活。但是情勢開始轉變，突然之間，壓力從我們肩頭卸下，回到了他們身上。」

保爾特和整個歐洲隊都帶著星期六下半天的絕佳狀態，來到了星期日。「我們必須贏得比賽，否則就會輸掉萊德盃獎盃。因此我們開始施加壓力，提前開始對個人賽的選手施加壓力。」

在比賽剛開始時，保爾特打得很不順，在打完四洞之後，落後兩桿。不過，他還是「知道我會贏下這一分」，保爾特後來說道[34]，「那是種很奇怪的感覺，你完全進入狀況，身旁不斷有騷動，但你的注意力完全只集中在這一球、這一個推桿之上。腎上腺素在體內到處流竄，而我對自己說：『我絕對不會輸。』」

保爾特形容的感覺被稱做「離合狀態」（clutch state）。離合狀態指的是當運動員在高壓或「緊要關頭」（in the clutch）時，還能拿出一切所需的力量來達成目標、好好表現，甚至扭轉比賽的情勢。心流狀態（flow state）則是一種極其相似，卻又不盡相同的概念。心流狀態指的是運動員在高度集中注意力和全心投入比賽終，並且達到和諧的平衡，進而能將不相干的情緒和思緒排除在外，創造出一切都完美吻合、到位的感覺。心理韌性強的運動員比其他人更容易進入心流及離合狀態

35,36。

「你不會去多想，」保爾特說道，「你也不需要多想。你只要上場做好自己的工作就行了。你知道只要計分版上的藍色（歐洲隊的代表色）越多，就等於不斷把壓力加到另一隊身上。他們在星期六幾乎已經贏得了萊德盃，但是突然間又可能要輸掉了，所以我們的壓力減輕了，換成他們被壓在龐大的壓力之下。」

歐洲隊過去在萊德盃的出色記錄，讓選手能受益於刻板印象提升（stereotype lift）的現象[37]，也就是刻板印象威脅的相反。「知道你的球隊總是會贏，也能幫助選手提升自信心。」貝洛克解釋道，「凡能幫助你專心在為何能贏，而不是想著為什麼會輸的原因，都是非常強而有力的元素。」

這就是保爾特在萊德盃的經驗：在過去比賽獲勝的經驗鼓舞了他，讓他的表現能更上一層樓。「我過去在萊德盃的紀錄非常優秀，這當然能提振我的士氣，推我一把，讓我專注在眼前的任務上。我的任務非常簡單，就是贏得比賽。只要我贏了，就能在計分版上再加一分。」

「知道自己有能力勝出的想法非常有用……我們知道自己可以扭轉局面，知道我們在某些方面特別厲害，這絕對大大提升了我們的自信。」

「我們必須使出全力完成任務，才有機會贏得勝利。而身為歐洲隊的一員，這是很值得驕傲的一點，因為我們在過去二十年間一直都做得非常出色。」在當地時間的下午五點十六分，馬丁・凱默爾（Martin Kaymer）沉著地推桿進洞，為歐洲隊取得第十四分，留住了萊德盃獎盃，也點燃了舉隊歡騰開香檳大肆慶祝的瘋狂。幾分鐘之後，老虎伍茲在一記直線推桿時失手，使美國隊錯失了追平比分（十四比十四）的機會。歐洲隊就以十四・五比十三・五獲得勝利，不只留住了獎盃，還有比數上的領先。藍隊打敗了紅隊，「梅迪納的奇蹟」就此達成。

14

如何領導？

選手如何激勵隊友一起成就偉大事業？

「有上百、甚至上千種方式可以影響你的隊友以及整場比賽。只要你是以正向積極的行為拉開比分，就算只有一點點，你也能把球隊推向勝利。」

——尚恩．巴提耶（Shane Battier），兩屆NBA冠軍以及二〇一四年NBA年度最佳隊友得主二〇一九年橄欖球世界盃決賽，開賽第三十二分鐘，英格蘭隊在南非隊得分線上，只差一步就能完成決賽的第一次達陣，卻被硬生生擋下。經過一陣激烈的亂集團（maul）爭球之後，球被傳到英格蘭隊上最強壯的比利．馮尼波拉（Billy Vunipola）手中，他只需要往前推進一公尺就能達陣。

在馮尼波拉接到球之前，南非隊的隊長科里西就已經彎身蹲低，擺出最理想的架勢，準備擒抱。馮尼波拉一拿到球，科里西就往他身上撲去，不只成功將他撂倒在地，完美的擒抱更讓自己搶得在一整群選手中最底層的位置。

對科里西來說，這就是優秀領導工作的縮影：無私地奉獻自己，為球隊付出。「這就是你贏得他人尊敬的方式。當他們可以看見你不斷努力，即使已經到極限了，還是一直前進，因為你不只為自己而打。努力是為了更崇高的目標，因為有許許多多的人必須依賴你。」

科里西的擒抱是南非隊絕佳防守陣線的一環。英格蘭隊總共發動了二十五波攻勢，但是都無法成功突破防線。「隨著每一個防守的成功，每一個小小的勝利都會讓你越來越有信心。」最後，英格蘭隊轉而接受一次罰踢的機會，拿下三分，而不是達陣成功的七分。科里西的擒抱擋下的是英格蘭隊整場比賽最接近達陣的一刻。在整場決賽中，科里西一共發動十三次擒抱，是雙方球員中第三多，而且他每一次擒抱都成功[1]。

不到十八個月之前，科里西才接下南非橄欖球國家代表隊隊長一職。此時球隊的表現還一團亂。前一年的九月，南非隊才蒙受了奇恥大辱，以〇比五十七的比數輸給紐西蘭隊，而且國家隊的排名也來到史上新低，世界第七。

在南非，運動和種族的關係總是密不可分，科里西是南非橄欖球隊一百二十六年隊史上第一個黑人隊長。他知道自己被指派為隊長非同小可，但他也深知這件事不能絲毫影響自己的表現。「能夠擔任隊長是種榮耀。而我感受到最大的壓力就是必須確保自己有好的表現，這是我唯一在乎的事。」

科里西是個很含蓄的領導者，他的領導風格就是確保自己拿出最佳表現，並且樹立他理想中無私奉獻的橄欖球典範。「我最大的壓力來源就是我自己。」他解釋道。

「我只能以身作則，靠實際行動來領導隊友，而不是光靠一張嘴。每個人都能說得頭頭是道，但若是不能在球場上拿出實際行動來證明，那一切都是枉然。」

科里西領導方式的目標是要讓隊友打得更輕鬆。「如果有人不小心失誤，我都會叫他忘記，趕快試著放下。」

以身作則

凡是看見了南非隊的改變的人，都會相信領導才能（leadership）在運動中的重要性。簡單來說，「領導才能就是知道什麼事該做、要做些什麼事才能達到目標，以及如何影響他人，讓別人跟你一起合作完成目標[2]。」史都華・科特里爾（Stewart Cotterill）說道，他是研究體壇領導才能的頂尖專家。隊長的角色很重要，尤其是他如何向隊友傳達與球隊相關的知識（如戰術），以及每個任務的細節，像是在比賽中組織防守陣線等。但是頂尖領導人才會做得更多，他們會以身作則，拿出該有的工作態度，讓自己成為值得其他隊友效法的模範隊員。

在比賽中，能夠克制自己的情緒、盡量保持正向態度的隊長，其展現出的就是最能激勵隊友的領袖作為。團隊領袖對隊友的自信心，以及他們對團隊的認同度都有極大影響力。成功的領袖能夠提升團隊向心力、隊員滿意度、團隊認同、團隊自信，以及動機氣候（motivational climate）❶[3]。隊友認為自己和隊長的關係有多密切，便是用來說明隊長的領導才能好壞的最重要因素[4]。

在頂尖球隊中，領導才能不只侷限於隊長這個角色。研究指出，球隊中必須具備四種不同的領袖角色：負責幫隊友提供戰術指導的任務領袖、場上最懂得提振士氣的動機領袖、能夠在場下打造絕佳團隊氣氛的社交領袖，以及負責和球隊經理、媒體、贊助商等打交道的對外領袖[4]。極少有一名球員能獨自扮演好以上四種角色，而且其實也不必：球隊中領袖人物的人數和團隊自信心、團隊認同，以及排名都成正比。領導才能不該只侷限在配戴隊長臂章的那一名球員身上。

這個說法和科里西的觀念不謀而合。「我不會什麼都插手，每個人都有自己的位置，」科里西解釋道，「每個領導者也都必須懂得服從和奉獻。」

「我的領導方式就是確保自己幫助了旁邊眾多的領袖。我相信我並不是什麼都懂，有些人在某些領域就是比我還行，所以我就好好利用這一點——我相信共同領導。」也就是聽從其他選手，給

❶ 譯註：指的是球員在訓練或比賽中，有助於提升努力動機的的心理環境。

他們足夠的舞台去展現自己的領導才能。

和橄欖球世界盃中的南非隊一樣，成功的球隊往往都在隊長之外，還有好幾名非正式的領袖人物。一項針對九個不同運動項目所做的研究指出，只有一%的選手認為自己的隊長在扮演任務、動機、社交、對外等四種領袖角色的表現是最頂尖的。在四成四的球隊中的隊員甚至認為，隊長在場內外這四種角色中都不是最優秀的領袖[4]。領導工作在球隊中是共享的：教練、球隊、隊長，以及非正式的領袖人物一起合作，各自負責扮演不同的領袖角色[2]。

隊長同時也必須具備堅強的意志，而且在必要時刻願意做出艱難的決策。在世界盃決賽的五個月之前，科里西帶領南非的風暴人隊（Stormers）對上紐西蘭的十字軍隊（Crusaders），他們一直都是超級橄欖球聯賽（Super Rugby）的常勝軍。在比賽即將結束之時，風暴人隊取得了一次罰球機會；如果他們選擇罰踢，可以將比數追平成十九比十九，但如果他們決定進攻，試圖達陣得分，那麼他們就能贏得比賽。試圖拼一個達陣是比較有偉大情操的選項，但是「大概已經有三年，都沒有人成功突破過他們的防線達陣，我想。」

儘管場邊觀眾不斷鼓吹球隊把球踢出界以獲得爭邊球的機會，然後拼一次達陣來贏得比賽，科里西卻很堅持，決定風暴人隊必須好好踢這一球，以拿下三分為目標。「教練不希望我們這麼做，但我就拿起球說，不管，我們就是要這麼做，因為我知道這是最好的選項。」

「我只跟他們說：『好，我決定了。我們要踢向球門，拿下和局。』比賽結束後，教練也同意這是當時最好的決定。」

罰踢射門的決定受到各界撻伐。「如果想知道風暴人隊是不是個有抱負的球隊，你只需要去看看他們在對上十字軍隊的比賽中，比賽還剩下幾秒鐘的時候所做的決策，你就會有答案了。」南非網站IOL寫道[5]。

科里西沒有受輿論影響，他做了他認為對球隊最有利的決定，而不是別人所期望他做的決定。「那是我身為隊長最珍貴的回憶之一。」

在世界盃決賽的前幾天，科里西依舊忠於自己。「我從沒對他們發表什麼談話，沒有必要。我是說，到了這個地步，如果你還需要別人來激勵你，那就太遲了，你應該自己已經有非常強的動機。我是說，誰需要別人來激勵自己參加世界盃決賽？」

「教練對我們說了一些話，他再次提醒我們，喚醒我們的初衷。」國家隊是「唯一能讓南非人微笑的人」。在比賽之前，科里西記得自己暗自希望：拿下勝利「也許能讓人們更有共識、意見一致」。

上場之後，科里西只有一個簡單的想法：「這是我們夢寐以求的時刻，當你有機會的時候就必須好好把握。我很喜歡這個感覺。這是我能測試自己的時刻，我覺得受到挑戰。真的很難，你知道的，當身後有兩千萬人看著你，而你等不及要大顯身手。」

在一名隊友把球踢出界，確立了南非的勝利之後，科里西忍不住跑上前和隊友擁抱慶祝，激動地跪倒在地。在賽後的即時現場轉播訪問中，他也利用這個機會來做更多事，他在訪問中極力呼籲國家團結：

南非人民給我們的大力支持讓我們非常感動。我們的國家正面臨了許多問題，但是，我們有一個傑出的團隊……我們知道，我們來自不同背景、不同種族，但是我們團結同心，為了相同的目標努力。我非常希望我們也能為南非拿出這樣的努力，讓大家看看，只要我們想合作達成一個目標，我們就能做到[6]。

科里西在橫濱高舉韋伯艾利斯盃（Webb Ellis Cup）的那一刻，和一九九五年南非主辦世界盃時，納爾遜·曼德拉（Nelson Mandela）將冠軍獎盃頒給弗朗索瓦·皮納爾（Francois Pienaar）的那一刻不相上下。「有這些人在我身邊是史上最棒的感覺之一，隊友們對於我們所經歷的一切都了然於心。從以〇比五十七輸給紐西蘭、輸給義大利、輸給我們以前從來沒有輸過的球隊，球迷再也不來球場看球，到這十八月以來，在新教練的帶領下，我們贏得了世界盃。」

個人的最大利益，或是團隊的最大利益？

在團隊運動中，選手和球隊的利益並非總是一致。對選手來說最好的決定，不一定是球隊的最大利益，尤其有其他隊友處在更有利位置的時候。

這種矛盾的情況在籃球界應該最為明顯。一直以來，明星光環以及最豐厚的薪水都是屬於得分數最高的選手；就如下面這位兩屆NBA冠軍選手所言：

做為一名籃球員，如果我想要盡可能爭取加薪的機會，我就得在每次一拿到球的時候，馬上積極挑戰射籃，因為得分高低和薪水高低有著密切關係。沒錯吧？但是我們都知道，每次一拿到球就投籃並不是贏得比賽的最佳方程式，事實上，我們還可能會因此輸掉大把的比賽。在像籃球這類的運動中，在爭取自己的最大利益和爭取球隊的最大利益之間，有著巧妙的平衡點。

說出以上這段話的人是尚恩．巴提耶（Shane Battier）。當NBA在二〇一三年設立了「年度最佳隊友獎」之後，他立刻登上了排名第二的位置，並在隔年，也是他生涯的最後一個球季拿下該獎項。特別的是，NBA史上最長的四個連勝紀錄中，巴提耶就參與了兩個，分別是二〇〇八年休士頓火箭隊（Houston Rockets）的二十二連勝，以及二〇一三年邁阿密熱火隊（Miami Heat）的二十七連勝[7]。球隊因為有巴提耶而變得更好。作家麥可．路易士（Michael Lewis）為他取了一個稱號，叫「數據不佳的全明星選手」[8]。

「他大概是我見過最聰明的籃球選手，最聰明的人。」雷霸龍詹姆士激動地說道；他是NBA史上最偉大球員之一，也是巴提耶在邁阿密熱火隊拿下連勝紀錄時的隊友，「他無所不知。」另一名隊友喬爾．安東尼（Joel Anthony）更形容巴提耶的籃球智商「高到破表」[9]。

儘管巴提耶在生涯中也曾擔任過隊長，但他就算不配戴隊長臂章，也時時刻刻為球隊著想著。

成功球隊中的選手會各司其職，有人負責激勵隊友、有人合群、有人扮演導師角色，這些選手的行為分別都能提振隊友的士氣。「非正式角色為各個選手被明確分派的角色提供了重要的遮蔽，」加拿大威爾弗里德勞雷爾大學（Wilfrid Laurier University）、專門研究運動團體動力學（group dynamics）的科學家馬克・埃斯（Mark Eys）解釋道，「選手會自動自發地補足重要的空缺，或是填補正式的框架。他們會在團隊中自然而然發展出某個角色，而這些角色對團隊的運作和向心力都非常關鍵。」

巴提耶就是如此，而且從他六、七歲起就一直是這樣。「我發現，我表現得最好的時候就是盡量扮演好隊友角色的時候，」他回憶道，「不管是足球、籃球或是棒球，當我在球場上的朋友贏得比賽，而我也是其中一員時，大家就會想要跟我一隊。」

巴提耶學到的關鍵智慧精髓撐起了他長達十四年精彩的職業生涯。「做一個好隊友是最首要的事，這也是我長久以來在整個籃球生涯中的態度，一直到我從NBA退休那天都是如此。重點是我可以做些什麼幫助球隊成功？我很清楚，只要我的球隊成功了，我也會被肯定。同時我也知道，反過來就不會是那麼一回事。」

「我絕對不是場上運動細胞最好的選手，大概有很多人技術、體能都比我更好。但是，我非常懂得如何執行比賽的戰略計畫，將失誤降到最低。而這正是球隊贏球非常關鍵的一環。」

一支運動團隊就像冰山一樣，絕大部分的組成是外人看不到的，諸如在比賽之外的訓練和會議等。而巴提耶相信，傑出團隊所需的向心力就是在這些時候凝聚出來的。

「向心力的祕密就是自我犧牲，而且你還必須要有幾帖催化劑，催生出通往團結及成功的道路。你只要去看看任何一個傑出的隊伍、任何曾打造出一代王朝的隊伍、任何冠軍隊伍，通常都可以看到其中有一兩個奠定球隊基調的球員。這些選手的特色是，練習時總是提早到、關心球隊、關心隊友、認真努力，而且不害怕批評，這些特質都會藉由涓滴效應對其他隊友帶來影響。當你去看成績較差的球隊，會看到他們的最佳球員，也就是最有影響力的選手不受教、無法接受批評，他們很懶散，只做最低限度的努力，也不在乎球隊的成敗；而你猜怎麼著？這一樣也會造成涓滴效應，影響其他隊友。」

一共有四十六個針對團隊向心力和團隊表現間的連結所做的不同研究，他們全部都支持他的看法[10]。這些研究都指出，具有高任務和社會凝聚力的團隊往往也表現得比較好。團隊的技能高低並不影響向心力的重要性，反而向心力越強的隊伍，在各種等級的比賽中表現都比較出色，不只在菁英等級賽事中是如此。

任務凝聚力「指的是一個群體團結一致，並為了追求某種目的（如贏得冠軍）而共同努力的傾向」，佛羅里達州立大學（Florida State University）的運動心理學家大衛・埃克萊斯（David Eccles）解釋道，「社會凝聚力則和團隊成員是否滿意團體中的人際動態（social dynamics）有關。向心力和表現的關係是雙向的，球隊越成功，其向心力也會跟著提高。」這項發現似乎也表示，前托特納姆及巴塞隆納前鋒史帝夫・阿奇博德（Steve Archibald）的名言「團隊精神是勝利帶來的幻覺」確實有幾分道理。

和隊友稱兄道弟並不是成功的先決條件，球隊的社會凝聚力可能比較低，但任務凝聚力卻很高。安迪．科爾（Andy Cole）和泰迪．謝林漢姆（Teddy Sheringham）在他們效力於曼聯隊的四年間，幾乎沒說過幾句話，但是他們一起上場時，平均每九十分鐘會有一次以上射門得分的進帳。他們兩人對一九九九年曼聯拿下三冠王，都功不可沒[11]。「大家都很好奇我們怎麼能合作無間。」科爾後來特別指出，「加里．巴里斯達（Gary Pallister，他的前隊友）曾對我說：『我知道你跟泰迪彼此不講話，但至少你們兩個可以合作無間。』的確是如此。[11]」科爾和謝林漢姆之間也許缺乏許多社會凝聚力，但因為他們兩個都是非常聰明、技術高超的選手，所以還是可以在球場上合作。

一項針對運動團隊向心力所做的開創性研究中，研究人員檢視了美國菁英大學籃球隊以及俱樂部等級足球隊中，團隊向心力和球隊成就的關係[13]。研究發現，向心力和成就之間有非常顯著的關連性。但是研究作者也指出，球隊整個賽季獲勝機率最重要的預測因子，是整合全隊的向心力分數的平均，而非球員各自的向心力分數本身；兩個或數個球員之間的向心力分數較低，也不見得會拉低球隊整體的向心力分數。總而言之，球隊的向心力、團隊的自信以及團隊自己所認為的獲勝機率高低，彼此都有關聯。

因此，球隊裡的所有球員不見得都得要相處融洽；個別球員間的衝突如果能緩解對立情勢的話，在長遠來看也可以提升向心力[13]。但是，球隊內部關於球員在場內外的行為準則共識，可以協助發展出一套團隊內規——也就是巴提耶提出的練習提早到、關心隊友、盡心盡力、不迴避批評等。

團隊心智模式（team mental models）指的是團隊中各個成員所帶來的共享知識。這些模式則為決策、組織、溝通、團隊合作等行為提供準則及規範，包括面對各種情況的戰術以及應變計畫等的共享知識。這些模式可能是全隊或全組（如防守組和攻擊組）適用，或是在某些時刻，適用於某一群選手。舉例來說，中後衛必須和其他中後衛隊友，以及全部防守球員共享知識[14]。

巴提耶對隊友的付出，甚至還包括給新隊友財務上的建議。不過，無論他在場外的影響力有多大，他最偉大的貢獻還是在比賽場上。他最出名的就是絕佳的選位意識（positional awareness），以及他積極回防幫助有需要的隊友，又或是引開對手，幫隊友製造空檔的行為。儘管他個人的戰績數據不太漂亮，卻幫助了隊友表現得更好。

「你不能給隊友這種感覺，好像他們因為你的緣故而無法成功。只要每個人都有正確的心態，而且也都做好分內工作，選手可以做到的表現是很驚人的。」巴提耶想了想說，「體壇中不為人知的祕密就是，誰都不想當局外人。如果所有人同時一起划船前進，你絕對不希望自己是最弱的一環。」

「光是站對位置、盡力做好自己分內工作，有餘力時適時提供隊友幫助，以及顧好攸關戰術成敗的每個小步驟，儘管這些都是很小很小的事情，但是每一項都有影響。只要你持續這麼做，時間一長，你就會看到計分板上的變化，但是如果你把每一件事情都拆開來看，可能就不會注意到有什麼影響。長遠來看，那些許許多多的小幫助，對球隊、對戰術的執行都很重要。」

各種團隊運動項目的選手都能夠辨識對手的進攻模式，並以此來預期接下來的動作[15]。「能夠理解空間以及正確的站位距離為何、知道你在這個空間的位置為何，這些都是影響籃球比賽非常微妙而重要的因素。」巴提耶解釋。「我真的很努力去認識每一場比賽的對手、記下他們的戰術，因此我無時無刻都能清楚掌握每個人的位置，或至少知道他們該站在哪裡，這讓我的工作更輕鬆。就好像在考試之前就已經知道答案一樣。」

目前還沒有科學家研究過，運動員是否也會用相同的技巧來分析隊友的行為模式，並預測他們的下一步，不過這個想法看來很合邏輯。日子久了，選手對隊友的戰術以及傳球、跑位、防守方式的偏好與傾向等，自然會有越來越深刻的認識[16]。

團隊腦

巴提耶在場上的強項之一就是「非常簡潔扼要的溝通，而且幾乎都是以非語言」的方式進行。「如此可以大幅度提升效率。」

相較於其他隊伍，頂尖球隊通常比較不依賴言語溝通，隊友間的好默契自然不在話下[17]。團隊心智模式較流暢的隊伍在比賽中也表現出更高的同理心和默契，就好像巴提耶一樣，他們不只各自有自己的腦袋，還有個全隊整合的腦袋[14]。了解共享及互補心智模式的隊友，在高壓情況下比較不需要言語溝通。一項針對NBA選手做的研究指出，最成功的球隊「都創造了大量珍貴的隱性知識（tacit knowledge）」，這些來自於長期一起打球，所以更懂得如何預測對方的動作，同時也來自對自己扮演的角色有更清楚的認識。有著集體腦袋的球隊通常都發展得更好[18]。

這可以解釋歐洲隊在萊德盃對上美國隊時，長期以來所佔的優勢：拿下二〇一八年的勝利後，歐洲隊一共在最近九屆萊德盃賽事中，拿下七次勝利。而保爾特也都是這幾次拿下勝利的關鍵人物，在他參加的六次賽事中，歐洲隊就贏了五次。在二〇一二年，歐洲隊在梅迪納球場轉敗為勝時，保爾特一口氣贏了四場比賽。關於歐洲隊為什麼往往看來比美國隊更有向心力，他有個很好的解釋：選手在歐洲和在美國參加錦標賽時的交通方式。

「在美國，每個人都有車，所以在每一屆萊德盃比賽間的兩年之中，你完全沒有機會和潛在隊友一起從旅館搭車去球場。但是在歐洲，你會和其他一位、兩位、甚至三位選手一起搭主辦單位安排的車去球場，有時候甚至是搭巴士。搭車的時候，通常會聊天，你就開始和未來可能的隊友培養感情，所以就算是這麼小的一件事，對大局也很有幫助，因為也許兩年後，你就剛好和曾經聊過天的一名選手搭檔比賽……所以對我們來說，自然就會組成感情融洽的隊伍，我們也因此非常自在，我們的隊伍就是團結一致的球隊。」

當隊員使用這些共享心智模型時，每個隊友的腦中都會產生類似的腦神經活動。這種情況被稱為「超腦網路」（hyper-brain network）[19]。一項針對吉他二重奏樂手所做的研究則指出，當兩人所彈奏的樂章越緊密結合時，樂手的腦神經活動就會和另一位搭檔的腦神經活動越相似[20,21]。在模擬飛行的過程中，正駕駛與副駕駛腦中受刺激的腦神經架構也差不多，尤其是在起飛與降落的時候[22]。富有團隊精神的球員，其大腦的運作方式讓他們可以預測彼此的下一步，就好像他們可以讀懂對方的心思一樣[23]。

「真的很神奇。只要你花時間不斷重複練習，這些都會變得像直覺本能一樣。」巴提耶想了想說，「我從來沒有認真想過『雷霸龍是右撇子，我得從右邊傳球給他』或是『我得站在這裡，因為德韋恩・韋德（Dwayne Wade）這次進攻會需要我幫忙』。一切都是靠不斷重複，以及和隊友間逐漸建立起的熟悉感，你就是會知道他們什麼時候需要你傳球。」

當非語言溝通不夠用的時候，巴提耶會用最簡潔、直白的方式跟隊友說話。「在籃球比賽中，沒有時間讓你好好說話。一切都得簡潔扼要、清楚明白。你沒有時間去擔心別人的感覺，或是去想他們會不會被你說的話給冒犯到。所以常常有很多髒話，很多看似沒禮貌的精簡對話。但是只要雙方都明白，直接、坦率是完成任務並贏得比賽的必要說話方式，就很容易能忽略對方說話的語氣和內容，甚至不去在乎太過直接的言語。」

富有團隊精神的選手會欣然接下最平凡無奇的工作。而巴提耶生涯中的精華，大概就是籃球比賽中最不華麗的任務：回防。以統計數據來說，這個行為每次都很可能不會造成任何影響。但是，以整場比賽或整個球季來看，這相當有幫助。

「回防是絕對不會被剪進精彩回顧的行動，也不會因此獲得季後賽的採訪機會。也不會有人因為說『你知道嗎？巴提耶的回防真的很厲害』而去買我的球衣。我知道我每次回防都有機會打斷攻守轉換的空檔，迫使對手從中場開始進攻。當對手被迫從中場開始進攻，會比攻守轉換完成後更沒有效率，大概會降低兩百個基點左右。我每場比賽都來個幾次，沒有人會注意到什麼差別，但我可能就替球隊擋下了一兩分，這差別就大了，因為計分板上的每一分差距都相當於每一季的三場勝利。沒有幾個人能夠明白這個道理，但如果你做得夠多，在一季八十二場比賽下來，你為球隊擋下的分數就非常可觀。」

這就是巴提耶的籃球哲學，也是他備受隊友愛戴的人格特質。「有上百、甚至上千種方式可以影響你的隊友以及整場比賽。只要你是以正向積極的行為拉開比分，就算只有一點點，你也能把球隊推向勝利……當大家都不在乎功勞會落在誰身上時，就能完成非常驚人的成就。」

溝通：雙打的祕密

截至二〇一九年底，傑米．莫瑞（Jamie Murray）一共拿過七座大滿貫雙打冠軍，而且是世界排名第一的網球男子雙打選手。在他精彩的職業生涯中，莫瑞曾和超過五十名不同選手搭檔比賽，因此他對於怎樣的組合能勝出，怎樣的組合又會輸掉比賽有深刻見解。

「團隊活力非常重要，」他解釋道，「活力和團結會幫助你們度過許多比賽。如果你們真的很團結，而且彼此相信、信任，你們就能成功。相反地，如果你今天跟一個你在場上總是搞不清楚他在想什麼或是在做什麼的人搭檔，又或者你們之間就是不來電，無法信任彼此的話，大概你們輸球的機率會比贏球來得高。」

「當一組搭檔開始漸行漸遠的時候，你可以看出一些端倪，譬如他們不再說話，或者他們不再一起在場上跑來跑去。你可以感覺到他們可能放棄了，或者他們其中之一已經放棄了，而他們也迷失了方向。鬥志的確可能很快就消失。」

莫瑞說道，要當個成功的雙打選手，就要「能夠和搭檔好好配合移動，和搭檔同步，並專注於當下」。一項針對美國國家大學體育協會（National Collegiate Athletic Association，NCAA）第一級別網球雙打（美國大學網球雙打最高級別）選手所做的研究，分析了選手的溝通方式；研究將五對女子網球雙打組合比賽的情況錄影下來，分析贏球與輸球隊伍在溝通上的不同之處[24]。贏球組合的說話時間比輸球的隊伍多上兩倍，而且溝通的次序也非常不一樣。勝方不只更常溝通，而且溝通方式也不同，他們會說更多跟任務動作有關的句子，像是比賽中該做什麼、加快上網的速度等，而且他們在每一次得分間的互動也更一致。而輸球的隊伍，對話的內容則跟當下的任務較不相關，包括抱怨比賽的狀態或是鞋子等等。

「隊友彼此分享能讓他們更順利地協調動作的資訊。」佛羅里達州立大學的運動心理學家葛尚．騰南邦（Gerson Tenenbaum）觀察道，他同時也是前述網球研究的共同作者之一。「必要時，他們會一起決定新的調度方式，好讓他們面對對手時取得最大的優勢。此外，他們也會靠語言和非語言溝通來為彼此加油打氣。當失分或是落後的時候，他們會擬定新的策略，並彼此激勵。如此一來，他們便能持續『投入比賽』。」

融洽的隊友關係通常都從場外就開始培養，莫瑞回想道。「這是一種很緊密的關係，你和搭檔每天的作息都一模一樣：同時間起床、吃早餐、一起搭車去球場、一起練習、一起吃午餐、一起等待比賽開場。當然，到這個時候，你們已經連續八小時左右都在一起。然後，你還得跟這個人一起處在高壓的環境之中，試圖贏得比賽。如果你真的能跟這個人相處融洽，那就會讓一切艱難的情況都變得簡單許多。」

「當然兩個人之間的化學作用很重要。我認為兩個人的相處越開放透明越好，這樣子的話，在事情不太順利的時候，兩個人能夠更容易地坐下來聊一聊。」

隊員人數越少，團隊向心力對成功與否的影響也越大。也許是因為如此一來，團隊中任兩名選手相處的時間也更多[10]。

「你們一起比賽的次數越多，我想你們也會更了解彼此，搭檔關係也會更穩固。」莫瑞想了想說。許多研究者都指出，向心力是靠互相分享各自的想法，以及開放的討論而建立的[25,26]。

「你越常和同個人打球，當然也會開始了解他在某些情況下所偏好的做法，像是喜歡打什麼球、喜歡發什麼球、在破發點又是如何等等。隨著時間增加，你們也會建立起一定的信任感。相反地，如果你只是剛好抽到和某個人一起比賽一週，那你就得要有完全不同的心態。」

在網球之類的雙打比賽，團隊向心力可以幫助選手建立強大的自信。二〇一五年的一項研究發現，向心力高的隊伍覺得自己會贏球的機率高於向心力低的隊伍，因，向心力高的隊伍在賽前的焦慮感也比較低[27]。

許多隊伍都不是被對手打敗，而是被自己打敗的。「這種事每週都在上演，你知道嗎？選手會喪失活力、喪失團結感，而這就是影響他們成敗的關鍵因素。」

齊一心志

二〇一九年，金州勇士隊（Golden State Warriors）成為五十二個賽季以來，第一個連續五年打入總冠軍決賽的NBA球隊。儘管勇士隊的確人才濟濟，但是光靠人才也不足以達到這樣的成就，尤其是在充分確保競賽平衡的美國體育聯賽中。總教練史蒂夫・科爾（Steve Kerr）指出，建立一個以團隊而非個人為優先的球隊，正是勇士隊成功的核心關鍵[28]。

「我們有非常好的人才，但重點是要讓所有人才合作融洽。」柯爾說道，「籃球的目標是要讓五個球員同心協力，達到齊一心志的境界。而我們隊上的人才正好都能彼此互補，他們各有各的長處，而且能幫助彼此變得更好，這在明星球員共處一室的情況下非常難能可貴。明星球員有時候也會彼此抵觸，或是妨礙到對方，但在我們隊上從沒發生過。」

「這就是我們打造出的團隊文化。我們有許多會為對方成就感到開心的選手，而這為球隊設立了一個基調。此外，我們也一天到晚提醒球員傳球、讓球在不同球員間移動的重要。我們隊上有非常多組織進攻的好手，所以沒有必要逞英雄硬投籃。我們只需要穩穩地重複簡單的進攻戰略就能成功得分，而我們的隊員也都欣然同意這個做法，他們都彼此相信。」

教練能影響團隊向心力。一項研究訪問數位不同項目的男女運動員，要求他們指出會正面及負面影響選手動機的教練行為。具有啟發性的指導、私下的人際關係和支持，都會提升選手的動力。相反地，侮辱性的言詞、不平等、溝通不良、嘲笑選手以及將選手分類的階級架構等，都會減低選手的動力，並有損團隊向心力[29]。

研究發現，能有效提升團隊向心力的教練都有以下這些共通點：他們會跟選手開玩笑、會設定團隊目標、會利用激勵人心的演講來培養團結精神、在描述球隊所面對的對手和挑戰時都非常實際。最重要的是，他們不會在賽後挑出某個特定球員來講評。教練要的是灌輸獲勝（偶爾是輸球）的團隊文化，而不是一群集合在一起的個體。參與研究的運動員都指出，和教練開放的對話非常重要，而且球隊私下的聚會交流也能幫助提升向心力[30]。

最後一項祕密成分

「我會留下什麼給後人？」傳奇籃球教練格雷格．波波維奇（Gregg Popovich）曾開玩笑地說道，「食物和酒。」曾在波波維奇領軍的聖安東尼奧馬刺隊（San Antonio Spurs）效力八個球季的丹尼．格林（Danny Green），向ＥＳＰＮ頻道解釋波波維奇著名的晚餐聚會的價值：「在這些餐會上，我們得以更認識每一個人，同時拉近彼此的距離，因此在球場上，我們也能更了解對方。[31]」

最著名的事件發生在二〇一三年的ＮＢＡ總決賽期間。馬刺隊在與熱火隊對戰的第六戰延長賽後，痛苦地吞下了敗仗（他們要是贏了，就可以拿下總冠軍頭銜），而波波維奇依舊馬上在賽後安排了一場聚會，帶全隊球員一起去吃晚餐。兩天後的第七戰，他們再度以些微差距飲恨，但是當他們在隔年的總決賽再度遇上熱火隊時，馬刺隊以四比一痛宰了熱火隊。

「我在馬刺隊〔的期間〕和當時所有的隊友都是朋友。」一名曾在波波維奇麾下比賽的選手在ESPN頻道訪問時說道[31]，「這聽起來很不可思議，但是是真的。而球隊聚餐就是其中非常重要的原因。在這個時代，還有時間放慢腳步，好好跟別人坐下來晚餐，我說的是一次吃兩三個小時的那種晚餐，這自然能讓人建立起另一個層次的連結，比起只在場上或更衣室裡的相處要好得太多了。這很明顯是刺激團隊化學反應的好方法，但最困難的是，你要如何說服所有人，讓大家都願意出席。」

柯爾也學到了藉由外出用餐來建立團隊向心力的招式，他很勤奮地固定帶勇士隊隊員出去吃晚餐。他也承認這個想法是來自他在波波維奇的領導下當球員的經驗[32]。

然而，這個方法也不是萬靈丹。埃克萊斯指出，有些球員認為規定他們去參加社交聚會來建立球隊向心力，會佔掉他們想遠離工作放空的時間，並影響他們的個人自主性和自制感。埃克萊斯在研究中指出，「其中一名選手將每週固定和隊友『培養感情』之夜，稱為『天殺的義大利麵友情之夜』。[33]」

「向心力的建立靠的是選手看待彼此、互動的方式，選手逐漸對彼此升起的尊敬感，以及相信他們彼此互相了解、有共識」，前英格蘭國家隊總教練羅伊·霍奇森（Roy Hodgson）解釋道。有時候，教練必須「督促某些選手在比賽中表現得更無私，有時候則要鼓勵他們更自私一些。」

「在我面對的這個等級的選手中，你找不到幾個人說：『我不相信團隊合作』或是『我不相信團隊合作很重要，我認為我比球隊更重要』。你找不到幾個人會這麼說，但是很不幸地，還是有那麼少數幾個人抱持這種想法，他們不像其他人那麼堅信團隊的概念，不過我們畢竟無法避免地得要面對非常不一樣的人。」

「要成功的足球員也需要個人成就。他們需要媒體報導他們是優秀的選手，他們需要讓球隊想和他們簽約、續約，因為他們對球隊而言非常有價值而願意幫他們加薪。因此，團隊合作的問題在某種程度上來說，對教練以及管理階層的重要性比對球員本身來得高，因為單一球員可能可以倖免於失敗的團隊合作；但是教練及球隊管理階層沒辦法這樣，因為球隊整體的成果表現定義了教練和管理者的成就。」

「這就是領袖和教練最大的難題：要確保建立一支向心力高的球隊，還要確保他們不只明白團隊合作的重要性，也確實知道團隊合作在比賽中的意義為何。此外，更要讓選手明白，團隊合作會要求你做出犧牲以確保整體利益能大於個人的總和。」

這是科里西、巴提耶、莫瑞都已經各自以不同方式融會貫通的課題。

15

如何在PK大戰中獲勝？

為什麼頂尖好手不靠運氣？

「流程、罰球、技巧完全都一樣——不管是在訓練場上或是在歐洲冠軍聯賽決賽中，那些全都一模一樣。」

——蓋茲卡・門迭塔，十二碼罰球進球率高達九成的西班牙中場球員英格蘭男子足球國家代表隊和 PK 大戰：他們兩者的關係就像青少年看待青春痘一樣，是難以擺脫的夢魘。

在一九九〇至二〇一二年間，英格蘭隊在世界盃和歐錦賽中，每十次就有六次是因為 PK 大戰而慘遭淘汰。他們在大型錦標賽的前七次 PK 戰就輸了六次，是全世界男子國家代表隊中成績最爛的。每一次失利都加深了他們對 PK 大戰的恐懼，而且看起來也讓他們更加堅信，要是英格蘭隊下次再遇到得在十二碼線對上守門員定輸贏時，也注定會失敗。

因此，在二〇一八年世界盃之前，英格蘭球迷間瀰漫著一股心照不宣的恐懼感：陰魂不散的十二碼罰球。全國最著名的一次罰球失誤，大概是一九九六年歐錦賽準決賽中，由現任英格蘭隊總教練的蓋瑞斯．索斯蓋特（Gareth Southgate）在溫布利球場（Wembley）對上德國隊時所踢的十二碼罰球。英格蘭隊對罰球的恐懼，從那一刻起便不斷加深，絲毫不曾減弱。

「在這方面，練習對我們沒有什麼幫助。」英格蘭隊當時的總教練霍奇森，在二〇一二年輸掉球隊第六場 PK 大戰之後說道，「你沒辦法重現疲累的雙腿，也無法重現當下的壓力，更無法重現當下緊繃的神經。」

不過，在二〇一八年的世界盃前夕，索斯蓋特和教練團的其他成員卻採取了相當不同的觀點。相較於承襲前幾任英格蘭總教練的保守態度，緊抓著把罰球當作「樂透」的自我安慰[1]，索斯蓋特和他所帶領的教練團花了一番功夫，對罰球進行廣泛的研究。他們徹底翻遍了足球和其他運動項目以及其他科學研究，來搜尋任何可以幫助他們提升罰球表現的線索。

英格蘭隊分析了所有跟十二碼罰球有關的研究，還去訪問了專家學者，請教他們的研究成果，以及要如何實地運用這些研究成果來提升球隊的優勢等等；他們甚至還主動委託專家進行相關研究。所有隊員都接受了心理計量學測驗，以幫助索斯蓋特擬定ＰＫ大戰名單[2]。從三月起（世界盃開打的三個月前），選手開始在疲勞的時候練習十二碼罰球，以模擬踢完延長賽後的疲勞程度[3]。為了在練習時也能讓自己感受到更多壓力，選手往往會在起腳前，預先告知守門員自己要瞄準的地方，以更有效地縮小誤差。此外，他們還會練習從球場中圈走到罰球點，以免在ＰＫ大戰時對這個步驟感到陌生。英格蘭隊費盡心力，就是要讓選手做好萬全的準備，對付ＰＫ大戰的各種面向。

大家不再小心翼翼地面對這個話題，相反地，他們鼓勵選手討論十二碼罰球，談論自己準備要如何在全國人民的注視下踢出十二碼球。「我們會談論壓力，談論壓力最大的時刻、比賽的關鍵時刻等。」英格蘭隊自世界盃以來最重要的球員之一馬庫斯．拉什福德說道。他們沒有想要否認英格蘭隊在ＰＫ戰的慘烈過去，而是試圖將這一段歷史轉變成對自己有利的力量。

「對我們來說，我們要擺脫人們的刻板印象：英格蘭隊踢ＰＫ大戰大概沒什麼信心。我想，以一個球隊來說，我們下定了決心要把英格蘭的過去拋在腦後。我們相信可以和這個英格蘭代表隊一起創造奇蹟，所以每個人都非常專注。」

英格蘭隊的準備工作在選手身上也起了一些變化。在世界盃第二輪比賽對上哥倫比亞的ＰＫ大戰前，「我們覺得我們會贏得這次ＰＫ大戰，這在英格蘭隊身上已經很久沒有出現了。」拉什福德回想道。

在這之前的幾個月，英格蘭隊研發了一套準備流程讓選手在ＰＫ戰時可以遵循，讓他們可以更專注在眼前的任務，而不去多想沒進球的後果。在每次踢十二碼罰球之前，英格蘭隊的守門員喬丹·皮克福德（Jordan Pickford）會負責把球交給準備踢球的選手。這麼做的目的是要讓選手在起腳前的幾秒，盡可能感覺一切都在自己的掌控之下。

當拉什福德上場準備踢英格蘭的第二顆罰球時，英格蘭正以二比一領先，「皮克把球交給我，我們靠這個流程來讓自己靜下心來，讓自己感覺就像在練習的時候一樣。」儘管有兩千萬的英國觀眾和全球數百萬觀眾的注目，對拉什福德來說「那就是個很普通的情況」。有了皮克福德把球交給選手的步驟，就能把過去英格蘭軍團最艱難的考驗變成一件普通平凡的事。

因此，當拉什福德上場時，他並沒有被懼怕失敗的心情給吞噬，而只是專心地面對眼前的任務：從十二碼外的距離打敗守門員，這對老練如他的選手來說是再簡單平凡不過的工作了。他成功做到「把所有想法拋在一邊。說到底，這只是一個十二碼罰球而已，只要你好好把練習時的表現發揮出來，十有九次都能成功射門得分。你只需要確定自己知道要做什麼。」

「心理上，你必須放鬆，想著自己眾多十二碼射門成功的回憶，帶著那樣的信心站上球場。所以我就努力專心在這件事上。」

「真正起腳踢十二碼罰球沒有一般人想得那麼難，尤其當你做到像我們這麼專注的時候，感覺非常自然。」

拉什福德以招牌側移步起跑，果斷地將球塞進球門右下角。哥倫比亞的守門員大衛·奧斯皮納

（David Ospina）完全無力招架。慶祝完進球後，拉什福德隨即回頭完成剩下的十二碼罰球流程：走向皮克福德，預祝他在面對對手的下一個罰球時有好運。

幾分鐘之後，英格蘭隊贏得了隊史上第一次世界盃ＰＫ大戰的勝利。皮克福德聽從了英格蘭教練團的建議，成功在往右撲後，以左手擋下哥倫比亞球員卡洛斯．巴卡（Carlos Bacca）的罰球。艾瑞克．戴爾（Eric Dier）冷靜地踢進最後決定性的一球，使得全場陷入瘋狂，也讓從小到大看著英格蘭隊凡ＰＫ就輸球的球迷完全不可置信。

「我們下了很多功夫研究，跟（守門員教練）馬丁．馬格遜（Martyn Margetson）和數據分析人員一起努力。」皮克福德在賽後解釋道，「我有很好的預感。法爾考（Falcao）是唯一一個沒有照『自己慣性』做的人。但一切的重點就是：準備、反應、乘勝追擊。[4]」

當人們提到英格蘭隊時，第一個反應再也不是錐心刺骨的ＰＫ大戰失敗。「我想現在大家都改觀了，他們腦中的英格蘭國家隊應該已經長得不一樣了。」拉什福德說。

至少目前為止，詛咒已經解除了。

世世代代的英格蘭代表隊一直都認為ＰＫ大戰的成敗，全靠眾神賞賜的運氣。沒有任何詩歌或理性辯證能解釋ＰＫ大戰的結果，唯一不變的例外是，英格蘭永遠都會輸。

然而，所有運動研究中，就屬如何贏得ＰＫ大戰為最大宗。科學家徹底研究了英格蘭隊過去的活動，並發現ＰＫ大戰深不可測且無從分析的概念只是一個迷思。事實上，要看出ＰＫ大戰誰會勝出、誰會輸都有一定的模式可以遵循，並且可以依此來幫助球隊提升未來在ＰＫ大戰中勝出的機率。

說也奇怪，不斷延續將十二碼罰球比擬做「樂透」的老套想法，增加了英格蘭隊輸球的機率。「你就是沒有辦法在練習場上，重現ＰＫ大戰的情況和條件[3]。」英格蘭隊在一九九八年世界盃，ＰＫ大戰輸給阿根廷之後，當時的總教練格倫・霍德爾（Glenn Hoddle）如此說道，並開啟了眾多繼位者紛紛提出相似的論點。美國紐約巴納德學院（Barnard College）的貝洛克指出，這種想法導致球隊「自我設限」，彷彿英格蘭隊早已「準備好要失敗」，只是先找好理由而已。如果ＰＫ大戰真的是樂透彩，那練習又有什麼用呢？正是因為英格蘭隊沒有像練習其他技巧那麼勤奮地練習十二碼罰球，他們便阻礙了自己的罰球技巧，讓明明沒有那麼恐怖的ＰＫ大戰每次都顯得格外駭人。一項針對二〇〇四年參與荷蘭和瑞典ＰＫ大戰的選手所做的研究發現，相較於認為ＰＫ大戰結果取決於選手技巧的球員，覺得ＰＫ大戰全憑運氣的選手在焦慮時的表現越糟糕[5]。

「從古至今，不只有英格蘭，各個隊伍和教練都對十二碼罰球避之唯恐不及，而且避而不談，也不特別練習，恨不得假裝十二碼罰球根本不存在。」學界公認的ＰＫ大戰頂尖專家卓戴特說道，「然後到了世界盃八強賽必須面對ＰＫ賽的時候，但是你們卻從來沒有談過這件事，因為你擔心講了之後，會影響選手的心情。結果到了ＰＫ賽，你的球員從沒受過任何相關幫助，只能自求多福、擔心受怕，當然結局就是災難一場。」

踢十二碼罰球就跟運動中眾多其他高壓的時刻一樣，越想速戰速決的選手，越容易失敗。索斯蓋特自己就在一九九六年學到了寶貴的一課。在他上場面對和德國隊的十二碼罰球驟死戰之前，

「我一心只想著球：放到罰球點上，起腳，解決這一切。」索斯蓋特寫道[3]。

卓戴特和一組科學家所做的研究，指出了在罰球時求快的危險。他們的研究分析了三百六十六個十二碼罰球，來探討選手花在罰球的時間和進球與否的關聯性。結果發現，在裁判吹哨後一秒之內起跑的選手，罰球進球率只有慘澹的五成八；相反地，超過一秒後才起跑的選手，其進球率高達八成[6]。過大的壓力可能會導致選手產生「趕快解決這一切」的想法，就像當年的索斯蓋特一樣。但是如此一來，選手便會因為不夠專注，而導致表現大打折扣。

二〇一八年的一項研究中，科學家測量了足球員在踢十二碼罰球前的凝視行為。結果發現，花較長時間盯著球看的選手，得分機率也明顯較高。十二碼罰球表現優異的選手，在起跑時會提早開始盯著球看，而且在起腳踢球之後，也會繼續凝視著球較長的時間。盯著球較久，也就是所謂的「靜眼時間」較長，罰球的準確度也較高，球進門的位置通常更接近球門四角。較常踢歪的選手往往也較早將視線移開球，甚至在起腳之前，眼睛就已經看向球預計要去的方向[7]。這項發現和其他針對籃球、高爾夫球、英式橄欖球等運動所做的研究結果如出一轍，那就是——靜眼時間延長，能讓運動員表現得更好。

慢慢來

這些研究發現都可以用來解釋英格蘭隊過去駭人的十二碼罰球史。針對大型錦標賽ＰＫ戰所做的分析指出，看起來越想盡快逃離現場的球員，踢歪的機率就越高[8]。卓戴特在二〇〇九年分析了各國選手在裁判吹哨後，各花多久時間才起腳踢球。結果發現，英格蘭隊選手所花的時間是研究裡各國選手中最短的，平均只花了〇・二八秒。而全世界ＰＫ大戰成績最佳的德國隊選手，則平均花費〇・六四秒，是英格蘭隊選手的兩倍多；德國隊在世界盃的ＰＫ大戰記錄中，十八次罰球中進了十七球[9]。

「這絕對有關聯，選手花的時間越短，就越容易踢歪。」卓戴特說道，「如果他們一心只想速戰速決，趕快離開，他們的注意力就不會放在調整動作好好踢球，而是在別的地方。他們忙著擔心後果，忙著想自己有多不想面對這一切，他們大概也只剩下六成的心力能正確操控踢球的技巧。」

在二〇一八年世界盃之前，英格蘭隊開始意識到要讓球員在踢十二碼罰球時多花點時間。「有研究指出，英格蘭隊選手在裁判吹哨後太快起跑踢球。」英格蘭足球總會當時的技術總監丹・艾許沃斯（Dan Ashworth）在對上哥倫比亞那場必賽之前說道[10]，「去看看其他國家，他們花的時間比我們多一些。譬如C羅，他（在起腳十二碼罰球前）的自制力非常驚人。」

長久以來，英格蘭隊選手所犯的最大錯誤就在於踢十二碼罰球前的用眼方式，他們很明顯就是一心想迴避這個情況。當準備踢十二碼罰球的選手處在極大壓力之下時，經常會縮短凝視球的時間。他們會更頻繁地移動球的位置，卻花更短的時間注視守門員。卓戴特在二〇〇九年所做的分析研究就發現，英格蘭選手在ＰＫ大戰時，有五十六・七％的機率會迴避守門員的眼神；然而，德國選手迴避守門員眼神的機率，卻只有二十九・六％[9]。英格蘭選手採取的是「迴避策略」，卓戴特說道，「他們處理壓力的辦法是將視線移開壓力來源（守門員或是球門），或是快點跑向球，讓他們盡快踢完這一球後，趕快離開壓力現場。」越多選手抱持著想速戰速決的心態，球隊的表現也就越糟糕。

二〇〇六年，卡拉格在對上葡萄牙時踢進了一球十二碼罰球，但是他卻是在裁判鳴哨前就起腳；重來之後的那一球，他就沒有踢進了。「原來我得等到裁判吹哨之後才能踢，我之前不知道，」卡拉格後來說道，「顯然我真的很少踢十二碼。[11]」

當球沒有剛好放在罰球點上，使選手必須再走過去調整球而導致準備時間拉長時，讓人想加快腳步的衝動尤其大。在二〇〇二年世界盃第二輪的一次PK賽中，門迭塔有機會帶領西班牙打敗愛爾蘭晉級。

門迭塔踢十二碼罰球前的助跑總是很長。那天，他把球放在罰球點上，走向起跑位置，結果卻發現球沒有放好。裁判吹哨後，門迭塔微微一笑，然後滿不在乎的走向罰球點，把球調整好之後，再次走回起跑點，重新開始他的準備流程。

「我把球放在罰球點上，結果球移動了，」他回想道，「所以我又走回去把球放好。後來在更衣室裡，大家一直問我，怎麼有辦法在那種時刻還這麼冷靜。在你起腳前，你必須確實遵循你的那一套程序、流程，因為這都對最後那一個動作有幫助。」最後，門迭塔踢進了決定性的一球，帶領西班牙晉級八強。

在壓力下仍屹立不搖的準備流程

英格蘭隊常常忽略的一個重點，就是確保每次罰球都一模一樣，即使在練習時也一樣。「英格蘭隊在二〇〇六年世界盃的十二碼罰球練習，看來就只是一群選手站在罰球區邊緣，腳旁放著一顆球，逮到機會就起腳踢球。」班．利特爾頓（Ben Lyttleton）在其見解深刻的著作《十二碼》（*Twelve Yards*）中提到[12]。這樣雜亂無章的訓練法，意味著當時的英格蘭隊並未如二〇一八年的代表隊那樣，發展出球隊招牌的統一準備流程。在二〇〇六年，選手各自走上場，從裁判或對方守門員手中接下球，而不是從同隊的守門員手中接過球。這就可以充分解釋，為什麼卡拉格會搞不清楚狀況，不知道要等裁判吹哨才能開始。

最優秀的十二碼罰球選手，也有最耐用的準備流程。門迭塔生涯中三十四次十二碼罰球中，踢進了三十一球，是史上罰球成績最佳的選手之一[13]。一直一來，他都堅持遵循相同的一套方法：等守門員動了之後，才將球塞進相反方向的球門角落。

「我自己有一套準備流程。」門迭塔解釋道，「從確定要踢十二碼罰球開始，不管罰球區內或罰球點上有什麼紛爭，都不要管他，只要把注意力放在踢十二碼罰球，以及要怎麼踢這一球之上。然後，一旦你把球在罰球點上放好之後，就往後退開。」

「我總是會等到守門員先動了之後，再把球往反方向踢。這整套流程可以幫助我專心……我會往前跑，看著守門員，而不是看球；然後當他動了之後，就往反方向踢球，或至少試著把球往反方向踢。如果他都不動，那我就會往一邊踱步，然後用力踢球，讓守門員摸不到。」

這是所謂的「守門員相關策略」。然而科學家曾指出，不考慮守門員動作而堅持往自己選定的方向踢，也就是「守門員無關策略」對大多數選手來說，應該是比較好的策略[14]。無論選手選擇什麼方法，最好的做法就是堅持到底，尤其在重要關頭更是如此，就像門迭塔在二〇〇一年歐冠決賽的PK大戰，以及在這之前的正式比賽中踢十二碼罰球兩次進球時一樣。

「流程、罰球、技巧完全都一樣——不管是在訓練場上或是在歐洲冠軍聯賽決賽中，那些全都一模一樣。」門迭塔說。也就是說，「你只需要專心在你要做的事上，不必去想有幾百萬名的觀眾在看比賽。」

偏離常規的時候，選手有更多面向必須考慮，因此犯錯的機率也會提高。沒錯，PK大戰的壓力越大，選手的表現就越糟。西班牙經濟學家伊格納西歐．帕拉西歐斯—烏爾塔（Ignacio Palacios-Huerta）就進行了一項研究，其中抽樣了一九七〇年到二〇一三年間超過一千場的PK大戰。研究發現，PK大戰中先攻的一方獲勝的機率是六十．六%[15]。由於在PK大戰中，八成的球都能射門得分，先攻的一方往往會暫時領先，而另一方就必須不斷追趕比分，甚至從第五輪開始，他們必須確保自己成功射門，才能勉強保持平手的局面。

「『落後』的心理壓力顯然會對後攻球隊選手的表現造成影響。」帕拉西歐斯—烏爾塔說道。他還指出，在西洋棋中也有類似的現象，在非和局的情況下，有五成七的棋局是由先攻的一方勝出。隨著PK大戰的壓力逐漸升高，射門的品質也會跟著直直落。當兩隊平手而進入第五輪十二碼罰球PK時，先攻的一方進球的機率高達七十六．二％，而要是他們進球了，此時必須進球才能避免輸球的另一隊，接下來的進球率就會掉到六十二．五％。守門員能成功撲救的機率也差不多是如此。因此，造成結局差異的最大主因，就在於後攻的球隊會踢歪的機率整體來說比較高[15,16]。

對於來自有悠久輸球歷史的球隊（如英格蘭或荷蘭）的選手，過去的失敗也更容易招致未來的失敗。其國家代表隊過去曾在PK大戰失利的選手，也更容易在代表國家出賽時，在PK大戰中失手，儘管選手本身和過去的失敗經驗毫無關係也一樣。若球員所代表的國家隊在前兩次PK大戰中都勝出，那他們在十二碼罰球的進球率高達八成九；相反地，若球員所代表的國家隊在前兩次PK大戰中都失利，他們的進球率就只有五成七，要是該球員曾親自參加過前兩次失利的PK大戰，那他的進球率更會掉至四成六[17]。

這就是刻板印象威脅起了作用。「當然，你無法不去想索斯蓋特、巴蒂（Batty）、皮雅斯（Pearce）、貝克漢、沃德爾（Waddle），以及過去曾在十二碼罰球時失手的眾多惡夢人物，」艾許利．柯爾（Ashley Cole）後來寫到有關英格蘭隊在二〇〇六年世界盃在PK大戰輸給葡萄牙一事時提到[9]，「這些想法會偷偷潛入你的腦袋，增加你的壓力和恐懼。」柯爾在二〇〇六年時沒有上場踢十二碼罰球，但他在二〇一二年的歐錦賽代表英格蘭隊和義大利隊進行PK賽，他沒踢進，英格蘭隊輸掉了比賽，舊事重演。

一如踢十二碼罰球時的壞習慣會在球隊中紮根，好習慣也一樣可以傳承。儘管十二碼罰球是種短兵相接的對決，關於誰能表現得最好，卻也有著團隊合作的一面。好的習慣，例如在起腳前用足夠的時間準備、將視線焦點用力保持在球之上，以及建立一套像是讓皮克福德將球交給每個人這樣的基本流程，這些影響都會在球隊中蔓延開來，提高選手得分的機率。

因此，儘管每一個十二碼罰球都是選手的個人挑戰，但獲勝機率較高的一方也絕對是「有備而來，以團隊為基準建立了一套準備流程的一方。」卓戴特說道，並以二〇一八年世界盃中的英格蘭隊做為範例，說明球隊能夠建立一套方法來提升成功的機率。「總而言之，準備工作的目的就是要讓選手上場面對PK大戰時能積極任事，而非把自己當成被動的受害者。」

就連一起慶功也能提升球隊獲勝的機率。在PK大戰中，每一次進球都一起慶祝的球隊，其成功機率也明顯比較高，因為這麼做可以在隊友上場前，灌輸他們更積極的態度。此外，這麼做還能對對手造成負面影響，在數次熱烈的慶功後，對手在下一次踢球時，踢歪的機率會提高兩倍[17]。

在觀察了世界各國代表隊準備十二碼罰球的方法，而且還在球隊進行相關研究時應邀受訪後，卓戴特甚至指出，「在十二碼罰球的準備工作，以及有關提升十二碼罰球進球率所有已知有效的方法上，現在全世界最頂尖的球隊就是英格蘭隊」。

如何撲救十二碼罰球？

在一九九六年，他的職業足球生涯處女秀上，米卡埃爾・朗德羅（Mickael Landreau）所屬的南特（Nantes）足球隊遭遇對手被判罰十二碼球。朗德羅撲救成功，雙方比數維持平手。「那真的是一個很棒的回憶，而且在我整個職業生涯受用無窮。」

這為他不凡的職業生涯定下了基調，朗德羅聲名大噪的原因是，他是晉升全世界撲救十二碼罰球最厲害的守門員之一，這也是他代表法國出賽十一次的紀錄所遠遠不及的。他在初登場的比賽中擋下的十二碼罰球是他生涯中擋下的三十九顆十二碼罰球的第一顆。過去有關十二碼罰球的統計數據雖然不太完整，但朗德羅絕對是其中數一數二的。

「我想有一半是靠功夫，因為要做很多分析：分析球員會從哪一邊來、在起腳前做了什麼改變等等，」朗德羅說明了一下他的方法，「然後另一半就是靠直覺。」

朗德羅把他撲救十二碼罰球的方式形容為「無止盡的調整」。有時候，他會玩弄踢球者的自大心態，就像他對上巴西名將小羅納度時一樣。

「他的個性讓我更想挑戰他。」朗德羅解釋道。朗德羅刻意站得比較靠近右邊門柱，看似讓左半邊球門唱空城。然後，小羅納度一站上場後，朗德羅再趕緊往左跑到球門中心的位置。結果，小羅納度把球往朗德羅的右手邊踢，也就是靠近他原先站的位置，而這一球也就順利被擋下了。

不過一般來說，朗德羅會採取比較傳統的方法。「在每一場比賽前，我會仔細觀察每一個可能負責踢十二碼罰球的選手，去看他要往左或往右踢時、在動作上有沒有什麼小差異，像是跑步的方式、罰球當下的比賽情況等等。」

毫無意外地，如果能夠依據球員的習慣猜到他們會往右或往左踢，而且事實也是如此的話，守門員撲救成功的機率就會相當高。但是其中也有一定的風險，當球員慣性的資料和事實不符時就會造成反效果。因此，儘管採納球員習慣的資訊可以帶給守門員極佳的優勢，但球員不按牌理出牌的話，守門員就得要付出極大的代價[18]。朗德羅決定和這個風險對賭：他下足功夫做準備，但同時，當球員開始助跑準備踢球時，他還是會「仔細觀察每個動作，找出可能的變化」。

從球員起腳踢到球，到球越過球門線，只要半秒鐘。平均而言，守門員需要兩百毫秒的時間做反應，以及三百五十毫秒的時間往左或往右撲球，亦即守門員動作的時間比球從十二碼線飛進球門的時間更長。如果守門員只能針對球員起腳的動作做反應，而球的位置又位於球門柱之間的任一點，那麼守門員能夠成功撲救的機會就微乎其微。因此，守門員必須先預測球員會在哪個位置起腳，而不僅僅是被動的做出回應。不過，在一邊預測對手動作的同時，他們也必須避免讓對方球員看出自己要往哪個方向移動，得算準時機伺機而行。「重要的是要盡量雙腳站穩，不要讓對手看出你的動向。最重要的就是要記得，不到最後一刻絕不出手撲救。」朗德羅說道。

菁英守門員可以從對方球員的動作中蒐集線索，像是他們踢球腳和非踢球腳間的相對位置，以及臀部和球門的相對角度等[19]。守門員撲救成功的時候，他們往往會花比較長的時間注意對手的球和非踢球腳間的空間，盡量從擷取周遭的資訊，並利用周邊視覺來追蹤踢球腳畫出的弧度[20]。守門員會利用這些資訊預測對手會把球往哪邊踢，以增加他們撲救成功的機率。除非球員把球往球門中間踢，否則守門員在開始動作之前，就完全沒有時間能等著看球會往哪邊飛。

頂尖的罰球撲救高手更能夠在對手起腳前就預測球的方向，他們能在球員踢到球之前，就從他們的其他動作中蒐集了線索，讓守門員能有更多時間，提前在球還在空中時就動身攔截。一項研究招募了數名專業的和新手守門員，請他們看一系列球員踢十二碼罰球的影片。影片會在球員開始動作、助跑、起腳三個不同時間點暫停，受試人員必須根據影片，預測球會從球門四角的哪一角進門。專業守門員在球員起腳的前一刻就能準確預測球會往哪個方向飛，準確率達五成一；而新手守門員的準確率只有三成九[21]。而守門員看的影片越多，準確率也會跟著提高。

這項研究引出了下一個問題，那就是守門員要如何提升自己動作的時機，而不只是精進撲救方向的準確度。動作靈敏的守門員在撲救時有一定的優勢，他們可以比花較多時間觀察對手的動作，並略微延遲自己開始動作的時間[22]。此外，因為他們動作的時間較晚，也比較不容易被對手愚弄，因為有些選手會做假動作，假裝要往某一邊踢，藉此來引開守門員，然後把球往另一個方向踢[23]。

朗德羅會從對方球員助跑的動作中找線索，來預測自己要往哪個方向撲球。「但是你必須非常專注，盡量延後自己開始移動的時間，以免讓對手有機會能改變射門的方向。」

小黑書

那是麥迪・辛區（Maddie Hinch）職業生涯中最關鍵的一刻：二〇一六年奧運女子曲棍球金牌，將以互射進球（penalty shoot-out）的PK戰方式決定獎落誰家。因此，她再次拿出她的小黑書，一遍又一遍的複習。

這本小黑書中，寫滿了英國隊在決賽時的對手——荷蘭隊將負責上場進行罰球互射進球的選手的習慣偏好。在每一個選手上場前，辛區都會再拿出這本小書，複習個幾秒鐘。

「我的筆記本裡記錄了七八名選手我認為比較有可能上場進行互射的球員。」她回想道，「一個球員只有一行，以那麼重要的一天來說的確是很少量的訊息，但這是我多年來所蒐集的資訊。」

辛區已經花了好幾個月的時間準備，就為了以防萬一比賽最後可能必須靠互射進球來決定勝負。在奧運開幕之前，她就把十二個參賽隊伍中，各隊最有可能上場進行罰球互射的選手資料整理成一個資料庫，其中詳列了每個選手在罰球互射時的習慣和偏好。與正規比賽中的罰球是將球放在定點讓選手射門不同，罰球互射得分時，球員有八秒的時間可以從二十五碼線開始助跑，準備射門。「就像去考試一樣，如果你乖乖做了功課，你就會覺得比較有把握，比較不那麼緊張。你會覺得準備好了。」

辛區曾經兩度在對上荷蘭隊時，比賽進入互射進球階段。「我知道什麼有用，什麼不太有用。」但在那兩次對戰時，辛區都沒有小黑書可以參考。

「那也是我準備流程的一部分。我想讓對手知道，我有備而來，而且我手邊有參考資訊。他們還是會好奇裡面寫了什麼，儘管筆記本裡可能根本是空白一片。但那是我準備流程的一部分，也是我的心理戰術。」

「從裁判的哨音響起，確定我們要進入互射進球階段的那一刻，我就很清楚接下來的流程是什麼。當我走向休息區，我知道我要喝多少水，我知道我要走到哪裡、站在哪裡，我知道我要把筆記本翻過一次。我這麼做也是想拖延一點時間，所以當我看到要進行射門的選手站起來的時候，我還有幾秒鐘的時間能複習一下我的筆記。」

在每一次射門之間，「我記得我會走過去跟主審說幾句話，讓自己分心一下。然後又會回到預備模式中：我會摸摸腳指，看著球場的另一頭，然後雙眼緊盯著準備射門的選手。我要她們好好地看著我。」

荷蘭隊第一個上場的選手是維樂敏．伯斯（Willemijn Bos）。辛區「知道她想提早射門，我很清楚她想往哪一邊射門。」為了進一步擾亂伯斯，辛區開始往前跑，而且擋在左球門柱前，也就是伯斯想瞄準的方向。「我可以看出她看著我想，『可惡，她還站在那一邊。』我留了球門另一邊的大空檔給她，但那和她預想的流程不符，所以她遲疑了，也因此沒辦法發揮出平常的水準。」最後，伯斯被迫瞄準和她的偏好相反的右球門柱，而且她的射門也不夠準確。辛區用雙腿順利檔下這一記射門。

第二個上場的選手是艾倫．霍格（Ellen Hoog），辛區得用完全不同的策略來對付她。霍格喜歡提早射門，因此辛區採取了和剛才面對伯斯時，完全相反的策略，她決定死守在球門前。最後，霍格的射門也被成功檔下。辛區的拖延策略奏效，在霍格來得及把球塞進球門之前，鈴聲就響了，表示罰球射門的八秒時限到。辛區策劃的第二個計畫也一樣成功了。

第三個射門，是辛區唯一一次必須背離自己慣常的方法。負責上場射門的是年輕的荷蘭選手羅瑞恩．魯林克（Laurien Leurink）。魯林克幾乎沒有任何罰球的經驗，她也不是荷蘭在準決賽對上德國時負責罰球互射的七名球員之一，因此當辛區拿出她的小黑書時，「我記得我看著我的筆記本，然後想說：『可惡，沒有任何筆記。』」辛區試著保持冷靜，假裝自己和平常一樣翻閱筆記，就像她剛才成功擋下前兩次罰球前一樣。

對上魯林克時，辛區只能仰賴自己辨識線索的能力，這是他即使在面對不熟悉的球員時也必須具備的能力。魯林克作勢往她的左邊走，然後馬上換到右邊，接著試圖從近門柱射門和辛區對決。辛區馬上注意到，並且往左撲救，成功擋下這一記射門。

如此優異的預測能力便是菁英守門員和其他選手不同之處，即使他們對對手一無所知也能有出色的表現。有研究招募了菁英和非菁英曲棍球選手，讓他們躺在腦部掃描儀器中，然後根據影片來預測球的飛行方向。相較於非菁英選手，菁英選手明顯在在球棍接觸到球之前，就能更準確地預測球的飛行方向，而且準確率大約高出一成。驚人的是，研究顯示菁英選手和非菁英選手的腦部活動區域也不同。在菁英選手的腦中，此時活動較頻繁的是和動作觀察系統相關的區域，這個區域負責刺激個人採取下一步的動作。這項發現顯示出，菁英選手的腦如何藉由大量的練習，而逐漸調整、塑造成符合擋下罰球所需的特殊能力[24]。

「相較於中級選手或新手，頂尖的罰球撲救高手注意的地方不一樣，讓他們能蒐集更多和任務相關的資訊。」研究作者柔依．溫伍斯特（Zoe Wimshurst）說道，「以曲棍球罰球而言，這個資訊似乎完全來自球棍，而其他來自肢體的動作反而會分散注意力或造成混淆。」

辛區知道，一如她仔細準備對付每個負責罰球的選手，她們也會一樣仔細準備對付她。在錦標賽前的熱身賽中，辛區故意拿其他策略來做實驗。這些是用來在次要比賽中撲救罰球的次等策略，但這也表示辛區可以在最重要的比賽中被賦予攔截罰球的任務，譬如說奧運。「我有非常多種不同策略，所以有必要的時候，我的櫃子裡還能拿出很多她們預想不到的法寶。還有很多我還沒拿出來。」

辛區說道，她們的方法和英格蘭男子足球隊在二〇一八年世界盃之前的做法有幾分相似。最明顯的一點，就是她們試圖模擬罰球互射進球時的外在壓力。在奧運開始前的一年中，英格蘭代表隊在他們的訓練中心即畢許漢莊園裡，每次訓練結束前，都會將球員分成兩組，進行罰球互射進球比賽。

教練將訓練變得更具競爭性，驅使球員不斷求進步。選手的得分紀錄會被登記下來，並且公告周知全隊成員。「你不想成為最差的守門員或是最差的射手，這就是驅動你努力得分或是拼命撲救的原因。」

每個球員的特殊習慣也都會被記錄下來，譬如說她們偏好的射門方向，或是撲救方向，這樣她們就能知道哪一邊的成功機率較大。同時，選手也能知道她們最好要怎麼做，或是有什麼要改進的。

在這幾個月的訓練中，辛區確立了自己在每個球員射門之間的準備方式。「我會先等選手上到二十五碼線，然後晚一點再到球門前就定位。我一直在挑戰拖延的極限，幾乎要到主審都看不下去出面糾正我。因為她們已經在二十五碼線準備了，而她們在那等得越久，就越會胡思亂想。」

充足的準備不只讓辛區撲救罰球的功力大增，同時也讓她更冷靜沉著。「那種時候要面對的壓力已經夠大，也夠緊張的了，如果再加上我應該能做得更好的罪惡感，真的會難以承受。」

任何小細節都不能輕忽。「其他選手甚至會注意一些極小的細節，譬如我帶球走到定位的時候是怎麼拿球的。有些選手會習慣運球，但又覺得太緊張，所以她們會想說，我們應該把球拿在手上過去，然後直接放在定點。」

為了避免球員在正規比賽中，受到罰球的壓力影響，她們事前都不知道誰負責進行互射進球。教練丹尼．凱瑞（Danny Kerry）手上有一組可能人選名單，然後他會依據當天的對手以及球員的表現，從中挑出負責射門的選手。球員在訓練時，就要練習不管隊友進球與否都能做出一致的反應，也就是在隊友完成射門後排成一列，一一擊掌；無論如何都要以相同的方式回應射門的隊友，可以避免選手失手時的失望心情拉低球隊士氣。「在互射進球時，我們就是不斷重新歸位。我們已經練習了幾百萬次，隨時可以再來一次。」辛區回想道，「類似這樣的小細節，我們比誰都更認真研究。」

在辛區成功擋下四個罰球之後，荷莉．韋伯（Hollie Webb）有機會靠第五記罰球替英格蘭鞏固金牌。韋伯並不在英格蘭隊平常的罰球選手名單中，但當她走上場時，「我非常冷靜。」韋伯回想，「我知道如果我得分了，一切就成定局。我記得我一心只想著，我寧願超時也不要倉促出手。」

「程序就是一切。你很清楚自己在做什麼，你不必多想，因為你已經練習過無數次了。輪到你的時候，你腦中唯一要想的就是走上場，好好表現。」

「一切都很正常，我們已經預演過，也模擬過奧運決賽會是什麼樣子好多次了。當然，模擬得再怎麼逼真也有一定限度，但我真的覺得一切都很平常。這讓我沒那麼緊張。」雖然眼前的風險代價之高，「感覺起來和在畢許漢莊園練習時沒什麼兩樣。」

萬全準備的確讓韋伯的射門更輕鬆，但再怎麼萬全的準備也無法幫她對接下來的情況做好心理準備：她運球、轉彎，並在八秒鐘的鈴聲響起之前，大力揮桿射門破網。「突然之間，我從內心全然的平靜到意識這一球所代表的意義，以及隨之而來的瘋狂，隊友全都朝我衝過來。球破網之後的那一瞬間，說真的我的記憶有點模糊。一切都有點瘋狂。」

第三部

更聰明的訓練方式
以及成功背後的科學原理

16

更聰明的練習方法

運動員如何從優秀進步到偉大？

「在練習時製造壓力，可以讓比賽變得更簡單。」

——丹·卡特，二〇一五年橄欖球世界盃冠軍紐西蘭代表隊成員、三屆世界橄欖球總會年度最佳球員（IRB World Player of the Year）得主、男子板球對抗賽最高得分紀錄保持人戴爾．多恩罰球時，會先拍球三下，然後喃喃自語幾句話，最後「我會讓球自由飛翔」。一般來說，她的二十次罰球中會投進十九球。

戴爾．多恩是籃球史上最優秀的罰球射手。在二〇一九年底，她的罰球命中率高達將近九成四，而最驚人的是，她的成績遠比排名第二的史蒂芬．柯瑞（Stephen Curry）高出三個百分比[1,2]。她最高的紀錄曾經連續五十九罰都命中；總而言之，她在一千〇六次罰球出手中，一共命中九百四十四次[3]。

以戴爾．多恩為例，邁向完美（或幾近完美）之路始於練習。當隊友紛紛在練習空檔中坐下喝水休息時，戴爾．多恩就在一旁練習罰球。她的敬業態度在任何訓練中都保持一致；最好利用她身心疲累的時候練習，才能完美重現真實比賽中的狀態。

「我會在健身訓練時穿插練習罰球，也會在困難的訓練操演之後，趁著疲倦的時候練習。」戴爾．多恩說道，「一般來說，人的腦袋在疲倦的時候是第一個關機的。因此，如果我可以在疲倦的時候還能投好罰球，就能對我在比賽中關鍵時刻的表現有所幫助。」

每次練習結束後，戴爾．多恩一定會先投進十個罰球才會離開球場。這樣有紀律的訓練，讓她每當在關鍵時刻要上場罰球時都自信滿滿。她在季後賽的罰球表現甚至比平均成績更好[4,5]。

「我認為遵循自己的準備流程照表操課非常重要。」她說，「站上罰球線時，你絕對不可以操之過急，但是也沒有必要拖延太久。我認為準備流程就是關鍵，而按表操課則可以避免讓我自己想太多。」

戴爾．多恩的方法基礎簡單易懂，讓她即使在最龐大的壓力之下，也能絲毫不差地完美重現：拍球幾下，準備投籃，然後對自己說句話。「我總是會在罰球出手前對自己說幾句話，這對我來說是很私密的。也許等我退休之後，我會把我說的內容公諸於世，但總之是非常正向積極、讓我能充滿自信的話語。」

戴爾．多恩在關鍵時刻所表現出來的招牌之一，便是她無上的專注力，雙眼緊盯著球的目標。在即將出手的那幾秒之間，「我總會在出手的前一刻以及出手的那一刻緊緊盯著籃框前緣……盯著籃框是個關鍵。籃框就是目標，要擊中目標就必須要讓雙眼注意力集中在目標之上，至少維持到球離手的那一刻。」

刻意練習

「所有動物生而平等，但有些動物又比其他動物更加平等。」喬治．歐威爾（George Orwell）在《動物農莊》（*Animal Farm*）中寫道[6]。而投入運動訓練的時數也一樣，有些時數比其他時數更平等。高品質的練習也是所謂的刻意練習，通常能從中得到更高的回報，這種練習就比其他品質較差的練習來得更重要。

刻意練習是由安德斯．艾瑞克森（Anders Ericsson）和一群科學家在一九八〇年代共同提出的概念[7]。他們主張刻意練習，也就是專門為了提升表現而做，勞心費神卻沒有辦法立即見效的練習對精鍊技能的等級是不可或缺的。刻意練習可以加速往後的技能發展。

在進行刻意練習時，學習者必須找出自己需要提升的技能，而不只是被動地累積經驗，卻不督促自己進步[8]。刻意練習總是勞心勞力，而且通常不怎麼有趣。但是刻意練習會不斷產出回饋，幫助學習者將表現提升到爐火純青的境界[9]。

刻意練習的另一項教條，就是在必要時讓選手獲得大量的指導和教練。如果沒有教練直接的指導，刻意練習就會變成目標性練習（purposeful practice），雖然這也是旨在挑戰運動員的練習方式，但背後沒有探討選手如何進步的實證研究做為基礎[10]。

並非所有人都同意艾瑞克森的看法。在二〇一六年，一群科學家檢視了運動選手生涯累積練習時數和表現成就間的關係。該研究作者指出任何種類的練習都和選手表現有中度的關聯，並構成所有表現變數的十八％[11]。艾瑞克森則認為，不同型式的練習對提升選手表現的效力也不盡相同。他指出，如果研究只採納刻意練習的累積時數進行分析，那麼練習時數和選手表現間的關聯性就會顯著增加，這就說明了刻意練習的重要性[12,13]。

戴爾·多恩：刻意練習的實踐家

艾瑞克·提鮑特（Eric Thibault）是華盛頓神秘隊（Washington Mystics）的助理教練。他所負責的工作之一就是擔任戴爾·多恩的私人教練，並且幫助這位大概是史上最佳的女子籃球選手向外探索其潛力的極限。

WNBA每一季賽事結束後，提鮑特和戴爾·多恩就會坐下來回顧這一季的表現。接著他們會一起擬定新計畫，看看她在賽季之間要做些什麼。在這個討論過程中，他們不會以傳統WNBA球員的標準來檢視戴爾·多恩的表現，而是以他們認為戴爾·多恩這個球員能達到的最高標準來評斷。「我們眼前的球員已經是全聯盟最佳選手之一，我們切入的角度是要讓這些努力都成為額外的增值。」提鮑特解釋道。

在二〇一八年球季開始之前，提鮑特和戴爾·多恩發現了她的場上表現中相對較弱的一環：缺乏助攻。「我們現在有最大進步空間的就是，妳讓其他隊伍因為過度防守以及放太多心力在妳身上而付出代價的能力。」提鮑特在戴爾·多恩二〇一七至二〇一八的「賽季間大綱」報告中寫道。此外，他還在這份大綱中提到：

妳目前生涯平均每場比賽有一·六個助攻以及一·二次失誤。光以目前對手投注在妳身上的心力來說，妳每場比賽就應該可以輕易拿下三個助攻（而且也不減損妳的投籃意圖）。這麼做可以帶給球隊進攻上的幫助，就是「唾手可得的果實」。舉例來說，塔米卡·卡欽斯（Tamika Catchings）生涯中每場的助攻約為三到四次，而且對手對她投籃的防守也不如對妳嚴密。妳要大部分做的是練習技巧以及抓準時機（當然，還有要讓其他人出手投籃）。以持球的頻率來說，妳的失誤紀錄很優秀。我們要做的是，把妳面對對手的防守及包夾時的「落跑」傳球，轉變成「進攻」傳球。

二〇一八年，戴爾·多恩的全季助攻數從四十一躍升至六十七，馬上創下生涯新高。二〇一九年，她再度打破生涯紀錄，拿下六十八個助攻[14]。

提鮑特也幫助戴爾·多恩提升了投籃的效率：增加從最佳位置出手的次數，也就是非常靠近籃下的兩分球，或是就在三分線外的三分球，並減少從中距離投的兩分球。他將球場分成三部分：左區塊（選手面對籃框時的左邊）、中間，以及右區塊。

戴爾·多恩在二〇一八至二〇一九賽季間收到的大綱，則詳細列舉了能幫助她更進一步提升投籃表現的方法：

- 投籃分配：專注在把球放進籃框中，製造碰撞，把其中幾成的中距離跳投改成投三分球、上籃，或是製造犯規。
- 只有一成八的進球是靠近籃下投籃……我們球隊的平均是二成二，聯盟平均約三成。
- 戴爾·多恩靠近籃下的投籃約有七成。
- 在任何距離的命中率都高過聯盟平均，但必須重新分配。
- 每場比賽只要把一個中距離投籃改成在籃下投籃，射籃機率就能提升至二十五％。

提鮑特利用影像及數據分析來解析戴爾·多恩在場上各個區域出手投籃的百分比。在還沒有這項科技之前，他和其他教練會在練習中一一記下戴爾·多恩的投籃細節。這些分析結果能鼓勵戴爾·多恩在她表現較佳的區域更大膽出手，同時加強訓練在比較不習慣的區域投籃。

「倒也不是說她在哪個位置的命中率不佳，而是我們要強調平衡。」提鮑特解釋，「她會回到比較習慣的區域投籃，不一定會追求去提升她在場上其他區域內的表現。」

「我們會檢視她在場上其他區域的表現數據，看她是不是在禁區的左區塊也有平衡的表現？她是否讓人難以預料？她是否能在場中間以及底線都有一樣好的表現？而我們發現：她在場上的某些區域，並沒有好好發揮。她只喜歡往球場的右手邊去，所以就浪費了能在球場的另一邊盡情表現的機會。」

雖然戴爾．多恩在整個球場上都非常有效率，但是「她在右區塊投籃時，鮮少往右轉身」；在二〇一八年球季中，總共五十一次在這個區塊投籃中，只有四次是向右轉身。「因此，做足功課的對手就會等在她的左邊伺機而動……我們想讓她變得更高深莫測。如果要讓這個比例從九比一降到六比四，我們就必須調整訓練方式。」

有時候，提鮑特會在訓練時禁止戴爾．多恩在右區塊接到球時往左轉身，並且強迫她往右轉身投籃，這是她比較不習慣的動作。「我們有時候會讓她跟其中一個教練或是練習球員單挑，並限制她不能從她習慣的路徑開始。我們會讓她試著從另一個方向投籃得分。」

戴爾．多恩鮮少去鑽研自己的表現數據，但是她非常信賴提鮑特根據這些數據所提出的方案。「他會說：『嘿，妳在這個區塊的時候，常常習慣往這個方向走，大概有五成的機率是如此。如果我們讓妳改變移動方向，妳的得分可以更高。』所以很大一部分都是百分比的問題，而我相信他手上的資訊。有時候我們也會一起看影片，這樣我自己就能眼見為憑：『好，我得開始加強在這個區塊往右走的打法，因為大家開始防堵我了。』」

「他擬定訓練計畫時，就會叫我走到這些位置，然後我們一起多方嘗試各種走法，或是加強提升我在這個位置的命中率。感覺一切都靠他施展魔法，我只要負責出席到場，然後一起練習。」

提鮑特提出了幾個訓練方法來鼓勵戴爾．多恩投更多三分球。「我們花更多時間在這上面，把三分球變成固定功課，練習從不同方向投籃、不帶球跑動或是運球後投籃，基本上就是試著加強她在這個區域的投籃意圖，因為她真的非常有效率。」

這些分析可以幫他們注意戴爾．多恩的表現是否突然下滑。「有時候他們會說：『嘿，妳在鍛鍊的第四十二分鐘開始變弱，我們得想辦法提升妳的耐力。』」她說。這些發現督促戴爾．多恩盡力去提升自己在疲勞時的投籃表現，並在練習時重現激烈的季後賽單場比賽後期的疲勞感。「我們會進行一些高強度訓練，然後在訓練後加入投籃練習。這是一種可以幫你學會要如何撐過疲勞感的方式，並且在心理上也能克服筋疲力盡的感覺，讓自己依舊能夠準確投籃。」戴爾．多恩在訓練時，身上會配戴一組心率監測器，以確保她的鍛鍊強度和比賽強度相符。

在訓練中，對手有時候會被允許對戴爾．多恩做出犯規動作，而且是一般比賽的正式規則所不允許的犯規。「我在訓練時，都會有一個對手一直來跟我做身體競爭，有時候我會要求他們推擠我的腰部，讓我練習在這種情況下，依舊完成上籃得分，或是在遭受碰撞的情況下成功投籃。」因此，即使戴爾．多恩在比賽中被犯規，她也還是能順利得分。「如果你可以做到在筋疲力盡又遭到對手碰撞推擠之下，依舊成功上籃得分，那麼我覺得練習就非常值得。」

訓練的激烈程度之高，使得正式比賽看來異常簡單。「我喜歡把練習搞得非常困難。」

戴爾．多恩確信，她能成功登上WNBA最佳球員的地位，全靠訓練內容的不斷演進。「現在年紀大了，必須靠智取對手，並認清以量為本的練習不是最好的法寶，尤其對我的身體而言。因此我現在嘗試提升訓練的效率，像是清楚告訴自己，嘿，今天要做中距離投籃練習，這就是重點，我們要把球投進，要做一些實際操演，先是無人防守，然後有人防守。每天你去訓練時都很清楚今天要做什麼，這可以幫助你大大提升訓練的效率。」

儘管戴爾．多恩的確有其先天上的優勢，最顯而易見的就是她六尺五吋的驚人身高，但是她能攀上籃球巔峰靠的還有她持續不懈地專注在提升自我表現。戴爾．多恩也許不會用這個專有名詞稱之，但是她和提鮑特所共同擬定的練習方法，確實寫滿了刻意練習的特點。

A．S．P．I．R．E

巧合的是，提鮑特幫助戴爾．多恩發揮潛能的方法幾乎完全符合技能習得專家保羅．福特（Paul Ford）和艾德．考夫藍（Ed Coughlan）所提出的「ASPIRE模式」。兩人分別來自布萊頓大學（University of Brighton）及科克理工學院（Cork Institute of Technology）。他們提出的ASPIRE模式，目的就是要幫助運動員將刻意練習應用在運動訓練上[15]。

分析（Analyse）：盡可能地應用實證數據，找出運動員必須改善才能繼續往上爬的項目。

挑選（Select）：篩選要鍛鍊的表現項目，立下運動員必須達成的短期和長期目標。

練習（Practice）：訓練內容最好要個人化，並由教練依據「理想難度」和「挑戰點」來設計，以確保訓練內容的挑戰性夠高。

囊括（Include）：要加入重要且適當的回饋。

重複（Repeat）：以多變且隨機的方式重複訓練確保訓練的變化性。

評量（Evaluate）：盡可能客觀地衡量各項表現的進步指標，然後重複整個循環步驟。

這套方法提供了一個框架，確保運動員能持續進行刻意練習，衡量自己的長處與弱點，並自我督促。「戴爾．多恩和教練一起搜尋、挑選、練習，並評量投籃效率各種面向的行為，基本上就符合ASPIRE的架構。」福特說道。

「我們其實不是刻意地採用ASPIRE模式，雖然說當我讀到相關文獻時，我真的非常同意，點頭如搗蒜。」提鮑特說道，「在重複與變幻莫測的多變性之間的平衡，正是我們每天努力想達成的目標。」

最佳挑戰點

七屆司諾克世界冠軍史蒂芬·亨得利在練習的時候，也有偏好的操演戰術。亨得利會把十五顆紅球全部擺上球桌，把色球按照各自的位置放好。然後，亨得利就會開始清空球桌，而且一連清十次。

「我會試著連做十次，如果我做到第七次的時候失手了，我就得再回去重頭開始。所以當你完成第七、第八次清台的時候，就會開始感受到壓力，因為你不想重新來過。」

「目標就是要清台。如此一來，當你上場比賽或是參加錦標賽時，只要一逮到機會，就能自然而然地把台面清空。」

不管是什麼運動項目，訓練都可能不見成效。這在司諾克中也很常見，因為該項目中可控制的變數極少。「司諾克的練習很容易就變得太過困難，因為球桌總是一成不變，選手很難想出新的練習方法，」亨得利解釋道，「很難變出新花招。」

亨得利藉著高難度的訓練來確保自己的練習能維持關鍵優勢。要能維持這個優勢，也就是說亨得利得不斷督促自己。另一方面來說，比賽的壓力有時候甚至不及他自己的練習。說到底，亨得利在比賽的時候只需要清台一次就可以，而不是十次。

亨得利的操練方法，就是所謂的超負荷訓練（overload training）：也就是讓訓練難度高過比賽。這種訓練法可以同時達成兩個目標：第一，增進選手的技能；第二，完整重現比賽時的壓力。運動員可以藉此提升自己的能力，讓自己不論在身心靈方面，都更能應付比賽時會面對的挑戰。

儘管亨得利的練習能有效幫助他提升表現，但他的練習法卻不完全符合艾瑞克森所提出的刻意練習。因為亨得利的練習中沒有來自教練的直接指導，也沒有數據可以幫助他了解必須改進的區域位置或擊球方法，因此他的練習法不算是刻意練習，頂多只能稱為「目標性練習」。

「當一個人確立了一組特定目標，並設計一套練習活動，來重複相同或類似的任務，並提供立即回饋，我們就將它稱為目標性練習。」艾瑞克森解釋道。目標性練習有機會能促成有意義的進步，但是艾瑞克森也指出，這類型的練習通常沒有刻意練習來得有效率[10,16]。

最佳挑戰點是訓練的甜蜜點。也就是說，這個練習的難度足以幫助運動員提升技能，但又不會太過困難，以至於完全超出他們的能力範圍。提出這個概念的兩個科學家，分別是美國內華達大學拉斯維加斯分校（University of Las Vegas, Nevada）的馬克．瓜達諾力（Mark Guadagnoli），以及加拿大麥瑪士達大學（McMaster University）的提姆．李（Tim Lee）[17]。

「如果練習中能建立適度的挑戰，那麼在短期之中就會出現一些阻礙，而這些阻礙則能進一步帶來成長。」瓜達諾力解釋道，「一個普遍的準則是：如果選手在訓練時的成功率可以到達七十%到七十五%以上，那麼他們所受到的壓力應該就還不太夠。」

練習並不是要追求百分之百的成功，而是要巧妙地維持成功與失敗的比率，如此才能督促選手更上一層樓。儘管因為性格和動機強度的差異，每個選手的最佳挑戰點都不盡相同；但是對菁英選手來說，最佳挑戰點通常是在讓他們有三分之一的機率會失敗的程度。這樣的失敗比率也可以視為是理想難度，可以引導出有效的長期學習成果[18]。

橄欖球測試賽史上得分紀錄最高的丹・卡特，他在接受踢球訓練時的經驗就是如此。他要在比賽中踢好球的準備方法，就是在練習時使用較小的球門來當瞄準目標。

因為使用左腳踢球時，自然會形成一道弧線，「左腳球員常有個壞習慣，就是把球往球門柱的右側拉。」他解釋道。因此，卡特和教練們便設計了一套特製的訓練方案。當他和隊友進行練習賽時，如果他把球踢向左球門柱時，可以得十分；如果他把球踢過兩個球柱的正中間，可以得兩分；但如果他把球踢過中線偏右門柱，就只能得一分。教練用這個設計來激勵他瞄準球門中央以及偏左的位置。擬定這個練習策略的目的，就是要讓他去對抗左腳球員把球往右門柱拉的自然傾向。

練習時，教練經常會指定卡特在某個位置踢球來模擬比賽中可能需要在任何位置、任何距離踢球的多變狀況。「全都是隨機指定的，我不是只待在某個位置上踢球。我並不知道下次踢球會在什麼位置。我會跟教練說，我今天要練踢十二球，你可以決定我要從哪個位置踢。」

隨著卡特不斷進步，教練指定他踢的球也越來越困難。隨著運動員的進步成長，訓練難度也必須跟著提高，才能維持最佳學習成效。挑戰難度一成不變的話，選手的發展也會跟著停擺，甚至不進則退。練習太過簡單或是教練主動提供所有解答，會讓選手錯失了學習所必須的努力和付出。要讓訓練的效率最大化，練習內容必須夠難，才能讓選手確實學習。

卡特的落踢練習也和其他訓練遵循一樣的原則。「讓自己在壓力下接受訓練，可以讓比賽變得更簡單」，卡特在練習落踢罰球時，喜歡叫其他選手「邊鬼吼鬼叫，邊從四面八方」朝他跑來。「因為你已經受過這種訓練了，所以在場上你就能應付自如。」

在訓練中對抗自己和對手促使卡特必須不斷調整自己的踢球動作。不管在比賽中或是訓練時，都有一名教練或分析員負責將他踢的每一球錄影下來，讓他能用來和踢球教練一起討論，研究看看在踢得好的時候和踢歪了的時候，他分別做了什麼動作。「我現在有一大堆影片，有我踢得好的，也有我踢得不好的。我經常用 iPad 瀏覽這些影片，回顧我踢球時的好習慣和壞習慣。這是控管踢球動作的好方法，也能幫助我們找出可以改進的地方。」

避免發展停滯

在體壇中，進入停滯期的感覺對所有運動員來說都不陌生。為什麼？儘管持續接受相同的訓練內容，一直以來不斷幫助運動員向上提升的練習，卻為何會在突然間讓他們的進步停滯不前？

在包括運動等的許多不同專業領域中，個人的工作經驗和表現不見得有關聯[6]。個人表現常會進入停滯期，看似無法繼續向上提升。艾瑞克森指出，停滯期「不代表這是運動員在教練的指導下能達成的最佳表現，因此我們將這個階段稱為發展停滯。在少數案例中，運動員可以持續和同一名教練合作，而且表現也不斷進步。但是當他們不再投入刻意練習，就會發生類似的停擺現象。」

對艾瑞克森而言，問題在於運動員一直不斷重複同一套幫助他們提升到當前等級的訓練內容。但即使是已經登上巔峰的運動員，還是應該持續修正、調整訓練方式，以避免出現發展停滯的狀況。不管是學開車還是打網球時學發球，當能力提升後，他們操作的方式也會隨之改變；許多動作會變得傾向自動執行。雖然頂尖運動員在場上很仰賴這種自動執行的能力，但有趣的是，頂尖選手在練習時的大腦以自動執行方式運作的程度，比其他選手來得更低。因為頂尖選手在練習時還是不斷進行新的認知處理，以幫助他們增進技能，並進一步提升表現[10]。

「當個體僅僅進行某個領域的活動，而沒有針對特定目標設計一套練習活動來獲取超過現有等級的表現，那就不可能有所進步。」艾瑞克森說道，「這就是為什麼，有些高爾夫球或網球選手在經過十年每週固定的練習後，表現依舊持平。唯有當選手確實設立高過現有表現的目標，也就是踏出舒適圈外，進行目標性的練習，甚至更理想地進行刻意練習，才能提升表現。」頂尖滑冰選手在練習時摔倒的次數比一般選手更多[19]。菁英運動員會不斷在自己的練習中增加新的挑戰點。

頂尖運動員通常也比較樂意加強訓練自己較弱的項目。在一項研究中，研究人員找來一組專家級和一組中階蓋爾式足球（Gaelic football）球員，並讓他們練習，以手持球輔助踢球或直接從地上踢球兩種方法，瞄準目標踢球，並且分別使用慣用及非慣用腳進行練習。受試者有六週的時間，能夠按照自己的偏好習慣自由進行上述練習。結果發現，專家級的選手會使用六成五以上的時間練習自己較弱的技巧；而中階球員只花了三成五的時間練習自己最弱的技巧。專家級球員在練習前、練習中、練習後，以及每次練習之間，都花更多時間思考評估自己的表現，並且都認為這個練習很費勁、不輕鬆，似乎也因為如此，專家級選手的進步速率比中階選手來得快[20]。訓練階段結束後，專家級選手的進步也較明顯。

結果更顯著的大概是另一項針對青年及中階蓋爾式足球選手所做的研究[21]。這項研究中，相同程度的選手被分為訓練組及控制組。訓練組的選手接受了學習反省自我表現的指導，而控制組選手則沒有接受任何指導；研究結果發現，在訓練時數相等的情況下，訓練組選手的表現提升速率明顯比控制組選手快上許多。研究指出，詳細地分析要如何以最有效率的方式進行訓練，可以幫助運動員加快提升表現的速度。

史蒂芬．柯瑞持續不斷地進化

史蒂芬．柯瑞是極度出色的籃球射手，甚至有大批的球迷會專程到球場，只為一睹他練球的風采。他練習的場面很精彩。勇士隊每場的比賽開始前大約一小時，柯瑞就會開始到場上練習，由旁人餵球，然後不斷投籃。

他會先從中距離開始投，然後往後退到三分線外，再往底線移動。這些球都需要極精準的執行力才能投進，而柯瑞甚至還會自己增加難度，像是在重心不穩的情況下投籃，一隻腳抬在空中，或是身體向後仰，以模仿比賽時受對手壓迫的情況。

「你會用一些不太正統的方式來挑戰自己。」他解釋，「自我挑戰以及把練習難度拉得比正式比賽更高一些，主要都是為了追求平衡，而這些方式都很有用。這就是平衡的原理，是每一次跳投的基礎。」柯瑞在賽前的準備工作，甚至還包括從自己的半場射籃，這個練習的境界應該遠超過一般職業籃球選手所認為的無用。「要努力維持出色的投籃表現，其實就是要練習我會在場上投的球，並且不斷一次又一次重複練習。」

這就是柯瑞成為NBA史上最佳三分射手的原因。截至二〇一九年底，他在每場比賽的三分球進球數，比史上其他任何球員都多出兩成。柯瑞走在革命的最尖端。

不斷翻新練習的方法就是柯瑞能改變遊戲規則的核心。他甚至曾經有一段時間會在訓練時帶上護目鏡。「那也是另一種能用來測驗並挑戰你的外在刺激，當某些感官被阻礙時，你反而可以真正專注下來。我越是把練習時的條件變得更艱難，正式比賽就會變得更簡單。」像這樣運用護目鏡可以幫助運動員培養多重感官功能。譬如在練習時，讓運動員戴上會遮蔽自己四肢的護目鏡，可以鼓勵選手依靠視覺以外的感官控制肢體動作，讓他們在正式比賽中可以空出雙眼來注意更重要的事，像是場上其他地方的情況等等[22,23,24]。

隨著柯瑞越來越厲害，他在訓練中對自己的要求也越來越繁雜。「我必須持續督促自己。有時候，我會猶豫要不要揭露這些內容，因為要走到這一步，背後是有一定的程序，而我不希望孩子們還在打基礎的時候，看到我的例子就想跳級練習。等你進到高中或大學之後，當然可以開始逐漸增加變化。」

「無論我投得多好，我都覺得我還能做得更好。」

戴爾．多恩的二〇一八至二〇一九賽季間訓練大綱中，列了一項非常特別的目標。她想追上柯瑞的腳步，進入「50－40－90俱樂部」，也就是維持正規賽季投籃命中率五十％，三分球命中率四十%，以及罰球命中率九十%的紀錄。過去從來沒有任何WNBA球員達成過這個成就。

二〇一九年，戴爾．多恩成為史上第一名加入50－40－90俱樂部的女子選手，也是NBA和WNBA加起來，第九位獲得此頭銜的選手[25]。這是證明她球技之出色的最新事蹟，同時也說明了，她確實能夠實現和提飽特一起擬定的計畫目標。「現在再回頭看的確很有趣，」提飽特回想道，「有時候你跟艾琳娜說點什麼，提個建議，或是一起研究一件事，她都有辦法很快就明白你的意思，並且開始實行或達成目標。」

「你有一個菁英選手，而且非常努力，也很願意投入別人看來不重要的工作。普通的運動員可能會說：『喔這樣就夠好了，我的命中率已經有X%，這已經很厲害了。』但是，現在你有個非常願意接受指導的選手，而且已經是非常傑出的選手，這會讓你想絞盡腦汁、用盡一切努力去幫助她。」

17

教練指導的力量

是夥伴，而非獨裁者：教練指導如何幫助選手成就不凡？

「如果你每次都從不同位置推桿，那麼你每堂練習時能觀察到的推桿種類，就比你從同個位置一連推桿五次來得多。因此，只要增加變化，就能給他更大的挑戰。」

——菲爾·肯勇談到以推桿教練的身份幫助賈斯汀·羅斯登上世界第一的經驗

二〇〇八年奧運，英國女子曲棍球代表隊出師不利，出賽六場只贏了兩場，最後在奧運賽事中以第六名坐收。

球隊必須有所改變，她們的總教練丹尼・凱瑞也一樣。

「我比較像是一般人所謂的表現教練，我的方法主要是過程導向的。」凱瑞回想道，「說實話，我幾乎不知道要如何建立團隊關係，而且我也對自己的行事作風毫無自覺。」

在奧運賽後的一次簡報會議中，代表隊選手給了凱瑞「一些相當直白的回饋意見」。她們說，他太過專橫而且難以親近。

在北京奧運之後，凱瑞帶領的選手都注意到了他在教練風格上一百八十度的大轉變。「經過選手的回饋之後，他改變了非常多。」漢娜・麥可李奧（Hannah MacLeod）回想。她在二〇〇三到二〇一六年間都是英國代表隊的選手。「他過去的風格是『來，這是提升技能表現的方法，去練習吧。』現在，他讓運動員有更多主控權，並在一旁提供幫助，讓她們自己了解要如何去學習。」

在凱瑞的新教練風格中，最明顯的特點之一就是他對於給予回饋意見的態度：「必須由運動員主動提出是否需要回饋意見。」他說道。唯有如此，「他們才會對你的回饋意見持有更開放的態度。」

減少主動提出意見的頻率，並將尋求回饋意見的主動權交到運動員手上，反而能鼓勵選手更常以嘗試錯誤（trial and error）的方式學習。選擇性地給予回饋意見，可以幫助選手的技能保留（skill retention），並訓練出更獨立、更有彈性的學習者[1]。

「在完成每一個練習動作後都給予回饋意見，可能導致選手太過依賴以教練為主的回饋，並弱化對問題解決的注意力。」舊金山州立大學（San Francisco State University）科學家大衛・安德生（David Anderson）說道。如果學習者太過依賴他人的回饋，「那麼選手在比賽時，就會因為沒有辦法獲得回饋意見，而導致表現打折。」

隨著運動員不斷進步，他們能自行偵測和修正錯誤的能力也會隨之提升[2]。對教練而言，他們面臨的挑戰在於必須逐漸減少提出回饋意見的次數，以加速選手偵測和修正錯誤的速度。要促進選手這項能力的提升，教練可以改成在選手完成幾次練習之後再提出總結意見，而不是在每次動作後都給予回饋。此外，教練也可以採取問答的方式給予回饋，或是在提出建議之前，先詢問運動員，他們自己覺得哪邊做得不好。

自從二〇〇八年奧運之後，麥可李奧注意到，凱瑞對新想法變得更開放了。「即使是對曲棍球抱持完全不同看法的人，他也會聆聽他們的意見，因為他認為這可以挑戰自己的思維。」麥可李奧回想道，「他也鼓勵選手思考並提出看法。在二〇〇八年的時候，他絕對不可能這麼做。」

「我做了一些改變，讓選手對自己的表現更有責任感、更有擔當。」凱瑞想了想說。這個過程需要靠教練「先了解在特定時刻的運動員主體為何，然後慢慢試著轉變成以運動員擔當為主軸的教練模式。你必須在運動員身上培養這些技能。」

在二〇〇八年之前，凱瑞的訓練課程非常傳統，主要聚焦在持續不斷的重複操練。「我們會先沿著線傳球五十次，然後改成練習另一種傳球技巧，再重複五十次。」麥可李奧回想道。

在北京奧運之後，凱瑞越來越重視探討技能習得的相關研究。他開始採取更多的隨機練習（random practice），而不再用段落式（blocked）、重複性的練習來提升運動員的技能保留，以及他們把技能轉移到關鍵時刻（也就是比賽中）使用的能力。段落式、重複性的練習可以讓選手在訓練時達到最佳表現，但這樣的練習對於幫助選手將技能轉移到比賽中使用，並沒有比其他更動態的練習來得有效，比較動態的練習包括少人制比賽及控球比賽（possession games）等[3]。以比賽為導向的練習還能同時訓練選手的比賽智商，包括預測以及決策的能力等[4,5]。

「傳統、規範性的教練方式是把每個技巧都獨立出來，讓選手不斷重複同一個動作；但是這個做法沒辦法提升他們的技能或是感知能力。」凱瑞說道。在後來比較多變的訓練中，凱瑞特別強調「將動作和感知結合」，以利選手能隨時適應各種情況。每一堂訓練都獨一無二。在他能力所及的範圍內，盡可能有意識地讓每一堂訓練場景都有所不同。

「現在，每一次的訓練我都會思考要怎麼設計空間規劃、對手人數，以及你希望今天的訓練，讓選手有意識或無意識的接收什麼樣的訊息，並做出正確的回應。」訓練的重點從讓選手在固定範圍內的段落練習中追求最佳表現，轉變成面對各種毫不設限且隨機設定的訓練情境。

操縱各種限制如比賽規則、球員人數或比賽場地等，可以用來模擬比賽時會出現的各種變數。但是，在既定的練習條件下，利用操練和固定模式的訓練方式進行單項技巧的反覆練習，則無法達成相同功效[6,7]。「訓練內容大幅轉為以條件限制為導向的方式」，讓選手能「在擬真的比賽情境下，根據當下的脈絡做出正確選擇」，麥可李奧回想道。

選手必須學會在比賽中不斷做調整，根據不斷改變的環境條件來做決定，並對抗壓力。「教練常常會對某個動作看起來應該長什麼樣子有非常理想化的概念，但是，比賽壓力下還要維持這個理想樣貌很不實際，這對教練來說就不太清楚了。」凱瑞說道，「我們的訓練內容設計可以幫助選手適應比賽時的壓力。」

凱瑞甚至邀請選手加入，一起評論和設計訓練內容。凱瑞讓選手在每週結束後，提出相關回饋意見。他會再次重申當週訓練的目標，請選手評估自己是否達成目標，並提出是否有需要改善的地方。「我們可能會提出說：『改成這麼做如何？』然後，下一週的訓練內容就會有點不同。」，麥可李奧回想道，「我從來沒看過任何教練這麼做。」這些改變也意味著：「突然間你不再是被動地接受變動……我們和總教練一樣，都必須為訓練的品質以及訓練的內容負責。」

凱瑞啟用的所有新方法的共同點就是鼓勵選手獨立思考。「從二〇〇八、〇九年到里約奧運之間，訓練的樣貌有了極大的轉變。」麥可李奧說道，「你總是會想著『要怎麼做得更好？』這讓我們有機會去影響訓練的環境，並對我們要努力的目標產生掌控感，這讓我們更有自信，互相信任，並使得工作環境更舒適愉快、更有成就感。」

凱瑞鼓勵選手討論比賽中各種可能的情境，包括令人討厭的情況。「我們會討論各種『要是、如果』的情境，」麥可李奧回憶道，「結果證明，這些討論過程重要得不得了。我們要不是在訓練中實際模擬，就是在這些討論中談論可能的情況，這些情況會是什麼樣子、我們能掌控什麼，以及我們該如何應對處理等等。」

新的訓練法對選手的影響主要有兩方面。第一，選手得以接觸更多樣化的情境設定，讓他們在面對賽場上各種情況時，有更高的機率是有備而來。第二，讓選手更習慣於面對突發狀況，並試著自己想辦法解決，如此一來，選手即使遭遇到從沒見過的情況，也能立刻察覺並進行調適。

這些所有的改變，目的都只為了一件事。「在我的世界裡，基本上所有努力的成果都只靠每四年一次、僅僅兩個禮拜中的表現來評斷。」凱瑞解釋，「在我腦中的每個決定，不管是要做什麼、什麼時候做、怎麼做等等，都得要在『從現在到未來那兩週的長期發展』和『當前某個錦標賽的短期成效』兩者之間權衡。」

麥可李奧回想起，在二〇一二和二〇一六年的奧運會上，英國隊好幾次在中場休息前一刻失分，或是面對其他不理想的困境：像在二〇一二年，隊長因傷無法上場等。不過，球隊已經模擬練習過這些狀況，也充分討論過應對方法。「在中場休息時，有人說這就像我們練習時的情況，我們已經體驗過這種壓力和這種情況，而這正是我們所需要的。我們只需要提醒自己，我們準備得非常充分，不管是面對大型比賽或是高壓的環境，我們都曾經在訓練中心模擬過這些情況。這就是我們信心的來源：我們曾經面對過這種情況，而且知道要怎麼應付各式各樣的情況。」

英國隊在二〇〇八年時只拿到第六名；到了二〇一二年，一舉拿下第三名，也是英國男子及女子代表隊史上，自一九九二年以來的第一面奧運曲棍球獎牌。這更為他們在二〇一六年的進一步表現打下了基礎。

英國隊收到的比賽日程非常艱鉅，十四天內要打八場比賽，最後的高潮則是在決賽對上最被看好的荷蘭隊。決賽正規賽的結果，雙方戰成三比三平手。最後，英國隊更打破國際刻板印象，在互射進球PK戰中大敗對手。凱瑞的教練風格轉變，最後以拿下英國隊史上第一面女子奧運曲棍球金牌達到巔峰。

「教練對運動員是否能對自己的表現負責，影響極大。他們對球隊文化影響至深，也對選手是否有意願做多方嘗試，以及選手面對不理想的結果時的反應，有重大影響。」他思考了一下說，「要是我沒有經歷過這一段從北京奧運到倫敦奧運，最後來到里約奧運的旅程，我覺得我沒有辦法像現在這麼能變通，也不會有辦法在各個時刻拿出不同技能來幫助我們達成今天的成就。」

麥可李奧堅信，要是今天掌旗的還是過去那個「舊丹尼」，「我們絕對不可能在里約奧運拿下金牌。」

訓練選手上場比賽

每個教練都有各自獨特的風格，以及各自經歷的旅程。然而，凱瑞的轉變，印證了教練能幫助選手達到菁英成就的幾個重要特徵。

教練工作的矛盾點在於表現和學習間的對比。對短期表現進步有利的做法，不一定就對長期的學習，以及隨之而來的長期表現有幫助[8]。「你可能會在練習時看到選手的進步，但不代表這些進步能夠持久。」英屬哥倫比亞大學的科學家哈吉斯說道。看似有架構、有組織的訓練課程，也許可以讓選手在練習時有出色的表現，但事實上卻阻礙了選手的學習；而看似亂無章法的訓練課程，卻反而有助於選手學習。我們無法直接從練習過程中看出選手的學習狀況，這必須靠長期觀察選手在比賽中的表現變化來評斷[9,10]。

能夠在練習過程中提升選手表現的教練方式，往往會影響選手在訓練場以外的表現。大量採用各種示範、指導和口頭回饋，這些都能使選手在練習過程中快速進步，卻沒辦法幫助選手達成長期的技能保留，或是順利將該項技能轉移到比賽情境中使用。採用更放任讓選手自己想辦法解決問題的教練方式，雖然一開始的學習會比較緩慢，但卻可以確保選手學得更深入、更穩健[11]。

茱蒂·莫瑞在兩個兒子，安迪和傑米小時候充當他們教練，並在他們成為職業選手後，以非正式教練的身份給予許多重要建議。她指導兒子的經驗驗證了教練可以挑戰選手的另一個方式。莫瑞的指導風格主要是對孩子提問，問他們打得如何，要他們說出背後原因。這種方法的目的在於訓練孩子獨立思考的能力，並為自己的比賽負責。

在指導兒子的時候，莫瑞常會策劃各種能砥礪他們突破表現的比賽，迫使他們用不同方法打球。有時候，她會禁止他們於連續對打中在發球區內擊球；有時候，他們必須以截擊回球才能得分，或是必須吊小球把對手引到網前才算得分。「你可以改變練習的內容來挑戰選手，讓他們去思考，」莫瑞解釋道，「你必須不斷製造新的挑戰。」

莫瑞設計給孩子們的比賽，「都非常有用，尤其是如果你想訓練出全能的選手。」她說道，「要給孩子多樣化的挑戰，給他們各式各樣的工具，讓他們不管遇上什麼樣的對手都能製造威脅、避開威脅，並從麻煩中脫身。讓孩子準備好A計畫、B計畫，甚至C計畫。這就是我一直努力在做的事。」

不過這常常會有「過度指導」的風險，莫瑞想了想說：「別人會這樣教，告訴他們最重要的是靠力量贏球。那麼，要是你今天遇到的對手比你更強大，或是比你更會掌控施力的技巧，而你又沒有B計畫或C計畫，那你就註定會輸。而我總是試著將他們培養成更有創造力、會思考的全能球員……我指導他們，讓他們能夠上場比賽。」

應接不暇的比賽讓莫瑞一家必須不斷擬訂計畫、執行各種技能。這些隨機的練習比單純重複操練來得更加困難，而且也比段落練習更需要投入大量認知能力方面的努力。如此一來，選手也能學到更多東西；這在科學上被稱為情境干擾效應（contextual interference effects）[3,12]。德州農工大學（Texas A&M University）的科學家大衛．萊特（David Wright）解釋道，段落練習會刺激大腦中「和做白日夢有關」的區域，也就是說，運動員並沒有確實投入其中。像莫瑞或是英國曲棍球代表隊在二〇〇八年後採用的這種比較隨機的練習，則會刺激大腦中有關「中長期技能保留」的區域。此外，這種訓練方式能幫助選手獲得更多工具，以在關鍵時刻派上用場。

一項研究將三十名大學棒球選手分成三組[13]。在隨機和段落訓練組的選手，連續六週，每週接受兩堂額外的打擊訓練；另外，控制組的選手則沒有接受任何額外訓練。隨機和段落訓練組的選手，在練習時分別面對四十五個投球：十五顆快速球、十五顆曲球、十五顆變化球。隨機組選手面對的投球順序隨機，而段落訓練組則依序面對三個球種、各十五球的投球。六週後，隨機組選手的表現明顯進步了。隨機組選手成功擊球的機率為五十六・七%，而段落訓練組選手的成功擊球率只有二十四・八%。類似的研究在羽毛球[14]、高爾夫球推桿[15]、網球訓練中都得出相同結果[16,17]。不同組別的選手，在接受相同時數的段落訓練以及隨機訓練後，接受隨機訓練的選手都出現相對大幅的進步。

「你可以靠練習直線傳球來進步，並做得相當出色。」現在擔任英國U23女子曲棍球代表隊教練的麥可・李奧說道，「但你如何在比賽中做決定、使用這個技能，這是很難訓練的。因此，我要怎麼從能夠直線傳球到做出正確決定，選擇傳球時機？我有辦法做出正確的傳球選擇，並在失去平衡時還能好好傳球嗎？」隨機訓練可以幫選手回答這些問題。

選手在訓練中犯的錯誤，可以教導他們如何偵測和修正錯誤。萊特發現，選手在長期接觸隨機訓練後，往後在學習新技能的速度就會更快。其他新技能都能「以比過去學習新技能時更快的速度習得。也就是說，隨機訓練可以給選手更廣泛或者說更易於轉移的學習益處，從而給予選手學習方法上的優勢。」

更聰明的練習方式如何幫助賈斯汀・羅斯登上冠軍寶座？

高爾夫球推桿教練肯勇曾試圖將這些技巧融入他的教練方法中。肯勇從二〇一七年開始擔任賈斯汀・羅斯的教練。隔年，羅斯靠著突飛猛進的推桿技術，一舉登上世界排名第一的寶座，這也是他職業生涯中首次登上世界第一。

「他的推桿訓練還是段落式的，沒有什麼變化，而且主要奠基於技巧而非技能的訓練。」肯勇回想道，「我們先向他傳達了一些新觀念，基本上就是他得練習的部分。然後我又跟他多說了一些，像是他得加強提升其他技能，並提升練習內容的變化性等等。」

「當你站定、推桿，一旦完成推桿之後，你就懂了，你就知道坡度如何、速度多快等等之類的。因此他過去會花很多時間在練習直線推桿、琢磨技巧，沒有什麼變化。如果練習內容很多變，你就必須仔細解讀每一次推桿。如果你每次都從不同位置推桿，那麼你每堂練習時能觀察到的推桿種類，就比你從同個位置一連推桿五次來得多。因此，只要增加變化，就能給他更大的挑戰，尤其是解讀果嶺情況的挑戰，而這些挑戰終究會暴露他的弱點，我們就能從中擬訂計畫來改善這些弱點。」

肯勇向羅斯介紹了一個新的訓練方法，稱為螺旋練習（spiralling）。首先，從最接近球洞的位置開始練習推桿，接著逐漸將推桿位置往外移，以螺旋方式逐漸遠離球洞。「隨著你繞著球洞不斷改變距離，每次推桿的站位、角度都不盡相同。」肯勇解釋道，「他必須每天都在不同球洞做這個練習，讓他學習如何解讀推桿，預測所需的轉折，此外還有得分挑戰，所以除了有變化之外還給他增加壓力。」更重要的是，這個練習方法「會針對他解讀果嶺的能力提出立即回饋」。

這種訓練方法是有科學研究背書的[18, 19]。譬如在網球練習中，變異練習是可以讓選手以正手拍擊球，並瞄準對手場中不同深度的目標；而只練習瞄準同一個目標擊球的練習則屬於特定練習。

以高爾夫球來說，受試者被分為變異練習、特定練習，以及無練習三組進行推桿[20]。變異練習組和特定練習組都會進行連續六天的練習，兩組受試球員分別都會進行十組十八個推桿，也就是總共一百八十次推桿。變異練習組的選手以螺旋練習的方式，在每次推桿時都改變推桿的距離；他們在練習中成功推桿的次數比特定練習組的選手更少。不過，變異練習組的選手在接下來的推桿測驗中表現較佳，也就是說，他們的技能提升速度較快[21]。所有教練都可以像肯勇一樣，以控制果嶺坡度、速度等方式來增加練習內容的變化，而不只是改變推桿的距離[22]。

有關技能習得的科學研究甚至指出，肯勇還能更進一步督促羅斯的進步。除了改變推桿的距離和坡度之外，還可以再加上要他每次推桿都使用不同技法，一球用推桿，一球用起撲擊球（chipping），或是反向操作。一項研究中，科學家將受試者分成數組，各自使用從段落式練習（重複練習相同的技法）到隨機練習（輪流進行起撲擊球和推桿練習）等不同練習條件的方式，進行推桿和起撲擊球的練習[23]。接受相對隨機的練習條件的受試者，也就是輪流練習推桿和起撲擊球的受試者，進步的幅度大於接受段落式練習的受試者。

傳統上，過去一般認為段落式以及特定練習的變化量比較少，而變化比較少的練習可以增進穩定性和技能。然而在現在的觀念中，認為富有變化的練習對於學習至關重要，而且多多益善。因為多變化練習培養出的運動員更能適應變化多端的比賽情況，使用當下所需的技能。

羅斯從推桿練習中得到的額外回饋，幫助他發現並修正自己的弱點。「你會發現他在解讀果嶺情勢上常有偏誤，在某些推桿情況中他常會漏掉一些訊息。」肯勇解釋道，「於是我們開始加強他在閱讀果嶺的某些方面的能力，並在練習過程中，適時給予他明確的回饋意見，以幫助他提升相關技能。」這些訓練方法「讓你持續給予選手壓力，並讓他開始自我督促。」

一如凱瑞在訓練英國曲棍球代表隊時所發現的，肯勇的經驗同樣也驗證了，運動員如果在訓練過程中加入更多隨機練習及變異練習，可以獲致更佳的表現提升。

授權給選手

挪威培養滑雪選手的方法有個重要的基礎思想。「我希望運動員都能獨立思考。我們需要聰明的運動員。」挪威男子國家代表隊總教練諾蘇說。這個中心思想，以及運動員對自身訓練工作的責任擔當，都可以解釋挪威之所以能成為冬季奧運史上最成功國家代表隊的原因。

在其他國家，「代表隊的教練會要求所有選手進行一樣的訓練，」諾蘇說道，「但是我的目標是打造出有關做事方法的框架、哲學，然後和選手一一討論每一項指標應該如何訓練才能達到最佳成效。也就是說，運動員在訓練計畫的研發過程中佔了非常重要的角色。」諾蘇將教練稱為滑雪選手的「夥伴」。

「我們非常獨立。這是我跟德國或俄國越野滑雪選手比較之下才發現的。」在二〇一八冬季奧運會中，替挪威摘下兩面金牌的哈加說道，「我們幾乎都是自己說了算。我們自己擬定訓練計畫，而教練的工作大只是支持我們，然後說句『嗯，我覺得這樣可能太多了』或是『我想這樣的訓練不太足夠』。所以我們大部分都從其他選手身上學習，並且相互扶持。」

「我們學會去聆聽身體的感受，累了就休息……當然，我們和教練的關係很好。但是，我們各自都是自己訓練計畫的主宰，也就是說，我們隊上的每個人都很清楚訓練時要做什麼，比賽時要做什麼。」

教練在菁英選手的訓練中絕不是冗員，但是過度且太過規範性的教練方式會阻礙選手的發展。曾訓練過如哥利和史密斯等頂尖板球擊球員的特倫．伍德希爾（Trent Woodhill）很喜歡掛在嘴邊的一句話就是：「教練可以幫上一點忙，但卻也可能大大搞砸一切。」[24]

比較放任式的教練方式能帶給運動員非常顯著的技能學習優勢。像挪威的滑雪訓練這樣，讓運動員對自己的學習有更多控制，他們就有權能決定自己想在什麼時候接受回饋和指導，以及想要怎麼安排練習[25]。這個方法對天生不會嚴厲督促自己的運動員可能不太理想，但是對於自我動機非常強烈，因此往往是各職業項目翹楚的運動員，就能提供相當大的優勢。「允許運動員自己控管指導和回饋的時機，甚至控制自己需要多少練習、測試，通常都比教練幫你決定日程表更好。」哈吉斯說道，「學習者對自己每一次測試的表現結果通常都有比較好的見解，因此可以自己決定什麼時候需要幫助。」

內隱學習

讓選手不會過度分析技能習得過程的教練方式，能幫助選手培養出更耐得住外在壓力的技巧。像是用「抓背搔癢」這樣的語句來形容網球發球動作，可以培養出更內隱，而非外顯的技能習得，也能幫助選手在不過度注意自己在學些什麼的情況下學習[26]。

運動員在執行動作時，如果能夠培養出外在焦點，即把注意力放在動作產生的影響，像是球拍的路徑或球的飛行路徑，而不去注意動作本身的話，可以獲得更多優勢[27]。太過注意動作的細節會導致運動員「啟動意識控制流程，這通常比較緩慢，而且會干擾自動控制流程」，美國內華達大學拉斯維加斯分校的科學家蓋比．沃爾夫（Gaby Wulf）解釋道。但是，「當指導說明能促進外在焦點的形成，做動作的人就能使用無意識、更快速的反射控制流程，讓他們的動作更自動化。」這樣的外在焦點可以促成更平衡、更有效的肌肉動作，甚至降低耗氧量，提升運動員對艱困條件的忍耐力。然而，目前研究尚未釐清促進外在焦點形成的訓練法，是否對菁英選手及初學選手一樣有效[28,29]。

內隱學習和外在焦點兩者都抱持相同的中心思想，就是降低教練直接指導以及規範性指導的重要性，儘管如此一來，指導的最大效力便取決於技能類別以及學習者的性格。而教練將面對的最大挑戰，便是找出訓練每個運動員的甜蜜點。

「每個運動員的甜蜜點都不相同。」諾蘇根據觀察指出。但一般來說，對各個項目的選手來說，尤其是胸懷大志要成為菁英的選手以及已經是菁英等級的選手，教練指導干預的甜蜜點都是比傳統更少的規範性教練指導。

一項針對教練工作的影像分析研究，分析了包括英超等英國三個不同等級聯盟的教練和球員在訓練中的互動，以了解教練如何建構九到十六歲青年球員的訓練課程[30]。研究所分析的八十多堂訓練中，教練要求選手進行操練和制式化練習活動的時間高達六十五%；而菁英青年選手投入擬真、以比賽為基礎的活動的時間只有三十五%。這個比例在各年齡層、各技術等級的選手訓練中都沒有差異。教練似乎都以相同方式建構訓練課程，不因年齡或技術等級而有不同。教練幾乎不會容忍超過六秒以上的沉默，相反地，他們會不斷哄選手繼續練習，似乎也是要顯示自己工作盡責。甚至在各項目最高級別中，教練工作的理論和實務間可能也有一道鴻溝。

相較於出於責任感努力填滿每一秒的沉默，教練如果不要表現得像是知識的擁有者，而是更努力扮演引導、協助的角色，更能大幅提升教練指導效率。即使是像足球這樣，比賽結果受選手間的互動及複雜策略影響極大的項目，教練也可以幫助選手發掘最合適的訓練方法。

拉瑪西亞的「發現式學習」

巴塞隆納足球俱樂部（Barcelona Football Club，也稱「巴薩」）的拉瑪西亞（La Masia）足球學院，信奉的是更不介入的指導方式。二〇一〇年，拉瑪西亞成為史上第一個同時訓練出金球獎當年度三個最後決選選手的青訓營，這三名角逐選手分別是伊涅斯塔、梅西以及哈維；拉瑪西亞至今仍然不斷栽培出年輕的菁英新秀。

「我們培養選手的方式主要圍繞著兩個中心思想。」巴塞隆納隊總教練以薩克・葛雷洛（Isaac Guerrero）解釋道，「首先，我們會加強和選手討論訓練內容、有關我們設計每個訓練的脈絡，而不只是給予口頭的指導。我們的目標是要建立內隱學習的脈絡情境，進而取代過去傳統的訓練模式。這樣一來，我們就必須把焦點從外顯、詳細說明的指導，轉移到發現式學習（discovery learning）。我們的教練必須非常殷勤投入，還要能夠靠調控訓練內容的條件限制來和選手『對話』，而不是用外顯、詳細的口語說明來提供指導和回饋。」

「第二，重要的是『有效性和個別性』，而不是對或錯。因此，我們必須教導選手，要以讓自己最有效率的方式去做，並妥善利用自己的強項，而不只是一味按照教練規範的指示進行。」

「變幻莫測正是足球的精髓。」葛雷洛說道，「我們必須訓練選手去掌控足球運動中與生俱來的多變性。我們可以靠減少規範性的指導方式，並鼓勵內隱學習來做到。」巴塞隆納足球隊的練習內容非常強調模擬重現比賽的情境，並大量使用「猴子搶球」（rondo）以及少人制比賽等練習方式來訓練選手自己做決定。拉瑪西亞的訓練方法非常成功的其中一個特徵，就是他們訓練出來的選手最終對教練的依賴都非常低。

葛雷洛解釋道，他們的目標不是要告訴選手該做些什麼，而是要創造一種「發現式學習」的氛圍。這個哲學的目標是要雕塑選手的創造力。「身為教練，我們會盡量避免提出讓選手聽命行事的規則。」葛雷洛說道，「我們的角色是從旁輔助、引導，創造出讓選手可以自主獨立學習的環境。」

「我們會一直提出問題：我們是否對選手加諸過多限制，導致他們無法發揮創意，無法根據當下的情況調整自己的行為？我們是不是把他們的行動侷限在我們看起來對比賽有用的範圍？身為教練，我們必須確保嚴厲的規則不會導致選手變得一板一眼。選手必須學會根據不同情境進行調適，有時候甚至要自己創造新規則，我們的角色是要去創造合適的情境，讓選手能學會解決問題，並找到克服比賽中各種挑戰的方法。」

「教練必須克制自己提出過多外顯、說明詳細的指導，才能鼓勵選手去理解並自己做決定。我們的目標是創造以內隱而非外顯為主的訓練流程，並以任務的變化為基礎，而非以教練的指導為主軸。我們要培養出不依賴教練的選手，可以獨立自主的選手。」

正是這些訓練方法造就了巴塞隆納隊所培育的選手，其中拉瑪西亞最優秀的畢業生之一——哈維，在二〇一八年時曾這樣解釋：

有些訓練中心相信重複練習可以使技術臻於完美。這個想法讓人心碎。如果教練說：『哈維，傳球給馬帝亞斯，然後傳給哈維爾，哈維爾傳給哈維，哈維再傳給馬帝亞斯。』這樣子連續傳個十分鐘，這有什麼意義？選手能有什麼進步？可能傳球的技巧會進步，好，但我們什麼時候才會用用到大腦？這都只是國小小朋友的基礎動作。在訓練的時候，教練甚至會無端要求選手跑個十公尺：『傳球之後，練習短跑！』但要跑去哪裡？為什麼要跑？跑步很好，但要用點腦，跑得更聰明比較好[31]。

砸鞋子的日子結束了

改變的種子在英國和其他許多地方萌芽得比較晚，但是各地都有越來越多人意識到低規範性教練方式的益處。

「你需要有利學習的環境，」前英格蘭足球總教練霍奇森說道，「你得要有個環境，讓認真的運動員覺得在這個環境下、這個團體中，以及這個團隊的訓練方式等，都能讓我有成長的機會，包括個人的成長以及身為團隊一員的成長。」

「學習和進步都是經由正向積極的態度以及鼓勵而來，絕對不是從苛待和批評而來。我一直都這麼相信。」霍奇森認為選手應該對自己負責，並共同參與訓練的設計決策，而不僅僅是聽命行事。「我們當教練的，當我們在場上講解的時候，都很樂意聽到選手說：『我不確定我是不是有聽懂。』或是『我不覺得我應該這麼做。』」他說道，「這會會讓我們得再次重申我們的想法，花時間和選手對話，說服他接受我們的意見，接受我們的觀點是正確的。又或者，也可能是我們會改變態度，說：『等等，你說得很好。』也許我們就會改變我們對某些事的看法。」

「這才是事情應該有的樣子。如果你打造了對的環境，讓選手不會因為屈服於你的威權之下，以至於不敢說出『這是我的想法』或『這是我的感覺』的話，那你就能夠進步。在過去，可以這麼說吧，一般比較不會讓選手加入這個過程，所以選手大都對提出自己的看法小心翼翼，深怕會忤逆了教練的命令。」

現在越來越多人採納了這項開明的方法。霍奇森擔任足球教練長達四十多年，生涯中曾任英格蘭代表隊、國際米蘭（Inter Milan）以及數個著名英超球隊教練。霍奇森的教練風格一直都不像諷刺漫畫中所畫的那種會怒砸球靴的教練，他在執教生涯中也觀察到了選手學習方式的轉變，現在的選手越來越被賦予設計訓練內容的權力，而不再只是有耳無嘴、聽命行事的孩子。

「最大的改變在於訓練變得不再以教練為主導中心，」他解釋道，「過去就是一群球員自願站在你面前，然後說：『我們要學什麼？你過來站在我們面前告訴我們，我們什麼話都不會說。』然後選手可能會照做，可能不會，但基本上來說，選手希望由你來主導。」社會規範的轉變以及影像分析（使得選手能藉由觀看影片來分析自己的表現）的興起，引領了菁英教練和選手在互動上的轉變。

「我們已經不只減少了以教練為主軸的訓練模式，我們還試著從選手身上下手，讓選手真正對比賽負責任、有擔當。」霍奇森說道。這樣的改變可喜可賀：對自己的學習過程有較多主控權的運動員也更能適應各種挑戰，最終他們也能蛻變成更成功的運動員。

18

下一道疆界

運動的科技發展和創新

「科學家是我們俱樂部基礎設施的一部分。我們要探討的問題都來自於和教練以及其他後勤人員的日常互動，並且努力從數據和科學研究中尋找解決方案。」

——哈維爾．費南德茲（Javier Fernández），

巴薩創新中心（Barcelona Innovation Hub）資料科學家

位於西班牙美麗的巴塞隆納城，有著全世界最出名的運動俱樂部。巴塞隆納足球俱樂部❶是加泰隆尼亞文化的象徵，相當珍視其著名格言「不只是俱樂部」（More than a club）。巴塞隆納隊不止在足球場上不斷突破屢創佳績，在場外也持續提升科學和創新的應用。

甘伯體育城（Ciutat Esportiva Joan Gamper）是俱樂部的訓練基地，其命名是為了紀念俱樂部的創辦人胡安．甘伯（Joan Gamper）。訓練基地位於巴塞隆納省中西部的聖胡安德斯皮（Sant Joan Despí），這個基地同時也是籃球、手球、硬地五人制足球的訓練場地；此外，俱樂部的傳奇足球學院拉瑪西亞也落腳此地。足球學院原本位於一座建於一七〇二年，歷史悠久的加泰隆尼亞式農舍建築中，而現在的足球學院則落腳於二〇一一年啟用的新校址。

儘管拉瑪西亞無疑將持續在俱樂部的未來發展中佔有關鍵的中心地位，巴塞隆納隊也相信，於二〇一七年成立的、與足球學院相鄰的巴薩創新中心（Barcelona Innovation Hub），將能為球隊帶來極大的幫助。其單調的灰色外牆以及窗邊成排的桌椅，一眼望去很可能會被誤認為是會計師事務所，但是這裡的員工們胸懷大志，他們的共同目標是要打造全球頂尖的運動知識和創新中心，並幫助巴塞隆納俱樂部拿下更多獎盃。

巴薩的願景是要創造出可以和各大品牌、企業家、大學、研究中心等共同合作的社群，來加強鞏固運動項目的知識和創新工作。他們的目標是要研發新產品、新科技，並提供新型服務，不只幫

❶ 譯註：有時亦簡稱為「巴薩」（Barça）。

助球員發展，也幫助其他合作夥伴，甚至整個社會大眾。在提升球隊表現的同時，亦為自己增加額外收入。巴塞隆納俱樂部所聚焦的五大領域分別為：醫療服務和營養、運動表現、團隊運動、運動科技和社會科學[1]。這些計畫都遵循同一套四階流程：創新、知識萃取（knowledge acquisition）、知識產生（knowledge generation）以及知識擴散（knowledge dissemination）[2]。

巴薩創新中心不只和世界一流的研究中心，例如密西根科技研究院（Michigan Institute of Technology）等各大學攜手合作，創新中心本身也有一所大學。巴薩大學（Barça Universitas）是創新中心所屬的線上平台，用來傳遞知識，並讓新想法、新概念、新產品等能跨出訓練基地的地理範圍。巴薩大學會舉辦運動科學和醫療相關的大型研討會，也有碩士班和其他許多線上課程，還有實體的教練學院。

「以選手和教練而言，我們在巴薩有全世界最大的實驗室。」現任職於創新中心科技和創新部門的工程師卡洛・巴嘉猶・塞古拉（Carles Bargalló Segura）說道。創新中心的服務對象橫跨了五種不同運動項目、超過兩千名的男女運動員。這裡的運動科學部門有二十八名全職研究人員，傲視許多頂尖大學的學術單位。在這裡，這個劃時代研究和頂尖運動俱樂部的交會，至少在理論上將會激盪出同時推動雙邊領域進步的力量。

哈維爾・費南德茲（Javier Fernández）是運動科學部門的資料科學家，他負責主導解讀創新中心所蒐集的戰術表現數據。費南德茲有大型軟體研發以及人工智慧應用的經驗，這是創新中心在選才時特別注重的專業技能。費南德茲將足球的概念和巴塞隆納的作戰哲學化做可使用的演算法，以得出對比賽更深刻的見解。他的主要目標是提出以數據為導向的工具，幫助俱樂部的足球分析員回答與個人及團隊表現有關的複雜問題。

「創新中心最美妙的地方就在於，我們能夠天天和教練密切互動，這是大多數大學辦不到的事。」費南德茲解釋道，「科學家是我們俱樂部基礎設施的一部分。我們要探討的問題都來自於和教練以及其他後勤人員的日常互動，並且努力從數據和科學研究中尋找解決方案。」

運動科技的領域主要包括三個範疇：人工智慧、虛擬實境以及選手追蹤。巴薩的資料分析小組可以在教練專業的眼光之外，額外提供針對選手和球相對位置的量化及脈絡化分析。藉由整合球員站位的數據和其他資訊，包括比賽中的單一事件和體能負荷量、醫療和環境數據等，讓球隊就能找出影響球員表現的原因以及受傷的機率，幫助球隊保持領先地位。

一流的教練能做出最棒的決定，而近年來，教練越來越傾向以科學做為下決定的基礎。他們應該招募誰？交易誰？選擇誰？他們該如何在體能上、技術上、戰術上、心理上為選手提供最完善的準備？最大的挑戰在於將數據轉化成成功的決策。球迷對於選手球衣底下的GPS背心都已經習以為常了。GPS選手追蹤系統可以在訓練及比賽中，監控每一位選手的動向，幫助教練了解每位選手跑動的距離和速度，包括加速和減速等。巴薩所使用的GPS技術是和一間西班牙科技公司共同研發的產品：「Wimu」；這項技術甚至可以追蹤選手的復原時間，以及和對手身體碰撞時的力道等等[3]。除了GPS追蹤之外，巴薩的訓練中心還會利用自動影像編輯系統分析全隊選手的戰術和技術性能力。此系統會分析傳球的次數、選手間的距離和互動，並以熱點圖標示每位選手在場上主要的活動區域。每個青年隊都配有至少一名隨隊分析師。

巴塞隆納俱樂部最具代表性的諾坎普球場（Camp Nou）內建有一套高科技系統，其中光學追蹤系統可以監控選手在持球及無持球時的動作和位置。不管在比賽或練習時，以人工智慧打造的精密演算法會針對大量的數據進行演算，並找出影響比賽結果的重要因素。在這裡，沒有什麼是靠運氣決定的。

監控選手動作和行為的尖端科技市場正以不可思議的速率成長：產業總值預估將由二〇一八年的二．八億美金，竄升至二〇二四年的二十．五億美金[4]。產業發展的趨勢傾向研發更小且非侵入式的感應器及穿戴科技，譬如可以將一小塊智慧布料融入巴薩球衣中，藏在西班牙足球甲級聯賽的徽章之下，讓球隊可以利用非侵入式的方法監控球員的身體狀況。巴薩計畫將逐漸提升新科技和資料科學的整合使用，以確保球隊持續居於領先地位[5]。

這樣的野心正是世界最創新的球隊運用科技來增進運動員能力，並幫助他們提升表現的作為。不過巴薩創新中心的成立並非絕無僅有的新穎概念，未來相信也會有越來越多的運動團隊加入這樣的行列。

雖然並非所有的創新科技都能幫助運動員獲得實質的進步，但是在未來，球隊運用科技的方式會在誰能成為一流運動員的爭霸中日趨重要。科技在無數領域和範疇中都有大幅的進步，更有許多無法濃縮在一個章節中說明的發展。本章將簡短探討五大類別：數據分析、球場上的科技、睡眠與神經科學和飲食、傷害防護和營養，以及球場外的科技，包括虛擬實境等。

數據分析

二〇一九年九月，一段納達爾（Rafa Nadal）和費德勒兩位網壇頂尖好手的談話影片在社群媒體上瘋狂流傳。費德勒當時正在拉沃盃（Laver Cup）的單打賽中，對上尼克．基里奧斯（Nick Kyrgios）。拉沃盃是由歐洲隊球員對上其他非歐洲國家球員組成的世界隊，而當時納達爾就在場邊支持隊友。

趁著一次換邊的時候，納達爾告訴費德勒：「在五球之內，你在搶分的時候贏得比較多，大約八比五，我看過了。[6]」費德勒當時已經輸了一盤，而且以五比四落後；納達爾勸他縮短來回擊球的時間。他照做了，而且最後順利贏得比賽。這段短短的互動，就是數據分析的重要性在體壇逐漸茁壯的縮影，同時也反應了在球隊利用數據來篩選招募對象的同時，球員也能靠數據來提升自己的表現。

儘管數據往往能強化既有觀念，有時候數據也可能挑戰舊有觀念。目前為止，數據分析最有意思的發現就是，運動員的戰術在各種運動項目中越具攻擊性越好。

美式足球的第四波進攻是進攻球隊在交出球權前的最後機會，要是沒辦法在這一波進攻中往前推進十碼以上，他們就必須將球交給對手。一般來說，大部分的球隊在此時都會選擇棄踢（punt），將球踢得遠遠的，讓對手取得球權後，必須從較遠的地方開始進攻，而不會選擇「放手一搏」：持球往前跑，試圖往前推進十碼，以獲得第二輪四波進攻的機會。大部分球隊的做法都錯了。美國國家美式足球聯盟的球隊，在每季十六場比賽中平均放棄了〇．四次勝利，因為他們「放手一搏」得不夠多[7]。

「有關行為和理論不符的原因有幾個可能的理論，但說到底，棄踢的決定是低風險的做法。」邁可．洛佩斯（Michael Lopez）解釋道，他是研究作者，也是現任美國國家美式足球聯盟分析總監，「在高壓環境下傾向做出低風險而非高風險的決策，應該是很多非教練的普通人也會做出的決定。」

在美國國家美式足球聯盟所觀察到的傾向，也就是球隊往往會採取防禦性較高，卻也較不可能獲勝的次優策略，在眾多不同運動項目中都存在。以足球來說，當球隊處於落後情況時，他們決定換人的時機通常會比數據顯示的最優時機稍晚。這可能是因為總教練不願承認自己一開始的先發選手安排失誤，或是想避免前鋒被換下場後卻又繼續失分，導致難堪的慘敗[8,9]。

在冰球中，落後一方的守門員通常也太晚被換下場，雖然這表示他們不會輸得太慘，但同時也表示他們比較沒有機會打破平手的僵局[10]。NBA的分析師發現，儘管成功率較低，嘗試投三分球的預期報酬比嘗試投兩分球更高。此一簡單的數學計算顛覆了整個籃球界，自二〇一〇年以來，球員在每場比賽的三分球出手次數幾乎翻倍[11]。

除了督促選手以更有效率（一般來說，也是最有攻擊性）的方式比賽，數據分析更幫助球隊以新的方式來評估選手。傳統上，對於侵入性運動中的選手在場上大部分時間（也就是沒有持球的時候）在做些什麼，我們所知甚少。在未來幾年中，最關鍵的發展將會是，球隊用衡量選手在非持球時間行為的追蹤和分析資料的工作品質，以及選手如何改善自己非持球期間的行動。

「過去球隊掌握的資料都只限於和球有關的事件。」比爾・傑拉德（Bill Gerrard）說道；他曾任職於大聯盟奧克蘭運動家隊（Oakland Athletics），也曾在荷蘭甲級足球聯賽的阿爾克馬爾隊（AZ Alkmaar）擔任資料分析師，「最劃時代的數據分析是運用追蹤數據來分析進攻和防守態勢。現在的追蹤技術可以持續提供每個選手的定位資料，讓球隊可以抓出誰沒有站在最佳位置。」其中最重要的是，「選手在球權交換的過渡時期，能重新定位自己的速度有多快。」

隨著追蹤數據的正確性越來越高，未來在如足球等侵入性運動中，可能也有辦法蒐集到選手的身體姿勢相關數據，數據分析公司斯達普（Stats Perform）的赫克多・魯伊斯（Hector Ruiz）說道[12]。「意思是，我們可以知道選手的站姿和球的相對關係為何，選手和其他隊友面對的方向為何，球是否離他們的慣用腳較近等等。這為數據分析開啟了一扇全新的大門。」

不只科技一直在進步，運動員也能更輕易地存取相關數據。前費城七六人隊（Philadelphia 76ers）的運動科學總監大衛・馬丁（David Martin）指出，當前的人工智慧可以利用現有的智慧型手機科技，來加強並自動化其量化籃球練習時選手投籃位置的能力[13]。其他公司則利用人工智慧自動辨認比賽中的數波進攻，並自動將其標記以供球隊進行分析，其中七六人隊在二〇二〇年初得出了十二項供分析的進攻戰術[14,15,16]。「這類分析的焦點通常是選才和人才培養，同時也包括比賽策略以及選手執行戰術的能力，」馬丁說道，「對手的強項和弱點也是分析的重點，因為教練會以此來探討可用的戰術。」

職業運動的變幻莫測是任何演算法永遠望塵莫及的。但是在未來，頂尖運動員和其團隊都將以更精明的方式利用各種數據取得更大的競爭優勢：包括利用人工智慧來篩選龐大的資料集，為教練和選手理出更簡單易懂的分析結論。這是個關鍵：唯有能用來提升場上表現的數據才有價值[17]。一如這句經典名句所言：「並非所有重要的事都能被計量，並非所有能計量的事都有其重要性。」

球場上的科技

在二〇一九年底，《愛爾蘭時報》（*The Irish Times*）刊出了全球年度運動明星報導。但是，獲獎的卻不是運動員。「沒有任何一個人、任何一個球隊或國家在今年度達到的成就，可以比擬『Nike Vaporfly』的全球跑鞋旋風。」記者伊恩・歐李奧丹（Ian O'Riordan）在將這雙球鞋封為年度運動明星的報導中寫道[18]，「回顧一下二〇一九年的每個重大時刻，從各大城市的馬拉松競賽到小型的公園路跑，跑者腳上大概都穿著『Nike Vaporfly』跑鞋。」

這項報導的排名理由非常充分。二〇一七年，含有最新碳纖維板科技的球鞋「Vaporfly」上市了。這項產品保證將跑步經濟性（running economy）削減四%，因此能讓跑者將跑步時間延長二・五%到三%。在球鞋科技的世界中，類似的宣傳用詞並不少見，但是這一次，他們說的是真的。

二〇一九年，世界六大馬拉松競賽中，一共三十六席的頒獎台位置，有三十一席是由腳穿「Nike Vaporfly」跑鞋的跑者佔據[19]。《紐約時報》（*The New York Times*）的一項分析發現，穿著此系列最受歡迎的款式「Zoom Vaporfly 4%」或「ZoomX Vaporfly Next%」這兩款跑鞋（兩者零售價都約為兩百五十塊美金）的選手，其速度比穿著普通跑鞋的選手快上四%到五%，也比穿著第二快的熱門跑鞋的選手快了二%到三%[20]。男子和女子的馬拉松世界紀錄保持人都穿「Vaporfly」，他們差不多都以九十秒之差打破過去的馬拉松紀錄。

這雙鞋比其他所謂的一%更有影響力。沒錯，馬拉松比賽中最頂尖的競爭之激烈，大多數情況下，光是有沒有穿「Vaporfly」的這項差異就足以讓你被擠出競爭行列之外。

這就是科技如何改變運動樣貌的縮影，可以開創新疆域、引發選手恐懼，甚至扭曲運動本質。二〇〇九年，主管游泳等水上運動的國際游泳總會（FINA），批准選手在比賽中使用連身聚氨酯泳衣。這項改變對選手的影響之鉅，在二〇〇九年世界錦標賽的頭五天賽事中，就打破了二十九項世界紀錄。隔年，國際游泳總會隨即禁止了聚氨酯泳衣的使用，希望能重新將游泳比賽輸贏的重點放回選手的技巧，而不是誰的泳衣比較厲害[21]。這個現象也存在於自行車賽中，英國自行車選手近期亮眼的表現，被歸功於自行車技術的大幅進步[22,23]。

Nike對於「Vaporfly」跑鞋擁有的四%到五%跑步經濟性優勢還不滿意。一般普遍認為，Nike的下一代跑鞋「Nike Alphafly」可以提升跑步經濟性達八%。各大球鞋公司也掀起了一波風潮，試圖研發出有相似亮眼表現的球鞋[19]。

「球鞋的選擇在運動員試圖提升表現的過程中，向來都是重要的一環，但是在過去這一直都只是個人偏好。」密西根大學（University of Michigan）的跑步生物力學專家傑佛瑞．本恩斯（Geoffrey

Burns）解釋道，「現在，比賽中出現了差別待遇。如果你是穿傳統跑鞋的那一派，而旁邊的選手穿得是像『Vaporfly』這樣最新科技的跑鞋，你就必須得跑得比他快上幾分鐘。」在決定誰是馬拉松比賽贏家時，科技的重要性「絕對」越來越高。「科技技術對選手表現好壞的影響越來越大。」

「Vaporfly」跑鞋科技甚至可能威脅到誰能成為職業跑者的決定。很有可能會發生，「除非他們也穿上這雙鞋，否則尋求突破的年輕運動員將被埋沒。」運動科學家塔克說道。譬如能得到美國大學獎學金的跑者，通常都是在比賽中表現最好的選手，但是如果選手表現完全取決於「Vaporfly」跑鞋，那麼沒有這雙鞋的選手就會被剝奪機會。

即使在能負擔這雙球鞋的選手之間，「Vaporfly」跑鞋依舊會影響誰能勝出。傳統上來說，賽跑一直是最不受器材影響的運動，但是「Vaporfly」跑鞋的效力在不同跑者間依舊存有差異：對某些選手，其跑步經濟性能提升到八％，但是對另外一些選手則只有二％的進步。

隨著球鞋的設計更加個人化，更仔細地按照運動員各自的生理需求調整，選手表現的差異也會跟著大幅增加。「這在科學上來說是很令人興奮的發展，但從社會學的角度來看，則是非常令人害怕。」本恩斯說道，「這會產生出極大的資源存取問題，並讓人們對影響選手表現的原因越來越不安。這對於以全然清楚誠實為價值定位的體壇而言，是個非常大的問題。」

「Vaporfly」跑鞋是一個極端的案例，顯示了過於昂貴且缺乏規範的科技進步，會對誰能躋身一流運動員的結果造成極大的影響。如果有許多不同的球鞋都打著能提升選手表現的名號，最後影響頒獎台席位的可能就取決於哪一項科技最頂尖：這就是科技在各項運動中，對於誰能獲勝逐漸佔據越來越重要角色的縮影。

睡眠和神經科學

體壇中高度專業性涵蓋了運動員生活的各個面向。巴薩等運動團隊開始對過去被視為選手私領域的範疇，展現出前所未見的高度興趣。

在練習、表現和復原期間對腦部施加的壓力，會影響大腦的結構和功能[24]。這些腦神經的變化可以幫助運動員學習新技能，並鞏固、加強既有的技能。學習是透過大腦內神經元本身與不同神經元之間，以及跨區域神經傳導數量和位置的改變所達成的。神經元透過神經突觸相連。技能學習並非侷限在大腦某個特定區域內進行，而是包在一個龐大、分散、動態的神經網路之內。睡眠的質和量都會對大腦產生巨大影響，因此若是選手的睡眠品質不佳，便會影響他們的生理和心理素質，並連帶削弱他們在場上的表現。

最令人意外的發現可能是：學習並不限於練習本身，而是會一直持續到訓練結束之後，尤其是在睡眠時，透過所謂的「鞏固作用」（consolidation）而持續。人在清醒的時候，大腦各區域彼此間會大量交流；在睡覺時，這些交流互動會減低，讓大腦有空間能進行記憶鞏固和學習，因此睡眠品質較佳的運動員，學習的速度也較快。睡眠同時也對個人的健康、表現、復原、受傷防護、提高訓練的參與度等有幫助[25]。在追求解鎖更高階表現的過程中，睡眠是個關鍵疆域。

許多運動員的睡眠習慣對幫助自己展現最佳表現毫無幫助。二〇一七年的一項研究指出，高達七成八的頂尖運動員在比賽前常有失眠問題[26]。睡眠習慣的改變可以帶來大幅進步。史丹佛大學研究分析了每天睡滿十小時，對籃球員表現的影響[27]。研究發現，在五到七週後，選手的罰球命中率提高了九％，三分球的準確率也提高了九．二％。此外，他們在練習和比賽時的身心健康福祉也提升了。一項針對網球選手所做的研究則指出，平均只要把每晚的睡眠時間增加一小時四十分鐘，從七小時增加至九小時，連續一週後就能提升選手表現[28]。

有越來越多的證據顯示，頻繁的小睡可以增強選手表現，因為小睡可以保護剛剛練習完的技能，不受之後其他活動的干擾，尤其是像在足球場上練習的這種不連續任務技能[29,30]。有關小睡的最佳長度和頻率目前尚未有定論，不過猶他大學的神經科學家珍妮維芙．奧布伊（Genevieve Albouy）則建議大約小睡個二十分鐘。

舉例來說，葡萄牙超級足球巨星C羅就將自己每天的睡眠時間拆成六段九十分鐘的區間[31]。他有一個私人睡眠教練：他對於細節的注重程度的確超乎常人，但是在全球頂尖運動員之間，雇用睡眠教練的做法也越來越盛行。有些球隊甚至早已經開始使用如「Oura 智慧戒指」（Oura Ring）[32]等智慧型技術，來監控選手的睡眠狀況；這個做法雖然在是否侵犯隱私權的觀點上還有爭議，但從技能習得的角度來說，確實有其邏輯依據。

有些球隊甚至會鼓勵選手在練習場小睡，像是皇家馬德里就設置了睡眠艙和打盹包廂供球員小睡[33,34]。「證據顯示，在針對各種技能做練習的不同訓練課程之間小睡，可以避免不同動作記憶痕跡互相干擾。」奧布伊說道，「有研究推論小睡可以加速或壓縮動作記憶鞏固的過程。」奧布伊指出，運動員小睡的最理想時間是在學習結束後的一到兩小時。我們可以從這個研究中推論，球隊如果在訓練場上安排球員在每堂訓練之間小睡一下，將對選手的技能習得有所助益。

其他神經科學家則探討了運動員自我調整能力是否能夠改善[35]。人體的自律系統，也就是能夠在個體不主動進行控制的情況下，自動調整身體若干機能的系統，其機能可以透過腦波圖（EEG）技術，一種佈滿電極的腦波帽來測量。腦波帽可以追蹤大腦各區域的活動，也就是說，可以藉此來探索加強控制大腦功能的策略。人類的大腦從不休息，而腦波圖技術就是透過辨認不同心智狀態引發的不同大腦活動模式，來正確記錄大腦的活動[36]。

舉例來說，老練運動員的大腦活動大多集中在所謂的α頻帶（alpha band），也就是和低認知功能及高自動化有關的區域；而新手運動員則有較大量的θ頻帶（theta band）活動，這個區域和大腦的努力以及有意識的進行處理工作相關[37]。

一項針對射箭運動進行的研究發現，θ頻帶的活動對選手表現有負面影響。因此，如果可以透過神經生理回饋（neurofeedback）訓練運動員減少或抑制這類活動，應該可以提升表現，一如研究中所發現的結果[38]。也有研究指出，運用神經生理回饋來增強舞蹈、高爾夫球、體操等運動項目的選手表現，是具有潛力的作法[35]。如果大腦活動模式和優異的表現相關，而且可以設計出一套訓練方法來控制這些腦部活動，我們可以增強選手表現的機會將無可限量。但是，儘管神經生理回饋的早期研究結果顯得很樂觀，後續的研究卻很缺乏。

傷害防護和營養

人們過去往往認為，選手受傷是因為運氣不好。但是近年來，體壇對於受傷這件事的看法已經開始轉變。選手受傷與否，常常是個人或球隊是否能贏得榮耀的關鍵：二〇一六年，萊斯特城足球俱樂部贏得英超冠軍時，他們的選手因傷缺賽的次數是全聯盟中最少的[39]。運動數據分析公司奇曼拉（Kitman Labs）指出，在NBA中，高達六成三的選手傷勢都是可以避免的外傷或拉傷；而將這項數據換算成球員養傷期間的薪水收入，等於每隊每年要花八百一十萬美金的成本。而球隊每年若能獲得額外八百一十萬美金的預算，換算之後，等於每季平均多贏得兩成比賽；由此可以看出，有效的傷害防護可以帶來重大影響。

「在未來，運動員表現以及傷害防制和治療必定會融入個人化的運動員表現數據，包括負荷、生物統計學以及生物介入，而這個系統也會大幅改善運動員和醫療人員降低受傷風險的能力。」NBA猶他爵士隊（Utah Jazz）的總隊醫崔維斯．邁克（Travis Maak）說道，他同時也是NBA研究委員會成員。在傷害防護和加速復原等方面個人化的早期介入，最終可能會納入使用幹細胞來修復受傷組織的技術，邁克解釋道。

在這些誘人的未來無數可能中，還有很大一部分的選手潛能是和更平凡的領域相關：飲食[40]。「運動員會尋找個人化的特殊飲食。」利物浦約翰摩爾斯大學的科學家詹姆斯．莫頓（James Morton）說道。選手聘請私人主廚已經是很稀鬆平常的事了。「運動員通常都很清楚自己該吃什麼，只是廚藝不足以為自己下廚，因此他們的解決辦法就是找人來幫他們煮飯。」

即使是在一流球隊中，許多選手的飲食習慣還是有改善空間，這樣才能達到進一步提升運動表現的目的。「教導或指導運動員去控制自己每一天、每一餐的能量攝入，聽起來很簡單，做起來卻充滿挑戰。」

為了幫助運動員吃得更健康，球隊從傳統上一天三頓豐盛正餐的生活習慣開始改變。他們開始鼓勵運動員根據訓練日程來調整飲食模式，調整後的模式，甚至有可能變成一天六次進食時段。要進一步提升效益，所以有更多球隊開始將營養政策調整成「根據工作提供所需的燃料」，莫頓說道，「如果訓練內容每天都不同，那為什麼你每天要吃一樣的東西？你攝取的營養應該根據不同的訓練量做調整。」

虛擬實境和球場外的科技

沒有什麼能真的幫選手做好萬全準備來面對比賽中的各種狀況：防守梅西的感覺是什麼？在PK大戰中踢十二碼罰球，以及面對板球或棒球投手時數高達一百英里的投球，又是什麼感覺？前述說法是體壇從古至今以來的智慧之語。但是，現在有個新技術可以挑戰這個想法，那就是虛擬實境，這可能是史上最令人興奮的科技躍進。

運用在運動中的虛擬實境技術尚在萌芽階段，但卻已經展現出無可限量的可能。舉例來說，虛擬實境技術可以讓板球擊球員練習面對快速球，訓練他們針對快速球的預估和擊球能力，而不用擔心任何受傷的可能。這項技術在板球運動中特別有用，因為擊球員和投手動作有生理上的差異，因此，相較於投手，擊球員可以長時間練習而不感到疲累；棒球投手和打擊球員之間也有一樣的差異。

這項技術能幫助選手進行更多次重複性的練習，以及更多刻意練習。相較於必須在場上等到有人射門時才能練習撲救，虛擬實境科技可以在譬如一小時之內，讓足球守門員面對兩倍到三倍的射門數，阿爾斯特大學（Ulster University）的心理學家凱西．克雷格（Cathy Craig）說道，她曾參與設計一套用於板球、橄欖球和足球訓練的虛擬實境系統[41]。她進一步指出，該技術的潛能在於「每次都能給出完美發球，以及給選手重複進行高品質的心智練習的機會，藉此加速學習進程。」

這些好處在選手受傷或比賽時數不足時特別顯著。巴薩創新中心也評估了使用虛擬實境技術的可能性。希維亞．奧德嘉（Silvia Ortega），巴薩的運動醫學部門研究專案經理，她相信虛擬實境技術對運動復健工作大有助益：受傷的選手可以繼續進行感知和認知能力的訓練，因此在他們恢復健康後，只需要特別進行體能方面的加強即可。

有些英超球隊已經將虛擬實境應用在這一類的訓練上了。「Rezzil」是一套虛擬實境系統，選手只需要戴上頭戴式顯示器，站上一塊邊長三公尺的綠色方形地毯上，就可以被傳送到虛擬世界中，而他們只需要動動頭就能四處探索。在英超「六大豪門」之中，就有四個球隊已經啟用這項科技[42]。在二〇一九至二〇的英超球季，曼聯的史考特．麥克托米奈（Scott McTominay）列在傷兵名單之中，而他就每天利用「Rezzil」的虛擬實境系統練習在球場上做決定。球隊會根據各自的需求對該系統進行微調，譬如根據自己和對手的戰術陣型和比賽風格等進行調整。有些受傷的球員還是會到訓練場上跟其他選手一起參與戰術討論，然後再自己進行虛擬實境的訓練。「他們可以進行相同的決策以及類似的訓練，只是不需要跑動。」該系統的創始人安迪・埃切斯（Andy Etches）說道。

有趣的是，巴薩認為，虛擬實境可以讓選手體驗一下跟梅西以及眾家球星當隊友是什麼感覺。這可能可以讓年輕選手或是剛簽約的球員更快升上一軍。「年輕球員剛加入一軍的時候，可以用虛擬實境的方式讓他和其他選手一同參與比賽。」巴薩的運動科技創新分析總監勞爾・貝拉耶斯・布蘭柯（Raúl Peláez Blanco）指出，「有了現在的定位資料，我們可以完整重現比賽的進展。[43]」這麼一來，選手可以利用這項技術，回到近期的某一場比賽的情境中訓練決策能力。

虛擬實境技術可以藉由改變每一次訓練的條件和限制，讓運動員和虛擬隊友共同面對虛擬對手。最重要的是，每一場模擬比賽的難度都可以依據不同選手進行調整，以符合能刺激其學習的最優挑戰點。虛擬環境能教會選手，在現實比賽中更有效地偵測不同線索，比方說，虛擬環境可以利用視覺引導標記，將選手的注意力引到對預測對手動作最有效率的身體區域。

這項科技讓選手可以針對一些出現頻率相對較低的情況進行反覆練習，像是讓板球或棒球選手面對彈指球，或是讓足球守門員面對弧線射門的自由球。虛擬實境可以讓選手針對下一場比賽即將面對的特定情況進行練習。在最近發表的一份學術論文中，亞利桑那州立大學的羅伯・格雷寫道：

投資「（虛擬實境技術）的真正報酬應該是可以創造出在實地訓練中不可能出現，或是使用上極度不實際的、獨創的並且以證據為基礎的訓練條件。[44]」

「你可能會遇上一支球隊，他們有一個可以把自由球踢出特定弧線的球員，」克雷格說道，「你想知道人牆應該放在哪個位置最好，以及人牆會怎麼影響守門員觀察飛行路徑並做出反應的能力。」這個技術甚至能讓球隊中的不同選手面對完全一模一樣的挑戰，互相較勁。譬如可以讓隊上的所有守門員都面對一模一樣的一百顆射門，然後看誰的表現最優秀。在為淘汰賽中可能出現的PK大戰做準備時，足球隊可以透過虛擬實境訓練，比較哪個守門員在面對對手的十二碼罰球時表現較佳，藉此決定到時候PK大戰時要派誰上場。

虛擬實境並不意欲取代傳統訓練，僅是要成為磨練心智技能的「配套」方案，埃切斯說道。選手在「Rezzil」上的表現甚至能用來評斷誰是一流足球員：我們可以根據選手在該系統上的表現，分辨出英超資深職業選手和足球學院學生，成功率高達八成六。埃切斯認為「Rezzil」不只能找出比賽智商最高的選手，還能幫助增進這項技能。「我們的目標是找到更好的決策，並指導選手培養出更好的決策能力。」

研究人員已經發現，使用虛擬實境技術對選手表現有所助益。二〇一七年，研究將棒球選手分成四組進行了六週的實驗。第一組受試者，在虛擬環境中接受適應性打擊訓練（adaptive hitting training），包括逐漸調整投球速度和位置；第二組受試者，在虛擬實境中接受額外的打擊練習；第三組受試者，則是在非虛擬環境中接受額外的打擊訓練；第四組是控制組，持續接受本來的訓練內容。實驗最後，安排了一次打擊測驗，使用虛擬實境技術進行練習的球員在六週的訓練後，打擊表現出現一一七%的進步，而控制組選手的進步幅度則只有三十六%。在接下來的球季中，接受適應性打擊訓練的選手，在打擊率表現上有最顯著的進步。從這些發現中能看出，使用虛擬實境來訓練可以達成實質的進步，尤其當訓練者利用模擬技術來設計超出一般常規的訓練方法，如適應性訓練[45]。

在滑雪落山賽中，美國國家代表隊在二〇一八年南韓主辦的冬季奧運之前，也採用了虛擬實境技術來訓練選手[46]。旌善高山滑雪中心（Jeongseon Alpine Centre）是本屆冬季奧運落山賽及超大曲道（Super G）的比賽場地，同時也是二〇一六及二〇一七年世界盃的比賽場館，因此美國隊得以取得賽道的三百六十度全景影片。選手接著使用頭戴式虛擬實境裝備，進行沉浸式訓練，預先熟悉賽道的曲折、彎道，以及每個賽道的旗門位置等。「選手得以不斷重回賽道，一遍又一遍地練習，讓他能在腦中擬定一套應對計畫。」美國滑雪和單板滑雪協會（US Ski and Snowboard）高階表現總監特洛伊．泰勒（Troy Taylor）說道，「虛擬實境讓選手能預先熟悉特定賽道，這麼做有助於提升他們的信心，讓他們更覺得自己有充分的準備。當他們穿梭世界各地征戰，而必須在比賽場地以外的地方接受訓練時，這是個附加的優勢。」

最好玩的一點就是，選手甚至可以利用虛擬實境來跟自己對戰。辛辛那提紅人隊的投手鮑爾就曾經利用虛擬實境技術來試打自己投出的球，根據打者能從他身上看出什麼訊號來改善自己投球表現的新法寶。「我一直都有這個想法，要是能試著打擊我自己投出的球，看看我的投球軌道如何、我投的球長什麼樣子、我出手的時候是什麼樣子等等，那就實在太酷了！我可以藉此來蒐集更多訊息，幫助我進一步騙過打者。」他說道，「我真的利用虛擬實境這麼做了，跟自己對決！」

並非所有的創新技術都能達到他們所號稱的功效。事實上，有幾種在菁英體壇經常使用的技術就缺乏穩固的科學基礎，有的甚至沒有足夠的數據資料能支持其存在的價值。這類技術包括動視儀（Dynavision）[47]：一個五乘四英尺的大板子，上面鑲了六十四個可以靠觸控來關閉的紅色按鈕；神經追蹤器（Neurotracker）[48, 49]：選手必須追蹤螢幕上隨機移動的彩色圓點；頻閃眼鏡（stroboscopic glasses）[50]：會限制選手在比賽中接收到的視覺訊息。一個最根本的科學原理就是，練習和比賽的相似度越高，學習和技能轉移的成效就越好。因此，聚焦在訓練一般性，而非針對特定運動項目技能的訓練輔助工具，大都不太可能做到有意義的技能轉移[44, 51]。

不管其他技術有沒有用，有一項改變很明確地在發生：運動員培養訓練越來越趨向個人化設計。每個選手的風格都不盡相同，他們所需要的訓練和睡眠，以及在其他各方面的需求也都不一樣。聰明的球隊會更仔細留心這個事實，加強為各選手量身打造其所需的訓練和其他作息安排。

一如所有創新的選手和球隊已經探索過的領域，在其他領域中，什麼有用、什麼沒有用也勢必存有一定程度的不確定性和風險。但是可以肯定的是，在科學、科技和各種創新的幫助下，各項運動表現都將持續提升。對世界頂尖的運動員而言，這便是他們永恆而且永無止境的追求。

後記

從莫瑞兄弟的教養方式，到沃加瓦加的人才礦脈，再到運動員在比賽中究竟會看到什麼，又在想些什麼，本書是一趟力圖了解體壇菁英的旅程。在尖端科技和選手現身說法的幫助下，我們試圖解析選手之所以優秀的原因。我們衷心希望，本書的結論對於運動員如何攀上巔峰有著正確而入微的解釋。

每位運動員都是獨一無二的說法，掩蓋了許多選手達到菁英成就的共通心路歷程。其中有些背景故事比較典型而且常見。

在本書的第一部，我們點出了：儘管人們常將運動視為社會上功績制（meritocracy）的最後一個堡壘，其實卻完全不然。儘管所有運動員的成就都與其努力程度有關，但真正攀上巔峰的人有很大一部分取決於他握有幸運的樂透彩券，譬如有無兄姊，或者是否出生在能讓他將潛能完全發揮的地區等等。機會不管是在體壇中或是其他領域，其實都是不公平的；機緣和環境會決定誰能一展長才。許多頂尖運動員都有幸運的出身，儘管他們可能無法明白，又或者這類運氣不利於人生其他面向的成就。

當然，天分的分配很不公平，但是即使如此，要在選手小時候就認定他有特殊天分依舊是個冒險的做法。另外矛盾的是，對於未來的菁英選手而言，最重要的訓練卻是來自於正式活動以外的地方。運動員在小時候參與非正式比賽（像是巴黎郊區的街頭足球）的程度，和他們未來在運動中的成就，有著驚人的關聯。足量的非正式比賽可以培養選手的創造力、自由思考和專業技巧；只靠嚴苛和極度認真的教練指導，反而對選手的發展有害。

本書的第二部，把焦點從選手的養成轉移到菁英等級的比賽場上。我們說明了運動員如何訓練自己以做出驚人的表現，並達成對一般人而言，簡直是不可能任務般的成就。板球和棒球的打者學會從對手在球出手前的體態蒐集資訊，幫助自己提早預測下一步的回應。

運動員還能以不凡的方式自我調適，以提升其他較細微的技能表現。一流的選手不見得有最出色的視力，但是他們可以訓練出傑出的大腦，讓他們更快速、更有效地處理資訊。在足球或籃球等項目中，頂尖選手可以從我方和敵方球隊的行為模式中，推論出接下來應該會發生什麼事。這就是他們「解讀比賽」的方法。狡詐的選手會利用其他運動員從自己身上蒐集線索的精明手段，來設陷阱反制對手，用欺瞞或偽裝的手法來詐騙對手。在比賽中，菁英運動員用眼的方式也會有所不同，他們在進行瞄準時，會花更多時間將目光聚焦在標的物上，也就是所謂的靜眼時間。一流的運動員也會發展出更高超的知覺認知能力，讓他們能以更快的速度掌握周遭環境的情況。

一如頂尖選手在比賽中的用眼和用腦方式的與眾不同，他們的心理素質一樣超凡出眾。與看似有同等運動天分、成就卻較低的選手相比，頂尖好手通常對自己的運動項目都更有熱忱，同時也更追求完美、更有意志力、更有自信，還有更高的心理韌性。不過，這些心理素質並非無法改變的：心理支持可以幫助運動員在壓力下表現得更傑出，並像伊恩．保爾特在萊德盃一樣，拿出「緊要關頭」時的出色表現，更能避免失常。

本書第三部則探討了，頂尖運動員為了攀上巔峰並維持在頂峰所做的練習和努力。我們探究刻意練習的原理和做法，並說明頂尖選手不一定就是最認真練習的選手，但是他們一定都有更聰明的練習方法，促進強化技能習得。教練也可以透過設定對學習最有益的最佳挑戰點，廣納能確保多樣性的訓練方法，並協助選手熟悉面對未知困難及對抗外在壓力來幫助選手學習。隨著本書來到巴塞隆納足球俱樂部一探究竟，認識他們在其他領域投入的努力，包括人工智慧、虛擬實境、選手追蹤，以及睡眠監控等。我們發現，科技也能用來促進技能習得的速度。儘管並非所有創新技術都能達到其訴求的成效，這些領域的技術發展依舊能夠幫助選手展翅高飛。

我們的探索之旅也向人才培育領域的各專業人士提出了許多重要的問題。譬如：有鑑於家中的弟弟妹妹或是出生於中型城鎮的選手都享有一定的先天優勢，那麼各運動協會又能夠提出什麼策略，以人工方式為沒有這些先天優勢的選手創造出適當的環境呢？鼓勵選手多參加非正式比賽以及讓更多孩子越級練習，都是謹慎的人才培育專家開始加強探索的課題。同樣地，運動員和教練也可以參考頂尖選手較常採用的練習類型，並特別留意著重難以預測、富挑戰性，且會強迫選手獨立思考的練習種類，以減少只是讓選手重複相同任務，並聽命行事的練習方式。

沒有一個運動員天生就出類拔萃，也沒有任何一組基因能保證選手的不凡成就。以我們當前對基因的認識，身上帶有菁英選手必備基因的運動員很多，但真的成為菁英選手的卻寥寥無幾。總而言之，最能定義頂尖運動員的一點，應該是他們靈活的適應性：頂尖運動員會在體能、生理、技術、戰術和心理上都按照練習或比賽中的需求進行調適。

只有極少數人能躋身這個精良部隊，但是對於運動及各領域人才培育的相關人士而言，職業運動的最高殿堂是一個可供學習的實驗室。同時我們也期盼，讀者對於眾家選手登峰造極的背後點滴有更深一層的認識之後，也能更進一步地了解和欣賞我們所觀賞及參與的各種運動。

致謝

首先，我們要感謝以下各位，對本書寫作過程中的手稿內容提出了寶貴的意見：

珍妮維芙・奧布伊（Genevieve Albouy）、大衛・安德生（David Anderson）、喬・貝克（Joe Baker）、翔恩・貝洛克（Sian Beilock）、瑞提夫・布魯德瑞克（Retief Broodryk）、詹姆士・邦斯（James Bunce）、傑佛瑞・本恩斯（Geoffrey Burns）、魯文・肯納布蘭（Rouwen Canal-Bruland）、克里斯・卡林（Chris Carling）、喬・考瑟（Joe Causer）、歐馬・喬胡里（Omar Chaudhuri）、史帝夫・寇博里（Steve Cobley）、以色列・提奧多寇斯達（Israel Teoldo Da Costa）、戴夫・科林斯（Dave Collins）、戴米恩・康寧漢海恩斯（Damien Conyngham-Hynes）、尚・寇特（Jean Cote）、史都華・科特里爾（Stewart Cotterill）、艾德華・考夫藍（Edward Coughlan）、西恩・康明斯（Sean Cummings）、布萊迪・德庫托（Brady DeCouto）、大衛・埃克萊斯（David Eccles）、馬克・埃斯（Mark Eys）、安德斯・艾瑞克森（Anders Ericsson）、傑夫・費爾巴德（Jeff Fairbrother）、戴米恩・法洛（Damian Farrow）、布萊德・傅佛爾（Brad Fawver）、保羅・福特（Paul Ford）、丹・嘉藍（Dan Gallan）、克勞帝亞・岡薩雷茲（Claudia Gonzalez）、馬克・瓜達諾力（Mark Guadagnoli）、丹尼爾・古馳亞迪（Daniel Gucciardi）、阿爾尼・古利奇（Arne Gullich）、羅伯・格雷（Rob Gray）、以薩克・葛雷洛（Isaac Guerro）、大衛・漢考克（David Hancock）、喬・哈里斯（Joe Harris）、克里斯・哈爾伍德（Chris Harwood）、尼可拉・哈吉斯（Nicola Hodges）、尼克・霍特（Nick Holt）、尼克・胡特（Nick Hoult）、羅賓・傑克森（Robin Jackson）、克里斯・賈奈爾（Chris Janelle）、伊恩・簡森（Ian Janssen）、班・瓊斯（Ben

Jones）、蓋爾・卓戴特（Geir Jordet）、賈羅德・金伯（Jarrod Kimber）、布萊德・金恩（Brad King）、崔斯坦・拉瓦列特（Tristan Lavalette）、亞曼達・洛馬斯（Amanda Lomas）、費伊・洛馬斯（Fay Lomas）、保羅・洛馬斯（Paul Lomas）、基斯・洛斯（Keith Lohse）、弗羅里安・洛芬（Florian Loffing）、崔維斯・邁克（Travis Maak）、喬・馬奎爾（Joe Maguire）、大衛・曼恩（David Mann）、大衛・馬丁（David Martin）、喬諾・麥可克羅斯提（Jono McCrostie）、艾力斯迭爾・麥可羅伯特（Alistair McRobert）、丹尼爾・蒙梅爾特（Daniel Memmert）、弗羅德・蒙（Frode Moen）、詹姆斯・莫頓（James Morton）、傑米・諾爾斯（Jamie North）、提姆・奧爾茲（Tim Olds）、勒斯・波德洛格（Les Podlog）、艾隆・鮑威爾（Alun Powell）、馬修・李維斯（Matthew Reeves）、奧利佛・朗思維克（Oliver Runswick）、大衛・理查德森（David Richardson）、安德・洛卡（Andre Roca）、羅賓・羅素（Robin Russell）、傑森・雪爾溫（Jason Sherwin）、史提格・阿爾弗・西爾瑟（Stig Arve Seather）、尼克・史密頓（Nick Smeeton）、艾力克斯・史沃德（Alex Sword）、特洛伊・泰勒（Troy Taylor）、葛尚・騰南邦（Gershon Tenenbaum）、亞尼斯・彼希拉迪斯（Yannis Pitsiladis）、羅爾・費尹斯（Roel Vaeyens）、瓊安・維克斯（Joan Vickers）、文斯・沃爾許（Vince Walsh）、尼克・瓦提（Nick Wattie）、馬克・威爾森（Mark Wilson）、大衛・懷特塞德（David Whiteside）、安雅・威格莫（Ania Wigmore）、理查・威格莫（Richard Wigmore）、史都華・威力克（Stuart Willick）、柔伊・溫烏斯特（Zoe Wimhurst）、大衛・萊特（David Wright）、蓋比・沃爾夫（Gaby Wulf）。

對於因為一時疏忽而未被提及的各位，我們也在此致上最深的歉意。

我們要特別感謝馬修．賽德（Matthew Syed），是他促成了這次的合作。感謝我們的出版經紀人大衛．雷斯頓（David Luxton），他給了我們許多建議和有力的支持。最後，還要感謝尼可拉斯布雷力出版社（Nicholas Brealey Publishing）的伊恩．坎貝爾（Iain Campbell），感謝他給我們的鼓勵和對本書的熱情。

我們衷心感謝所有願意接受訪談，並同意讓我們引用其言論的運動員，你們是我們寫作生涯中源源不絕的靈感來源。

馬克要特別感謝他的家人：莎拉、湯姆、麥特和艾力克斯，謝謝他們對本書無盡的支持。

提姆要特別感謝他的父母，還有他的伴侶費伊，費伊或許曾暗自埋怨本書的寫作過程佔據了他們訂婚後太多甜蜜時光。

參考書目

前言

1. https://www.onlinecasino.ca/odds-of-success
2. Sports and Fitness Industry Association [email]
3. https://www.world.rugby/development/player-numbers?lang=en
4. https://amp.businessinsider.com/michael-calvin-shocking-statistic-why-children-football-academies-will-never-succeed-soccer-sport-2017-6

1：我們都是一家人

1. www.european-athletics.org/competitions/european-athletics-championships/news/article=filip-and-henrik-ingebrigt-sen-bask-jakob-1500m-success-berlin/index.html
2. https://www.espn.com/espnw/culture/feature/story/_/id/17494146/road-23-story-serena-path-greatness
3. www.telegraph.co.uk/cricket/2019/01/18/solving-englands-batting-crisis-younger-brothers-could-key/
4. www.irishtimes.com/sport/other-sports/the-story-be-hind-the-incredible-ingebrigtsen-brothers-1.3593994
5. www.linkedin.com/pulse/what-do-we-know-talent-identification-england-womens-team-russell/
6. worldathletics.org/news/feature/jakob-ingebrigtsen-euro-pean-championships-ber
7. Carette, B., Anseel F., and Van Yperen, N.W. Born to learn or born to win? Birth order effects on achievement goals. *Journal of Research in Personality*, 45, 5 (2011): 500–3.
8. 8 Collins, D., MacNamara, A., and McCarthy, A. Super champi-ons, champions and almosts: important differences and commonalities on the rocky road. Frontiers in Psychology, 6 (2016).
9. https://www.theguardian.com/observer/osm/story/0,, 727737,00.html
10. https://www.espn.com/espnw/culture/feature/story/_/id/17494146/road-23-story-serena-path-greatness
11. http://sulloway.org/politics.html
12. Sulloway, F.J., and Zweigenhaft, R.L. Birth order and risk taking in athletics: a meta-analysis and study of Major League Baseball. *Personality and Social Psychology Review*, 14, 4 (2011): 402–16.

13. www.telegraph.co.uk/sport/cricket/international/southafrica/12062933/South-Africa-v-England-The-making-of-ABde-Villiers.html
14. Hopwood, M.J., Farrow, D., MacMahon, C., and Baker, J. 'Sibling dynamics and sport expertise. *Scandinavian Journal of Science and Medicine in Sport*, 25 (2015): 724–33.
15. Tjelta, L.I. Three Norwegian brothers all European 1500m champions: what is the secret? *International Journal of Sports Science and Coaching*, 14, 5 (2019): 694–700.
16. Karlinsky, A., and Hodges, N.J. Dyad practice impacts self-directed practice behaviors and motor learning outcomes in a contextual interference paradigm. *Journal of Motor Behavior*, 50, 5 (2015): 579–89.
17. https://www.encyclopedia.com/people/sports-and-games/sports-biographies/serena-williams
18. Trussell, D.E., and Shaw, S.M. Organized youth sport and parenting in public and private spaces. *Leisure Sciences*, 34, 5 (2012): 377–94.
19. Roca, A., Williams, A.M., and Ford, P. Developmental activities and the acquisition of superior anticipation and decision making in soccer. *Journal of Sports Sciences*, 30, 15 (2012): 1643–52.
20. Weissensteiner, J., Abernethy, B., Farrow, D., and Muller, S. The development of anticipation: a cross sectional examination of the practice experiences contributing to skill in cricket batting. *Journal of Sport and Exercise Psychology*, 30 (2008): 663–84.
21. www.theplayerstribune.com/en-us/articles/raheem-sterlingengland-it-was-all-a-dream
22. Lee, H., Tamminen, K.A., Clark, A.M., Slater, L., Spence, J.C., and Holt, N.L. A meta-study of qualitative research examining deter minants of children's independent active free play. *International Journal of Behavioral Nutrition and Physical Activity*, 12, 5 (2015).
23. https://sportspath.typepad.com/files/key_-_the_u.s._womens_youth_national_teams_program_finding_the_next_mia_hamm_and_alex_morgan_2.pdf
24. Cline, F., and Fay, J. *Parenting with Love and Logic: Teaching Children Responsibility*, 2nd edn. Colorado Springs, CO: NavPress, 2006.
25. Janssen, I. Hyper-parenting is negatively associated with physical activity among 7–12 year olds. *Preventive Medicine*, 73 (2005): 55–9.
26. Holt, N.L., Pynn, S., Pankow, K., Neely, K.C., Carson, V., and Ingstrup, M.

Family influences on active free play and sport. In T.S. Horn and A.L. Smith (eds), *Advances in Sport and Exercise Psychology*, 4th edn, pp. 117–32. Champaign, IL: Human Kinetics, 2019.

27. Harwood, C.G., and Knight, C.J. *Parenting in youth sport: A position paper on parenting expertise. Psychology of Sport and Exercise*, 16 (2015): 24–35.

2：地點、地點、地點

1. https://en.wikipedia.org/wiki/Pakistan_at_the_2016_ Summer_Olympics
2. Culver, D., and Trudel, P. Clarifying the concept of communities of practice in sport. *International Journal of Sports Science and Coaching*, 3, 1 (2008): 1–10.
3. www.suttontrust.com/wp-content/uploads/2019/06/Elitist-Britain-2019.pdf
4. www.theage.com.au/sport/afl/how-private-schools-have-taken-over-the-afl-20191121-p53cso.html
5. Spaaij, R., Farquharson, K., and Marjoribanks, T. Sport and social inequalities. *Sociology Compass* (2015): 400–11.
6. Smith, A., Haycock, D., and Hulme, N. (2013).The class of London 2012: Some sociological reflections on the social backgrounds of Team GB athletes. *Sociological Research Online*, 18, 3 (2013): 15.
7. www.linkedin.com/pulse/background-factors-trying-identity-potentially-talented-robin-russell/
8. Ogden, D.C., and Hilt, M.L. Collective identity and basketball: An explanation for the decreasing number of African-Americans on America's baseball diamonds. *Journal of Leisure Research*, 35, 2 (2003): 213–27.
9. Farah, L., Schorer, J., Baker, J., and Wattie, N. Population density and proximity to junior developmental team affect the development of National Hockey League draftees. *Scandinavian Journal of Science and Medicine in Sport*, 28, 11 (2018): 2427–35.
10. Baker, J., Schorer, J., Cobley, S., Schimmer, G., and Wattie, N. Circumstantial development and athletic excellence: The role of date of birth and birthplace. *European Journal of Sports Sciences*, 9, 6 (2009): 329–39.
11. Imtiaz, F., Hancock, D.J., Vierimaa, M., and Côté, J. Place of development and dropout in youth ice hockey. *International Journal of Sport and Exercise Psychology*, 12, 3 (2014): 234–44.
12. Fraser-Thomas, J., Côté, J., and MacDonald, D.J. Community size in youth

sport settings: Examining developmental assets and sport withdrawal. *Physical and Health Education Academic Journal*, 2 (2010): 1–9.
13. Finnegan, L., Richardson, D., Littlewood, M., and McArdle, J. The influence of date and place of birth on youth player selection to a National Football Association elite development programme. *Science and Medicine in Football*, 1, 1 (2017): 30–9.
14. https://www.nytimes.com/2018/02/24/sports/olympics/final-medal-count-norway.html
15. bbc.com/worklife/article/20171211-friluftsliv-the-nordic-concept-of-getting-outdoors
16. Fawver, B., Cowan, R.L., DeCouto, B., Lohse, K.R., Podlog, L., and Williams, A.M. Psychological characteristics, sport engagement, and performance in alpine skiers. *Psychology of Sport and Exercise* [in press].
17. https://idrottsforum.org/aalberg-saether131024/

3：時機就是一切

1. telegraph.co.uk/sport/football/teams/england/11996176/Tottenham-and-England-striker-Harry-Kane-proves-he-is-the-man-for-all-occasions.html
2. http://bbc.co.uk/news/uk-politics-21579484
3. Barnsley, R.H., Thompson, A.H., and Barnsley, P.E. Hockey success and birthdate: The relative age effect. *CAHPER/ACSEPL Journal*, 51, 8 (1985): 23–8.
4. Lovell, R., Towlson, C., Parkin, G., Portas, M., Vaeyens, R., and Cobley, S. Soccer player characteristics in English lower-league development programmes: The relationships between relative age, maturation, anthropometry and physical fitness. *PLoS One* (2015). doi: 10.1371/journal.pone.0137238
5. Fleming, J., and Fleming, S. Relative age effect amongst foot-ballers in the English Premier League and English Football League, 2010–2011. *International Journal of Performance Analysis*, 12, 2 (2012): 361–72.
6. Padron-Cabo, A., Rey, E., Garcia-Soidan, J.L., and Penedo-Jamardo, E. Large scale analysis of relative age effect on professional soccer players in FIFA designated zones. *International Journal of Performance Analysis in Sport*, 16, 1 (2016): 332–46.
7. Salinero, J.J., Perez, B., Burillo, P., and Lesma, M.L. Relative age effect in European professional football: Analysis by position. *Journal of Human Sport*

and Exercise, 8, 4 (2013): 966–73.

8. Arrieta, H., Torres-Unda, J., Gil, S.M., and Irazusta, J. Relative age effect and performance in the U16, U18 and U20 European Basketball Championships. *Journal of Sports Sciences*, 34, 16 (2016): 1530–4.
9. Thompson, A., Barnsley, R., and Stebelsky, G. 'Born to play ball': The relative age effect and Major League Baseball. *Sociology of Sport Journal*, 8 (1991): 146–51.
10. Deaner, R., Lowen, A., and Cobley, S. Born at the wrong time: Selection bias in the NHL draft. *PLoS One*, 8 (2013). e57753. 0.1371/journal.pone.0057753.
11. Wattie, N., MacDonald, D.J., and Cobley, S. Birthdate and birthplace effects on expertise attainment. In J. Baker and D. Farrow (eds), *Routledge Handbook of Sport Expertise*, pp. 373–82. Oxford: Routledge, 2017.
12. Cobley, S., Hanratty, M., O'Connor, D., and Cotton, W. First club location and relative age as influences on being a professional Australian rugby league player. *International Journal of Sports Science and Coaching*, 9 (2014): 335–46.
13. McCarthy, N., Collins, D., and Court, D. Start hard, finish better: further evidence for the reversal of the RAE advantage. *Journal of Sports Sciences*, 34, 15 (2016): 1461–5.
14. Edgar, S., and O'Donoghue, P. Season of birth distribution of elite tennis players. *Journal of Sports Sciences*, 23 (2005): 1013–20.
15. Costa, A.M., Marques, M.C., Louro, H., Ferreira, S.S., and Marinho, D.A. The relative age effect among elite youth competitive swimmers. *European Journal of Sports Sciences*, 13 (2013): 437–44.
16. Schorer, J., Baker, J., Lotz, S., and Büsch, D. Influence of early environmental constraints on achievement motivation in talented young handball players. *International Journal of Sport Psychology*, 41 (2010): 42–57.
17. Safranyos, S., Chittle, L., Horton, S., and Dixon, J.C. Academic timing and the relative age effect among male and female athletes in Canadian interuniversity volleyball. *Perceptual and Motor Skills*, 127, 1 (2019): 182–201.
18. Steidl-Müller, L., Hildebrandt, C., Raschner, C., and Müller, E. Challenges of talent development in alpine ski racing: a narrative review. *Journal of Sports Sciences*, 37, 6 (2019): 601–12.
19. Cobley, S., Baker, J., Wattie, N., and McKenna, J. Annual age-grouping and athlete development: A meta-analytic review of relative age effects in sport.

Sports Medicine, 39 (2009): 235–56.

20. Smith, K.L., Weier, P.L., Till, K., Romann, M., and Cobley, S. Relative age effects across and within female sport contexts: A systematic review and meta-analysis. *Sports Medicine*, 43 (2008): 1451–78.
21. Towlson, C., Cobley, S., Parkin, G., and Lovell, R. When does the influence of maturation on anthropometric and physical fitness characteristics increase and subside? *Scandinavian Journal of Medicine and Science in Sports*, 28, 8 (2018): 1946–55.
22. Richardson, D., and Stratton, G. Preliminary investigation of the seasonal birth distribution of England World Cup campaign players. J*ournal of Sports Sciences*, 10 (1999): 821–2.
23. Baker, J., Janning, C., Wong, H., Cobley, S., and Schorer, J. Variations in relative age effects in individual sports: Skiing, figure skating and gymnastics. *European Journal of Sports Sciences*, 14 (2014): 183–90.
24. Hancock, D., Starkes, J., and Ste-Marie, D. The relative age effect in female gymnastics: A flip-flop phenomenon. *International Journal of Sport Psychology*, 46 (2015): 714–25.
25. Ford, P.R., and Williams, A.M. No relative age effect in the birth dates of award-winning athletes in male professional team sports. *Research Quarterly for Exercise and Sport*, 82 (2011): 373–6.
26. Jones, B.D., Lawrence, G.P., and Hardy, L. New evidence of relative age effects in 'super-elite' sportsmen: A case for the survival and evolution of the fittest. *Journal of Sports Sciences*, 36, 6 (2018): 697–703.
27. Gladwell, M. Outliers: *The Story of Success*. New York: Little, Brown and Company, 2008.
28. Gibbs, B.G., Jarvis, J.A., and Dufur, M.J. The rise of the underdog? The relative age effect reversal among Canadian-born NHL hockey players: A reply to Nolan and Howell. *International Review for the Sociology of Sport*, 47, 5 (2011): 644–9.
29. Fumarco, L., Gibbs, B.J., Jarvis, J.A., and Rossi, G. The relative age effect reversal among the National Hockey League elite. *PLoS One*, 12, 8 (2017): 1–16.
30. www.bbc.com/news/business-32064842
31. www.21stclub.com/
32. Mirwald, R.L., Baxter-Jones, A.D.G., Bailey, D.A., and Beunen, G.P. An

assessment of maturity from anthropometric measurements. *Medicine and Science in Sports and Exercise*, 34 (2002):689–94.

33. Helsen, W.F., Baker, J. Michiels, S., Schorer, J., VanWinckel, J., and Williams, A.M. The relative age effect in European professional soccer: Did ten years of research make any difference? *Journal of Sports Sciences*, 30, 15 (2012): 1665–71.
34. https://talentdevelopmentinirishfootball.com/2019/05/09/relative-age-effect-in-uefa-u17-championships-2019/
35. Steingröver, C., Wattie, N., Baker, J., and Schorer, J. Does relative age affect career length in North American professional sports? *Sports Medicine-Open*, 2, 1 (2016): 18.
36. MacDonald, D.J., Cheung, M., Côté, J., and Abernethy, B. Place but not date of birth influences the development and emergence of athletic talent in American football. *Journal of Applied Sport Psychology*, 21 (2009): 80–90.
37. Unpublished data provided by Brady DeCouto.
38. www.theguardian.com/sport/2015/dec/19/biobanding-scientists-skinny-kids-sporting-superstars
39. Lagestad, P., Steen, I., and Dalen, T. Inevitable relative age effects in different stages of the selection process among male and female youth soccer players. *Sports*, 6, 29 (2018): 1–9.
40. Mann, D.L., and Pleun, J.M.A. van Ginneken. Age-ordered shirt numbering reduces the selection bias associated with the relative age effect. *Journal of Sports Sciences*, 35, 8 (2018): 784–90.
41. Romann, M., and Cobley, S. Relative age effects in athletic sprinting and corrective adjustments as a solution for their removal. *PLoS One*, 10, 4 (2015).
42. Cobley, S., Abbott, S., Eisenhuth, J., Salter, J., McGregor, D., and Romann, M. Removing relative age effects from youth swimming: The development and testing of corrective adjustment procedures. *Journal of Science and Medicine in Sport*, 22, 6 (2019): 735–40.
43. https://www.telegraph.co.uk/cricket/2018/07/29/making-virat-kohli-day-father-died-made-90/
44. https://www.nzherald.co.nz/bay-of-plenty-times/news/article.cfm?c_id=1503343andobjectid=12310141

4：街頭精神

1. https://runrepeat.com/most-football-talent-france
2. https://en.wikipedia.org/wiki/Sarcelles#Notable_people
3. www.theguardian.com/football/2016/dec/14/balllon-sur-bitume-street-football-france
4. www.theguardian.com/football/2018/jul/09/world-cup-semi-finals-immigration
5. Memmert, D., Baker, J., and Bertsch, C. Play and practice in the development of sport-specific creativity in team ball sports. *High Ability Studies*, 21, 1 (2010): 3–18.
6. Memmert, D., and Roth, K. The effects of non-specific and specific concepts on tactical creativity in team ball sports. *Journal of Sports Sciences*, 25 (2007): 1423–32.
7. Memmert, D. *Teaching Tactical Creativity in Sport: Research and Practice*. Abingdon: Routledge, 2015.
8. Salmela, J.H., and Moraes, L.C. Development of expertise: The role of coaching, families, and cultural contexts. In J.L. Starkes and K.A. Ericsson (eds), *Expert Performance in Sports: Advances in Research on Sport Expertise*, pp. 275–93. Champaign, IL: Human Kinetics, 2003.
9. Ford, P.R., Carling, C., Garces, M., Marques, M., Miguel, C., Farrant, A., Stenling, A., Moreno, J., Le Gall, F., Holmström, S., Salmela, J.H., and Williams, A.M. The developmental activities of elite soccer players aged under-16 years from Brazil, England, France, Ghana, Mexico, Portugal and Sweden. *Journal of Sports Sciences*, 30 (2012): 1653–63.
10. www.fifa.com/futsalworldcup/news/the-football-greats-forged-futsal-1798909
11. Weigelt, C., Williams, A.M., Wyngrove, T., and Scott, M.A. Transfer and motor skill learning. *Ergonomics*, 43, 10 (2000): 1698–707.
12. Honigstein, R. *Das Reboot: How Germany Reinvented Itself and Conquered the World*. New York: Vintage Digital, 2015.
13. Horning, M., Aust, F., and Gulich, A. Practice and play in the development of German top-level professional football players. *European Journal of Sports Sciences*, 16 (2016): 96–105.
14. Gullich, A. 'Macro-structure' of developmental participation histories and 'mico-structure' of practice of German female world-class and national-class

players. *Journal of Sports Sciences*, 37, 12 (2018): 1–9.

15. Ford, P.R., and Williams, A.M. The developmental activities engaged in by elite youth soccer players who progressed to professional status compared to those who did not. *Psychology of Sport and Exercise*, 13 (2012): 349–52.
16. www.dailymail.co.uk/sport/football/article-2305700/Wayne-Rooney--95-cent-game-comes-playing-child-tarmac.html
17. Memmert, D., Baker, J., and Bertsch, C. Play and practice in the development of sport-specific creativity in team ball sports. *High Ability Studies*, 21, 1 (2010): 3–18.
18. Ford, P., Yates, I., and Williams, A.M. An analysis of activities and instructional behaviours used by coaches during practice in English youth soccer: Exploring the link between theory and practice. *Journal of Sports Sciencess*, 28 (2010): 483–95.
19. Williams, A.M., Ward, P., Bell-Walker, J., and Ford, P. Discover-ing the antecedents of anticipation and decision making skill. *British Journal of Psychology*, 103 (2012): 393–411.
20. Roca, A., Williams, A.M., Ford, P. Developmental activities and the acquisition of superior anticipation and decision making in soccer. *Journal of Sports Sciences*, 30, 15 (2012): 1643–52.
21. Hendry, D.T., Crocker, P.R.E., Williams, A.M., and Hodges, N.J. Tracking and comparing self-determined motivation in elite youth soccer: Influence of development activities, age and skill. *Frontiers in Psychology: Performance Science*, 10 (2019). doi: 10.3389/fpsyg.2019.00304
22. DiFiori, J., Guellich, A., Brenner, J., Côté, J., Hainline, B., Ryan, E., and Malina, R. The NBA and youth basketball: Recommendations for promoting a healthy and positive experience. *Sports Medicine*, 48 (2018).
23. Memmert, A., and König, S. Models of game intelligence and creativity in sport. In N.J. Hodges and A.M. Williams (eds), *Skill Acquisition in Sport*, 3rd edn, pp. 220–36. Abingdon: Routledge, 2019.
24. www.independent.co.uk/sport/football/news-and-comment/south-london-football-gomez-sancho-premier-league-cat-ford-peckham-croydon-a8702541.html
25. https://inews.co.uk/sport/football/champions-league/jadon-sancho-interview-tottenham-vs-borussia-dortmund-champions-league-123394
26. nytimes.com/2018/06/07/sports/soccer/france-world-cup-kylian-mbappe.html

27. Drut, B., and Duhautois, R. *Sciences Sociales Football Club*. Louvain-la-Neuve and Paris: De Boeck Supérieur, 2017 [French].

5：尋找卓越

1. www.teambath.com/2012/05/06/helen-glover/
2. www.theguardian.com/sport/2012/aug/01/profiles-helen-glover-heather-stanning?newsfeed=true
3. Gladwell, M. Outliers: *The Story of Success*. New York: Little, Brown & Company, 2008.
4. Sneeru, J., Pinkham, C., Dugas, L., Patrick, B., and LaBella, C. Sports specialization in young athletes: Evidence-based recommendations. *Sports Health: A Multidisciplinary Perspective*, 5, 3 (2013): 25–7.
5. DiFiori, J., Guellich, A., Brenner, J., Côté, J., Hainline, B., Ryan, E., and Malina, R. The NBA and youth basketball: Recommendations for promoting a healthy and positive experience. *Sports Medicine*, 48 (2018). 10.1007/s40279-018-0950-0.
6. Ericsson, K.A. Toward a science of the acquisition of expert performance in sports clarifying the differences between deliberate practice and other types of practice. *Journal of Sports Sciences* [in press].
7. Ford, P.R., Coughlan, E.K., Hodges, N.J., and Williams, A.M. Deliberate practice in sport. In J. Baker and D. Farrow (eds), *Routledge Handbook of Sport Expertise*, pp. 347–62. Abingdon: Routledge, 2015.
8. www.theplayerstribune.com/en-us/articles/joel-embiid-its-story-time
9. http://archive.nba.com/preview2007/journey_nash.html
10. www.wsj.com/articles/the-secret-to-novak-djokovics-success-skiing-1433434695
11. https://www.telegraph.co.uk/sport/sportvideo/footballvideo/9679848/Zlatan-Ibrahimovic-taekwondo-blackbelt-key-to-Swedish-strikers-goalscoring-prowess.html
12. www.telegraph.co.uk/sport/cricket/international/england/9859642/Englands-Jos-Buttler-makes-impact-in-New-Zealand.html
13. Smeeton, N., Ward, P., and Williams, A.M. Transfer of perceptual skill in sport. *Journal of Sports Sciences*, 19, 2 (2004): 3–9.
14. Gabbett, T.J. Physical qualities of experts. In J. Baker and D. Farrow (eds), *Routledge Handbook of Sport Expertise*, pp. 121–9. Abingdon: Routledge, 2017.

15. Müller, S., and Rosalie, S.M. Transfer of expert visual-perceptual-motor skill in sport. In A.M. Williams and R.J. Jackson (eds), Anticipation and Decision Making in Sport, pp. 375–93. Abingdon: Routledge, 2019.
16. www.couriermail.com.au/sport/cricket/steve-smiths-ultimate-tale-of-survival-at-the-gabba-forged-under-his-fathers-tutelage/news-story/6fbc43f112351d287192ad24d29114d6
17. Jayanth, N., Pinkham, C., and Dugas, L. Sports specialization in young athletes: evidence-based recommendations. *Sports Health: A Multidisciplinary Journal*, 5, 3 (2012): 251–7.
18. Fleisig, G.S., Andrews, J.R., Cutter, G.R., et al. Risk of serious injury for young baseball pitchers: A 10-year prospective study. *American Journal of Sports Medicine*, 39, 2 (2011): 253–7.
19. Myer, G., Jayanthi, N., DiFiori, J., Faigenbaum, A., Kiefer, A., Logerstedt, D., and Micheli, L. Sports specialization, part II: Alternative solutions to early sport specialization in youth athletes. *Sports Health*, 8 (2015). 10.1177/1941738115614811.
20. Wilhelm, A., Choi, C., and Deitch, J. Early specialization: effectiveness and risk of injury in professional baseball players. *Orthopedic Journal of Sports Medicine*, 5, 9 (2107): 1–5.
21. Kearney, P.E., and Hayes, P.R. Excelling at youth level in competitive track and field athletics is not a prerequisite for later success. *Journal of Sports Sciences*, 36, 21 (2018): 2502–9.
22. Bridge, M.W., and Toms, M.R. The specialising or sampling debate: a retrospective analysis of adolescent sports participation in the UK. *Journal of Sports Sciences*, 31, 1 (2013): 87–96.
23. Güllich, A. Sport-specific and non-specific practice of strong and weak responders in junior and senior elite athletics: A matched-pairs analysis. *Journal of Sports Sciences*, 36, 19 (2018): 2256–64.
24. Moesch, K., Elbe, A.M., Hauge, M.L.T., and Wilkman, J.M. Late specialization: The key to success in centimeters, grams, or seconds (cgs) sports. *Scandinavian Journal of Science and Medicine in Sports* (2011). DOI: 10.1111/j.1600-0838.2010.01280.x
25. Rees, T., Hardy, L., Güllich, A., Abernethy, B., Cote, J., Woodman, T., Montgomery, H., Lain, S., and Warr, C. The Great British medalists project: A review of current knowledge on the development of the world's best sporting

talent. *Sports Medicine*, 46 (2106): 1041–58.

26. www.manchestereveningnews.co.uk/sport/football/football-news/marcus-rashford-rejected-liverpool-join-10954380
27. Ford, P.R., Carling, C., Garces, M., Marques, M., Miguel, C., Farrant, A., Stenling, A., Moreno, J., Le Gall, F., Holmström, S., Salmela, J.H., and Williams, A.M. The developmental activities of elite soccer players aged under-16 years from Brazil, England, France, Ghana, Mexico, Portugal and Sweden. *Journal of Sports Sciences*, 30 (2012): 1653–63.
28. Helsen, W.F., Starkes, J.L., and Hodges, N.J. Team sports and the theory of deliberate practice. *Journal of Sport and Exercise Psychology*, 20 (1998): 12–34.
29. Ford, P.R., Hodges, N.J., Broadbent, D.P., O'Connor, D., Scott, D., Datson, N., Anderson, H.A., and Williams, A.M. The developmental and professional activities of female international soccer players from five high-performing nations. *Journal of Sports Sciences* [in press].
30. Law, M., Côté, J., and Ericsson, K.A. Characteristics of expert development in rhythmic gymnastics: A retrospective study. *International Journal of Sport and Exercise Psychology*, 5 (2007): 82–103.
31. Baker, J., and Young, B. 20 years later: Deliberate practice and the development of expertise in sport. *International Review of Sport and Exercise Psychology*, 7 (2014): 135–57.
32. Fawver, B., Cowan, R.L., DeCouto, B., Lohse, K.R., Podlog, L., and Williams, A.M. Psychological characteristics, sport engagement, and performance in alpine skiers. *Psychology of Sport and Exercise* [in press].
33. www.espn.co.uk/golf/news/story?id=2432057
34. www.theguardian.com/news/2006/may/05/guardianobituaries.obituaries
35. www.nytimes.com/1997/04/30/sports/earl-woods-looks-out-for-son.html
36. Côté, J., Baker, J., and Abernethy, B. Practice and play in the development of sport expertise. In R.C. Eklund and G. Tenenbaum (eds), *Handbook of Sport Psychology*, 3rd edn, pp. 184–202. Hoboken, NJ: Wiley, 2007.
37. Côté, J., and Erickson, K. Diversification and deliberate play during the sampling years. In J. Baker and D. Farrow (eds), *Routledge Handbook of Sport Expertise*, pp. 305–16. Abingdon: Routledge, 2017.
38. Ford, P.R., Ward, P., Hodges, N.J., and Williams, A.M. The role of deliberate practice and play in career progression: The early engagement hypothesis.

High Ability Studies, 20 (2009): 5–75.

39. Hendry, D.T., and Hodges, N.J. Early majority engagement pathway best defines transitions from youth to adult elite men's soccer in the UK: A three time-point retrospective and prospective study. *Psychology of Sport and Exercise*, 36 (2018): 81–9.
40. Hendry, D.T., Williams, A.M., Ford, P.R., and Hodges, N.J. Developmental activities and perceptions of challenge for National and Varsity women soccer players in Canada. *Psychology of Sport and Exercise*, 43 (2019): 210–18.

6：未知因素

1. Connolly, C. Enemies of Promise. Oxford: George Routledge & Sons, 1938.
2. www.si.com/vault/2004/03/29/366282/ready-for-freddy-at-14-freddy-adu-is-already-the-highest-paid-and-most-celebrated-player-in-mls-now-its-time-for-him-to-play-his-first-game – all citations in this section.
3. http://metro.co.uk/2013/11/30/20-month-old-child-becomes-youngest-professional-footballer-in-the-world-4208126/
4. https://trainingground.guru/articles/manchester-city-under-5s-elite squad-described-as-absolute-madness
5. Weisman, A.C., Bracken, N., Horton, S., andWeir, P.L. The difficulty of talent identification: Inconsistency among coaches through skill-based assessment of youth hockey players. *International Journal of Sports Science and Coaching*, 9 (2014): 447–55.
6. www.newyorker.com/sports/sporting-scene/freddy-adu-and-the-children-of-the-beautiful-game
7. Baker, J., Schorer, J., and Wattie, N. (2018). Compromising talent: Issues in identifying and selecting talent in sport. *Quest*, 70, 1 (2018): 48–63.
8. Baker, J., Cobley, S., Scorer, J., and Wattie, N. *The Routledge Handbook of Talent Identification and Development in Sport*. Oxford: Routledge, 2017.
9. https://global.espn.com/football/club/united-states-usa/660/blog/post/3873263/freddy-adu-exclusive-im-not-ready-to-give-it-up
10. bbc.co.uk/news/business-32064842
11. Dugdale, J.H., Sanders, D., Myers, T., Williams, A.M., and Hunter, A.M. Progression from youth to professional soccer: A longitudinal study of successful and unsuccessful academy graduates. *Scandinavian Journal of Science and Medicine in Sport* [in press].

12. Güllich, A., Hardy, L., Kuncheva, L., Laing, S., Barlow, M., Evans, L., Rees, T., Abernethy, B., Cote, J., Warr, C., and Wraith, L. Developmental biographies of Olympic super-elite and elite athletes: A multidisciplinary pattern recognition analysis. *Journal of Expertise*, 19, 2 (2019): 1.
13. 13 Koz, D., Fraser-Thomas, J., and Baker, J. Accuracy of professional sports drafts in predicting career potential. *Scandinavian Journal of Medicine and Science in Sports*, 22 (2012): 64–9.
14. Williams, A.M., and Ericsson, K.A. Perceptual-cognitive expertise in sport: Some considerations when applying the expert performance approach. *Human Movement Science*, 24, 3 (2005): 283–307.
15. Williams, A.M., Ford, P.R., and Brust, B.J. Talent identification and development in soccer since the millennium. *Journal of Sports Sciences* [in press].
16. Williams, A.M., and Reilly, T. Talent identification and development in soccer. *Journal of Sports Sciences*, 18, 9 (2000): 657–67.
17. www.fourfourtwo.com/performance/training/how-catch-wengers-eye
18. Larkin, P., and O'Connor, D. Talent identification and recruitment in youth soccer: Recruiter's perceptions of the key attributes for player recruitment. *PLoS One*, 12, 4 (2017). e0175716.
19. Roberts, S.J., McRobert, A.P., Lewis, C.J., and Reeves, M.J. Establishing consensus of position-specific predictors for elite youth soccer in England. *Science and Medicine in Football*, 3, 3 (2019): 205–13.
20. Ward, P., and Williams, A.M. Perceptual and cognitive skill development in soccer: The multidimensional nature of expert performance. *Journal of Sport and Exercise Psychology*, 25, 1 (2003): 93–111.
21. VanYperen, N. W. Why some make it and others do not: Identifying psychological factors that predict career success in professional adult soccer. *The Sport Psychologist*, 23 (2009): 317–29.
22. https://global.espn.com/football/club/united-states-usa/660/blog/post/3873263/freddy-adu-exclusive-im-not-ready-to-give-it-up
23. www.cameo.com/friz09
24. www.uksport.gov.uk/our-work/investing-in-sport/historical-funding-figures
25. www.bbc.co.uk/sport/olympics/44146009
26. www.telegraph.co.uk/sport/2019/11/17/system-british-sport-failing-athletes-fault-lies-top

27. Epstein, D. *The Sporting Gene*. London: Penguin Random House, 2013.
28. Tucker, R., and Collins, M. What makes champions? A review of the relative contribution of genes and training to sporting success. *British Journal of Sports Medicine*, 46 (2012): 555–61.
29. Sapolsky, R. *Behave: The Biology of Humans at Our Best and Worst*, p. 265. London: Penguin Books, 2017.
30. Doerfler, W., and Böhm, P. (eds), *BoEpigenetics: A Different Way of Looking at Genetics*. New York: Springer International Publishing, 2016.
31. Baker, J., Wattie, N., and Schorer, J. (2019). A proposed conceptualization of talent in sport: The first step in a long and winding road. *Psychology of Sport and Exercise*, 43 (2019): 27–33.
32. Deans, C., and Maggert, K.A. What do you mean, 'epigenetic'? *Genetics*, 1, 199 (2015): 887–96.
33. Taniasawa, K., Wang, J., et al. Sport and exercise genetics: the FIMS 2019 consensus statement update. British Journal of Sports Medicine (2019). Doi:10.1136/bjsports-2019-101532.
34. Pitsiladis, Y.P., and Wang, G. Genomics of elite sporting performance. In J. Baker and D. Farrow (eds), *Routledge Handbook of Sports Expertise,* pp. 295–304. Abingdon: Routledge, 2017.
35. Norton, K., and Olds, T. Morphological evolution of athletes over the 20th century. *Sports Medicine*, 31 (2001): 763–83.

7：如何在〇・五秒內揮棒擊球？

1. Ward, P., Williams, A.M., and Bennett, S. Visual search and biological motion perception in tennis. *Research Quarterly for Exercise and Sport*, 73, 1 (2002): 107–12.
2. Triolet, C., Benguigui, N., Le Runigo, C., and Williams, A.M. Quantifying the nature of anticipation in tennis. *Journal of Sports Sciences*, 31, 8 (2013): 820–30.
3. Dicks, M., Araujo, D., and van der Kamp, J. Perceptionaction for the study of anticipation and decision making. In A.M. Williams and R.J. Jackson (eds), *Anticipation and Decision Making in Sport*, pp. 181–200. Oxford: Routledge, 2019.
4. Murphy, C.P., Jackson, R.C., Cooke, K., Roca, A., Benguigui, N., and Williams, A.M. Contextual information and perceptual-cognitive expertise in a

dynamic, temporally-constrained task. *Journal of Experimental Psychology: Applied*, 22 (2016): 455–70.

5. Murphy, C.P., Jackson, R.C., and Williams, A.M. The role of contextual information during skilled anticipation. *Quarterly Journal of Experimental Psychology*, 71, 10 (2018): 2070–87.
6. Mann, D.L., Spratford, W., and Abernethy, B. The head tracks and gaze predict: How the world's best batters hit a ball. *PloS One*, 8, 3 (2013). e58289.
7. Singer, R.N., Williams, A.M., Janelle, C., Frehlich, S., Barber, D., and Boutchard, L. Visual search during 'live'on-court situations in tennis. *Research Quarterly for Exercise and Sport*, 69, 3 (1998): 109–16.
8. www.youtube.com/watch?v=ja6HeLB3kwY
9. Williams, A.M., Davids, K., and Williams, J.G. *Visual Perception and Action in Sport*. London: E. & F.N. Spon, 1999.
10. www.easv.org/bauschlomb-olympic-vision-centre-findings/
11. Mann, D.L., Ho, N.Y., De Souza, N.J., Watson, D.R., and Taylor, S.J. Is optimal vision required for the successful execution of an interceptive task? *Human Movement Science*, 26 (2007): 343–56.
12. Mann, D.L., Abernethy, B., and Farrow, D. The resilience of natural interceptive actions in refractive blur. *Human Movement Science*, 29, 3 (2010): 386–400.
13. Ward, P., and Williams, A.M. Perceptual and cognitive skill devel-opment in soccer: The multidimensional nature of expert performance. *Journal of Sport and Exercise Psychology*, 25, 1 (2003): 93–111.
14. www.cricket365.com/oli-fisher/the-seven-fastest-balls-ever-bowled-in-international-cricket/
15. Land, M.F., and McLeod, P. From eye movements to actions: How batsmen hit the ball. *Nature Neuroscience*, 3 (2000): 1340–5.
16. McRobert, A., Williams, A.M., Ward, P., and Eccles, D. Perceptual-cognitive mechanisms underpinning expertise: The effects of task constraints. *Ergonomics*, 52, 4 (2009): 474–83.
17. McRobert, A., Ward, P., Eccles, D., and Williams, A.M. The effect of manipulating context-specific information on perceptual–cognitive processes during a simulated anticipation task. *British Journal of Psychology*, 102 (2011): 519–34.
18. Runswick, O., Roca, A., McRobert, A., Williams, A.M., and North, J. The

impact of context on cognitive load and anticipation. *Applied Cognitive Psychology*, 32, 2 (2018): 49.

19. Kato, T., and Fukuda, T. Visual search strategies of baseball batters: Eye movements during the preparatory phase of batting. *Perceptual & Motor Skills*, 94 (2002): 380–6.
20. Williams, A.M., and Weigelt, C. Vision and proprioception in interceptive actions. In K. Davids, G. Savelsbergh, S. Bennett and J. Van der Kamp (eds), *Vision and Interceptive Actions in Sport*, pp. 90–108. London: Routledge, 2002.
21. Higuich, T., Nagami, T., Nakata, H., Watanabe, M., Isaka, T., and Kanosue, K. Contribution of visual information about ball trajectory to baseball hitting accuracy. *PLoS One* (2016). doi: 10.1371/journal.pone.0148498
22. Sherwin, J., Muraskin, J., and Sajda, P. You can't think and hit at the same time: Neural correlates of baseball pitch classification. *Frontiers in Neuroscience*, 6, 177 (2012): 1–11.
23. Muraskin, J., Sherwin, J., and Sajda, P. Knowing when not to swing: EEG evidence that enhanced perceptionaction coupling underlies baseball batter expertise. *NeuroImage*, 123 (2015): 1–10.
24. www.nytimes.com/2018/04/13/sports/sports-science.html
25. www.washingtonpost.com/national/health-science/scientists-examine-what-happens-in-the-brain-when-bat-tries-to-meet-ball/2016/08/29/d32e9d4e-4d14-11e6-a7d8-13d06b37f256_story.html

8：超智能

1. www.thefa.com/news/2014/oct/29/jamie-carraghers-the-fas-developing-defenders-course-291014
2. https://liverpoolfc.fandom.com/wiki/100_Players_Who_ Shook_The_Kop_ (2013)
3. Williams, A.M., Davids, K., Burwitz, L., and Williams, J.G. Visual search strategies of experienced and inexperienced soccer players. *Research Quarterly for Exercise and Sport*, 65, 2 (1994): 127–35.
4. Williams, A.M., and Davids, K. Visual search strategy, selective attention, and expertise in soccer. R*esearch Quarterly for Exercise and Sport*, 69, 2 (1998): 111–28.
5. Ward, P., Ericsson, K.A., and Williams, A.M. Complex perceptual-cognitive

expertise in a simulated task environment. *Journal of Cognitive Engineering and Decision Making*, 7, 3 (2013): 231–54.

6. Information from Geir Jordet.
7. www.sofoot.com/xavi-clearing-the-ball-is-an-intellectual-defeat-453815.html
8. McGuckian, T.B., Cole, M.H., Jordet, G., Chalkley, D., and Pepping, G.-J. Don't turn blind! The relationship between exploration before ball possession and on-ball performance in Association Football. *Frontiers in Psychology*, 9 (2018). doi: 10.3389/fpsyg.2018.02520
9. Roca, A., Ford, P.R., McRobert, A., and Williams, A.M. Perceptual-cognitive skills and their interaction as a function of task constraint in soccer. *Journal of Sport and Exercise Psychology*, 35 (2013): 144–55.
10. Vater, C., Williams, A.M., and Hossner, E. What do we see out of the corner of our eye? The role of visual pivots and gaze anchors in sport. I*nternational Reviews of Sport and Exercise Psychology*, (2019): 1–23
11. Casanaova, F., Gargante, J., Silva, G., Alves, A.J., Oliveira, J., and Williams, A.M. The effects of prolonged intermittent exercise on perceptual-cognitive processes. *Medicine and Science in Sport and Exercise*, 45, 8 (2013): 1610–17.
12. Williams, A.M., and Elliott, D. Anxiety and visual search strategy in karate. *Journal of Sport and Exercise Psychology*, 21, 4 (1999): 362–75.
13. North, J., Williams, A.M., Ward, P., and Ericsson, A. Identifying the critical information sources to skilled anticipation and recognition using retrospective verbal reports. *Memory*, 2 (2011): 155–68.
14. Gobert, F., Lane, P.C.R., Crocker, S., Cheng, P.D.H., Jones, G., Oliver, I., Pine, S.M. Chunking mechanisms in human learning. *Trends in Cognitive Sciences*, 5, 6 (2001): 236–43.
15. Williams, A.M., Hodges, N.J., North, J., and Barton, G. Per-ceiving patterns of play in dynamic sport tasks: Investigating the essential information underlying skilled performance. *Perception*, 35 (2006): 317–32.
16. Williams, A.M., Janelle, C.J., and Davids, K. Constraints on visual behavior in sport. *International Journal of Sport and Exercise Psychology*, 2 (2004): 301–18.
17. https://www.pro-football-reference.com/leaders/pass_rating_ career.htm
18. Garland, D.J., and Barry, J.R. Cognitive advantage in sport: The nature of perceptual structures. *American Journal of Psychology*, 2 (1991): 211–28.
19. http://www.sloansportsconference.com/wp-content/uploads/2013/Live%20

by%20the%20Three,%20Die%20 by%20the%20Three%20The%20Price%20 of%20Risk%20in% 20the%20NBA.pdf

20. Kahenman, D. *Thinking Fast, Thinking Slow*. New York: Farrar, Straus & Giroux, 2011.

9：詐欺的藝術

1. https://www.baseballprospectus.com/news/article/31030/prospectus-feature-introducing-pitch-tunnels/
2. Bahill, T.A., and LaRitz, T. Why can't batters keep their eyes on the ball? *American Scientist*, 72, 3 (1984): 249–53.
3. Mann, D.L., Spratford, W., and Abernethy, B. The head tracks and gaze predict: How the world's best batters hit a ball. *PLoS One*, 8, 3 (2013): e58289.
4. Higuchi, T., Nagami, T., Nakata, H., Watanabe, M., Isaka, T., and Kanosue, K. Contribution of visual information about ball trajectory to baseball hitting accuracy. *PLoS ONE*, 11, 2 (2016). e0148498. doi: 10.1371/journal.pone.0148498
5. Cañal-Bruland, R., Filius, M.A., and Oudejans, R.R.D. Sitting on a fastball. *Journal of Motor Behavior*, 47, 4 (2015): 267–70.
6. https://www.baseballprospectus.com/news/article/31030/prospectus-feature-introducing-pitch-tunnels/
7. https://www.washingtonpost.com/sports/nationals/greg-maddux-a-hall-of-fame-approach-that-carried-an-average-arm-to-cooperstown/2014/01/07/fdd7ae82-77d3-11e3-af7f-13bf0e9965f6_story.html
8. https://www.washingtonpost.com/sports/nationals/greg-maddux-a-hall-of-fame-approach-that-carried-an-average-arm-to-cooperstown/2014/01/07/fdd7ae82-77d3-11e3-af7f-13bf0e9965f6_story.html
9. http://www.perceptionaction.com/pitchtunnels/
10. Jackson, R.C., and Cañal-Bruland, R. Deception in sport. In A.M. Williams and R.C. Jackson (eds), *Anticipation and Decision Making in Sport*, pp. 99–116. Abingdon: Routledge, 2019.
11. Gray, R. 'Markov at the bat': A model of cognitive processing in baseball batters. *Psychological Science*, 13 (2002): 542–7.
12. Loffing, F., Stern, R., and Hagemann, N. Pattern-induced expectation bias in visual anticipation of action outcomes. *Acta Psychologica*, 161 (2015): 45–53.
13. Sinnett, S., and Kingstone, A. A preliminary investigation regarding the effect

of tennis grunting: Does white noise during 319 a tennis shot have a negative impact on shot perception? *PLoS ONE* 5, 10 (2010): e13148.

14. www.theguardian.com/sport/2011/oct/25/caroline-wozniacki-wta-maria-sharapova
15. Muller, F., Jauernig, L., and Cañal-Bruland, R. The sound of speed: How grunting affects opponents' anticipation in tennis. *PLoS ONE*, 14, 4 (2019): e0214819.
16. www.independent.co.uk/sport/tennis-wimbledon-92-grunt-and-graf-in-way-of-seles-dream-the-determination-of-monica-seles-came-over-1530972.html
17. https://metro.co.uk/2017/07/12/why-do-players-grunt-in-tennis-6774211/
18. www.the42.ie/wozniacki-fury-over-opponents-unfair-grunting-3854706-Feb2018/
19. www.youtube.com/watch?v=zjLgoReDBGw
20. Brault, S., Bideau, B., Kulpa, R., and Craig, C.M. Detecting deception in movement: The case of the side-step in rugby. *PLoS ONE*, 7, 6 (2012): e37494.
21. Brault, S., Bideau, B., Craig, C., and Kulpa, R. Balancing deceit and disguise: How to successfully fool the defender in a 1 vs. 1 situation in rugby. *Human Movement Science*, 29 (2010): 412–25.
22. Mori, S., and Shimada, T. Expert anticipation from deceptive action. *Attention, Perception, & Psychophysics*, 75 (2013): 751–70.
23. Kuhn, G., and Findlay, J.M. Misdirection, attention and awareness: inattentional blindness reveals temporal relationship between eye movements and visual awareness. *Quarterly Journal of Experimental Psychology*, 63 (2010): 136–46.
24. Kunde, W., Skirde, S., and Weigelt, M. Trust my face: cognitive factors of head fakes in sports. *Journal of Experimental Psychology: Applied*, 17 (2011): 110–27.
25. Güldenpenning, I., Weigelt, M., and Kunde, W. Processing head fakes in basketball: Are there ironic effects of instructions on the head-fake effect in basketball? *Human Movement Science* (2019). doi: 10.1016/j.humov.2019.102499
26. www.stitcher.com/podcast/the-wharton-moneyball-post-game-podcast/wharton-moneyball/e/61757252
27. www.espncricinfo.com/ci/content/story/339437.html
28. Runswick, O., Roca, A., McRobert, A., Williams, A.M., and North, J. Why bad

balls get wickets. The role of congruent and incongruent information in anticipation. *Journal of Sports Sciences*, 35, 5 (2019): 537–43.

10：靜眼

1. Retief Broodryk. Unpublished PhD thesis, North-West University, South Africa, 2019.
2. Vickers, J.N. Visual control while aiming at a far target. Journal of Experimental Psychology: *Human Perception and Performance*, 22 (1996): 342–54.
3. Gonzalez, C., Causer, J., Miall, R.C., Grey, M.J., Humphreys, G., and Williams, A.M. Identifying the causal mechanisms of the quiet eye period. *European Journal of Sports Sciences*, 17, 1 (2015): 74–84.
4. Causer, J., Bennett, S.J., Holmes, P.S., Janelle, C., and Williams, A.M. Quiet eye duration and gun motion in elite shotgun shooting. *Medicine and Science in Sports and Exercise*, 42, 8 (2009): 1599–608.
5. Vickers, J., Rodrigues, S., and Edworthy, G. Quiet eye and accuracy in the dart throw. *International Journal of Sports Vision*, 6 (2000).
6. Gonzalez, C., Causer, J., Miall, R.C., Grey, M.J., Humphreys, G., and Williams, A.M. Exploring the quiet eye in archery using field-and laboratory-based tasks. *Experimental Brain Research* (2017): 1–13.
7. Adolphe, R., Vickers, J.N., and Laplante, G. The effects of train-ing visual attention on gaze behaviour and accuracy: A pilot study. *International Journal of Sports Vision*, 4 (1997): 28–33.
8. Vickers, J.N., and Lewinski, W. Performing under pressure: Gaze control, decision making, and shooting performance of elite and rookie officers. *Human Movement Science*, 31 (2012): 101–17.
9. Wilson, M.R., McGrath, J., Vine, S.J., Brewer, J., Defriend, D., and Masters, R.S.W. Perceptual impairment and visuomotor control in virtual laparoscopic surgery. *Surgical Endoscopy*, 25 (2011): 2268–74.
10. Harvey, A., Vickers, J.N., Snelgrove, R., Scott, M.F., and Morrison, S. Expert surgeon's quiet eye and slowing down: Expertise differences in performance and quiet eye duration during identification and dissection of the recurrent laryngeal nerve. *American Journal of Surgery*, 207 (2014): 187–93.
11. Williams, A.M., Singer, R.N., and Frehlich, S.G. Quiet eye duration, expertise, and task complexity in near and far aiming tasks. *Journal of Motor Behavior*,

34 (2002): 197–207.

12. Causer, J., Holmes, P.S., Smith, N.C., and Williams, A.M. Anxiety, movement kinematics and visual attention in elite-level performers. *Emotion*, 11, 3 (2011): 595–602.
13. Carey, L.M., Jackson, R.C., Fairweather, M.M., Causer, J., and Williams, A.M. Perceptual–cognitive expertise in golf putting: Capturing and enhancing performance on the greens. In M. Toms (ed.), *Handbook of Golf Science*, pp. 161–72. London: Routledge, 2018.
14. Wilson, M.R., Vine, S.J., andWood, G. The influence of anxiety on visual attentional control in basketball free-throw shooting. *Journal of Sport and Exercise Psychology*, 28 (2009): 937–46.
15. Beilock, S.L., and Carr, T.H. On the fragility of skilled performance: What governs choking under pressure? *Journal of Experimental Psychology: General*, 130 (2001): 701–25.
16. Vickers, J.N. Gaze control in putting. *Perception*, 21 (1992): 117–32.
17. Vickers, J.N. Neuroscience of the quiet eye in golf putting. *International Journal of Golf Science*, 1 (2012): 2–9.
18. Carey, L.M., Jackson, R.C., Fairweather, M.M., Causer, J., and Williams, A.M. Perceptual-cognitive expertise in golf putting: Capturing and enhancing performance on the greens. In M. Toms (ed.), *Handbook of Golf Science*, pp. 161–72. London: Routledge, 2018.
19. Vickers, J., and Williams, A.M. Why some choke and others don't! *Journal of Motor Behavior*, 39, 5 (2007): 381–94.
20. Causer, J., Holmes, P.S., and Williams, A.M. Quiet eye training in a visuomotor control task. *Medicine and Science in Sport and Exercise,* 43, 6 (2011): 1042–9.
21. Wilson, M.R., Causer, J., and Vickers, J.N. Aiming for excellence: the quiet eye as a characteristic of expertise. In J. Baker and D. Farrow (eds), *Routledge Handbook of Sport Expertise*, pp. 22–37. Abingdon: Routledge, 2017.
22. Harle, S., and Vickers, J.N. Training quiet eye improves accuracy in basketball free throw. *The Sport Psychologist*, 15 (2001): 289–305.
23. Vine, S.J., Moore, L. J., Wilson, M. Quiet eye training facilitates competitive putting performance in elite golfers. *Frontiers in Psychology*, 2, 8 (2011). doi: 10.3389/fpsyg.2011.00008
24. Wood, G., and Wilson, M.R. Quiet-eye training for soccer penalty kicks.

Cognitive Processing, 12 (2011): 257–66.
25. https://royalsocietypublishing.org/doi/10.1098/rsos.170136
26. Vickers, J.N., Causer, J., and Vanhooren, D. The role of quiet eye timing and location in the basketball three-point shot: A new research paradigm. *Frontiers in Psychology* (2019): https://doi.org/10.3389/fpsyg.2019.02424

11：左撇子的優勢

1. http://stats.espncricinfo.com/ci/engine/records/batting/most_runs_career.html?class=1;id=2;type=team
2. Mann, D.L., Runswick, O.R., and Allen, P.M. Hand and eye dominance in sport: Are cricket batters taught to bat back-to-front? *Sports Medicine,* 46 (2016): 1355–63.
3. http://stats.espncricinfo.com/ci/engine/records/batting/most_ runs_career.html?class=1;id=2;type=team This is an updated version of a fact previously noted by the Australian cricket writer S.B.Tang.
4. Mann, D.L., Runswick, O.R., and Allen, P.M. Hand and eye dominance in sport: Are cricket batters taught to bat back-to-front? *Sports Medicine*, 46 (2016): 1355–63.
5. Mann, D.L., Loffing, F., and Allen, P.M. The success of sinister right-handers in baseball. *The New England Journal of Medicine*, 377 (2017): 1688–90.
6. Brown, D.M., Poucher, Z.A., Myers, M., Graham, J.D., and Cairney, J. Sinister right-handedness provides Canadian-born Major League Baseball players with an offensive advantage: A further test of the hockey influence on batting hypothesis. *PLoS ONE*, 14, 8 (2019): e0221501.
7. Loffing, F. Left-handedness and time pressure in elite interactive ball games. *Biology Letters*, 13 (2017): 0446.
8. Faurie, C., and Raymond, M. Handedness frequency over more than ten thousand years. *Proceedings of the Royal Society of London B*, 271 (2004): 43–5.
9. Statistics from ESPNCricinfo via Jarrod Kimber.
10. Loffing, F., and Hagemann, N. Performance differences between left-and right-sided athletes in one-on-one interactive sports. In F. Loffing, N. Hagemann and B. Strausse (eds), *Laterality in Sports*, pp. 249–77. San Diego, CA: Academic Press, 2016.
11. Hagemann, N. The advantage of being left-handed in interactive sports.

Attention, Perception, and Psychophysics, 71 (2009): 1641–8.
12. Loffing, F., Hagemann, N., Schorer, J., and Baker, J. Skilled players' and novices' difficulty anticipating left-vs. right-handed opponents' action intentions varies across different points in time. *Human Movement Science*, 40 (2015): 410–4.
13. Schorer, J., Loffing, F., Hagemann, N., and Baker, J. Human hand-edness in interactive situations: negative perceptual frequency effects can be reversed! *Journal of Sports Sciences*, 30 (2012):507–13.
14. McMorris, T., and Colenso, S. Anticipation of professional soccer goalkeepers when facing right-and left-footed penalty kicks. *Perceptual and Motor Skills*, 82 (1996): 931–4.
15. Loffing, F., and Hagemann, N. Performance differences between left-and right-sided athletes in one-on-one interactive sports. In Loffing, F., Hagemann, N., and Strausse, B. (eds), *Laterality in Sports*, pp. 249–77. San Diego, CA: Academic Press, 2016.
16. Faurie, C., and Raymond, M. Handedness, homicide and negative frequency-dependent selection. Proceedings of the Royal Society B: *Biological Sciences*, 272, 1558 (2005): 25–28.
17. www.latimes.com/archives/la-xpm-1989-07-08-sp-2489-story.html
18. www.golfdigest.com/story/built-to-last
19. Allen, P., Mann, D., Runswick, O., Mann, S., and Fletcher, A. Eye and hand dominance in golf. *Paper presented at European Academy of Optometry and Optics*, Rome, 2019.
20. http://news.bbc.co.uk/sportacademy/hi/sa/golf/features/newsid_2946000/2946513.stm

12：成就豐功偉業的心理機制

1. www.bbc.co.uk/sport/rugby-union/50233481
2. Renninger, K.A., and Hidi, S. *The Power of Interest for Motivation and Learning*. New York: Routledge, 2016.
3. Weissensteiner, J., Abernethy, B., Farrow, D., and Gross, J. Distinguished psychological characteristics of expert cricket batsmen. *Journal of Science and Medicine in Sport*, 15 (2012): 74–9.
4. Duckworth, A.L., Peterson, C., Matthews, M.D., and Kelly, D.R. Grit: Perseverance and passion for long-term goals. *Journal of Personality and*

Social Psychology, 92, 6 (2007): 1087–101.

5. Hodges, N.J., Ford, P.R., Hendry, D.T., and Williams, A.M. Getting gritty about practice and success: Motivational characteristics of great performers. *Progress in Brain Research*, 232 (2017): 167–73.
6. B.B., Markgraf, K.M., and Gnacinski, S.L. Examining the merit of grit in women's soccer: questions of theory, measurement, and application. *Journal of Applied Sport Psychology*, 29, 3 (2017): 353–66.
7. Duckworth, A.L., and Quinn, P.D. Development and validation of the short grit scale (Grit-S). *Journal of Personality Assessment*, 91, 2 (2009): 166–74.
8. Larkin, P., O'Connor, D., and Williams, A.M. Perfectionism and sport specific engagement in elite youth soccer players. *Journal of Sports Sciences*, 34, 14 (2016): 1305–10.
9. Larkin, P., O'Connor, D., and Williams, A.M. Does grit influence sport specific engagement and perceptual-cognitive expertise in elite youth soccer? *Journal of Applied Sport Psychology*, 28, 2 (2016): 129–38.
10. Credé, M., Tynan, M.C., and Harms, P.D. Much ado about grit: A meta-analytic synthesis of the grit literature. *Journal of Personality and Social Psychology*, 113, 3 (2017): 492–511.
11. Gullich, A., Hardy, L., Kuncheva, L., Lain, S., Barlow, M., Evans, L., Rees, T., Abernethy, B., Cote, J., Warr, C., and Wraith, L. Developmental biographies of Olympic super-elite and elite athletes: A multidisciplinary pattern recognition analysis. *Journal of Expertise*, 2, 1 (2019): 23–46.
12. Fawver, B., Cowan, R.L., DeCouto, B., Lohse, K.R., Podlog, L., and Williams, A.M. Psychological characteristics, sport engagement, and performance in alpine skiers. *Psychology of Sport and Exercise* [in press].
13. Roberts, G.C. Motivation in sport and exercise from an achieve-ment goal theory perspective: After 30 years where we are? In G.C. Roberts and D.C. Treasure (eds), Advances in Motivation in Sport and Exercise, 3rd edn, pp. 5–58. Champaign, IL: *Human Kinetics*, 2012.
14. Jordet, G. Psychological characteristics of expert performers. In J. Baker and D. Farrow (eds), *Routledge Handbook of Sport Expertise*, pp. 106–20. Abingdon: Routledge, 2017.
15. Collins, D., MacNamara, A., and McCarthy, A. Super champions, champions, and almosts: Important differences and commonalities on the rocky road. *Frontiers in Psychology*, 6 (2016).

16. www.theguardian.com/football/2006/oct/27/newsstory. sport8
17. https://web.archive.org/web/20070929103222/http://www. soccerway.com/news/2006/October/16/doctors-cech-out-for-rest-of-season
18. Fletcher, D., and Mustafa, S. A grounded theory of psycholog-ical resilience in Olympic champions. *Psychology of Sport and Exercise*, 13 (2012): 669–78.
19. Wadey, R., Podlog, L., Galli, N., and Mallellieu, S.D. Stress-related growth following sport injury: Examining the applicability of the organismic valuing theory. *Scandinavian Journal of Medicine and Science in Sports*, 26 (2016): 1132–9.
20. Brewer, B.W. The role of psychological factors in sport injury rehabilitation outcomes. *International Review of Sport and Exercise Psychology*, 3 (2010): 40–62.
21. Fawver, B., Beatty, G.F., Mann, D.T.Y., and Janelle, C.M. Staying cool under pressure: Developing and maintaining emotional expertise in sport. In N.J. Hodges and A.M. Williams (eds), *Skill Acquisition in Sport: Research, Theory and Practice*, 3rd edn, pp. 271–90. Abingdon: Routledge, 2019.
22. Moran, A., and O'Shea, H. Motor imagery practice and skilled performance in sport: From efficacy to mechanisms. In N.J. Hodges and A.M. Williams (eds), *Skill Acquisition in Sport: Research, Theory and Practice*, 3rd edn, pp. 61–76. Abingdon: Routledge, 2019.
23. MacNamara, A., Button, A., and Collins, D. The role of psychological characteristics in facilitating the pathway to elite performance. Part I: Identifying mental skills and behaviors. *The Sport Psychologist*, 24 (2010): 52–73.
24. https://www.mlb.com/player/joey-votto-458015?stats= splits-r-hitting-mlbandyear=2106
25. Crust, L., and Clough, P.J. Relationship between mental toughness and physical endurance. *Perceptual and Motor Skills*, 100, 1 (2005): 192–4.
26. Clough, P., Earle, K., and Sewell, D. Mental toughness: The concept and its measurement. In I. Cockerill (ed.), *Solutions in Sport Psychology*, pp. 32–45. Andover: Cengage Learning EMEA, 2002.
27. Golby, J., and Sheard, M. Mental toughness and hardiness at different levels of rugby league. *Personality and Individual Differences*, 37, 5 (2004): 933–42.
28. Nichols, A.R., Holt, N.L., Polman, R.C.J., and Bloomfield, J. Stressors, coping, and coping effectiveness amongst professional rugby union players.

The Sport Psychologist, 17 (2006): 333–40.

29. Thomas, P.R., Schlinker, P.J., and Over, R. Psychological and psychomotor skills associated with prowess at ten-pin bowling. *Journal of Sports Sciences*, 14, 3 (1996): 255–68.
30. Mahoney, J.W., Gucciardi, D.F., Ntoumanis, N., and Mallett, C.J. Mental toughness in sport: Motivational antecedents and associations with performance and psychological health. *Journal of Sport and Exercise Psychology*, 36, 3 (2014): 281–92.
31. Nichols, A.R., Holt, N.L., Polman, R.C.J., and Bloomfield, J. Stressors, coping, and coping effectiveness amongst professional rugby union players. *The Sport Psychologist*, 17 (2006): 333–40.
32. VanYperen, N.W. Why some make it and others do not: Identifying psychological factors that predict career success in pro-fessional adult soccer. *The Sport Psychologist*, 23 (2009): 317–29.
33. 33 Nichols, A.R. A longitudinal phenomenological analysis of coping effectiveness amongst Scottish international adolescent golfers. *European Journal of Sports Sciences*, 7 (2007): 169–78.
34. Ntoumanis, N., and Jones, G. Interpretation of competitive trait anxiety symptoms as a function of locus of control beliefs. *International Journal of Sport Psychology*, 29 (1998): 99–114.
35. Hanton, S., O'Brien, M., and Mellalieu, S. Individual differ-ences, perceived control and competitive anxiety. *Journal of Sports Sciences*, 26, 1 (2003): 39–55.
36. Toering, T.T., and Jordet, G. Self-control in professional soccer players. *Journal of Applied Sport Psychology*, 27, 3 (2015): 335–50.
37. Smith, E., Hill, A.P., and Hall, H.K. T*he relationship between ism, depressive symptoms and burnout in academy footballers. Paper presented at the 3rd Perfectionism Networks Meeting*. University of Kent, England, 2016.
38. www.independent.co.uk/news/uk/home-news/british-people-depression-west-mental-health-uk-oecd-europe-scandina-via-women-more-men-a7945321.html
39. Gulliver, A., Griffiths, K.M., Mackinnon, A., Batterham, P.J., and Stanimirovic, R. The mental health of Australian elite athletes. *Journal of Science and Medicine in Sport*, 18, 3 (2015): 255–61.
40. https://apnews.com/9bcb7f4e073447bb9573a217802ce05b/Survey:-Athletes-feel-pressure-of-win-at-all-costs-culture

41. Ulrich, R., Pope, H.G., Cléret, L. et al. Doping in two elite athletics competitions assessed by randomized-response surveys. *Sports Medicine*, 48 (2018): 211–219.
42. https://www.bbc.co.uk/sport/42871491
43. https://www.nytimes.com/2018/04/17/sports/soccer/liverpool-legends-bayern-masters-football.html
44. www.mind.org.uk/media/1085139/Mental-Health-and-Elite-Sport.pdf

13：運動員為何會表現失常？

1. https://www.metro.news/would-someone-kindly-give-him-a-large-brandy-hes-gone-gaga/1147759/
2. https://edition.cnn.com/2018/07/17/sport/jean-van-de-velde-sporting-disaster-carnoustie-spt-intl/index.html]
3. http://news.bbc.co.uk/1/hi/sport/golf/397813.stm 328
4. Freakonomics podcast.
5. Netflix Losers documentary.
6. www.youtube.com/watch?v=mZtLJbC42e4
7. Neil, R., and Woodman, T. Performance anxiety, arousal and coping in sport. In T.S. Horn and A.L. Smith (eds), Advances in Sport and Exercise Psychology, pp. 211–28. Champaign, IL: *Human Kinetics*, 2019.
8. Eysenck, M.W., Deraksham, N., Santos, R., and Calvo, M.G. *Anxiety and cognitive performance: Attentional control theory*. Emotion, 7 (2007): 336–53.
9. Beilock, S.L., and Carr, T.H. On the fragility of skilled performance: What governs choking under pressure? *Journal of Experimental Psychology: General*, 130 (2001): 701–25.
10. Beilock, *S.L. Choke: What the Secrets of the Brain Reveal about Getting It Right When You HaveTo.* NewYork: Simon & Schuster, 2010.
11. https://hbr.org/2019/06/why-talented-people-fail-under-pressure
12. Toma, M. Missed shots at the free-throw line: Analyzing the determinants of choking under pressure. *Journal of Sports Economics*, 18, 6 (2015): 539–59.
13. 13 http://ftp.iza.org/dp11761.pdf
14. 14 Otten, M. Choking vs. clutch performance: A study of sport performance under pressure. *Journal of Sport and Exercise Psychology,* 31 (2009): 583–601.
15. 15 Mellalieu, S.D., Neil, R., and Hanton, S. An investigation of mediating

effects of self-confidence between anxiety intensity and direction. *Research Quarterly for Exercise and Sport*, 77 (2006): 263–70.

16. 16 Hayslip, B., Jr, Petrie, T., MacIntire, M.M., and Jones, G.M.The influences of skill level, anxiety and psychological skills use on amateur golfers' performances. *Journal of Applied Sport Psychology*, 22 (2010): 123–33.
17. 17 Gray, R., Allsop, J., and Williams, S. Changes in putting kinematics associated with choking and excelling under pressure. *International Journal of Sport Psychology*, 44 (2013): 387–407.
18. 18 Gray, R., Orm, A., and Woodman, T. Ironic and reinvestment effects in baseball pitching: How information about an opponent can influence performance under pressure. *Journal of Sport and Exercise Psychology*, 39 (2017): 3–12.
19. 19 Williams, A.M., Vickers, J., and Rodrigues, S. The effects of anxiety on visual search, movement kinematics and performance in table tennis: A test of Eysenck and Calvo's processing efficiency theory. *Journal of Sport and Exercise Psychology*, 24, 4 (2002): 438–55.
20. Cocks, A.J., Jackson, R.C., Bishop, D.T., and Williams, A.M. Anxiety, anticipation and contextual information: A test of attentional control theory. *Cognition and Emotion*, 30, 6 (2016): 1037–48.
21. Wilson, M.R., Kinrade, N.P., and Walsh, V. High-stakes decision-making: anxiety and cognition. In A.M. Williams and R.J. Jackson (eds), pp. 232–49. *Anticipation and Decision-making in Sport*. Abingdon: Routledge, 2019.
22. www.thecricketmonthly.com/story/1176611/the-unimprovable-game
23. 23 www.thetimes.co.uk/article/anatomy-of-heartbreak-nkj8d-9vbhhm?shareToken=9d31c686c822918360d632df9cd1b969
24. 24 Spencer, S.J., Steele, C.M., and Quinn, O.M. Stereotype threat and women's math performance. *Journal of Experimental Social Psychology*, 35, 1 (1998): 4–28.
25. 25 www.espncricinfo.com/story/_/id/21896922/gary-kirsten-accepts-south-africa-choked
26. 26 www.telegraph.co.uk/sport/rugbyunion/international/new-zealand/23230
27. 27 Mahoney, J.W., Gucciardi, D.F., Ntoumanis, N., and Mallett, C.J. Mental toughness in sport: motivational antecedents and associations with performance and psychological health. *Journal of Sport and Exercise Psychology*, 36, 3 (2014): 281–92.

28. Bell, J.J., Hardy, L., and Beattie, S. Enhancing mental toughness and performance under pressure in elite young cricketers: A 2-year longitudinal intervention. *Sport, Exercise, and Performance Psychology*, 2, 4 (2013): 281–97.
29. Hanton, S., Neil, R., Mellalieu, S., and Fletcher, D. Competitive experience and performance status: An investigation into multidimensional anxiety and coping. *European Journal of Sports Sciences*, 8 (2008): 143–52.
30. Smeeton, N.J., Williams, A.M., Hodges, N.J., and Ward, P. The relative effectiveness of explicit instruction, guided-discovery and discovery learning techniques in enhancing perceptual skill in sport. *Journal of Experimental Psychology: Applied*, 11, 2 (2005): 98–110.
31. Alder, D., Ford, P.R., Causer, J., and Williams, A.M. The effects of high-and low-anxiety training on the anticipation judgments of elite performers. *Journal of Sport and Exercise Psychology*, 38, 1 (2018): 93–104.
32. www.reuters.com/article/us-golf-ryder-poulter/poulters-five-birdie-finish-lifts-europe-hopes-idUSBRE88T00S20120930
33. www.theguardian.com/sport/2012/sep/30/ryder-cup-2012-poulter-mcilroy
34. telegraph.co.uk/sport/golf/rydercup/9764959/Miracle-of-Medinah-How-Europe-turned-the-2012-Ryder-Cup-on-its-head.html
35. Jackman, P.C., Crust, L., and Swann, C. The role of mental toughness in the occurrence of flow and clutch states in sport. *International Journal of Sport Psychology* (in press).
36. Swann, C., Crust, L., Jackman, P., Vella, S.A., Allen, M.S., and Keegan, R. Psychological states underlying excellent perfor-mance in sport: Toward an integrated model of flow and clutch states. *Journal of Applied Sport Psychology*, 29, 4 (2017): 375–401.
37. 37 Walton, G.M., and Cohen, G.L. Stereotype lift. *Journal of Experimental Social Psychology*, 39 (2002): 456–67.

14：如何領導？

1. www.rugbyworldcup.com/match/final#stats
2. Cotterill, S.T., and Fransen, K. Athlete leadership in sport teams: Current understanding and future directions. *International Review of Sport and Exercise Psychology*, 9, 1 (2016): 116–33.
3. Fransen, K., Vanbeselaere, N., De Cuyper, B., Vande Broek, G., and Boen, F.

Perceived sources of team confidence in soccer and basketball. *Medicine and Science in Sports and Exercise*, 47, 7 (2015): 1470–84.

4. Fransen, K., Vanbeselaere, N., De Cuyper, B., Vande Broek, G., and Boen, F. The myth of the team captain as principal leader: Extending the athlete leadership classification within sport teams. *Journal of Sports Sciences*, 32, 14 (2014): 1389–97.
5. www.iol.co.za/sport/rugby/super-rugby/stormers-choose-a-draw-in-newlands-thriller-against-crusaders-23477943
6. www.youtube.com/watch?v=Fr26b5D2rj8
7. www.landofbasketball.com/statistics/winning_streaks.htm
8. www.nytimes.com/2009/02/15/magazine/15Battier-t.html
9. www.foxsports.com/other/story/heats-battier-has-brains-talent-and-heart-020212
10. Carron, A.V., Colman, M.M., and Wheeler, J. Cohesion and performance in sport: A meta-analysis. *Journal of Sport and Exercise Psychology*, 24 (2002): 168–88.
11. www.independent.co.uk/sport/football/news-and-comment/the-andy-cole-column-the-real-reason-ive-hated-shering-ham-for-15-years-he-refused-to-shake-my-hand-1915658. html
12. Filho, E., Tennenbaum, G., and Yanyun, Y. Cohesion, team mental models, and collective efficacy: Towards an integrated framework of team dynamics in sport. *Journal of Sports Sciences*, 33, 6 (2015): 641–53.
13. https://mol.im/a/7842549
14. Filho, E., and Tenenbaum, G. Team mental models in sports: An overview. In R. Schinke (ed.), *Athletic Insight's Writings in Sport Psychology*. Hauppauge, NY: Nova Science Publishers, Inc, 2012.
15. North, J., and Williams, A.M. Familiarity detection and pattern perception. In A.M. Williams and R.J. Jackson (eds), *Anticipation and Decision-Making in Sport*. London: Routledge, 2019.
16. Eys, M., and Evans, M.B. Group dynamics in sport, exercise, and physical activity contexts. In T.S. Horn and A.L. Smith (eds), *Advances in Sport and Exercise Psychology,* pp. 171–88. Champaign, IL: Human Kinetics, 2019.
17. Lausic, D., Tenenbaum, G., Eccles, D., Joeng, A., and Johnston, T. Interteam communication and performance in doubles tennis. *Research Quarterly for Exercise and Sport*, 80, 2 (2009): 281–90.

18. Berman, S.L., Down, J., and Hill, C.W. Tacit knowledge as a source of competitive advantage in the National Basketball Association. *Academy of Management Journal*, 45 (2002): 13–31.
19. Lindenberger, U., Li, S.C., Gruber, W., and Müller, V. Brains swinging in concert: cortical phase synchronization while playing guitar. *BMC Neuroscience,* 10 (2009): 1–12.
20. Sänger, J., Müller, V., and Lindenberger, U. Intra-and interbrain synchronization and network properties when playing guitar in duets. *Frontiers in Human Neuroscience*, 6 (2012): 1–19.
21. Sänger, J., Müller, V., and Lindenberger, U. Directionality in hyperbrain networks discriminates between leaders and followers in guitar duets. *Frontiers in Human Neuroscience*, 7 (2013): 1–14.
22. Astolfi, L., Toppi J., Borghini G., Vecchiato G., He, E.J., Roy A., and Babiloni, F. Cortical activity and functional hyperconnectivity by simultaneous EEG recordings from interacting couples of professional pilots. *Paper presented at the IEEE Engineering in Medicine and Biology Society Annual Conference*, 2012 (pp. 4752–5). doi: 10.1109/EMBC.2012.6347029.
23. Filho, E., and Tenenbaum, G. Team mental models: Theory, empirical evidence, and applied implications. In G. Tenenbaum and R.C. Eklund (eds), *Handbook of Sport Psychology*, 4th edn. Hoboken, NJ: John Wiley & Sons [in press].
24. Filho, E., Gershgoren, L., Basevitch, I., Schinke, R., and Tenen-baum, G. Peer leadership and shared mental models in a college volleyball team: A season long case study. *Journal of Clinical Sport Psychology*, 8 (2014): 184–203.
25. Cotterill, S.T., and Fransen, K. Athlete leadership in sport teams: Current understanding and future directions. *International Review of Sport and Exercise Psychology*, 9, 1 (2016): 116–33.
26. Lausic, D., Tenenbaum, G., Eccles, D., Joeng,A., and Johnston,T. Interteam communication and performance in doubles tennis. *Research Quarterly for Exercise and Sport*, 80, 2 (2009): 281–90.
27. Pain, M., and Harwood, C. Team building through mutual sharing and open discussion of team functioning. *The Sport Psychologist*, 23 (2009): 523–42.
28. Kerr was interviewed in December 2018, six months before Golden State reached their fifth straight final.
29. Gearity, B.T., and Murray, M.A. Athletes' experiences of the psychological

effects of poor coaching. *Psychology of Sport and Exercise*, 12, 3 (2011): 213–21.

30. Turman, P.D. Coaches and cohesion: The impact of coaching techniques on team cohesion in the small group sport setting. *Journal of Sport Behaviour*, 23, 1 (2003): 86–103.
31. www.espn.co.uk/nba/story/_/id/26524600/secret-team-dinners-built-spurs-dynasty
32. https://art19.com/shows/the-book-of-basketball-podcast/episodes/77ebcbaa-b12e-423a-a678-73088a8994e6\
33. Eccles, D.W., and Kazmier, A.W. The psychology of rest in athletes: An empirical study and initial model. *Psychology of Sport and Exercise*, 44 (2019): 90–8.

15：如何在 PK 大戰中獲勝？

1. www.theguardian.com/football/blog/2017/jun/28/england-penalty-shootouts-european-under-21-championship
2. www.theguardian.com/football/2018/jul/04/garethsouthgate-england-reason-to-believe-daniel-taylor
3. www.theguardian.com/football/2018/jul/05/englandgareth-southgate-penalties-overcome-hoodoo
4. https://uk.reuters.com/article/uk-soccer-worldcup-col-eng-penalty/this-time-england-left-nothing-to-chance-in-shoot-out-idUKKBN1JU1T6
5. Jordet, G., Eferink-Gemser, M.T., Lemmink, K.A.P.M, andVis-cher, C. The 'Russian roulette' of soccer: Perceived control and anxiety in a major tournament penalty shootout. *International Journal of Sport Psychology,* 37 (2006): 281–98.
6. Jordet, G., Hartman, E., andVuijk, P.J. Team history and choking under pressure in major soccer penalty shootouts. *British Journal of Sport Psychology*, 103 (2012): 268–83.
7. Timmis, M.A., Piras, A., and van Paridon, K.N. Keep your eye on the ball; the impact of an anticipatory fixation during successful and unsuccessful soccer penalty kicks. *Frontiers in Psychology*, 9 (2018): 2058.
8. www.skysports.com/football/news/12023/11388401/germany-in-world-cup-penalty-shoot-outs-every-kick-in-history-analysed
9. Jordet, G. Why do English players fail in soccer penalty shootouts? A study of

team status, self-regulation, and choking under pressure, *Journal of Sports Sciences*, 27, 2 (2009): 97–106.

10. www.thetimes.co.uk/article/england-have-finally-learnt-to-spot-the-difference-rdbtbt60d
11. www.theguardian.com/football/2006/dec/24/worldcup2006. sport1
12. Lyttleton, B. *Twelve Yards: The Art and Psychology of the Perfect Penalty Kick.* London: Penguin Publishing, 2015.
13. www.laliga.com/en-GB/news/what-became-of-gaizka-mendieta
14. Van der Kamp, J. A field simulation study of the effectiveness of penalty kick strategies in soccer: Late alterations of kick direction increase errors and reduce accuracy. *Journal of Sports Sciences*, 24, 5 (2005): 467–77.
15. Palacios-Huerta, I. *Beautiful Game Theory: How Soccer Can Help Economics. Princeton*, NJ: Princeton University Press, 2016.
16. http://palacios-huerta.com/docs/aer100Dec2010.pdf
17. Moll, T., Jordet, G., and Pepping, G.J. Emotional contagion in soccer penalty shootouts: Celebration of individual success is associated with ultimate team success. *Journal of Sports Sciences*, 28, 9 (2010): 983–92.
18. Navia Manzano, J.A., and Ruiz Perez, L.M. On the use of situation and body information in goalkeeper actions during a soccer penalty kick. *International Journal of Sport Psychology*, 44, 3 (2013): 234–51.
19. Savelsbergh, G.J.P., Williams, A.M., van der Kamp, J., and Ward, P. Visual search, anticipation and expertise in soccer goalkeepers. *Journal of Sports Sciences*, 20 (2002): 279–87.
20. Piras, A., and Vickers, J.N. The effect of fixation transitions on quiet eye duration and performance in the soccer penalty kick: Instep versus inside kicks. *Cognitive Processing* 12 (2011): 245–55.
21. Williams, A.M., and Burwitz, L. Advance cue utilisation in soccer. In T. Reilly, J. Clarys, and A. Stibbe (eds), *Science and Football II*, pp. 239–44. London: E. & F.N. Spon, 1993.
22. Dicks, M., Button, C., and Davids, K. Availability of advance visual information constrains association football goalkeeping performance during penalty-kicks. *Perception*, 39 (2010):1111–24.
23. Dicks, M., Button, C., and Davids, K. Individual differences in the visual control of intercepting a penalty kick in association football. *Human Movement Science*, 29, 3 (2010): 401–11.

24. Wimshurst, Z.L., Sowden, P.T., and Wright, M. Expert-novice differences in brain function of field hockey players. *Neuroscience*, 315 (2016): 31–44.

16：更聰明的練習方法

1. https://www.basketball-reference.com/wnba/leaders/ft_pct_ career.html
2. https://www.basketball-reference.com/leaders/ft_pct_career.html
3. https://www.wnba.com/news/elena-delle-donne-free-throw-foul-shooting/
4. https://www.basketballreference.com/wnba/players/d/del-leel01w.html
5. https://www.basketball-reference.com/wnba/players/d/del-leel01w.html
6. Orwell, G. *Animal Farm.* NewYork: The New American Library, 1946.
7. Ericsson, K.A., Krampe, R.T., and Tesch-Römer, C. The role of deliberate practice in the acquisition of expert performance. *Psychological Review*, 100 (1993): 363–406.
8. Ericsson, K.A., and Lehmann, A.C. Expert and exceptional per-formance: Evidence of maximal adaptation to task constraints. *Annual Review of Psychology*, 47, 1 (1996): 273–305.
9. Ford, P.R., Coughlan, E.K., Hodges, N.J., and Williams, A.M. Deliberate practice in sport. In J. Baker and D. Farrow (eds), *Routledge Handbook of Sport Expertise*, pp. 347–62. Abingdon: Routledge, 2015.
10. Ericsson, K.A. Toward a science of acquisition of great performance in sports: Clarifying the differences between deliberate practice and other types of practice. *Journal of Sports Sciences* [in press].
11. Macnamara, B.N., Moreau, D., and Hambrick, D.Z. The relationship between deliberate practice and performance in sports: A meta-analysis. *Perspectives on Psychological Science*, 11, 3 (2016): 333–50.
12. Ericsson, K.A. Summing up hours of any type of practice versus identifying optimal practice activities: Commentary on Macnamara, Moreau, and Hambrick (2016). *Perspectives on Psychological Science*, 11, 3 (2016): 351–4.
13. Ericsson, K.A., and Pool, R. *Peak: Secrets of the New Science of Success.* Boston, MA: Houghton Mifflin Harcourt, 2016.
14. www.basketball-reference.com/wnba/players/d/delleel01w.html
15. Ford, P.R., and Coughlan, E.K. Operationalizing deliberate practice for performance improvements in sport. In N.J. Hodges and A.M. Williams (eds), *Skill Acquisition in Sport*, 3rd edn, pp. 183–290. Oxford: Routledge, 2019.
16. Ericsson, K.A. Deliberate practice and the modifiability of body and mind:

Toward a science of structure and acquisition of expert and elite performance. *International Journal of Sport Psychology*, 38 (2007): 4–34.

17. Guadagnoli, M., and Lee, T. Challenge point: Framework for conceptualizing the effects of various practice conditions on motor learning. *Journal of Motor Behavior*, 39, 2 (2004): 212–24.
18. Yan, V.X., Guadagnoli, M.A., and Haycocks, N. Appropriate failure to create effective learning. In N.J. Hodges and A.M. Williams (eds), *Skill Acquisition in Sport*, 3rd edn, pp. 313–29. Abingdon: Routledge, 2019.
19. Deakin, J.M., and Cobley, S. A search for deliberate practice: An examination of the practice environments in figure skating and volleyball. In J.L. Starkes and K.A. Ericsson (eds), Expert Performance in Sports: Advances in Research on Sport Expertise, pp. 115–35. Champaign, IL: *Human Kinetics*, 2003.
20. Coughlan, E.K., Williams, A.M., McRobert, A.P., and Ford, P.R. How experts practice: A novel test of deliberate practice theory. *Journal of Experimental Psychology: Learning, Memory and Cognition*, 40 (2013): 449–58.
21. Coughlan, E., Ford, P.R., and Williams, A.M. Lessons from the experts: The effect of increasing engagement in deliberate practice and cognitive processing on intermediate skill level performers. *Journal of Sport and Exercise Psychology* [in press].
22. Williams, A.M., and Weigelt, C. Vision and proprioception in interceptive actions. In K. Davids, G. Savelsbergh, S. Bennett, and J. Van der Kamp (eds), *Vision and Interceptive Actions in Sport*, pp. 90–108. London: Routledge, 2002.
23. www.chinupgoggles.com/
24. Dunton, A., O'Neill, C., and Coughlan, E.K. The impact of a training intervention with spatial occlusion goggles on controlling and passing a football. *Science and Medicine in Football*, 3, 4 (2019): 281–6.
25. www.wnba.com/news/wnba-stats-50-40-90-is-the-icing-on-edds-historic-season/

17：教練指導的力量

1. Anderson, D.I., Magill, R.A., Mayoa, A.M., and Steel, K.A. Enhancing motor skill acquisition with augmented feedback. In N.J. Hodges and A.M. Williams (eds), *Skill Acquisition in Sport*, 3rd edn, pp. 3–19. Abingdon: Routledge, 2019.

2. Magill, R.A., and Anderson, D.I. *Motor Learning and Control: Concepts and Applications*, 11th edn. New York: McGraw-Hill, 2017.
3. Shea, J.B., and Morgan, R.L. Contextual interference effects on acquisition, retention, and transfer of a motor skill. *Journal of Experimental Psychology: Human Learning and Memory*, 5, 2 (1979): 179–87.
4. Roca, A., Williams, A.M., and Ford, P. Developmental activities and the acquisition of superior anticipation and decision making in soccer. *Journal of Sports Sciences*, 30, 15 (2012): 1643–52.
5. Chow, J.Y., Shuttleworth, R., Davids, K., and Araujo, D. Eco-logical dynamics and transfer from practice to performance in sport. In N.J. Hodges and A.M. Williams (eds), *Skill Acquisition in Sport*, 3rd edn, pp. 330–44. Abingdon: Routledge, 2019.
6. Ford, P.R., and O'Connor, D. Practice and sports activities in the acquisition of anticipation and decision making. In A.M. Williams and R.J. Jackson (eds), *Anticipation and Decision-Making in Sport*, pp. 269–85. Abingdon: Routledge, 2019.
7. Renshaw, I., Headrick, J., Maloney, M., Moy, B., and Pinder, R. Constraints-led learning in practice: designing effective learning environments. In N.J. Hodges and A.M. Williams (eds), *Skill Acquisition in Sport*, 3rd edn, pp. 63–82. Abingdon: Routledge, 2019.
8. Kantak, S.S., and Winstein, C.J. Learning–performance distinction and memory processes for motor skills: A focused review and perspective. *Behavioural Brain Research*, 228, 1 (2012): 219–31.
9. Magill, R.A., and Anderson, D.I. *Motor Learning and Control: Concepts and Applications*, 11th edn. New York: McGraw-Hill, 2017.
10. Williams, A.M., and Hodges, N.J. Practice, instruction and skill acquisition: Challenging tradition. *Journal of Sports Sciences*, 23, 6 (2005): 637–50.
11. Hodges, N.J., and Williams, A.M. (eds), *Skill Acquisition in Sport*, 3rd edn. Abingdon: Routledge, 2019.
12. Wright, D., and Kim, T. Contextual interference: New findings, insights, and implications for skill acquisition. In N.J. Hodges and A.M. Williams (eds), *Skill Acquisition in Sport*, 3rd edn, pp. 99–118. Abingdon: Routledge (2019).
13. Hall, K.A., Domingues, D., and Cavazos, R. Contextual interference effects with skilled basketball players. *Perceptual and Motor Skills*, 78 (1994): 835–41.

14. Goode, S., and Magill, R.A. Contextual interference effects in learning 3 badminton serves. *Research Quarterly for Exercise and Sport*, 57, 4 (1986): 308–14.
15. Porter, J.M., and Magill, R.A. Systematically increasing contextual interference is beneficial for learning sport skills. *Journal of Sports Sciences*, 28 (2010): 1277–85.
16. Farrow, D., and Buszard, T. Exploring the applicability of the contextual interference effect in sport practice. *Progress in Brain Research*, 234 (2017): 69–83.
17. Buszard, T., Reid, M., Krause, L., Kovalchik, S., and Farrow, D. Quantifying contextual interference and its effect on skill transfer in skilled youth tennis players. *Frontiers in Psychology 8* (2017). doi: 10.3389/fpsyg.2017.01931
18. Schmidt, R.A.A schema theory of discrete motor skill learning. *Psychological Review*, 82, 4 (1975): 225–60.
19. Schmidt, R.A., Lee, T.D., Winstein, C.J., Wulf, G., and Zelaznik, H.N. Motor Control and Learning: A Behavioural Emphasis. Champaign, IL: *Human Kinetics*, 2018.
20. Fazeli, D., Taheri, H.R., and Kakhki, A.S. Random versus blocked practice to enhance mental representation in golf putting. *Perceptual and Motor Skills 124*, 3 (2017): 674–88.
21. Porter, J.M., and Magill, R.A. Systematically increasing contextual interference is beneficial for learning sport skills. *Journal of Sports Sciences*, 28, 12 (2010): 1277–85.
22. Dias, G., Couceiro, M.S., Barreiros, J., Clemente, F.M., Mendes, R., and Martins, F.M.L. Distance and slope constraints: Adaptation and variability in golf putting. *Motor Control*, 18 (2014): 221–43.
23. Porter, J.M., Landin, D., Hebert, E.P., and Baum, B. The effects of three levels of contextual interference on performance outcomes and movement patterns in golf skills. *International Journal of Sports Science and Coaching*, 2, 3 (2007): 243–56.
24. www.thecricketmonthly.com/story/1027027/batting-3-0
25. Ste-Marie, D.M., Carter, M.J., and Yantha, Z.D. Self-controlled learning: Current findings, theoretical perspectives, and future directions. In N.J. Hodges and A. M. Williams (eds), *Skill Acquisition in Sport*, 3rd edn, pp. 119–40. Abingdon: Routledge, 2019.

26. Masters, R.S.W., Duijn, T.V., and Uiga, L. Advances in implicit motor learning. In N.J. Hodges and A.M. Williams (eds), *Skill Acquisition in Sport*, 3rd edn, pp. 77–96. Abingdon: Routledge, 2019.
27. Wulf, G. Attentional focus and motor learning: A review of 15 years. *International Review of Sport and Exercise Psychology*, 6, 1 (2013): 77–104.
28. Fairbrother, J.T. Skill acquisition: The science and practice of teaching sport skills. In M.H. Anshel, E.E. Labbe,T.A.Petrie,S.J. Petruzzello, and J.A. Steinfeldt (eds), *APA Handbook of Sport and Exercise Psychology*, vol. 1. Washington, DC: American Psychological Association, 2019.
29. Couvillion, K.F., and Fairbrother, J.T. Expert and novice per-formers respond differently to attentional focus cues for speed jump roping. *Frontiers in Psychology*, 9 (2018). doi: 10.3389/fpsyg.2018.02370
30. Ford, P., Yates, I., and Williams, A.M. An analysis of activities and instructional behaviours used by coaches during practice in English youth soccer: exploring the link between theory and practice. *Journal of Sports Sciences*, 28 (2010): 483–95.
31. www.sofoot.com/xavi-clearing-the-ball-is-an-intellectual-defeat-453815.html

18：下一道疆界

1. https://barcainnovationhub.com/acerca-de/
2. https://youtu.be/d32b8rgfrwg
3. https://www.sporttechie.com/fc-barcelona-realtrack-systems-wearable-technology-wimu/
4. https://www.orbisresearch.com/reports/index/global-real-time-location-systems-in-sports-rtls-market-2019-by-company-regions-type-and-application-forecast-to-2024
5. Ric, A., and Peláez, R. *Football Analytics: Now and beyond – A Deep Dive into the Current State of Advanced Data Analysis.* Barcelona: Barça Innovation Hub, 2019.
6. https://twitter.com/braingametennis/status/1175519162938155013
7. https://content.iospress.com/articles/journal-of-sports-analytics/jsa190294
8. https://cafefutebol.files.wordpress.com/2013/12/substitu-tion_timing.pdf
9. https://papers.ssrn.com/sol3/papers.cfm?abstract_id= 3132563
10. www.forbes.com/sites/shaneyoung/2019/11/30/the-nbas-three-point-revolution-continues-to-take-over/#6b-6c7e4056b8

11. www.forbes.com/sites/shaneyoung/2019/11/30/the-nbas-three-point-revolution-continues-to-take-over/#6b-6c7e4056b8
12. www.statsperform.com/
13. www.homecourt.ai/
14. www.secondspectrum.com/index.html
15. www.nbastuffer.com/analytics101/nba-teams-that-have-analytics-department/
16. https://metrica-sports.com/
17. Alamar, B.J. *Sports Analytics: A Guide for Coaches, Managers, and Other Decision Makers.* New York: Columbia University Press, 2013.
18. irishtimes.com/sport/other-sports/the-super-global-sports-star-of-2019-the-nike-vaporfly-1.4114640
19. irishtimes.com/sport/other-sports/nike-vaporflys-won-t-be-banned-but-regulations-will-tighten-1.4154918
20. nytimes.com/interactive/2019/12/13/upshot/nike-vapor-fly-next-percent-shoe-estimates.html
21. vice.com/en_uk/article/bmqdad/chasing-marginal-gains-sports-grey-area-between-innovation-and-cheating
22. www.bbc.com/sport/olympics/19089259
23. www.cyclingplus.com/articles/hope-technology-unveils-stunning-new-gb-track-bike/
24. Mang, C.S., Borich, M.R., Wadden, K.P., Boyd, L.A., and Siengsukon. Motor learning and its neurophysiology. In N.J. Hodges and A.M. Williams (eds), *Skill Acquisition in Sport*, 3rd edn, pp. 293–312. Abingdon: Routledge, 2019.
25. Copenhaver, E.A., and Diamond, A.B. The value of sleep on athletic performance, injury, and recovery in the young athlete. *Pediatric Annals*, 46, 3 (2017): 106–11.
26. Gupta, L., Morgan, K., and Gilchrist, S. Does elite sport degrade sleep quality? A systematic review. *Sports Medicine*, 47, 7 (2017): 1317–33.
27. Mah, C.D., Mah, K.E., Kezirian, E.J., and Dement, W.C. The effects of sleep extension on the athletic performance of collegiate basketball players. *SLEEP*, 34, 7 (2011): 943–50.
28. Schwartz, J., and Simon, R.D. Sleep extension improves serving accuracy: A study with college varsity tennis players. *Physiology and Behavior*, 151, 1 (2015): 541–4.
29. Albouy, G., King, B.R., Schmidt, C., Desseilles, M., Dang-Vu, T.T., Balteau, E.,

Phillips, C., Degueldre, C., Orban, P., Benali, H., Peigneux, P., Luxen, A., Karni, A., Doyon, J., Maquet, P., and Korman, M. Cerebral activity associated with transient sleep-facilitated reduction in motor memory vulnerability to interference. *Scientific Reports*, 11, 6 (2016): 34948. doi: 10.1038/srep34948.

30. Nishida, M., and Walker, M.P. Daytime naps, motor memory consolidation and regionally specific sleep spindles. *PLoS One*, 2, 4 (2007): e341.
31. www.independent.co.uk/sport/football/news-and-comment/cristiano-ronaldo-secret-laura-trott-jason-kenny-sex-sleep-ex-pert-team-gb-chris-hoy-a7932146.html
32. https://ouraring.com/
33. www.bbc.co.uk/sport/football/32276547
34. https://bleacherreport.com/articles/2720313-footballs-secret-sports-science-the-power-of-sleep
35. Beckmann, J., and Elbe, A.M. *Sport psychological interventions in competitive sports*. Cambridge: Cambridge Scholars Publishing, 2015.
36. Mirifar, A., Beckmann, J., and Ehrlenspiel, F. Neurofeedback as supplementary training for optimizing athletes' performance: A systematic review with implications for future research. *Neuro-science and Biobehavioral Reviews*, 75 (2017): 419–32.
37. Dyke, F. et al. Cerebral cortical activity associated with non-experts' most accurate motor performance. *Human Movement Science*, 37 (2014): 21–31.
38. Landers, D.M., Petruzzello, S.J., Salazar, W., Crews, D.J., Kubitz, K.A., Gannon, T., and Han, M. The influence of electrocortical biofeedback on performance in pre-elite archers. *Medicine and Science in Sports and Exercise*, 23 (1991): 123–9.
39. www.bbc.co.uk/sport/football/36189778
40. Jeukendrup, A., and Gleesen, M. Sport Nutrition: An Introduction to Energy Production and Performance, 2nd edn. Champaign, IL: *Human Kinetics*, 2020.
41. www.incisiv.tech
42. https://rezzil.com/home-us/
43. https://barcainnovationhub.com/the-use-of-vr-ar-mr-to-improved-performance-in-sports
44. Gray, R. Sports training technologies: achieving and assessing transfer. In N.J. Hodges and A.M. Williams (eds), *Skill Acquisition in Sport*, 3rd edn, pp. 203–19. Abingdon: Routledge, 2019.

45. Gray, R. Transfer of training from virtual to real baseball batting. *Frontiers in Psychology*, 8 (2017). doi: 10.3389/fpsyg.2017.02183
46. www.bbc.com/sport/winter-olympics/42572433
47. https://info.dynavisioninternational.com/
48. https://neurotracker.net/
49. www.nytimes.com/2017/01/04/sports/neurotracker-athletic-performance.html
50. www.extremetech.com/extreme/133529-nikes-stroboscopic-eyewear-improves-visual-memory-hand-eye-coordination
51. Broadbent, D.P., Causer, J., Williams, A.M., and Ford, P.R. Perceptual-cognitive skill training and its transfer to expert performance in the field: *Future research directions. European Journal of Sports Sciences*, 15, 4 (2014): 322–31.

國家圖書館出版品預行編目資料

一個頂尖運動員的誕生：從專業引導到科學輔助訓練,看冠軍如何從「勝」到「常勝」/ 提姆．威格莫(Tim Wigmore), A．馬克．威廉斯(A. Mark Williams) 著 ; 楊玲萱 譯. -- 初版. -- 臺北市 : 商周出版 : 英屬蓋曼群島商家庭傳媒股份有限公司城邦分公司發行, 2021.07
面： 公分. --
譯自：The Best: How Elite Athletes Are Made
ISBN 978-986-0734-90-4（平裝）
1. 運動心理 2.運動員
528.9014 110009294

一個頂尖運動員的誕生：

從專業引導到科學輔助訓練，看冠軍如何從「勝」到「常勝」

原著書名 / The Best: How Elite Athletes Are Made
作者 / 提姆．威格莫（Tim Wigmore）、A．馬克．威廉斯（A. Mark Williams）
譯者 / 楊玲萱
企劃選書 / 張詠翔
責任編輯 / 張詠翔

版權 / 黃淑敏、劉鎔慈
行銷業務 / 周丹蘋、賴晏汝、周佑潔
總編輯 / 楊如玉
總經理 / 彭之琬
事業群總經理 / 黃淑貞
發行人 / 何飛鵬
法律顧問 / 元禾法律事務所 王子文律師
出版 / 商周出版
城邦文化事業股份有限公司
臺北市中山區民生東路二段141號9樓
電話：(02) 2500-7008 傳眞：(02) 2500-7759
E-mail：bwp.service@cite.com.tw
Blog：http://bwp25007008.pixnet.net/blog
發行 / 英屬蓋曼群島商家庭傳媒股份有限公司城邦分公司
臺北市中山區民生東路二段141號2樓
書虫客服服務專線：(02) 2500-7718．(02) 2500-7719
24小時傳眞服務：(02) 2500-1990．(02) 2500-1991
服務時間：週一至週五09:30-12:00．13:30-17:00
郵撥帳號：19863813 戶名：書虫股份有限公司
讀者服務信箱E-mail：service@readingclub.com.tw
歡迎光臨城邦讀書花園 網址：www.cite.com.tw
香港發行所 / 城邦（香港）出版集團有限公司
香港灣仔駱克道193號東超商業中心1樓
電話：(852) 2508-6231 傳眞：(852) 2578-9337
E-mail：hkcite@biznetvigator.com
馬新發行所 / 城邦(馬新)出版集團 Cité (M) Sdn. Bhd.
41, Jalan Radin Anum, Bandar Baru Sri Petaling,
57000 Kuala Lumpur, Malaysia
電話：(603) 9057-8822 傳眞：(603) 9057-6622
Email：cite@cite.com.my

封面設計 / 李東記
排版 / 新鑫電腦排版工作室
印刷 / 韋懋實業有限公司
經銷商 / 聯合發行股份有限公司
電話：(02) 2917-8022 傳眞：(02) 2911-0053
地址：新北市231新店區寶橋路235巷6弄6號2樓

■2021年07月初版
■2021年12月初版2刷
定價 620 元

Printed in Taiwan
城邦讀書花園
www.cite.com.tw

First published in Great Britain in 2020 by Nicholas Brealey Publishing, an imprint of John Murray Press, a division of Hodder & Stoughton Ltd. An Hachette UK company.

ISBN 978-986-0734-90-4

廣　告　回
北區郵政管理登記
台北廣字第000791
郵資已付，免貼郵

104台北市民生東路二段141號2樓

英屬蓋曼群島商家庭傳媒股份有限公司　城邦分公司

請沿虛線對摺，謝謝！

書號：BK5181　**書名**：一個頂尖運動員的誕生　**編碼**：

請於此處用膠水黏貼

讀者回函卡

不定期好禮相贈！
立即加入：商周出版
Facebook 粉絲團

感謝您購買我們出版的書籍！請費心填寫此回函卡，我們將不定期寄上城邦集團最新的出版訊息。

姓名：________________ 性別：□男 □女

生日：西元________年________月________日

地址：________________

聯絡電話：________________ 傳真：________________

E-mail ：

學歷：□ 1. 小學 □ 2. 國中 □ 3. 高中 □ 4. 大學 □ 5. 研究所以上

職業：□ 1. 學生 □ 2. 軍公教 □ 3. 服務 □ 4. 金融 □ 5. 製造 □ 6. 資訊
□ 7. 傳播 □ 8. 自由業 □ 9. 農漁牧 □ 10. 家管 □ 11. 退休
□ 12. 其他________________

您從何種方式得知本書消息？

□ 1. 書店 □ 2. 網路 □ 3. 報紙 □ 4. 雜誌 □ 5. 廣播 □ 6. 電視
□ 7. 親友推薦 □ 8. 其他________________

您通常以何種方式購書？

□ 1. 書店 □ 2. 網路 □ 3. 傳真訂購 □ 4. 郵局劃撥 □ 5. 其他______

您喜歡閱讀那些類別的書籍？

□ 1. 財經商業 □ 2. 自然科學 □ 3. 歷史 □ 4. 法律 □ 5. 文學
□ 6. 休閒旅遊 □ 7. 小說 □ 8. 人物傳記 □ 9. 生活、勵志 □ 10. 其他

對我們的建議：________________

____

____

【為提供訂購、行銷、客戶管理或其他合於營業登記項目或章程所定業務之目的，城邦出版人集團（即英屬蓋曼群島商家庭傳媒（股）公司城邦分公司、城邦文化事業（股）公司），於本集團之營運期間及地區內，將以電郵、傳真、電話、簡訊、郵寄或其他公告方式利用您提供之資料（資料類別：C001、C002、C003、C011 等）。利用對象除本集團外，亦可能包括相關服務的協力機構。如您有依個資法第三條或其他需服務之處，得致電本公司客服中心電話 02-25007718 請求協助。相關資料如為非必要項目，不提供亦不影響您的權益。】

1.C001 辨識個人者：如消費者之姓名、地址、電話、電子郵件等資訊。 2.C002 辨識財務者：如信用卡或轉帳帳戶資訊。
3.C003 政府資料中之辨識者：如身分證字號或護照號碼（外國人）。 4.C011 個人描述：如性別、國籍、出生年月日。

請於此處用膠水黏貼